中國人的故事

夏雨人 著

東大圖書公司 印行

©中國人的故事

著　者　夏雨人
發行人　劉仲文
出版者　東大圖書股份有限公司
總經銷　三民書局股份有限公司
印刷所　東大圖書股份有限公司
地址／臺北市重慶南路一段
六十一號二樓
郵撥／〇一〇七一七五——〇號
初　版　中華民國六十九年九月
再　版　中華民國七十三年九月
三　版　中華民國八十一年三月
編　號　E 67001
基本定價　肆元肆角肆分
行政院新聞局登記證局版臺業字第〇一九七號
著作權執照臺內著字第一五〇八三號

ISBN 957-19-0491-0（平裝）

中國人的故事
編號 E 67001
東大圖書公司

引言

作者站在中國人的立場，將五千多年來，歷史學家所忽略或未予重視的一些中國文化成果，用淺顯的文字，分別摘要記述下來，作爲今天年輕一代人的參考。例如，在歷史方面，敍述了太史公司馬遷撰寫「史記」時，所經歷的一些過程；在語文方面，說出了中國文字的優美和它的妙用；在政治方面，道出了一個實施眞正民主的標準皇帝劉秀；在軍事方面，分述了天才軍事學家孫武的「全國主義」；在天文曆算方面，詳述了天體運行的許多規律和地動儀的發明；在數學方面，推許了籌、策的應用和天元術的發明，並「π」值的精確計算；在音樂方面，揭示了二千多年前的定音和三分損益法的施行；在體育方面，陳述了招賢納士，擇師選友的捶丸遊戲——今日的高爾夫球運動；在物理化學方面，說明了早期發現氧氣的特性和製取的方法，以及光學和力學的普遍應用；在植物學方面的研究成果，多爲西方學者專家所引用；在農業技術方面，種桑、育蠶，以及稻、麥等的單株選種法，均爲近代學者所推崇；在工程建築方面，都江堰的興築方法和灌溉系統的疏浚原理，以及運河水閘的發明，在二千多年後的今天，仍然爲世界工程專家所嚮往。

從以上各個單元的敍述，獲知我們的祖先是如何地胼手胝足，建立了我們美麗的家園？如何地披荆斬棘，拓展了我們的錦繡河山？他們從無數次的戰爭中，締造了偉大的中華民國；從不斷地烽火逃亡中，孕育了堅苦卓絕的奮鬥精神；從淡泊寧靜的環境中，發揚光大了我們的王道文化。這些都是今天年輕一代的中國人應該念念不忘的。本書的目的，即希望今天的年輕人，在瞭解了我們過去光輝燦爛的歷史文化後，從而恢復我們民族的自尊心，增強我們對國家的責任感，讓今天的青年人繼續努力奮鬥，踏著先賢的足跡，再造我們光榮的歷史，爲下一代謀求更大的幸福。

我寫這本書的動機目的和方法

——代序

安樂窩中弄舊編，舊編將絕又重聯；
燈前燭下三千日，水畔花間二十年。
有主山河難占籍，無爭風月任收權，
閑吟閒詠人休問，此個功夫世不傳。

——安樂窩中吟　邵雍

一、動　機

偶然翻讀房龍（Van Loon H. W. 1926）所寫「人類的故事」[61]（The Story of Mankind）覺得他寫中國人時過於簡略，也沒有抓住重心，只將孔子的部份哲學思想，用一千五百多個字加以輕描淡寫，便算完事，而什麼是中國文化？中國人在世界舞臺上到底扮演的是什麼樣的角色？都沒有說出來。再讀卡夫曼（Ramon Coffman）所寫「人類史話」[140]（The Child's Story of the Human Race），又感到這位作者對中國文化方面的了解不够深刻，而且戴了有色眼鏡，明知道並非如此，還是照寫不誤。回頭再看看若干我國學人所寫的，又多是彼此傳錄，特別是在自然科學方面。譬如，有關中國古人對這門學科的研究成果，連在緒言裏也不提一句，這倒不是他們不願意提，而是根本就不知道，不知道中國古人還會研究科學。近讀英人李約瑟氏（Joseph Needham 1961）所著「中國之科學與文明」[38]（Science and Civilization in China）一書，感到非常欣慰，同時也覺得慚愧，因爲中國文物要外國人來表彰，實在是愧對我們的列祖列宗。雖然如此，李氏所發掘出來的亦未必已經十分完全，何況李氏所寫的只限於科學方面，而我們文化寶庫裏的東西還多得很哩！今後中國文化的繼續發揚光大，仍有待於我們自己的努力。

二、目的

我寫這本書的目的有二：一是在彌補中外人士對中國文化知識的若干欠缺，讓大家讀了這本書後，能够進一步認識中國人的偉大，和我國文化的博大精深與源遠流長。一是讓今天中國年輕的一代，能够瞭解我們的祖先曾經是如何地爲我們這些後代兒孫奮鬪不懈，如何地在艱難困苦中創造我們的文化，振興我們的國家，締造我們的光輝歷史，進而鼓勵我們自己，繼續爲國家的興盛，爲民族的生存而自強不息。

三、方　法

偶爾從舊書攤經過，看見許多小學生在那裏看連環圖畫，（近年電視播放卡通影片很多，看連環圖畫的兒童已漸次減少。）又在賃書店裏看見許多成年人，在那裏借閱武俠小說，明知道那是一派胡言騙人的，卻仍然自願被它痲醉。爲什麼呢？因爲它饒有趣味。我覺得在我們的歷史裏面，也有很多饒有趣味的小故事，如果能把它們拾綴起來，不也是可以鼓勵人們去閱讀它嗎？因此，我便開始撰編一些有關中國社會傳說及歷史文化方面的小故事，就各不同項目的需求，將它們串聯起來，穿插在各個敍述裏面，藉以引起讀者的興趣，發揚光大我們的歷史文化，增加我們對自己文化的豐富知識。

四、內　容

對於這本小書的內容我有三不寫的意願：一、有關帝王的行徑不寫，因爲歷史學家已經寫得太多了；二、爭戰殺伐的事不寫，因爲人類的文化，並不是由打仗得來的；三、政爭黨禁之事不寫，因爲這是少數人的事情。而我所要寫的，乃是站在一般人的立場，用中國歷史中一些有意義的小故事，以反映出中國文化的演進，描寫一些艱苦奮鬪的有心人，讓他們從百折不撓的勇毅精神中所締造出來的文化成果，再次地發揚出來，讓全世界的人們都知道中國文化的眞正精神之所在，以及對整個世界人類的偉大貢獻。

我是一個從事自然科學的工作者，對歷史文化沒有什麼深入的研究，更沒有受過寫作歷史的專門訓練，只是在工作之餘，隨興之所至，憑一時的愛好，將所研讀的心得記下來，匆促付梓，謬誤難免，尙請專家學者教正。

本書在編著期間，承內子姜民權女士多方協助，排版時又代爲精心校閱，特此誌謝。

西蜀 夏雨人

民國六十九教師節

序於新埔蘭貞館

中國人的故事 目次

一、地理環境

九州攸同，時惟禹跡，
爰及後代，疆分里析；
貢則累遷，名猶不易。

——地贊　何承天

一國的地理環境，不僅影響它的歷史文化，也攸關它的民族絕續，甚而至於人民的性情及其日後的發展和繁衍。中華民族之所以歷史悠久，文化精深，族羣壯大，民性溫和，無一不受其地理環境所影響。所以當討論到中國人故事的時候，必須先了解其所在的河嶽山川，所處的氣候環境，然後才能夠澈底了解它的民族性，它的歷史文化，以及它倫理道德的學藝修養。

項退結教授在其所著「中國民族性研究」[116]一書中稱：北部漢人或黃河流域的漢人，生活在河北、河南、山西、陝西、甘肅等地，一般說來都比較高大，頭部長型，鼻樑狹長，性格爽直，持重而愛好傳統，思想比較保守；中部漢人或長江流域的人，居住在江蘇、浙江、安徽、江西、湖北、湖南、四川等地的人，身長較北部漢人爲矮，頭部呈中型，鼻樑中等，性格較具進取心，善經商，文化創造力高強；南部漢人或珠江流域一帶的人，多住在福建、廣東、廣西、海南島以及整個東南亞，甚至於美澳等地，其體型最矮，頭部較圓，鼻樑短，臉部寬，性格活潑，善喜冒險。從上面的研究報導，可見山川河嶽與氣候環境，確實可以左右人的身高體重，以及其人的個性。中國人常喜歡山明水秀的地方，而這些地方正是出生才子佳人，文化發展最爲高超的所在。

早在三千年前的宗周時代，我國已擁有九州之地。關於九州的面積到底有多少大，可從山海經、水經注等古書中換算得來。禮記王制篇說，中國的九州計共方三千里。至於全世界的陸地究竟有多少大，當時很少有人知道。可是史記荀孟傳裏則稱：鄒衍曾說，中國的面積只相當於全世界的八十一分之一；當鄒衍的這一學說發表後，當時的學者都以爲他是胡說八道的。因此沒有人相信，不只是當時的人不相信，就是以後的二千年，經過了秦、漢、晉、唐，直至宋、元、明也都沒有人相信。到了清朝，才有個名叫鄒伯奇的士子因爲讀了一些西洋的歷史地理，眼界大開，才將這種理論，加以研究核算，覺得他的老祖宗鄒衍所說的大九州面積，確有見地，於是便在他所寫「學計一得」[126]裏面，加以分析說明。他以爲鄒衍所說的裨海，等於大陸沿岸的近海，如勃海、黃海、東海、南海，甚至於紅海等。至於瀛海，則爲遠離陸地的大海。王制稱九州方三千里，乃爲方千里者有九，如以八十一乘之，則爲方千里者七二九，這是周代的量算法。如果換算爲今日的市尺，則爲方千里者三六一。按照今日科學家實測地球面積的總和，則爲方千里者一五二〇。所稱大地面積，約爲地球總面積的四分之一，也就是三八〇，相當於今日亞歐非三大洲土地的總和，而與鄒衍所說的極爲近似。又管子地員篇說，地之東西二萬八千里（今日科學家測得爲一二、七五六公里），南北二萬六千里（實測爲一二、七一三公里）。⑫這一數字與古書山海經、中山經、周髀算經、呂氏春秋，乃至淮南子等書的記載結果，都很接近。如以縱橫相乘，則爲七二八個方千里，正與古時鄒衍所稱，中國佔全世界面積的八十一分之一相差不遠。這是二千多年前，中國古人對於大地面積的推演與分析。同時更堪注意的，便是在二千年前，中國人便已經知道地球的形狀是橢圓的，徵之今日太空人在外太空觀察和所拍攝的照片結果，也十分吻合。

又在二千年前，漢淮南王劉安便在他所著的「淮南子」一書中，對於我國當時的地理環境，曾有個概略的說明。根據淮南子墬形訓中說：⑬

一、東方川谷之所注，日月之所出；其地宜麥，多虎豹。

二、南方陽氣之所積，暑濕居之；其地宜稻，多兕象。

三、北方幽晦不明，天之所閉也，寒冰之所積也；其地宜菽，多犬馬。

四、西方高土，川谷出焉，日月入焉；其地宜黍，多旄犀。

五、中央四達，風氣之所通，雨露之中會也；其地宜禾，多牛羊等六畜。

從以上劉安的敍述，雖嫌粗略，但兩千年前，國人對於我國的地理環境，有如此的知識，已經是難能可貴了。

就今天人類的知識來說：我國現有地形的輪廓，好像一片秋海棠葉子；西部帕米爾高原是它的葉尖，東北部遼東平原是它的葉基，北邊的唐努烏梁海和蒙古高原是葉頂，南邊的雲貴高原和粵桂平野，便是它的葉底了。這一大片土地，東西有五千多公里，南北有四千多公里，整個面積約一千一百四十餘萬平方公里。

我國西部多崇山峻嶺，愈向東部地勢愈低，直達於海，所以我國古人說：「世間無水不朝東」。由於西部多山，且帕米爾高原（或稱西藏高原）稱爲世界屋脊，所以這些山脈都向兩邊迤邐而下，向東的一邊，便是我國的土地，從而延展下來的山脈，有北方的阿爾泰山，杭愛山和薩彥嶺；中部的天山和崑崙山；南部有喜馬拉雅山。其中以喜馬拉雅山和崑崙山的延展最長。喜馬拉雅山自帕米爾南端開始，經西藏、西康、雲南而至廣西、廣東，屛障了整個中國的南疆。崑崙山則經新疆、青海、四川、湖北而至安徽。北方的阿爾泰山及杭愛山較短，都局限在新疆和蒙古兩地區內，接著是比較平坦多沙的高原；直至熱河才又興起了一片不太崇高的大小與安嶺和極東部的長白丘陵。由於高山起伏綿延不斷，因此沿途造成了許多高原，就中以青康藏高原爲最高，蒙新高原最大，雲貴高原和黃土高原最富，尤其是黃土高原，土地肥沃，氣候宜人，是我國民族的發祥地。

我國山脈既向東走，所以兩山之間又造成了許多平原和盆地。在盆地方面，以天山南麓的塔里木盆地爲最大，天山以北的準噶爾盆地次之。在青海地方因爲祁連山與巴顏喀喇山的關係，形成了柴達木盆地，而以四川盆地爲最小。在平原方面，當山脈盡頭，地勢趨於平坦時，便形成了許多大小不同的平原，其中最令人嚮往的便是黃淮平原，這是中國文化滋長的搖籃，華夏民族繁衍壯大的地方。其次是中部的江淮平原，以及東北部的松遼平原，這些地勢平坦，灌溉便利，土地肥沃的原

我國的地形區域
準噶爾盆地
天山
塔里木盆地
崑崙山
柴達木盆地
祁連山
巴顏喀喇山
青康藏高原
喜馬拉雅山
蒙古高原
賀蘭山
陰山
黃土高原
隴山
蘭州
秦嶺
大巴山
四川盆地
重慶
雲貴高原
大興安嶺
小興安嶺
黑龍江
烏蘇里江
松遼平原
松花江
哈爾濱
長白山
鴨綠江
圖們江
黃淮平原
北平
太行山
呂梁山
黃河
淮河
漢水
長江
南京
上海
金沙江
廣州
粵江
香港
海南島
台北
臺灣

第一圖　我國的地理環境

野，便是數千年來，中國廣大人民賴以居住和生存的大好河山。（參第一圖）

前面已經說過，我國山脈是自西徂東，所以兩山之間的河流，也依循着這一定向而蜿蜒着流向黃海、東海和南海。這些河流在高山峻嶺之間，奔騰澎湃，一到平原，便靜靜地躺着不動了。就中以發源於巴顏喀喇山南麓的揚子江爲最長，所以又名長江，共約五千八百餘公里，水量最爲豐富，而走勢也最爲平穩；自青海流入四川後的前一段，稱爲金沙江，離開四川經過三峽以後，便入平地，而緩慢地流經湖北、湖南、江西、安徽、江蘇注入東海。由於它的流速緩慢，水量豐富，所以沿岸土地肥沃，灌溉便利，物產富饒，人口眾多，實爲我國近一千年來文物薈萃的所在。黃河發源於巴顏喀喇山的北麓，自青海流經甘肅、寧夏、綏遠、陝西、山西、河南、河北，而自山東入黃海，因爲氣候乾燥，雨量稀少，河流湍急，水中混入了不少黃土，故呈黃色，因名黃河；它的全長達四千六百七十餘公里。黃河在河套一帶，水流緩慢，且無黃土混雜，頗多灌溉之利；但隨而進入晉、陝後，落差增大，流速加快，夾帶兩岸泥沙，直瀉而下，至風陵渡後，才漸緩和，入河南境時，可以說完全到了平地，就因爲如此，流速忽然緩慢下來，上流夾帶而來的泥沙，也急速的沉澱，年代愈久，積沙愈多，於是河床反而比兩岸爲高，這就形成黃河氾濫爲災千古的大害了。其次的大江，便是發源於大興安嶺的黑龍江，它的全長也達四千四百八十餘公里，是我國的第三大河流，只是流經興安省後，便成爲中俄兩國的交界河了。它的利益全在航運方面，灌溉水利不大。再其次便是發源於雲貴高原的西江，途經廣西、廣東，而入於南海，全長二千一百餘公里，水量豐富，流速緩慢，灌溉與航行利益均大，尤其是在進入廣東以後，稱爲珠江，而在注入南海前，所形成的珠江三角洲，更是富饒甲天下，正是古人所讚賞的魚米之鄉。除了上述的四大河流外，還有許多小河流，大都具備了航行與灌溉之利，但這些河流，多半屬於這四大河流的支流。此外有些河床高亢，水流湍急，航行灌溉都不適宜，對中國文物的繁榮滋長不大；例如，青康藏高原的六脈六流，雖然河身不短，水量不少，也有局部利益，因與中國文化的關係不大，便只好略而不談了。

講完了我國的地理環境之後，再談我國的氣候，而氣候也是影響民族滋生與文化發展最大的因子。論到氣候，必須注意影響氣候最大的三個條件：一是氣溫，一是雨量，一是風向；這三大因子互為因果，彼此影響。一般而言，我國南方接近熱帶，溫高濕重，北方乾燥嚴寒，又接近寒帶，只有中部介於這二大氣候之間，不冷不熱，四季如春。如以東西方面而論，則西部崇山峻嶺，地勢高亢，溫度低而乾燥，愈向東部，地勢愈低，氣溫愈高，濕度愈大。雨量的分佈情形，則以東南方為最多，平均年雨量在二千粍以上；反之，西部及北部則降水量少，濕度小，平均年雨量只有三四百粍，甚而更少。至於風向，夏秋之交多東南風，這時夾帶着南方潮濕的空氣和溫暖的氣流，自太平洋吹向大陸，遇着高山阻梗，便凝集成雨，降落地面，越過高山，便只有霜雪了。冬春之季，風多自西伯利亞吹來，嚴寒而乾燥。由於這兩種不同風向氣流的輪流侵襲，形成了中國的三大氣候區：東南是季風氣候區，西南是高原氣候區，西北是乾燥氣候區。這三種氣候都不為大眾所歡迎，而最為中國人所樂於居住和歡迎的，卻是這三大氣候的交界處，那就是黃淮平原和江淮平原一帶了。中華民族之所以發祥於黃淮平原，繁衍滋生於長江流域一帶，應有其氣候環境的必然因素在。

二、古史的證明

東方欲明星爛爛，汝南晨鷄登壇喚；
曲終漏盡嚴具陳，月沒星稀天下旦；
千門萬戶遞魚鑰，宮中城上飛烏鵲。

——鷄鳴歌　佚名

蘇爾柯先生（Arnold Silcock）是華西大學的建築工程師，前後壩（華西大學的校園分爲前後院，通稱華西壩。）的人都叫他做蘇木匠。在他所著「中國美術史導論」⑩的首頁裡，舉出了幾個有趣的老故事，來說明中國古代歷史的意義和價值。

第一個是銀杏的故事：在北平西山大覺寺裡有三棵大銀杏，這種木本的裸子植物，在目前已很少見到，至少還沒有人發現它的野生種。據植物學家研究，這種樹的生存年代，比一萬萬年前的大爬蟲還要早。中國人是如何地將它保存下來，又如何一定要保存這種銀杏樹？確實是個謎。

第二個是恐龍的故事：恐龍是原始時代的大爬蟲，距今少說也有幾千萬年了。可是在中國蒙古的戈壁大沙漠裡，卻發現了數個完整的恐龍蛋，當這種蛋未發現的幾千年前，中國古書便記載着「龍」和它的「蛋」了。（註：美人安竹思（R. C. Andraws 1917）於第五次遊蒙古時，在戈壁大沙漠中發現數個恐龍蛋。⑩）

第三個是古生物的化石：早在宋光宗時代（公元一一九〇——一一九四年），中國著名理學家朱熹，便在他所著的「語類」九十四卷裡，論到化石的發現和形成。他說：「常見高山有螺蚌殼，或生石中，此石卽昔日之土；螺蚌本生於水中，下者卻生於至高，柔者卻變爲至剛……」（其實在宋熙寧中，錢塘沈括，已在河北山崖間，獲見此類化石，並加以記載，其時當在公元一〇七五年左右。）這種類乎科學家的解釋，已比歐人達文西（L. de Vinci），所說有關化石的故事，早了三百多年。

第四個是關於樹居人與火民的故事：在中國史前時期的口傳歷史裡，有兩大氏族：一是有巢氏；一是燧人氏。有巢氏的時代，便是人類樹居的時代，這從爪哇原人是住在樹上，可爲明證。又安德森教授（Prof. J. G. Anderson）和斐文中氏等⑪，在北京周口店發掘出來的「北京人」，和北京人所住的洞穴裡，發現了木炭和灰燼的遺跡。這證明他們是熟食的原人，屬於燧人氏時代的中國人。此外，一九七六年九月中國考古學家又在山西襄汾縣丁村遺跡地方挖掘出孩童的右側頭蓋骨化石，較北京人猶早十餘萬年，是謂丁村人。

除了以上蘇爾柯先生所提出的四個故事以外，筆者還發現了幾個與中國古史有關的故事，因此把它續在下面。

第五個是軒轅黃帝的故事：史記五帝本紀載：「黃帝居軒轅之丘，娶於西陵氏之女，……曾披山通道，東至於海，登丸山及岱宗；西至於空桐（或作崆峒及空同），登雞頭；南至於江，……」。根據水建彤氏所著「張大千與羅月支」㉜論文裡說：「大千先生曾將阿堅塔壁畫二册一本給我看，其中有一幅是赫斯魯王與西陵公主飲酒圖。」因此不但證明西陵公主確有其人，而且還牽涉到古史所稱，周穆王見西王母的事。

第六個是養蠶的故事：我國古書皇圖要覽裡說：「伏羲（2852-2738 B.C.）化蠶桑為繐帛；西陵氏（2698-2598 B.C.）始養蠶。」又說：「朱襄氏作瑟，太昊氏作琴。」而琴瑟均須用絃。可見中國在五千年前，便已經知道利用蠶絲了。這種蠶絲到底是野生的，還是用人工飼育的，不得而知。但根據中國考古學家李濟氏等，在山西夏縣西陰村，發掘彩陶文化的結果，發現了半個用人工割裂的蠶繭。因為時間過了很久，這半個蠶繭已經變成化石了，不過仍然看得出它的絲紋，經送往美國專家鑑定結果為一種人工育養的蠶種，學名為：Bombyx Mori。因此考古學家稱它為「西陰村蠶繭」。因此證實了我國古史所載，「化蠶桑為繐帛」之不謬。又通鑑外紀說，西陵氏之女嫘祖，為黃帝元妃，始教民育蠶，治絲繭以供衣服。由於蠶繭在五千多年前，便已經為我先民所注意，並予割裂，則在三四百年後的黃帝時代，才開始用人工育蠶，抽絲作帛，是十分可能的。

第七個是甲骨文的故事：我國甲骨文專家董作賓氏，在論我國古史的眞確性時說：「就所獲得的新史料而言，可證明黃帝確有其人，而且是陳侯因資的遠祖，稱為高祖黃帝。因為在陳侯因資銅器的銘文上，刻有這一名字。（陳侯因資殷銘有「紹統高祖黃帝」記載）而帝嚳是殷人的遠祖，就

是甲骨文中所稱的高祖夒，見於武丁時代的祭祀卜辭。」⒀

蘇氏說：「古代的傳說與著作，曾敍述了許多事情，而這些事情都曾被西方學者，認爲是荒誕不經的；可是到了後來，卻證明它跡近眞實。」蘇氏又說：「在中國任何事物，一經出現或發明，就不會消逝無踪。」⑦由於古代只有語言，沒有文字，所以許多眞實的事情，也只能藉着口傳遺留人間；又因爲一代一代的流傳下去，總有時會增加或刪減一些，這就是時代愈遠，事情越模糊的原因。但卻很難說它是荒誕不經的。當然後人僞託之事也有，但那是有了文字以後，社會漸趨複雜，人口不斷增加，一些不誠實而自作聰明的人，所幹出來的勾當。沒有文字以前的古人，是用不着編造一些事實來欺騙後人的，最多只能負起傳說不實的責任。

三、中國人的起源

東南三千里，沅湘爲太湖；
湖上山谷深，有人多似愚。
嬰孩寄樹巔，就水捕鷓鸕；
所歡同鳥獸，身意復何拘。
吾行遍九州，此風皆已無；
吁嗟聖賢教，不覺久踟躇。

——思太古　元結

距今大約一百萬年前，在中國北方，冬季氣溫較現在爲暖和，雨量也較多，常有許多大小不等的湖泊，散佈其間，滿山遍野，都是森林和草原，山丘並不高，新生成的磚紅土壤，質地輕鬆，排水良好，有機質多，保水力強，眞是沃野千里，一望無垠，最適宜於動植物的繁衍和滋長，因此花

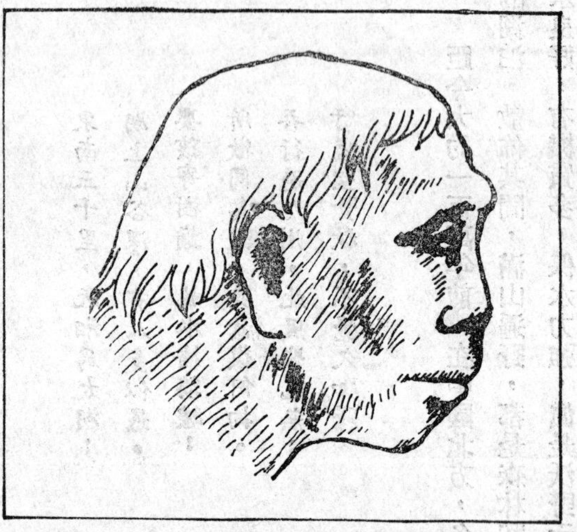

第二圖　我們的祖先——北京人

木扶疏，鳥獸盈野。就在這一大片森林與草原交錯的丘陵地方，忽然出現了幾個下顎突出，眉稜高聳，天庭飽滿，鼻骨寬大的少年男女，在現今綏遠和晉陝交界一帶的河套地方定居下來。他們手無寸鐵，一絲不掛，白天常到草叢中去覓取鳥卵，在樹上採摘果實，夜裏就蹲在大樹上休息酣睡；就這樣茹毛飲血地生活下去。

這些人的身體並不高大，卻非常健壯結實；能直立走路，卻還是半蹲半跳的挺立不起來；膂力雖然很大，卻還不敢和獅虎搏鬥。從表面看來，他們不會跑，也不會跳；沒有獅虎那麼凶猛，沒有熊豹那麼矯健，也沒有猿猴那麼靈活。可是他們卻曉得拿起折斷了的樹枝，當作武器，抵抗獅虎，也曉得拾起碎石，投擲鳥獸，予以嚇阻。他們的腦容量比猿猴大，思想敏捷，常常聚在一起，交換一天的覓食經驗，和討論抵抗猛獸侵襲的各種方法。就這樣在這一大片土地上，生兒育女，代代相傳。

當這羣原人經過了多少世代以後，他們學會了鳥獸築巢的方法，在茂林深處的高大樹木上，開始用枯乾了的樹枝，構築簡單的住屋，四週又用細小一些的樹枝和寬大的樹葉遮蓋起來，用以防避風雨，並將婦人小孩安置在上面，避免猛獸的突襲。以後又有人將斷了的幾根樹幹，拚湊在一起，用山野間的籐蔓捆住，斜靠在住屋的一邊，作爲攀登用的樓梯，這樣就更便於婦人小孩的上下了。

在一個雷雨交加的晚上，森林忽然觸電起火燃燒起來，火勢愈來愈大，越燒越近，林中的鳥雀亂飛，野獸狂走，他們感覺到這個忽然降下來的天火，厲害非凡，連獅子老虎都匆匆走避，所以也着急起來，連忙携兒抱女逃離火場。幾天以後，火勢漸小，才又回去看看舊日棲居的地方。而且早幾天因爲大火突起，在黑夜中逃走時，有人走失了太太和孩子，現在才又迫不及待的返回去找尋。當他們快近火場的時候，忽然聞到一股股的香味，從火堆裏發出來，便本能地走近一看，發現一隻小鹿被燒死了。這時他們腹中饑餓，不自覺地撕下一塊肉來吃，起先還有些害怕，等到發現燒烤的鹿肉比野果和鳥卵更好吃時，才狼吞虎嚥的大吃特吃起來，吃飽了還撕下一條腿來，帶給他的太太和小孩吃。在這以前他們只知道吃鮮果鳥卵和一些生肉，自從知道烤熟了的獸肉，比生食更香更有滋味時，便開始尋找火種，進行熟食了。

從經驗和觀察裏，他們發現火最喜歡吞吃枯枝和敗葉，因此便開始用枯枝敗葉與乾草去餵火，讓它不斷地燃燒，雖然有時忘記了添加新的柴草，以致火焰沒有了，但只要仍然有一些灰炭的餘燼存在，如果適時添加乾的枝葉，那火仍然會旺盛起來，重新發出熊熊的火焰，於是他們又發現了保存火種，使它永不熄滅的方法。如果要找出人和獸之間的分野，那麼用火熟食，便是人類最大的特徵，因爲獸類是永遠也不知道和不敢用火的。

自從人類知道用火烤煮食物以後，便開始大量捕捉野獸，又因爲要捕捉野獸，所以又開始用樹枝和石頭當作武器，投擲野獸了。最初的武器，當然是些斷枝碎石，漸次他們把石頭磨細，磨尖和磨薄，或把樹枝的一端磨尖，用以戳傷和殺死野獸，然後再用磨薄了的石刀切開獸皮，斷裂獸骨。最後又有一些聰明而懶惰的人，乾脆就用吃剩下來的長大獸骨作武器了。又由於用手投擲樹枝和石頭，不大靈活，也投得不遠，所以才又有些人，看見猴子拉着樹枝彈上彈下，而發現了樹枝的彈性，於是又開始將堅韌的樹枝弄彎，將石頭彈出去。以後又隔了多少年，才又有人用籐蔓縛住樹枝的兩端，而發明了弓和箭。這樣便可以將小樹枝投射得更遠和更準確。當樹枝彎成的弓箭發明以後，石頭作的武器也更精細得多了。這時的石器方面，已經有了用木柄裝置的石刀、石斧，和有圓孔的小圓石，這些小圓石常用細籐串掛起來，戴在頸上，作爲婦女和孩子們的裝飾。

又在另一個狂風暴雨侵襲的晚上，所有的火堆都被這突如其來的風雨所摧殘而熄滅了。這眞是個晴天霹靂，如果沒有了火，又將要回復到生食時代，多麼不方便和不舒服。於是他們一方面到遠方族人那裏去借火，一方面也想自己造火，從過去打磨石器的經驗裏，知道當兩塊石頭相撞擊時，往往有火花迸發出來，尤其是那種黑色的燧石，發火更大更多，所發的火花和顏色，與燒樹枝爆發出來的火花，完全一樣，所以他們又開始用石塊互擊互撞，再一次觀察這些火花的顏色和形狀，經過了無數次的撞擊，終於在一堆燒過了的木炭灰上，發生了星星之火，這一小小的火花，更慢慢的擴大燃燒起來，他們高興極了，大家都來試試這種生火的方法，一連多少天都在反覆做這種擊石取火的偉大試驗。當擊石取火的方法，獲得成功以後，這一偉大發明，便很快地傳到其他族人裏面去了。不知道又經過了多少年，住在叢林裏面的人，又用兩根枯乾了的木棒，不斷地互相磨擦，而發現磨碎了的枯木屑，也會冒煙生火，於是又再一次從鑽木的方法，取得了火種。

當取火的方法，發明了以後，人類用火的機會，愈來愈多，也愈普遍。就在這一大段時間裏，人們意外地發現所有的野獸都怕火。於是便開始用火來作抵抗野獸的武器。人類自從有了火作爲武器後，便不再懼怕那些凶猛的野獸了。因此便從樹上移居到地上來，因爲住在樹上，確實感到不方便，尤其是懷孕的婦人和孩子們，更是如此。當人們移居到地上的時候，最初是住在空曠的獸穴裏，以後人口加多，才又漸次將獸穴擴大，加深，變爲自己的洞穴了。爲了防避野獸的侵襲，便常在洞門口，燃起一堆柴火來，這就是原始人類的營火。

由於人口愈來愈多，野獸和果子都漸感缺乏，於是族羣之間，常常爲了爭奪食物，彼此爭執，爭執的事愈來愈多，也愈擴大，終於演爲羣體的打鬪了。於是原來住在山西北部和察綏一帶的部份人民，爲了避免這種無謂的爭執起見，便開始第一次的大遷徙。其中一支人向西移居，到寧夏、甘肅一帶地方去，另謀生路，隨後又再延遷到新疆及青海等處；一支向東遷徙到了熱河、河北與遼寧一帶；一支向南遷徙進入了陝西、河南、山西一帶，隨而又向湖北、四川等處移居。至於向北方蒙古和西伯利亞移居的人民則比較稀少。當然原來的地方，仍然住着一些不願遷離的人民，繼續留在那裏，從事生存競爭，優勝劣敗的奮鬪生活。

當這些人羣向四面八方逐次遷徙的時候，便自然地携走了原有的文化和火。當他們到達一個認爲安全和肥沃的地方時，便又定居下來，再在這一塊新的土地上，生兒育女，繼續他們種族的繁衍和新文化的創造。由於各地區氣候環境不同，人民與人民之間的生活習慣，便漸次地有了一些差異，遷離的地方愈遠，時間愈久，生活習慣愈不相同，文化的差異也愈來愈大，尤以沿黃河流域南遷的人們，因爲氣候溫暖，土地肥沃，生產力大，攝食容易，生活也就變得更優裕，閑下來思索的時間也多，於是不斷地改進、創造與發明，日積月累，年復一年，自然就比其他各族羣的文化提高了許多，這就是中原華夏族的祖先。

人類自從移居到地上以後，因爲滋生繁多，食物短少，不得不分向各地遷徙，但新遷住的地方，又會因爲人口不斷地增加而感到不够分配，野獸的數目也因爲狩獵的人多，數目愈形減少，因而有人幾天獵不到野獸，不過有時運氣好，也可以多獵獲一些，尤其是春夏之交，小動物剛剛走出巢穴，遇見了人也不躲避，於是便被獵人活捉回家了。在這些活捉回家的小動物中，有些是吃草的牛羊，更是性情溫和，容易和人相處，小孩子們特別喜愛這些馴良可愛的小動物，先是常常拔草給它們吃，以後再用籐條拴着，帶到野外去吃草，最後發現這些動物並不願意逃跑，便乾脆取去籐條，讓它們自由地進出了。只是到了晚上才將它們趕回洞裏，以免被凶猛的野獸吞吃掉。這就漸次地豢養起野獸來了，不經意地進入了畜牧時代。此外婦女或孩子們在草叢中與樹林裏，又拾到了許多鳥卵，一時忘記煮食，放在洞穴的溫暖處，不久便聽見吱吱的叫聲，才發現那些鳥卵已孵化出小鳥了。在孵化出來的小鳥中，有幾隻喜歡啄食植物種子的，便慢慢長大起來；但不啄食種子的，不久便餓死了。這樣人們又開始飼養起鷄鴨等家禽來了。

住在河邊的人，不容易獵到野獸，但他們卻發現在河邊的淺灘地方，有些蚌殼生活在那裏，孩子們拾回去放在火堆旁邊，經火一烤，殼便裂開了，現出裏面白嫩嫩的肌肉來，當孩子們挖取一二片螺肉品嚐時，覺得比獸肉還香嫩可口，於是人們又開始拾起螺蚌充饑了。隨後人們又捉住了一些小魚，放在火上烤熟吃，也很鮮美。因此住在水邊的人民，比住在山上的人，又多了一些可吃的東西了。

人類天生是雜食的動物，不只是要吃魚吃肉，還需要野果充饑，但野果的數量有限，尤其是一些甜美的果子，更是大家競相採食的對象。由於採摘的人多，野果不敷分配。何況野果的成熟時間常有一定，當果子成熟時，大夥兒一齊去採，然後將吃不完的多餘果子帶回家去，給家裏的人吃，吃剩的果核，便順手拋擲出洞外去了。春天下雨，土壤被雨水滋潤後不久，從前拋落在外面的果核，便開始發芽生長，伸出土外，一年年地生長，過了幾年便開始結果，而且所結的果子，與他們從前採食的完全一樣。於是人類又發明了種植果樹的方法。以後又發現山上長的果子又香又甜，有些卻很難下嚥，於是便將味道好的，顏色美的，氣味香的果核留下來，帶回家裏，種在洞外，或送給遠方的親友及鄰居栽培，因此果樹的種類漸次加多，果子的風味也加以選擇了，這就是原始農業的開始，與品種的選擇和培育了。果樹的種類愈來愈多，成熟的時期也多不相同，因此人們便隨時有新鮮水果吃了。據考古學家的研究，當時已經有桃、李、杏等核果類的栽培了。而且不只是吃那些鮮美的果肉，連核內的核仁，也知道敲碎硬殼採食了。

隨着果樹的栽培，人們又發現一些小鳥常常啄食野草的種子，因此便將這些種子採回家，喂養所飼的鷄鴨，偶爾有散落在地上的，也像核果一樣，發芽生長，而且在短短兩三個月中，便開花結實了，這就是穀類作物的發現，這時的穀類，大都是屬於黍稷等矮小的旱地植物。

獸獵和漁牧都是一樁辛苦的事情，而且生活多不安定，尤其是常常爲了爭奪牧場和獵區，與其他族羣發生械鬪，死傷很多，非常痛苦；於是一些善良的人羣，便開始尋找平坦而水草較多的肥沃地方，開始果樹和穀類作物的栽培了。同時爲了增加肉食又大量豢養鷄鴨牛羊等動物，作爲狩獵不足時的補充食物。這樣又加強了人類自給自足的生活方式，而從完全蔬食進而爲雜食了。文化方面，由赤手空拳，進而爲利用石刀石斧，以及弓箭捕捉野獸，利用牛馬和獨木舟作爲交通工具了。這其間大約經過了四十多萬年。如果從最初出現在華北丘陵地帶的那幾個少年男女算起，到達農耕的雜食時代，大概有一萬代了。就在這一萬代當中，人類的遺傳質受氣候、環境、食物及其他許多不知道的因子所影響，身體變得更挺直，更壯大，眼睛內陷，臉部的茸毛也減少了，而最顯著的還是頭部變得更大更圓，額部寬廣，下顎收縮，鼻子也由上下一樣而變爲下部肥大了。一部份牙齒受了熟食及雜食的影響，門齒變寬而呈箕形，犬齒退化，只剩四個了，這就是今日中國人的祖先。

正當一個酷熱的夏天，潮潤的氣候使人感覺到透不過氣來的時候，天公忽然下起雨來了。隨着雷聲隆隆，電光閃爍得令人都快睜不開眼睛了，烏雲佈滿了天空，遮蓋着大地，只剩得老遠的天邊，還有一些兒灰白色的光線，在忽隱忽現的變化不停；霎那間大雨傾盆，直往下瀉，眞好像天要塌下來似的。這種暴風豪雨一連下了許多天，山洪暴漲，不只是沖走了山間的樹木花草，而且發生了多次的山崩，這些崩下來的岩石、土壤、樹木等，更順着洪水漂流到其他低窪的地方去了。由於這次突如其來的狂風暴雨的襲擊，許多住在低窪與河谷的人們，都被沖失或淹死了。幸而有些住在較高的山洞裏，躲過了這次浩刼。雨過天晴，河水消退後，低窪地方都舖上了一層層厚厚的礫石，最厚的地方，更達到四、五十公尺。

人類經過了多次的森林大火和暴風雨的災變以後，又學會了許多事情，對於環境的適應，也增大了許多。直到礫石層的後期，人們已經知道用石刀、石斧，投擲石頭，追捕野獸，拾取蚌殼，捕捉魚蝦。而且也曉得剝取獸皮，披掛在身上禦寒了。閒來無事，又將小圓石穿成小孔，用細籐連串起來作爲裝飾品，戴在手上和頸上。隨着歲月的流轉，一代代經驗的累積，謀生的技能不斷地改進，生活容易，孳生繁多，而且有更多的時間娛樂和思想。就在這時開始了畜牧，漁撈和種植果樹了。

就在這種急速進步和繁衍中，北方的氣候忽然變冷了，雨量也稀少了，甚至於在某幾個地方，終年不下雨，於是樹木花草枯死了，鳥獸走散了，人們也賡續南遷；不只是溫度低，濕度小，同時從更遠的北方，不斷有狂風吹

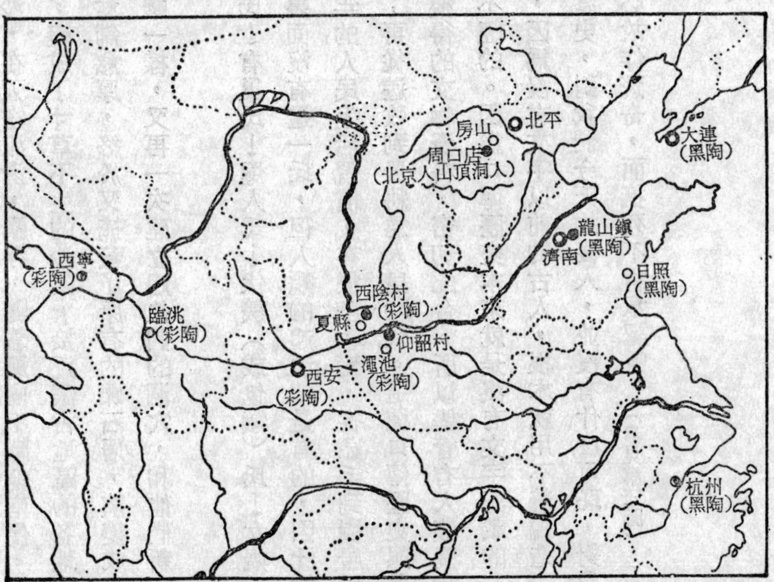

第三圖　史前時代中國文化的起源與分布（圖中接近河套的虛點部份，可能就是我們祖先誕生的搖籃）。

來，以致飛沙走石，塵土蔽天，這種微粒的黃沙，在天空流盪，飄浮，隨着風向不斷地南侵。經過了若干歲月的飛沙走石，從前水草豐盈的地方，變成了寸草不生的沙漠，接近蒙古地區的各地方，也舖上了層層的黃沙，這些黃土不斷地增加，愈舖愈厚，終於又掩蓋了原有的礫石層，演變成了黃土高原。在這一大片黃土高原上，人們就像螞蟻一樣，又再一次建立起他們的洞穴，和他們新的文化了。

綜上所述，我國口傳歷史的順序是：盤古氏→有巢氏→燧人氏→伏羲（或包犧）氏→女媧氏→神農氏→軒轅氏。從盤古氏（我國的口傳歷史裏面沒有這一氏，但人類的起源總是有的，因此姑且保留。）到軒轅氏大概是一百萬年。這一百萬年的人民生活習慣，有很多改變，從茹毛到樹居稱爲天皇時代；從樹居到穴居並使用火爲地皇時代；再從遊牧到農耕爲人皇時代。這種口傳歷史與我們人類的進化程序非常吻合，也與我們從地下所獲得的文物資料，密切配合。所以儘管有人懷疑我國的口傳歷史，視之爲神話，但神話並非是荒謬不經的。因爲口傳歷史本來就是沒有文字記載的一種傳說，但古人的傳說，並非就是不可靠的謊言，因爲沒有文字以前的古人，根本就用不着編造一些謊言，來欺騙後人。因此我以爲相信這些口傳歷史，對我們今天的後人，並沒有什麼可恥，對我們悠久的歷史文化，也沒有什麼損失和妨碍，何必故作驚奇，而抵死不肯承認呢？（參見第三圖）

四、中國歷史是怎樣寫成的

南北幾離合，江山一古今，
秋風駝臥棘，春雨燕巢林；
家國興亡夢，英雄勝敗心，
九疑呼不起，愁絕暮雲深。

——詠史　汪　韶

中國人對於歷史非常重視，認爲歷史裏面包括了政治、軍事、經濟、社會、文學以及人類整個的文化。所以一切學術與典章文物都以史學爲淵藪。據書載，周時政府所聘派的史官，便有十數種之多，官員數目在千人以上。例如當時中央的史官，便分爲大史（掌國之六典），小史（掌邦國之志），內史（掌書王命），外史（掌書四方之志及王命之頒布於畿外者），御史（掌圖籍，贊書，授法令，並撰修史事），女史（掌王后之禮，職內治之事）等等。而地方政府則又有州史，閭史等。史官所掌之書，上至三皇五帝，下至近代。一切都以史官爲主，所以劉知幾說，史官備於周室。[77]至於諸侯各國，周王亦派有史官，負責各該地區的大事記載，使重要事項，均得明瞭其實際情形，筆之於書，呈報王庭，而爲中央政府與地方官吏的聯絡人員。

中國史官除記事外，更負責研究其他學術，尤其是對於文字、文學以及天文曆算等，均加以調查研究，所以有史而後有法、有文。劉師培說，六藝掌於史官，九流出於史官，術數、方伎諸學，亦出於史官。其言雖不免有些誇張，但亦可見當時史官之於學術文化與人類思想的密切關係了。此外，史官的地位崇高，常在衆官之上，而漢朝法令，太史公的重要且在丞相之上，所謂天下計書先上太史公，副上丞相。[137]

在中國史官裏面，有兩個值得一敍的人物：那便是春秋時代的晉史董狐和齊史某某了。當晉靈公欲殺趙盾的時候，趙盾知道了，便逃離晉都絳城，跑到首陽山去了。不久趙穿把靈公殺了，趙盾才回來，並迎成公卽位。但趙盾回來以後，並沒有治趙穿的罪，所以史官董狐，便在史書上寫道：「秋九月乙丑，趙盾弑其君夷皐於桃園」。趙盾知道了，便對董狐說，你寫錯了，殺靈公的是趙穿不是我。董狐說，不錯是趙穿，但是你回來以後，不治趙穿的罪，顯然趙穿的弑君行動，你是主謀，所以靈公是間接由你殺的。由於董狐這種「書法不隱」的硬派作風，所以孔子讚美他是：「古之良史也」。

另外一個史官叫什麼名字，史書沒有記載，只稱爲齊史，他也是周天子派在當地，負責記言記事的史官。因爲齊國大夫崔杼去弔棠公喪的時候，看見棠姜很美，便取回去了。誰知齊莊公又與棠姜私通，於是崔杼便將莊公殺了，另立景公繼位，並且自立爲相。齊太史便在史書上寫道，「夏五月乙亥，崔杼弒其君光。」崔杼大爲憤怒，要太史改掉，太史不肯，崔杼便將太史殺了；改由他的弟弟繼任，但他的弟弟也不肯改，崔杼又把繼任的弟弟也殺了，再由第三個弟弟繼任，還是不改。崔杼問他爲什麼不改？他說：「據事直書，史氏之職也，失職而生不如死。昔趙穿弒靈公，太史董狐，以趙盾爲正卿，不能討賊，書曰『趙盾弒其君夷皐』，盾不爲怪，知史職不可廢也。其卽不書，天下必有書之者，不書不足以蓋相國之醜，而徒貽識者之笑，某是以不愛其死，惟相國裁之。」崔杼只好算了。同時周天子派在齊國南部的另一太史，聽到了這個消息，便忙帶着刀筆和書簡，趕到臨淄去，準備照樣書寫。當他知道第三個繼任太史沒有被殺，而且弒君的事，已經宣付史館沒有問題了，才返回南方原任所去。

中國史官的傳統上有一種公正不阿的職業道德觀念，眞正做到富貴不能淫，威武不能屈，貧賤不能移的特立獨行態度。據說，周成王小時侯，曾用桐葉刻畫成珪的樣子給弟弟叔虞玩，並且告訴叔虞說：「拿這個封你吧！」史佚在旁邊聽到了，便請成王擇日封叔虞。成王說：「這只是說說玩的。」史佚便說：「天子無戲言，言則史書之，禮成之，樂歌之。」於是成王只好封叔虞於唐，這就是晉國的起源。這雖然像是一種趣談，可是在史官看來，卻是相當嚴格的。

我國歷史撰寫的規律化，當肇始於孔子所著的春秋及司馬遷的史記。在這以前固然已經有了許多歷史書籍，可是那些史書多半是間斷的，籠統的，混淆不清的，使人讀了只知道事實，而難於捉摸到它的前因後果。何況一件事情，由不同的人來說，一個記言（左史），一個記事（右史），常常會有一些互相衝突或雷同的地方。如果一件事情互相衝突，又如何解釋呢？究竟誰是誰非呢？爲了過去的史書沒有一定規律可循，所以有些事情重覆多次，而有些又遺漏掉了。因此司馬遷的父親司馬談，在作太史的時候，便發現了這些缺點，總想把它改正補充起來。同時過去史書的記事方法，也沒有一定的章法和標準，常常將很多神異怪誕的傳言，也寫在歷史裏面，這樣的敍述史事，便與事實有很大的出入。如果這樣皂白不分的寫下去，則已有的事實，也會令後人不敢相信了。所以司馬談一方面搜集過去正確的資料，一方面也想寫一本更爲可靠的信實史書。他恐怕自己的生命有限，所以就把他的這種希望和意願，寄託在他兒子司馬遷的身上。因此當司馬遷十歲的時候，便將他的心思和意願，告訴了司馬遷，同時也敎他如何翻閱過去的史書，以及寫歷史時應該具有的精神；那就是「當世有美而不書，汝之罪也。」⑰因此司馬遷在以後的十年中，遍閱了當時能够見到的許多史書，而且對其中的一些事情感到疑惑，爲了求證這些史實，他開始了長途旅行，把他認爲有問題的地方，和不清楚的事情，作實地的考察和印證。同時爲了瞭解各地方的社會文化，風俗人情；一面走，一面看；一面問，一面寫。司馬遷一共花了十五年的時間，作了三次長途旅行。曾經西至西域各國，到過甘肅的崆峒山，訪問過我國民族的發祥地；北至涿鹿，憑弔過炎黃二帝爭逐的古戰場；東至渤海、黃海，拜訪過孔子的故鄉，並參加當時各地區的祭祀禮樂大典；然後南至長江淮河一帶，探察各地區的風俗人情，到過湖南的九嶷山，和浙江的會稽山尋訪虞舜和大禹的陵寢。隨後又奉派監軍，並作隨軍記者，隨大將軍李息到西南方去征伐苗夷，深入雲、貴、川、康，採訪軍事和征戰的新聞。由於他足跡遍天下，而且是一個有心人，所以他搜集到的資料，比任何人要多，所印證的事物，也比任何人來得眞實。當他倦遊歸來的時候，又花了七年多的時間，將他父親留下來的資料，和他自己旅行獲得的資料，統統整理綜合起來，以便求得一套完整的史實。

資料有了，如何整理剪裁呢？這是一個大難題，他知道過去對歷史的寫法，缺點太多，不盡令人滿意，於是他想出用紀傳體的方法來寫，以完成他父親要他完成的使命。所謂紀傳體，便是將各個不同的人物，分門別類，一個一個的寫。他不但替成功的帝王寫，也替失敗的英雄寫；不僅替諸侯士大夫寫，也替那些起義的列祖列宗寫；不僅替達官貴人寫，也替哲人、科學家和藝術家寫；不僅替在朝的大人物寫，也替在野的滑稽、遊俠等小人物寫。在他筆下有賢士大夫的道德文章，也有酷吏奸賊的敲詐行藏；有帝王殘民以逞的暴虐文章，也有小市民心聲的上訴；他歌頌過去的賢人聖人，也嚴厲指斥那些喪心病狂的貪官汚吏。此外，他並將各個帝王的傳記年譜作爲他的歷史紀年，然後從這些紀年中再將當時其他人物和社會動態貫聯起來，以便看出當時社會的整體。這種寫史的方法，可以說是司馬遷所始創的。

當司馬遷正在撰寫這部名垂千古的不朽巨著時，忽然遭到了李陵事件。（公元前九十九年，天漢二年，司馬遷四十七歲）於是他受到了最不名譽的腐刑（割掉生殖器），由於他是一個有氣節的讀書人，忽然受此奇恥大辱，心實未甘，本想自殺；然而他是有理智的高級知識份子，他緬懷着他父親的遺言，和對他的期望；他深深感覺到眼前這一大堆資料，得來不易，同時他的偉大著作，也只寫了一半，不能就此拋卻，所以他情願「隱忍苟活」，必得先完成他的著作再說。於是懷着更沉痛的心情，更悲憤的心理，更深刻地描述那些每一個他所了解的人物。差不多又花了十年的時間，才將他的這部巨著完成。這書一共有一百三十篇，五十二萬六千五百字。其中有表十，本紀十二，書八章，世家三十，列傳七十，共五類。書寫成了，並不就算完結，因爲他想如果不把這本書流傳下去，那麼這一輩子還是等於白活，遭受的奇恥大辱，仍然沒有昭雪。他知道這部書如果給當時政府中人看到了，必定要把它燒掉，至少也得删去一大半，說不定還要因此而受更重的刑罰。於是他又另抄了一份，副本交給他的外孫楊惲保管。囑咐楊惲在他死後，才公開出來；至於他寫的原稿便藏到一個很秘密的山裏去了，希望總有一天會被後人發掘出來。[160]—1 關於『藏之名山』這句話，唐司馬貞在其所著「索隱」一書裏稱名山爲府庫，但查『名山』二字辭源有三注：一爲有名之山嶽，二爲四川名山縣，卽今之雅安，三注爲文字事業。依此種解釋，則藏之名山應爲藏在有名之山或雅安，至於文字著作等事業，則不謂之藏也。今本白話史記，則用文字事業注譯。至於究竟藏在什麼地方，沒有人知道。可惜這部原抄本，至今尚未發現。今天我們還能夠對於黃帝以後的許多事蹟，了解得這麼清楚、透徹，對於過去的遺跡，還有如此詳細和正確的記載，便全是司馬父子和楊惲的功勞了。

關於司馬遷史記裏面所述許多文物的眞實性，雖曾有一些人加以懷疑，但據英人斯坦因爵士（Sir Aurel Stein 1932），在他所著「斯坦因西域考古記」(On Ancient Central-Asian Tracks) 裏面寫道：「漢書上所有關於我所發現的這一段城牆同亭障的記載，是取自中國歷史鼻祖司馬遷當時的記錄，可證明其爲確實可信的。」[110] 此外，當中央研究院組成的殷墟發掘團在河南安陽小屯村，經十五次的發掘結果，發現了商朝盤庚所建的殷都，這就證明史記項羽本紀所說，項羽會章邯於『

洹水南、殷虛上』，這個殷虛就是現今的小屯村。又由甲骨文上所研究的結果，也證明史記殷本紀所說的完全正確。

史記這本書所記述的歷史，上至軒轅，下至武帝天漢四年（西元前九十七年），共約二千六百多年。這是中國第一部較爲完全的史實記載。以後各朝史家，又仿傚他的寫法，增加了二十四部，合稱爲二十五史。中國自軒轅黃帝開始至明朝末年，共四千三百餘年的歷史陳跡，都記載在上面，全書共三千六百多卷，四千五百餘萬字。近代史學家蕭一山先生，又將清朝的歷史加進去，變成二十六史，卷帙又更繁多了。雖然歷史事蹟是增加了，年期更長了，中國人口更多了，文化更悠久了，但是後代史家在撰寫正史時，仍然循着司馬遷寫史的精神和筆法，來敍述歷史，因爲寫這麼大一套歷史書，如不用紀傳體來分開一樁一樁的寫，便很難把它寫得完整無缺的。

繼司馬遷而後的另一部史書，便是漢書，這也是非常有名的史學大著，這是二十五史裏的第二部。漢書的第一作者，應該是班彪，他是東漢時安陵人，字叔皮，爲光武初年所舉的茂才，後作徐州令。彪有文才，喜歡史學，因此曾將武帝以後的許多史實，撰寫成六十五篇，準備編爲漢史，但未能完成便死了。死前也曾把他的心願告訴他的兒子班固，所以班固便繼承了他父親的遺志，繼續搜集資料，以完成他父親遺留下來的未完工作，而且這一工作還是奉皇帝的詔命進行的。同時他也被任命爲國家的史官，繼承他父親的遺職做蘭台令史。所以當他搜集資料時，也受到各方面的協助，至少秘書省裏面的許多檔案、文書、奏議，他都可以隨便調閱。葛洪在他所寫抱朴子一書裏說，班固曾取用了許多劉歆所寫的史料。自開始至建初中葉，差不多費了二十年的時間，才將草稿次第完成，可惜就在此時，班固因為大將軍竇憲案，被捕入獄，瘐死獄中。因此這部行將脫稿的漢書，便再由班固的妹妹班昭來續寫。班昭在奉命續寫漢書的時候，政府並派了當時頗有名望的青年史家馬續和馬融兩兄弟來協助她增刪和整理。如此又足足花了將近十年的時間，才算完成。這部漢書的材料，雖然沒有像司馬遷那樣親自旅行，沿途採訪，但也動員了不少人力，前後花費了三十多年的時間，才得完成。這兩大史書的原著作人，都遭逢了相同的際遇和命運，而所完成的又都是相當精確而裨益後人甚大的史書。

自司馬遷的史記開始，更由於班氏兄妹的撰寫漢書及漢書藝文志的結果。後代史家均多沿用此一分類紀傳體裁，予以記述。至於在野人士所寫的稗官野史，則任隨各人的意願，褒貶由之。由於不是正史，許多人便不大相信。反之，只要是正史，便必須信而有徵，凡是不太眞實的事情，在正史中便很難見到。當然野史所記的，不一定不眞實，只是正史的取材嚴謹，寫作認眞，不輕易落筆，也不隨便批評，一切都是就事論事，照實書寫，至於是好是壞，為善為惡，只有蓋棺論定，留待後人自由褒貶了。

關於中國歷史的寫作，還有一個故事，值得後人警惕的，便是當唐太宗李世民在位時（公元六二七——六四九年），一天忽然對監修國史的房玄齡說，你把你所寫的當代史書給我看看，房玄齡便轉告當時的諫議大夫朱子奢，請他設法阻止這項有違祖規的事情。⑫⑧於是朱子奢便稟告太宗說，聖上的行為很好，也沒有什麼過錯，可以不必看了；恐怕聖上一看，違悖了祖上的遺規，以後的君主也要索來閱覽。本來像聖上這種開明上智的君主，看看當然無妨；萬一以後有些不明事理的人君，看到史官寫了他的過錯，發脾氣殺人，便會影響寫史人的客觀性，果眞如此，以後便沒有歷史讀了。但是太宗還是堅持一定要看；於是房玄齡便和當時的給事中（官名，各朝執掌不一，大概等於我國今日之總統府資政或國策顧問等職。）許敬宗商量，將太宗的史事稍爲删改一些，然後再呈給太宗看。當太宗看到武德九年（公元六二六年）六月四日，他弒兄殺弟的玄武門之變的敍述過於隱諱時，便對房玄齡說：「這不够眞實，我之所以殺建成、元吉，與周公旦之殺其弟管叔鮮和蔡叔度，季友酖毒叔牙以安周魯，是一樣的意思。寫史應力求客觀，不必隱諱，應直書其事才對。所以這段歷史應該重新寫過。」於是房玄齡便將原來所寫的再呈上去，太宗方才滿意。我們今天所讀玄武門之變的歷史，還能够清清楚楚的敍述那一場兄弟鬩牆的眞實故事，與李世民的開明作風，大有關係。

五、初期的文明

吾車旣工，吾馬旣同，吾車旣好，吾馬旣騂。
君子云獵，云獵云遊，麀鹿速速，君子之求。
騂騂角弓，弓弦以持，吾歐其特，其來趩趩。
⿺走憲⿺走憲⿱辛炎⿱辛炎，卽敔卽時，麀鹿趚趚，其來大次。
吾歐其撲，其來遭遭，射其豣獨。

——石鼓文第一歌

中國人的信史時代，照目前史學家的看法，應該始於軒轅黃帝，因爲從軒轅黃帝開始，各朝各代的皇帝名稱，都已經在殷墟出土的甲骨文和鐘鼎文中次第求得證實，而且與二千年前歷史大家司馬遷氏所記載各朝代情形，大致吻合，因此證明司馬遷所撰的史記，是一部可以信賴的書。⑩從史記一書中所記載軒轅黃帝的各個事蹟看來，當時的中國文化已相當可觀，至少人類社會的組織和羣居生活應有的一切，已有了長足的發展。自是以後，由於生活安定，社會繁榮，一切人類羣居需要的東西，都已經次第發明和應用。夏禹治水成功以後，農業和畜牧更是突飛猛進，直到周初，已進步到高度文明的境界。這裡試就近代考古學家李濟、董作賓等氏，[123]從殷墟中所得到的新史料，加以說明如下。

一、政治方面

從軒轅黃帝以至周初，這二千多年間的政治，都是一種「共主制度」。換句話說，當時全中國分爲若干族羣或部落，每一部落有其自己的社會，自己的法律，自己的酋長。爲了共同的利益和安全，在各個酋長中共同選舉一個德高望重的酋長，來作共主，藉以綜理整個地區內的安全問題，社會問題，以及經濟財政和外交問題。這就等於是現今的聯邦制度。共主死了以後，可暫由他的弟弟，或另一酋長代理，當任期滿了以後，再行開會選舉新的共主。所謂禪讓制度，也就是共同推選共主的一種間接民權制。[94]共主選妥以後，便再由新的共主推薦若干人，協助他推行各種政事。這些推介協助的人中，便有⑴御史，⑵宰，⑶卿事，⑷太史寮等大員。其次還有所謂的亞、旅、士、畯、廩人、史、射、宅正、獸正、牛正、少臣、有司等官職。大家分層負責，其個別的任務和工作，均依時完成，不稍怠惰與紊亂。

當時的人民首領，對於一切的政事大都廣徵人民的意見，凡人民認爲善的才作，不善的便作罷，這時所行的是完全民主。例如，古時政府設有采詩官多人，最上的爲太師，其次爲行人、遒人、逌人等。這些采詩官定期到民間去採詰人民的意願，然後統計下來，報告政府，做爲政府施政時的參考。左傳記載，定公八年，衞靈公將叛晉，乃先作了一次民意測驗，這次測驗的題目是：如果衞國叛晉，晉國派五路大軍來討伐，其利弊如何？結果，大家都以爲五路大軍也可以抵抗，而且有利無弊，於是衞靈公便根據這一測驗結果，宣佈脫離晉國而獨立了。[130]

當周莊王時代（公元前六八五年），齊國由桓公主政，以管仲爲丞相。管仲則以下列原則爲行政的標準：「政之所與，在順民心，政之所廢，在逆民心；民惡憂勞，我佚樂之；民惡貧賤，我富貴之；民惡危墜，我存安之；民惡絕滅，我生育之。能佚樂之，則民爲之憂勞；能富貴之，則民爲之貧賤；能存安之，則民爲之危墜；能生育之，則民爲之滅絕。能知予之爲取者，政之寶也。」這就是我國最早的民主政治，一切以人民的權利爲主，則人民自然信賴政府，擁護政府而支持政府的一切政策了。所以管仲相桓四十年，而齊國得以大治，就是眞民主的政績使然。

又當周景王的時候，約當公元前五三八年，鄭國由子產爲相，他也仿照管仲治齊的方法，從經濟生產與民主制度方面着手，初期人民都因爲他厲行法治，所以討厭他；但一二年後鄭國大治，國家的生產毛額提高，人民生活大爲改善，所以人民又稱讚頌揚他。當時鄭國各地都有一種名爲鄉校的設置，所謂鄉校就是人民發表政見，議論政府政策的公共場所，大家都可以在這一地方批評政府，提出自己的政治主張，很有點像目今英國倫敦的海德公園。可是鄭國的各大城鎮都設有這種公共場所，准許人民自由討論政治與民主，又較海德公園爲前進爲普遍了。

此外，周代的政府裡面還有一種王官，是天子任命的，屬顧問性質，不負實際責任，這就是所謂的「三公，三孤。」三公就是太師、太傅、太保；三孤是少師、少傅、少保。這是國家的最高榮譬職，通常是天子的顧問。所謂「三公坐而論道，三孤爲之副。」這相當於我國今天的國策顧問。

二、軍事方面

古代兵制，已不可考，周時始有零星記載，但亦隨時更變，蓋人口漸多，社會複雜，族羣增多，書載三代之時，每一大會，參與的國家，便有萬國，這雖然是書寫的文飾，但至少也有千國。由於國家眾多，彼此之間，必有爭戰，於是兵制也在所必行。根據古書記載，天子或共主常有若干常備兵，以便維持社會秩序，安定政治環境，其兵數不多，當時稱爲侍衞軍，遇有戰事發生時，再行徵兵。徵兵的範圍，擴及各部族的適齡壯丁，征戰完畢，再行復原還鄉。徵兵的標準是以田制爲準。周官小司徒載，當時的兵種有二，卽步兵與騎兵。徵兵有兩種；一是正卒，每家出一人，其餘兄弟皆稱羨卒，前者便是常備兵，後者乃是補充兵或後備兵。這些壯丁的應徵有三種服役：一是君王的田獵，一是逐寇，一是捕盜。以上這三種服役，要看實際需要情形，正卒固然每役必到，如果必要，羨卒也要參加。周時軍隊的編制是以五人爲伍（一班），二十五人爲兩，兩與輛同，就是一個戰車的意思，百輛成師，也就是有車百輛，士卒二千五百人；五百輛戰車合爲一軍。古時天子千乘，就是有兩軍，合五千人。孟子所謂的千乘之國，也就是有戰車千輛，算是大國了。關於徵兵制度也有兩種，一種是只出兵，戰車、馬牛由國家付與；一種是旣出兵，又要由鄉村共同預備戰車，以及拖曳戰車的牛馬，所謂出車兼出兵也。不過，周官大司馬又載，凡制軍，萬有二千五百人爲軍，王六軍，大國三軍，次國二軍，小國一軍。小司徒則稱；五人爲伍，五伍爲兩，四兩爲卒，五卒爲旅，五旅爲師，五師爲軍，這又是另一種制度了。㉔

三、人民的生活

由於農業社會安定，生活富裕安閒，文化也跟着進步。以下是這一大族羣人類的生活情形。

1.衣着方面：從殷墟發掘出來的甲骨文看，當時人民已經穿戴衣、巾、裘、帛，其質料多半是絲、麻作成的。服飾方面，已經將男女衣服式樣分開；男人服裝有交領、右衽、短衣、短裙、束帶和翹尖的鞋子。女人的服飾，則有石製的鬢邊圓形飾物、髮笄、笄、和精美的象牙梳子，及鮮明的玉佩。此外貴族和庶人之間的衣服式樣和顏色也有區別，彼此不得任意交換，錯亂。古書所謂：「民雖富有，衣服不得獨異；凡庶人之不育蠶者，不得穿絲着綢。」至於王公貴胄的禮服，則有專官掌管，絕不錯亂。而且此時已經有公服與私服的制度了。所謂公服是出外行禮時所用的官服或禮服；一為褻服，乃是在家裏打粗穿的便服。在公服方面，以冠之式樣，裝飾分別尊卑，一般以冕服為上，弁服次之，冠服為下。[77]

2.食物方面：由於農收與漁獵的平行發展，當時人類的食物，在肉類方面，有猪、牛、羊、鷄、鴨、鵝；以及漁撈獲得的魚、蝦和蚌類。飯食方面，以粟、米、麥類為主，其他蔬菜為輔；果類則有桃、李、杏、梅等。在烹調方面，是否已經有葱、薑、蒜等調味料，則不得而知。

關於糧食的生產和消費，政府均有精確的統計，且有存儲糧食，以備凶年的規定。而管理這些事的官吏，叫做司稼，司稼之官，必須隨時到鄉間去調查，研究，指導人民選育良種，着意肥培，改良土壤，增加灌溉等。此外，每人每月的糧食，則以食米最多四鬴，最少二鬴為準，也就是一石二斗八升。[77] 如果不夠二鬴，便算是糧食不足，必須詔命他處運來救濟，以補短缺。

關於衣食問題，國家並規定「凡庶民不畜者，祭無牲；不耕者，祭無盛。……凡庶民不蠶者不帛，不績者不衰。」這是鼓勵人民努力生產的意思。

3.住的方面：除了王公大臣、寺廟，及若干貴族有木架房屋以外，大多數人民仍然住居在窰洞裡。這是木架房屋太貴，而又不大習慣的原故。又由於黃土高原的氣候乾燥，土層深厚堅固，不易崩陷，所掘的洞穴，多煖夏涼，比住木屋更爲舒適。卽以當時的窰洞而言，其構築也非常講究，有天井，有窗戶，內裡還有幾間，可供賓客談天下榻的廳堂。根據古書記載，人民居住的房屋，有內室五所，室方一丈，所謂環堵之室也。東西爲庫藏之室，中三室爲夫婦所居之室，中一室有門向南開，中三室前爲庭院，院之東西各一室，東室西向，西室東向，謂之側室，爲妾婦所居之室，又前二步爲外室，則正寢也，亦平列五室，中三室爲男子所居之室，中爲大室，東爲東夾室，西爲西夾室，東夾之東爲藏祖考衣冠神主之室。西夾之西爲五祀神主之室。中室內爲中霤，外爲堂，堂前有二階，各分爲東西，階下有一門，謂之中門，中門之外又有外門。中外兩門之間有一大廳，稱爲外庭，外庭之兩側各有二室，東室爲廚房，西室爲書房或賓館。這樣一所莊院，只有貴族大家才住得起。這一房舍的設計，影響了以後二三千年的居室，直至近代我國民間的四合院，或官宦之家的三進莊院，都是由此演進而來的。至於一般平民便沒有那麼研究了，除住家數室外，仍然還有一些空地可以種桑育蠶，以及鷄犬的遊走場，大體說來，也算相當安適了。[77]

4.行的方面：殷周時代最普通的交通工具，男人乘馬，女人坐車。不過，初先的車是用牛拉的，以後才改爲馬。計周初的車有三種：一是路車，又叫官車，乃是官員和貴族乘坐的；一是戎車或兵車，乃用馬拉，速度快，但裝飾簡陋；一是輿輦，屬於一般人民的，多用牛拉。又有人以爲輿是牛車，而輦則爲人力車。除了陸地行走的各種車輦外，河海中則用船，此時已經有用船搭成的浮橋，用以利便行人車輛，跨越江河。由於車子的使用，所以道路必須修整，關於周時的交通，已非常發達便利，可以說是四通八達。例如宗周時期的道路，便有五種：⑴只通牛馬和行人的道路，約寬四、五尺，稱爲徑，是一種鄉道；⑵可以通行車輛的，約寬六尺，稱爲畛，是一種較大的鄉道；⑶可以通行馬車的，約寬八尺，稱爲涂；⑷同時可以通行二輛馬車的雙線道，約寬十六尺，稱爲道；⑸同時可以通行三輛馬車的三線道，約寬二十四尺，稱爲路。這是一般的道路，凡國有道路，都是三線道，最寬。其次是諸侯境內的道路多爲雙線道；鄉縣所有多爲較窄的單線道。這些道路不只是平坦寬廣，而且其直如矢，上面舖了碎石和沙，雨天也不會泥濘。除此以外，不管大路小路，兩旁都種有行道樹，藉以美化環境。又有專門負責設計、建造、養護和養樹的官員和匠人，以便隨時修護，這與今日我國的公路局類似。周時各國對於路政非常重視，歷史上曾有單襄公因爲陳國靈公不修路政，也不好好種行道樹，便被隣國作爲征討的口實。因爲當時以修整道路，乃國之大事也。

周時的道路交通規則也很完備，例如：⑴戒嚴時間內通行，需要有通行證；⑵有國賓至，則必預先修剪行道樹，清掃路上障碍物或破碎物品；⑶如有行跡可疑或窺探者，加以逮捕問罪；⑷車輦太多，路途擁擠時，則由交通管理人員指揮，依序進行；⑸有緊急公事或達官貴人經過時，一般路人均須讓路或暫避之。

其次，重要道路港埠，並築有賓館，招待食宿，且十里一食店，三十里一宿店，五十里一市鎭，市有大招待所或觀光旅館，各館均有專人負責管理，供應飲食起居所需用的一切。

此外，戰國後期，若干大國爲了迅速運輸軍隊和戰備起見，曾構築了一些寬大的車道。秦滅六國，統一天下後，乃詔令天下將這些車道聯結起來，並同時加以拓寬、整修、美化，名曰馳道。係專爲天子巡狩及戰爭時的道路，因此又稱爲御道。根據史書記載，始皇興築這些道路，都是以秦都咸陽爲中心，向四方八面輻射而出。計有東西南北四條幹線：其中東北線經洛陽、華陽、弘農而達山東的臨淄，且在洛陽附近的三川地方，再分一線穿過河北而達北京附近的薊縣，這是從前燕國的都城；東南線則在洛陽以後沿淮河北岸至陳留、沛縣，南行至長江，越過長江後，至蘇州繞道太湖而達浙江的會稽。這兩條幹道各長八百公里左右；南行幹道則由長安至宛城，過武關渡漢水而至楚國都城郢，旋又過長江而至湖南的零陵，全長約六百公里；北線道路則自咸陽經甘泉，出長城，跨大漠而達綏遠的九原，全長約四百公里。各條幹道的總長當在六千八百公里以上。始皇爲了保護這些道路，並同時詔令天下將所有車輛的軌距畫一，以免行進時破壞了路面和軌道。秦時畫一軌距，據研究爲四·五九呎，約相當於今日鐵道的標準軌距一·二〇公尺，即四·七一呎。復据前人研究，秦時的道路寬約五十步，如以周制六尺爲步，則這一道路的寬度當在一百公尺左右了。不過，李約瑟氏則以爲係五十尺之誤。沿道路兩旁，每隔三丈植青松一棵，若干險要地方，並安裝鐵樁及石塊，保護路基和堤岸，路面則舖以碎石和沙，以免雨天泥濘難走。這些道路很少迂迴曲折，所以古人說：周道如砥，其直如矢。這是便於兵車迅速馳援的關係。這眞可以說是世界上最早、最長而最又寬的高速公路了。

5.醫藥方面：中國的醫藥發明得很早，神農嘗百草，就是藥材的採集與定性。以後便有如黃帝、雷公、俞跗等名醫。約在公元前十二世紀時，周代醫生便已將醫藥加以分科，且設有醫療機構，由政府管理。根據周禮天官記載，當時的醫療組織爲：醫師上士二人，下士二人，府二人，史二人，徒二十人；食醫中士二人，疾醫中士八人，瘍醫下士八人，獸醫下士四人。全部名額是五十人。此間所謂醫師，乃係主管該醫療機構的人員或即今日的院長與副院長，專門負責政府中卿大夫以上人的疾病治療以及考核其他醫務人員的醫療成績作爲升遷的標準。下士是醫師的助手，府是管理醫藥的藥劑師，史是紀錄病歷的人員，徒是護士之類的人員。食醫是醫院裏配製飲食的營養專家，負責以食物治療疾病的人員。疾醫是爲一般民眾看病的醫師，瘍醫是外科醫師，獸醫則專爲牛馬等牲畜治病的醫務人員。人死了以後，還要開具死亡證明書，呈報上級。從以上的各種醫務人員的編製看，並不較今日新式醫院爲遜色。有關我國早期的醫事技藝情形，可參本書第二十六章神醫的故事。

6.言論方面：我國古時設有采詩官，例如禮記王制篇記載，陳詩中的太師，即是采詩官的主管官，在他之下還有「行人」、「遒人」及「逌人」。這些政府設置的專官，每年的春二月及秋八月，都要出差到外面去，宣告政府的政令，採擷民間的民謠、俚語和唱詞，作爲人民對政府施政的批評，政府將這些民意彙集後，再加以分析，作爲日後政策的釐訂與改進。

周禮小司寇也記載，小司寇掌外朝之官，讓這些外官到民間去採詢疾苦。其主要任務有三：第一是詢問人民對國家的安危或國防問題有什麼意見，其次是詢問人民對於國家徙都改邑的問題（國遷），再其次是對於立君的意見。

周時政府有王庭之設，這王庭便是君民議政的地方。如果國有大事，君主便召集羣臣和人民，共同研討之。根據左傳襄公三十一年，鄭國人民到鄉校去討論政事，其中有很多人不滿政府的施政，因此便有人向子產說，很多人不滿你的施政，是否可以廢除鄉校，以免這些人民亂說，但是子產說，不可以。如果人民所質詢的是對的，我們便應該接納他們的意見，加以改進；如果人民的質詢是胡說八道的，也沒有什麼關係，廢鄉校幹什麼？又在昭公四年，子產作了一篇丘賦，有人罵他，子寬便去告訴子產說，外面有人罵你亂寫文章。子產卻說，這有什麼關係呢？只要對國家民族有利，生死云乎哉！隨他辱駡好了。

書洪範記載，當一個君主有大疑難，需要解決時，便應該先問你身邊的謀士，然後卿相，然後庶人，最後詰問卜筮（問神明）。如果他們的意見都一致的時候，便是問題的答案，這種措施叫做「大同」。如此國家必定安泰，子孫幸福無窮。(130)

四、教育方面

我國教育發軔最早，在三代以前便有國家設立的學校，至周代已有私人興學的記載。孟子說：「夏曰校，殷曰序，周曰庠，學則三代共之。」這意思是說，夏代設立的學校名稱叫做校，殷代叫序，周代稱庠，這都是教授學生的地方。換句話說，名稱雖異，其教授學生則一。不過，孟子所稱的校、序、庠，都是設在鄉里的小學校，至於在京師地方，則另設有高等學府，嘗稱之爲「學」或

「國學」或「太學」。各朝的名稱雖有不同，但其設校的意義則都一致。周朝仿三代的學制，稍加修改，就中最重要的是將學校分爲二種：一是天子之學；一是平民之學。所謂天子之學又有兩種說法。一是周禮所載的天子之學有五：即：中爲辟雍，也叫太學，是養國老的地方，周環以水；水南爲成均，又叫南學，是學習德行的地方；北爲上庠，也叫北學，是學書寫的地方；東爲東序，又稱東膠或東學，是學騎射的地方；西爲瞽宗，又稱西雝或西學，是學習禮樂的地方。另有一說與此近似，不再多贅。從以上的記載，可見周時我國的帝王敎育已相當發達，且具甚大分科規模。觀其分別置館敎學，定有若干不同敎學設備和專業師資。而帝王除在太學各館學習外，畢業後再聘家庭敎師少傅、太傅等，施以特殊敎育，俾作爲日後建立賢良政府之需。至於平民之學，也就是地方上所設立的學校，稱爲鄉學，每鄉人口在二萬五千家以上者，設立庠序，等於今日的中學，每州人口在二千五百家以上者，設立夏序，人口只有五百家的黨，則設立商校，等於今日的小學，如人口只有二十五家的閭，則設立塾。所有學生皆在八歲時入小學，二十歲時入大學。

關於周代各級學校的課程，多着重於：1.道德敎育，以知、仁、聖、義、忠、和六德爲標準。並規定自家庭開始，終及於社會大衆。2.重實踐，行的標準，則以孝、友、睦、婣、任、恤爲準。此時在大學方面，則敎以六藝，禮、樂、射、御、書、數及修己治人之道；小學則敎以洒掃應對進退的日常生活的禮節訓練。3.尚服從，敎弟子以禮樂，師作之，弟從之的絕對服從的德行。4.知禮守法，循規蹈矩，不得作非份之想。禮記載，明乎郊社之禮，禘嘗之義，治國其如示諸掌乎？5.軍事訓練，周時羣雄並起，各國競相攻伐，這時爲加強國防敎育，所以要實施軍事訓練。(32—1)學校課程除一般道德禮儀外，在春夏學干戈，秋冬學羽籥。由是可知，我國古代的教育便已注重德、智、體、羣的四育了。

五、學術方面

殷周時期最大的發明是銅鐵的冶煉和鑄造。而鑄造方面的臘模法，更是冠絕一時，開啟了藝術的領域。當時所鑄造的銅鐵器，遺留在今天的，尙有鐘、鼎、尊、彝、卣、壺、爵、觚、鬲、盉、盤、戈等，以及許多其他類型的酒器、祭器和玩具。其次，便是玉的發明與雕琢，這種東西是中國特有的，至今仍爲全世界人們所寶藏。周時對於新疆和闐的玉，已大加開採，穆天子傳裏記載，周穆王曾到和闐產玉的大山上去巡視過，而且叫人採了許多精品，帶回中原把玩。自此以後，中國民間便多喜歡佩玉鳴鸞，不只是把它作爲裝飾品，而且視它爲可以避邪的神物。其餘的天文、音樂、曆算等，都有非常的成就，當在本書以後數章專文論述，此間不再多贅。

六、基本國策

華封三祝是我國立國後的基本政策。所謂華封三祝，便是當堯王出巡到華那個地方的時候，當地守土的官吏叫做封人的，便出來招待，陪伴堯王，並備諮詢，席間封人對堯王說：「願聖人多福，多壽，多男子。」堯王聽了以後，連聲說：「不敢當！不敢當。」並且搖頭對封人說：「不行；男子多了，負擔太重，教育不起，還不如少些好；多富就要生出許多麻煩，人生的時間有限，天地生人，就是要人幸福快樂，麻煩太多，便沒有幸福可言了；多壽更是要不得，歲數活得太大，服務人羣的時間也要延長，不如意的事就會更多，這樣的人生還是短些好。」可是華封人卻說：「不然，丁壯多，可以多些人作事，如今我國地大物博，人煙稀少，有許多事情等待人來作，決不會有失業的危險，有什麼可擔心的呢？至於說，家庭負擔重，教育費太多，那也是自己偷懶好玩的說法。我以爲只要兩夫婦努力工作，養活幾個孩子是沒有問題的。自己富足錢財多，可以分配給別人加以利用，讓全國的人都漸次富足起來，這才是眞正的富足。否則，自己一個人富足，有什麼意義呢？別人都窮你一個人有錢，便會遭人嫉妒，連自己的財物，也會保全不住。至於多壽，更是我們應該追求的最大幸福，因爲我們人生的時間愈長，愈可以指導後生小子，努力進德修業，人民富足快樂，與人民同樂是最幸福的人生，人民貧困，便應該孜孜不倦的教育他們，訓練他們，努力生產，研究改進，藉以富國強兵，保家衞國。如此一來，人民富足了，國家強盛了，全國的人都歡喜快樂，所以藏富於民，才是眞正的富足，才是我們立國的基本要道。」

六、姓名的來源

明明上天，爛然星陳；
日月光華，弘于一人。

——八伯歌

軒轅黃帝打敗了炎帝和蚩尤以後，全國統一，風調雨順，國泰民安。人民和平相處，孳生繁多。由於人口日繁，社會形態漸趨完善，於是發生了許多問題，其中最爲迫切的便是戶籍問題，而戶籍問題中，又以姓名最爲重要。因爲在這以前，中國人都以圖騰作標幟，以爲同一族羣的代表，個人是沒有姓名的。雖然事物紀原記載，人皇之後有五姓、四姓、七姓、十二姓等。不過這時的人民是姓氏分開的。所謂姓是以血統爲主，而氏則以地域爲準。因此太昊始稱庖犧氏，風姓也。因此古籍所載的女媧氏、共工氏、伏羲氏等，都是指住在同一地區的族羣而言，他們可以有不同的姓，但卻是同一氏族。李鎏等在其所著「中國文化概論」[45]裏說：「圖騰乃氏族血緣之所本，信仰中心之所繫；故圖騰卽氏族血緣單位的標幟，無此標幟，卽無從區分氏族，卽氏族內之每一構成分子，也不易自覺其氏族的存在。又左傳隱公八年『胙之土以命之氏』。胙者，祿也，意思是說，天子封諸侯土地，並賜給氏。古時的一國，往往就是一個部落，也就是一族。」以後由於種族日繁，人口眾多，同一地區無法容納時，才往各地遷徙，這時氏的意義便沒有了，因而才着重血統的關係，這就是中國人重視姓而忽略氏的原因。張其昀氏以爲古時男子稱氏，女子稱姓，秦代以後，姓氏始合而爲一。⑿—1。從字源上說，姓是從女從生，可見古時是母系時代，重視女子的血統，而姓也就以母姓爲主了。軒轅姬姓，大禹姒姓，都是這一觀念。人們沒有姓名，無從登記，無從識別，無從稽考。所以黃帝卽位以後的第一樁事，便是如何將不同的氏族，予以登記，又如何將同一氏族的子孫，予以區分。這一工作沒有作好，其餘都難以爲繼了。

要確定每個人的身分，自然有很多方法，但是所用的方法，必須要有意義，如果每個人給以一個編號像學號和軍籍一樣當然也可以，這卻失去了爲人的意義。經過了多少聰明人的籌劃和獻策以後，便決定每個人給以一個姓，凡是同姓氏的後裔，都冠以相同的「姓」字，以後每遇見這個同姓字的人，便表示他是某人的後裔。但是只有姓還不够，必須有一個他自己的名字，作爲同姓弟兄間的區別。於是又有了名，有名有姓這個人的身分，才算確定了。姓是永遠不變的，名則常隨其自身的死亡而失去其意義。

這種姓與名的賜與方法很好，大家也都贊成這麼辦。但如何賜姓與名呢？研究了許久，才決定用吹籥的方法，作爲賜姓的標準。籥又叫做羽籥，是當時最爲普遍的管狀樂器。它能够吹出宮、商、角、徵、羽五個正音，再籍以正音以外的變音，便可增加爲十幾個音調了。黃帝認爲不錯，於是先給他的十四個兒子，各給一姓，但只給了十二個姓，其中青陽和夷鼓同爲紀姓，蒼林及其餘的十一個兒子，便都從黃帝的姬姓。這便是古書所說，聖人吹律定姓的由來。也符合孔疏所謂的「黃帝之子，兄弟異姓」的記載。

以上僅是黃帝給他二十五個兒子定姓的故事，但是當時的社會漸次複雜，人口孳生繁多，人民的社交活動，也不斷增加，有姓無名或有名無姓都很不方便，於是各人便自己任意取一個姓和名來確定他一己的身分。當然在給自己或下代取姓和名時，也常以地名、國名、山川、花草、日月等作爲根據。當姓名一經確定公佈後，便不能隨意更改了；當然如果有特殊的理由，也可以變動的。據鄭樵通志氏族略六裏面記載，古時改姓的原因，有以下幾種：

1. 同姓者多：如夏姓在當時有兩個夏氏族，一個是原來的夏姓，一個是夏后氏族。因此陳宣公的兒子子夏，便改字爲姓了。
2. 皇帝寵賜：例如婁姓及項姓，均因對皇室有功，特受皇帝寵愛，賜他們劉姓，俾使他們成爲皇室一家。但後漢桓帝誅梁冀，因此討厭姓梁的人，於是便將冒梁姓的鄧后，改姓薄。
3. 不喜歡自己的姓：馬氏以何羅叛逆伏誅，而馬后因此討厭姓馬，故改爲莽姓。
4. 以受封之地爲姓：楚元王交的兒子劉富，因受封爲紅侯，因此便改姓爲紅氏。
5. 氏族受特殊影響而更變其姓：例如賀魯之變爲周，是婁之變爲高姓等。
6. 與另外一族同姓，因而更改本姓：例如成湯之後裔姓殷，但是當時又有北殷氏，所以更改原姓。

7.與大人物雷同而避免之：如宋以武公爲司空，自己便不敢姓司空，因而改爲司功，以避免重複。

8.聲音不好聽：例如陳氏改爲田氏，韓氏改爲何氏，共氏改爲洪氏等。

9.原姓字難寫或難唸：如鄣氏改爲章，邴氏改爲丙，鐘離之改爲鐘等。

10.躲避仇家，隱姓埋名：如端木賜之後，改爲木姓，伍氏之後改爲五姓。

11.隱者喜歡自然而討厭人世間事，因而隱姓埋名，或改其姓名：例如范蠡之改爲鴟夷子皮，之陶爲朱公，梁鴻適齊後，乃改姓運期名耀。

12.其他：此外尚有因生而有文，因此改從其姓。例如周平王少子生而有文在手，「曰武」，遂以爲氏。

除了以上種種原因，更改姓名外，一般人都不願意輕易更改，以免有辱先人，背負不孝。所謂大丈夫行不改名，坐不改姓，是值得人驕傲的一回事。同時也表示尊重這一姓字，而以能姓這一姓氏爲榮。古人以名字爲父母所命的，父母死了而更改之，孝子所不忍也，也就是所謂的「君子已孤不更名。」—⑱

古人用姓氏來代表自己的身分，還有很多美好的意思在內：第一是崇尚恩愛，凡是同姓都是弟兄，所謂五百年前是一家。遇見同宗都格外親暱，遇有事故，也特別予以協助照扶。第二同姓就是同宗，卽是同一個源泉流出來的血液，所以彼此都有同根生的感覺，因而產生了患難與共的互助合作心理。第三別婚姻，中國很早便發現同姓結婚，子孫不蕃的近親不良遺傳現象。因爲近親婚配，不只是子孫不蕃，而且壞的遺傳因子如白痴、癲癇、聾啞、白化、侏儒等惡疾，都在下一代分離了出來。有了姓氏以後，法律規定同姓不婚，這種事情便不會有了。

我國古時的姓氏很多，有的是漢族的原始姓氏；有的是外族歸化以後，賜與的姓氏；有的是自己先代，隨便更改的姓氏；有的是避仇家，而臨時借用的姓氏。於是姓氏愈來愈多，到了明朝，王圻作了一個統計，發現我國當時以單字爲姓的，共有三千零三十八個；以兩字爲姓的，共有一千一百六十九個，合計四千六百五十七個。此外，還有三個字一姓的，如侯莫陳、費也頭、万紐于、乙速孤等；及四個字一姓的，如自死獨膊、井疆六斤等，還不在內。明時凌廸知曾著「萬姓統譜」，約舉了一千多個姓。明末又有人編了一本百家姓。不過，錢大昕氏以爲百家姓爲宋人所著，因爲該書以趙姓居首，表示尊敬的意思。百家姓書中所載的單姓，共有四百三十六個，兩個字的複姓有六十四個，合計五百個。這是中國八億人的統計結果。我國教育部編訂的中華叢書中華姓府內稱，我國姓氏共有六千三百六十三個，其中單姓三千七百三十個，複姓二千四百九十八個，三字一姓的一百二十七個，四字一姓的有六個，而五字一姓的也有兩個。年來傅瑞德氏，根據電話簿，將臺灣的居民姓氏，加以統計，共有一千零二十七姓。[113]

關於譜系的編著，當然以官府王朝的最爲古老而詳盡。因爲中國的歷史寫作很早，幾乎可以說，有了文字，便有歷史的記載，而在歷史記載中，第一個着重記載的，便是各朝皇帝的姓名及其氏族。例如黃帝有二十五個兒子，長子叫昌意，昌意的長子叫乾荒，乾荒的長子叫顓頊，顓頊的長子叫駱明，駱明的長子叫伯鯀，伯鯀的長子叫禹，禹的長子叫啟……等，一系列的記載，詳詳細細，直到如今，快近五千年了，仍然是清清楚楚，有條不紊。除了這些外，在官史裏，還有一種簿狀，及圖譜局編的「譜系圖」，都將各個皇朝的旁支別系，記載得清清楚楚，而且這種簿狀或譜系圖，常有正副二册，正本藏於秘閣（今之檔案室），副本藏於左戶。此外還有私人的記載，可以互相校對，決無差錯。例如三國志裏記載，劉備是漢代苗裔，但獻帝不相信，只好叫人查譜系圖，因而確定劉備是中山靖王之後，在輩份上是當今皇帝的叔叔，因此後人稱劉備為劉皇叔。

除了帝王的氏族譜系由史官專門掌管外，民間的譜系，便不那麼詳盡了。不過時代愈進步，社會愈複雜，人口愈眾多，而同名同姓的人，也就愈多。這些同名同姓的人是否是一家呢？便非有族譜或家譜不可了。於是民間又有了家譜或族譜的編纂。家譜的編纂起於何時，不得而知。南齊書賈淵傳說：「淵的祖父弼之，廣集百氏譜記，專心治業。」這可能便是中國族系譜的起源了。顧炎武日知錄稱：「唐朝以前，最重譜牒。」周禮小史記載：「奠世繫，辨昭穆。」史記三代世表稱：「自殷以前，諸侯不可得而譜，周以來，乃頗可著。」由上可知，中國之有譜牒記載，實始於周；又知中國的譜牒，自始卽以宗支世系，為紀錄的對象。宋時歐陽修創「五世一格」圖譜，因稱其為歐氏譜系法，由歐氏的記譜法，便知各人的父祖子孫的關係了。宋朝蘇軾（公元一〇三八年）所著的蘇姓族譜，也算很早。其次便是朱熹所敍的（公元一一九六年）婺源茶院朱氏世譜。這可能是兩本最古老的族譜了。自是以後，各族各姓都競相編輯，以為後代子孫飲水思源的崇先資料。羅香林氏在東方雜誌發表「中國族譜之學術地位」⑮⑧一文中稱，族譜的功用：⑴宗支世系，⑵祠宇墳塋，⑶

科第仕臣，⑷家訓教育，⑸職業生計，⑹家族人物，⑺藝文著述，⑻遺傳軼事等，這簡直是一本族人自傳了。族譜的編製，團集了同一姓氏的人們，也加強了各人的家族觀念。

古時聖人標榜「忠、孝、節、義」，歷代聖君也以「孝」治天下，所以崇祀祖先，成爲每一個中國人的職責。所謂數典不忘祖，飲水要思源。尤其是那些對國家民族，有大功大德的人，更是後世子孫，引以爲榮的。這種有大功大德的人，愈來愈多，後世子孫中必然有同姓同名的人，於是爲了要分別某人與某人，不是同一個人，便只好除了自己的姓和名外，還要加一個「字」。古今事物考書中記載：「金天氏始爲字」⑥。今人賈虎臣氏在其編輯之「中國歷代帝王譜系彙編」中，則稱黃帝字玄律。(128)不過，是否如此，還有進一步考證的必要，但這種制度，至少在宗周時期已經非常普遍。例如管仲名夷吾字仲，諡敬，故人又稱之爲敬仲（公元前六八五年），這恐怕是古人中最早有字，有諡，有外號的人了。又孔子名丘字仲尼，如果只說孔丘，那麼歷史上叫孔丘的人，便有若干個，到底那個孔丘是聖人呢？於是另外加一個字，叫「仲尼」。有了這兩個名字，彼此雷同的機會便少得多了。這就是中國人常常有兩個以上名字的原因。在中國的士大夫中，常常又在名與字外，再加一個號，例如蘇軾字子瞻，又號東坡，這就是一個人有三個名字，爲什麼又要有第三第四個名字呢？這就很令人難以猜測了。大概名是父母師長輩叫的，旁人爲了表示尊敬起見，不直接呼他的名，便只好叫他的字了。因爲字是他自己取的，所以一般人叫他蘇子瞻，而不叫蘇軾。等到以後蘇軾的名氣大了，子瞻的字也不能隨便叫了，於是又因爲他自號東坡居士而不名不字，所以大家又只管叫他爲東坡或蘇東坡。因此才有峨嵋山僧的：「茶，泡茶，泡好茶；」與「坐，請坐，請上坐」

的笑話故事。顧炎武日知錄稱：「古人敬其名，則沒有不稱字者，孔門弟子稱孔子爲仲尼而不名。」[153]

中國人有名有姓還有號的制度，起於何時不得而知。古書記載，黃帝係公孫氏，又稱有熊氏，名軒轅。公孫或有熊在當時都不是姓，而是一個部落或氏族的名稱。所以等到吹律定姓後，才改姓姬。嚴格的說，黃帝的名字應該叫做姬軒轅才對。孔子的時代，除了名以外，已經加用字了。與孔子同時代的老子，除了名與字外，更用號。例如史記上記載說，老子姓李名耳字伯陽，諡聃，號重耳。可見這時封號和諡法已經很普遍。所以支允堅異林稱「夏商繼世之君，未嘗立諡，至周始加諡。」[76]王德華在其所著「中國文化史略」中稱，死而諡，周制也，後世稱爲易名大典[11]。漢時朱建因爲有功於國，皇帝便賜他「平原君」的封號。因此以後的人都叫他做平原君而不名。這種賜號，大概還是沿自周朝的。因爲在春秋戰國時代，皇帝賜姓賜封的事例很多，譬如趙武靈王的兒子勝，因封於平原故號平原君。當然有的封號，卻是自己取的，如東坡居士之類。大抵秦漢以前的人都是單名，尤其是王莽爲新莽時曾下詔禁止二字名，直至魏晉以後，朝廷才又提倡二字名。以後才興起了字與號，而變成三個字的姓名了。所以日知錄中記載：「氏族之書，所指秦漢以上者，大抵不可盡信。」[184]提到三個字的姓名，在中國來說，當以唐宋以後最爲普遍，其所以要用三個字來作爲名字，當然有他的道理，這就是所謂「排行」或「雙名制」（Binominal system）的發明。雙名制的應用，在歐洲方面，當以瑞典植物學家林那氏（Linnaeus 1753）爲最早。他爲了要分別植物的形態和特性，所以在爲植物取名時，應用這一制度，以便看見名字，就知道這一作物的特性和形態了。例如玫瑰的學名叫 Rose foetida persiana L. 或其近親的另一種玫瑰，則叫做 Rose foetida bicolor L.，這一名字的第一個字 Rose 是指植物分類上的玫瑰屬，foetida 是種的名字，最後一個 Persiana 及 bicolor 才是它的名字。這最後一個字是形容該一玫瑰爲波斯產，或花瓣具兩種顏色。而中國人對於名字的排列，正與此相同，即第一個字是姓，第二個字是輩分，第三個字才是自己的名；有時也將位置互換，以第三字爲輩分，第二字爲名。顧炎武日知錄稱：「單名以偏旁爲排行者，始見於劉琦、劉琮（三國時益州牧），是後如應璩、應瑒、衞瓘、衞玠等。凡是同宗同輩的人，其名字的前二字，一定相同，只有第三個字或中間一字不同。所以只要看前面兩個字相同者，便可知道是弟兄了，這就是俗語所謂的排行。中國人發明這一命名制度，當以左傳長狄（周時北狄人）兄弟四人名僑如、焚如、榮如、簡如爲最早。其次東漢之袁懿達及袁仁達兄弟，均係這一命名制度的首倡人。又俞樾在曲園雜纂第34卷中稱，中國人在東漢時，即已普遍應用這一雙名制命名；而東晉孝武帝之子名德宗及德文（公元三七三年），宋武帝（公元四二〇年）之子名義符、義眞。明孝宗（公元一四八八年）時，崑陰縣的公家譜系最爲完全。下面是公家的這一譜系命名情形。

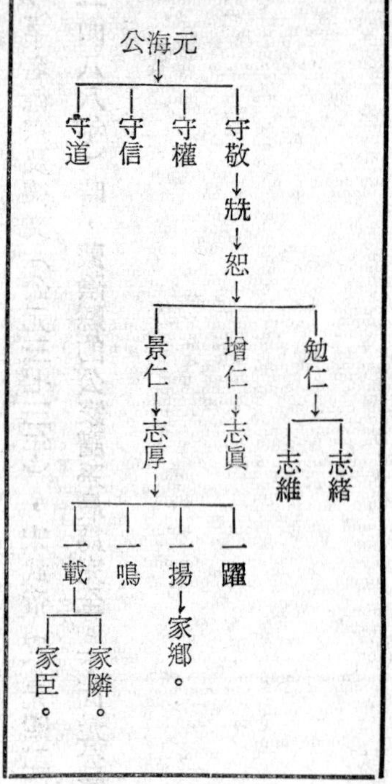

蒙陰縣公家譜系圖

從蒙陰縣公家這一譜系的命名情形來說，可見第一代用雙名制的人，應該是守字輩，至遲該是仁字輩。雖然守敬的兒子銑，以及孫子恕沒有查出他的輩分字來，但其玄孫的名字，則都冠以一個「仁」字，所有仁字輩的兒子，又都冠以一個「志」字，志字輩的兒子，又都冠以一個「一」字，一字輩的兒子，又都冠以一個「家」字。因此一看名字，便知道他姓公，是蒙陰公家的第幾代。這一譜系的用途很廣，不只是知道某人是某人的兒子，某人的孫子；甚至於不相識的同宗，只要看見名字，便知道他的輩分，令這一個同宗自己確定他的輩分是高是低，是遠是近，是親是疏。這在社會生活頻繁的情形下，運用這一命名制度，至爲便利。較之林那氏用在植物分類上，更有意義和有價值得多。但中國人應用這一命名制度，已比林那氏早了二千年。何況林那氏雙名制的應用，很可能是法乎中國人的姓名。蔡仁堅氏在其所著「古代中國的科學家」[152]一書中稱：「林奈分類學的結

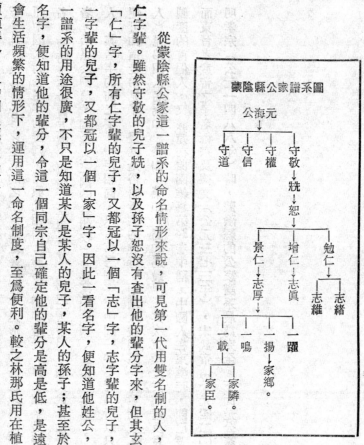

構思想，也許主要靈感和啟迪都是來自本章科目。」

中國人的排行制度是如何產生和更變呢？當以全族會議爲命名制的最高決策單位。當原先的「制字」用完畢時，大家便再議訂一套命名新制，公佈實施，並在族譜的前頁，記載明白，作爲後代取名的參考。例如筆者姓夏，於清初自湖北麻城縣孝感鄉遷徙四川，因與原族譜失去聯絡，於是便在新都這一夏姓中，另擬一套輩分，經編訂爲「萬代榮昌，克紹祖光；賢良世作，定國安邦」。當傳到安邦這兩個世代時，便舉行全族代表會議，編訂下一個世系的輩分表。要是下一個世系表裏，有與前表重複時，也因爲年期隔得太遠，已經沒有衝突了。但一般而言，編訂譜系時，也決不會有重字出現。

中國人的名字，除了姓與輩分各給一個字外，另外賜一個名，合爲三個字；如爲雙姓，則可爲四個字。這一名字的賜與，有許多方法和條件，因爲中國人以爲一個人的姓名與他的前途，和事業有很密切的關係。這種關係究竟在什麼地方，各人的解釋便大不相同，姑無論大家的解釋如何？但其含意總是相同的。最近美國加州聖地牙哥兩位精神科醫生（哈勒里和麥大衛），根據他們統計研究的結果，發現一個人名字的好壞，的確與他的生活和事業有很密切的關係。因爲如果名字取得不好，對於孩子精神上有很大的威脅；有時被同學嘲笑，有時使師長起反感，甚至於學業成績，也受影響。由於名字影響教師對學生的看法和觀感，經常在潛意識裏，認爲他不堪造就，因而在給考卷分數的時候，便自然而然地少給幾分。又由於師長和同學有意或無意間的嘲笑與批評，便不知不覺間影響了他的人生，增大了他的自卑感。至於在社會上的事業，也有很大的關係，尤其是競選官吏或民意代表時，不良或不雅的名字，總會在無意中失去了若干選票。

最近（一九八〇年）又有一位美國加大的精神科醫生簡錦標，研究了六千七百五十三個臺北市民的名字對個人所造成的影響，然後也建議父母不要隨便爲子女們取名字，也不要爲孩子們取太大的名字。因爲這會影響孩子們的潛意識，將自己看輕或形成過重的壓力。他自己的「錦標」就是一個實例。因爲這使他一天到晚，就想要拿第一，得錦標。

中國人究竟如何取一個名字，這是許多外國人不大容易了解的。我國坊間有一些所謂姓名學，大抵都是以筆劃和五行學相聯合，甚或扯到易經八卦等上面去，這是屬於占卜之類的東西，一般人未必相信。不過，要取一個名字，也的確有一些方法和條件，下面就是一般取名字的情形。

中國小孩無論男女，生下來不久，（普通是三天，又叫做「洗三」。）父母便給他一個乳名或小名。這是暫時的或小孩時期用的。只有父母長輩可以呼叫，乳名的賜與常隨環境而不同。有的以生他時的時間或歲月爲準，如寅生、虎兒；或是以山川地名爲準，如蓉兒、臺生；或是以當時環境，或是以當時發生的大事爲準，如雲祥、金生；或是父母在他生前有了奇夢，如夢熊、夢麟；或親朋中有了什麼特殊事件發生，如及第、聰兒等；有的因爲家中都是女孩子，希望生一個兒子，好傳宗接代，於是給初生的小女兒取名招弟，表示將招來弟弟的意思。

當兒童漸長到達入學年齡時，便由父母長輩或師長，正式給他一個書名或學名。學名的第一字當然是姓，第二字是輩分，第三個字才是自己的名。如果是複姓，則第一二字都是以姓爲準，以後才是輩分和名。不過，這幾個字的聯合，必須要有意義，而且意義要是好的、雅的或吉祥的。正式的學名，常隨以下幾種情形而定：

1. 父母尊長的遺囑或預定。
2. 夢中的賜與或事物的紀念。
3. 紀念族中的前輩或中國的聖賢。
4. 與輩份字聯合後，有聰明、能幹、吉祥、繁茂、成功等的意義。
5. 儘量避免刺耳，霉運，不吉祥，聲音不雅或不清晰的名字。
6. 表示高雅、尊貴或賢良的名字。
7. 避免字形太怪，難於認識或讀音晦澀的字。
8. 避免與皇帝或某些惡人的名字混淆，或聲音相同的字。
9. 自己喜歡的名字，或私淑前賢的名字。
10. 在特殊際遇裏，或有了特殊的幸運，因而改取有紀念性的名字。如虎餘、餘生等名字。

書名或學名算是正式的名字，除了登記於戶籍名簿或身分證外，所有以後的學資歷證件，均以這一名字爲準。不只是聲音要相同，連字形也要相同，毫釐之差也不可以。例如有人名鄭一峯，而他戶籍上的登記則爲鄭一峰，雖然峯與峰通用，意思也完全相同，習慣上也不認爲它有什麼差別，但戶籍人員卻認爲這是兩個人。

除了書名或學名以外，常常隨自己的意思再找一個適當而能代表自己個性、職業或人生觀的字，普通稱爲號。例如孔子名丘字仲尼，這仲尼與丘之間的意思，便有些關聯了。此種關係，或爲相同意義，或爲私淑前人，或爲部落的，或爲圖騰的，或就原來生長的地方爲名爲號。例如韓愈，字退之，號昌黎，昌黎便是他的族名。在中國名人中，有兩三個號的人很多；因爲有的是帝王的封號或他人贈與的；有的是隨自己意思、性情、事業、環境等不同而用的。就中國古人中，其名號最多的，可能就是宋朝的朱熹了。他一共有多少名號，大家都不知道，但就古書所記，共有九個之多，即：朱子名熹，字元晦，又字仲晦，小名五二，號晦菴，別號晦翁、雲谷老人、滄洲病叟、遯翁，寶慶中追封爲信國公，後改徽國公，世稱朱子，又稱朱文公。如果將皇帝的封號加上去，當在十二個以上了。近人則以康有爲爲最多，也有十二個以上，足可與朱熹媲美。爲什麼他們喜歡用這麼多名字，我們不知道。一般說來，學名以外，再加一個字或號，便很難與人雷同了。

七、禪讓的故事

悠悠上古，厥初生人；
傲然自足，抱樸含眞。
智巧旣萌，資待靡因；
誰其贍之，實賴哲人。

——陶潛

上古時候一個部落的酋長，一個國家的元首，或一個王朝的帝王，必須要賢良方正，事事都要比人強，處處都要得人望；而且在有困難的時候，必須要去面對現實設法解決；有爭戰的時候，必須要身先士卒，抵抗仇敵，隨時以國家人民爲第一，不畏艱難困苦的犧牲精神。除此而外，什麼權利也沒有，所以大家都怕當皇帝，恐懼作天子。可是任何一個部落、一個國家或一個王朝，都有它立國的困難，建國的艱苦，和爲生存而有的奮鬪。尤其是當強敵環伺，而又地瘠民貧的國家，不艱苦奮鬪，團結一致，便要淪爲奴隸，甚至於亡國滅種；所以酋長或領導人物異常重要。因此當堯（伊放勳）作了皇帝，便時時留心覓求一個可以接棒的人。經過了多少年的觀察選擇，終於找到了任事專而又熱心服務人民的舜（姚重華）。當舜老了的時候；又找到了禹（姒文命）；禹老了又找到了益，只是益不得人心，所以大家才推禹的兒子啟，繼續他父親的帝王職責，肩負起天下興亡的大任。

關於堯傳位給舜，舜傳位給禹的這樁事情，我國古人極爲稱讚，連孔老先生也隨時向他的學生們提到，認爲能夠將王位傳與有德行的賢人，是十分可敬的。由於古書記載十分簡略，我們很難了解，當初這些傳位的實際情形。不過據莊子南華經及呂氏春秋等書的記載，另外尙有一些民間傳說，敍述這些禪讓的事。再由當時的環境推斷，這些傳說是十分可能的。因此不妨把它記在下面，作爲參考。

當堯王年老的時候，曉得他的兒子丹朱不行，其他的諸侯或酋長，不一定願意臣服他，所以便想另外找一個可以接棒的人；於是他先找到了當時頗有名望的陽城人許由，把要推薦他作天子的事情告訴他。可是許由卻說，你現在住的房子還沒有我的寬大，你吃的東西盡都是青菜蘿蔔，用的是破盆缺碗，天天還要東奔西走，訪求民隱，決斷訟事，何苦來哉？你還是另請高明罷。於是堯又找到了子州支父，把要讓位的事告訴他，徵求他的意見，子州支父倒表示可以從長計議，不過他現在正在生憂時之病（託病不仕），等病好了再說。最後才找到了事親至孝的舜，並立刻叫舜入朝作官，先要他辦理一些國家的小事，一方面在試試他辦事的能力，一方面在培養他的人望，再方面要藉此訓練他並學習治國平天下的本事和道理。等到堯死了以後，舜又暫時回到老家，躲避堯子丹朱的攻擊，在山西歷山耕田去了（表面上是耕田，骨子裏可能是暗中佈置）。三年國喪滿了以後，丹朱失敗了，全體諸侯便聯名請舜出來主持朝政。又當舜年老的時候，也想傳位給他的兒子商均，可是商均也不成器，只好另找他人：第一個找到了子州支伯，支伯也像支父一樣，託病不願意作皇帝。於是又找到了善卷，善卷說，我立在宇宙之下，冬天有皮衣穿，夏天有麻布短衫過活，春天耕種，活動活動筋骨，秋天收穫，不愁穿吃；白天種田，夜裏休息，逍遙自在，心滿意足，還當什麼皇帝，自找麻煩，我不幹。於是舜又去找到了好朋友石戶之農，石戶也說，算了！算了！我這個人很保守，以你那麼大的本事還幹不好，我有什麼用？於是帶了他的太太兒女乘船出海，到外國去，再也不回來了。舜又去找到了北人無擇，無擇也說，石戶之農不是很好嗎？他在社會上的聲望高，而且與堯王一家也很合得來，繼你作皇帝是順理成章的事情，再好也沒有了，他爲什麼不幹呢？你想他都不幹，還拿這勞什子來找我，眞是！我也不幹；而且好像受了侮辱似的，跳到湖裏自殺了。最後才找到禹，也叫禹先掌國家之事，然後再將治水的艱鉅任務交給他，結果成績不錯。可是當舜死了以後，禹也避開了商均，到陽城種田去了。三年國喪滿了以後，全體諸侯又聯合起來，請禹出來主持國事，繼續舜留下來的王位。

禹年老時，也曾四出尋找有道之士，來接棒作皇帝。先是找到了奇子，奇子說，你曾說幫助舜王太辛苦了，東奔西走，連回家看看母親兒子都沒有時間，幾年下來頭髮脫光了，腿上的毛也沒有了。因此舜看你能吃苦耐勞，所以才將王位傳給你；我這個人最懶散，不願意太辛苦，所以無法幫你這個大忙，還是另請高明罷。然後禹再找到臯陶，也徵得了臯陶的同意，先出來作官，歷練歷練，可惜臯陶先死。不得已又找到了益，益也同意了，而且在朝中任事十幾年，跟着禹跑遍了全中國，頗得禹的信任，可惜禹外出巡狩到浙江時，便死在會稽途中，三年之喪滿了以後，益本可以出來作皇帝，但卻因爲大部份的諸侯不喜歡益，反而喜歡禹的兒子啟，因此益便沒有去接王位而讓給了啟，自己到箕山地方，蓋了一間茅屋種田隱居，不再過問朝政了。

禪讓的事是值得推許的，但推許的不只是前王爲國求才的苦心，和讓位給賢德人士的精神，而是接班者願意爲國家爲民族爲人民服務犧牲的偉大精神。因爲一個眞正的偉大領袖，就是一個願意作最大犧牲而又公正誠摯的才俊飽學之士。如果一味的只知道爲自己打算，而又不願意作最大犧牲以服務人羣，盡忠國家的人，便不配作領袖，也無法領導羣倫。堯、舜、禹之所以令人尊敬，不是他把王位讓給臣下，而是他們肯爲人民的幸福作最大的自我犧牲，全心全力服務國家民族，任何艱險在所不辭，因此才能領導我中華民族邁入安居樂業，富強康樂的境地。淮南子精神訓說：「人之所以樂爲人主者，以其窮耳目之欲，而適躬體之便也。今高臺層榭，人之所麗也，而堯樸桷不斲，素題不枅；珍怪奇味，人之所美也，而堯糲粢之飯，藜藿之羹；文繡狐白，人之所好也，而堯布衣揜形，鹿裘御寒。養性之具不加厚，而增之以任重之憂，故舉天下而傳之於舜，若解重負然，非直辭讓，誠無以爲也，此輕天下之具也。」

八、文字的演進與妙用

邈邈蒼公，軒轅之始，
創造文字；代彼繩理。
粲若星辰，鬱爲綱紀，
千齡萬類，如掌斯視。
生人盛德，莫師之美，
神章靈篇，自兹而起。

——古文贊 唐·張懷瓘

文字的功用有二：一是表達當代人類的各種思想；一是傳達這些思想與後來的人。因此文字的形式如何？並無多大關係。中國文字是從象形而來的單音單字，迥異於世界其他各國的文字。這表示中國文字是單獨演繹而成的，是由一個古老民族不斷研討改進和應用的結果。由於它是單音單字，所以它可以由上到下順讀，由左到右或由右到左橫讀；甚而至於反讀斜讀，只要能夠讀得音調清楚，斷句合宜，一樣可以表達其情意，明白其意義。

文字的起源，是經過了長時間的演變，和社會繁衍後特別的需要而漸次形成的。雖然許多古書記載，黃帝命他的大臣蒼頡造字，實際上那時已經有很多字了。只是形象不一，音韻不定，意義含混，用法紊亂；如不加以統一，應用起來，就很不方便。黃帝為了要澄清這一人類生活極端重要的大問題，所以才命當時的大臣蒼頡，負責將這些文字加以整理，廓清其音韻，統一其字形，確定其含義。最初的人類，在沒有文字以前，記事多用結繩，由於結繩或結草，不能持之太久，當事情過於繁雜時，則不能將意義完全弄明白，或將含義清楚地表達出來，所以才有以後的畫圖法。用圖畫來表明事物的意義，這種方法如果保存得好，可以持久不變，而且也比較能夠記住更多和更複雜的事情。但由於畫圖很麻煩，畫得不好也不容易弄清楚作者的意思，何況有些抽象的事物，根本就畫不出來。所以便再進一步演變為初期的八卦，及後來的象形文字。這就是古書上所說，我國初民看見烏龜背上的花紋，而畫河圖洛書；（黎凱旋氏（一九七六）以為河圖是六千多年前，伏羲氏在黃河所發現的遠古天文觀測器；洛書是伏羲時代的人將數字幾何圖形刻畫在龜殼上的遠古遺物。⑯）看見鳥獸的足跡印在泥土上，而仿照作文字，這便是後日所稱的「鳥蟲書」和「蝌蚪文」了。這些文字發明以後，當然比畫圖簡單，也很容易識別，於是大家開始學習應用這一方法，同時也自己發明一些新字，這就是我國象形文字的演進。

關於中國文字的起源，還有另一說法，便是源起於伏羲氏所畫的八卦，八卦的基本圖案，只有太極連（⚊）和兩儀斷（⚋），然後再從這兩種符號，演化而爲八卦，再由八卦互相重疊運用而增加爲六十四卦，甚而至於三百六十卦。雖然，八卦的構成，乃是中國人對邏輯學的初期運用，哲學系統的發軔，神權思想的開端，以及宿命論的推演。

王漪撰「明清之際中學之西漸」⑤一書引萊布尼茲論中國語文一段說：「卦不僅代表數字，且可代表顏色，光明與黑暗本爲宇宙間二大原則，⚊代表光明，⚋代表黑暗。因此⚌代表白，⚏代表黑，⚍爲基本有點晦暗的白，☱爲較亮的黃，☶爲較暗的黃，⚎爲藍，……這種表意文字，可以表達任何思想。……」

法國傳教士白晉（Joach Bouvet 1701年）在寫給萊布尼茲的長信中說：「……中國文字是一種象徵，……中國自不可追憶的年代，即知數學二進位法。而早於一六九七年萊布尼茲已開始起草其二進位數學法則。這種二進位數學是所有科學的基礎，也可能是比西方今日所有的更堅實的完美哲學。」白晉又說：「六邊形有形上學的功能，它代表一個完整和諧的天體周期，爲解釋自然及萬有傳衍及破壞的必要原則。」此外，萊布尼茲曾說：「這種神秘而隱含意義的表意文字，給我們一個途徑去暗示中國人最重要的科學及自然哲學上的重要眞理，使啟示之路簡化，所有的新奇及不同，因伏羲而變爲可以接受，最後成爲高級學者所用的特殊語言。」（案：這可能就是今日電腦所用的語言了。）

由於天、地、人三者的演變，而成爲宇宙間千千萬萬事物的代表。中國先賢以爲整個宇宙的萬事萬物，就是上面這些東西演變而成的，當然文字也包括在內。所以鄭樵主張中國文字源於八卦，且更創「起一成文說」，[135]其大意是說，所有的字體，都是由許多的「一」字，拼湊起來的。例如衡爲一，從爲丨（袞），邪一爲／（密），反／爲乀（伏），至乀而窮，析一爲「（及），「反爲「（氾），轉「爲」（隱），反」爲」（決），至」而窮……。有人以爲中國文字源於巴比倫或埃及的楔形文，不過楔形文有橫有縱，而八卦只有橫而無縱，當然是不同的。[72]又有人以爲中國字與八卦繪製有關，但卻不一定是從八卦演進而來，至少在造字的後期，仍然走向了楔形文字的途徑，但這並不是說，中國象形文字與埃及或巴比倫的楔形文字有什麼關聯。因爲用象形來作爲字意，所有的初民都是一樣的，等於所有人類在嬰兒時，喊叫父母都是「爸、媽」一樣的，但以後的演進，則大不相同了。例如，初民的數字一二三四五，都是以筆劃爲主，無論橫寫直寫都是一樣。中國人如此，巴比倫與埃及人也如此，但卻無法斷定誰是學誰的。

埃及或巴比倫人的楔形文字，在三千年前，便因爲無法突破楔形文的障碍而宣告死亡。因爲從埃及的聖書象形文（hieroglyphic），經過簡化後成爲僧書（hieratic），再進而爲俗體書（demotic）時，便失掉了原有的象形，而轉變爲音綴字母（Syllabic alphabet）。爲什麼要轉爲音綴字母呢？這便是當時的埃及人，甚至其他歐洲人，包括希伯來與希臘人在內，都因爲無法突破象形文字增加虛字或其他表意文字的原故，不得不放棄畫圖式的楔形文字，而改爲音綴字。關於從楔形字改爲音綴字的最初創始者，還是當時商業發達的腓尼基人，因爲他們經常應用文字的關係，因而發現埃及的畫圖法和蘇美人（Sumerians）的楔形字太不方便，也不够用，於是便採取這兩種文字的一部份，簡化爲二十二個字母，再將這二十二個字母，任意拼合起來，賦與一定的意義和音韻，便成功一個字。再將這些單字連接成一句話，表達一個完整的意思，這就是今日歐美文字的濫觴。不過，這一新文字的缺點是形、音、義三者間完全獨立，沒有什麼關聯；拼合的方法，也沒有什麼規律。直到今天埃及人的畫圖法與蘇美人的楔形字，都已經死掉，成爲古董，可是中國文字卻仍然活着，而且愈用愈精彩、愈活潑。

此外，中國文字還有一個特色，就是將同類的字，都加一個相同的部首，令人一見便知道是屬於那一類的。譬如，凡是植物都加草頭；魚類都加魚旁；液體物質都加三點水，這在字形與意義的配合上，便更加進步了。中國文字的任何一個字，都可以與其他字隨意配合，完全自由；可以作名詞，動詞，也可以作形容詞或副詞。這些格式或詞別，只有在應用時，才顯示出來。例如，電，單用時作名詞，電死你則作動詞，電線作形容詞，閃電則作名詞或副詞；又如風，單用時作名詞，風向作形容詞，風流作動詞，風風雨雨作形容詞或副詞。中國人將凡是用電的器物，都加上一個電字作形容詞，而以原來的名詞附在其後，如此便成爲一個新的名詞。使學習的人，極易明瞭而懂得其性質與意義，但在拼音文字上，則不那麼簡單了。近來美國人已經學得了這一方法，將凡是用電的器物，都在其前面，加上一個接頭字"electric"或"electro-"，使人一見，便知道是用電的東西了。中國文字除了特殊的結構外，還有文法簡單，沒有西洋文字的許多規律。例如，中國文字沒有性別之分，沒有單複數之別，也沒有主詞賓詞，甚至於一些時式、字句的形成，完全憑藉上下文及常識語氣而判別，每一個字只代表一種基本觀念，不代表文法上的某些類別，如名詞、動詞等。

魏人孫炎（公元二七〇年）作「爾雅音義」，倡用反切法，以連繫中國字的形與聲。所謂反切法，是將兩個單字聯合起來，使所發的音與另外一個字的音相同，這樣從已知的字音，標示出未知的字音，如此使以後的人，可以據此讀出各該字的正確字音。例如，「干」可用「國漢」反切而成。李約瑟氏稱，㊳彼曾在學習中文時，用羅馬拼音法，找出這一音韻學上的反切制度，而與一千七百多年前，三國時代孫炎所創製的，不謀而合。清朝欽定的「康熙字典」，共搜集了四萬九千多個字，都用這種標音法，來指示該字的正確讀音，以達到形與聲一致的目的。我們今天所用的「辭源」、「辭海」等工具書，仍是沿用這種反切標音法，指示讀音。（最新增訂本辭海已另附加國語注音符號）其次梁武康人沈約（公元五百年左右），寫了「四聲譜」，將字音分爲平、上、去、入四種聲調，以符合實際需要。隋時陸法言和顏之推等（公元六百年）又合著了一本書，叫做「切韻」，將各個字音予以正確的註明，這都是音韻學上的一大進步。同時更改良了孫炎的反切法，使中國文字達到了更完美的境界。宋朝司馬光（公元一〇六七年）將其簡化，重新校正，其所著「類篇」，正是這一意見的統一。有了這許多改良和校訂，中國文字便更形優美了。雖然中國地大物博人多，在語言的發音上常有不同，但在字形和音韻上卻是統一的。這種文字的統一性，維繫了今日中國的九億人民，也是中國文字之所以能夠長久保存而愈用愈活的原因。

中國人在周初便創造了轉注、假借、會意、形聲、指事、象形等六書的方法，突破了文字上重重難關和限制，因此才能繼續演進下來，這就是中國人比埃及人和巴比倫人等高明的地方。所以史學家錢穆先生論到中國文字時說：「古代西方文字，也以象形開始，後來方法窮了，畫不勝畫，象不勝象，而且有些事物，無可畫，也無可象，只有易途向前。中國文字則在象形之後，又衍變出指事、會意兩體；這樣花樣大了，又兼著有形聲，把聲音與形象配合，道路益廣。後又著有轉注、假借，變化益活。……在中國文字中，又有代表聲音的，……而聲音又常跟着地域和年代而變，所以文字很難統一。只有中國文字不單是象形，而兼有六書，把字形來統轄聲音、語言。各地講話的土語，儘管不同，但還有一共同的國語。又以文字來統轄語言，所以幾千年來，各地人說話，也還差不多，語言不太分散，就因爲有統一的文字來轄制着。中國文字有聲有形，從金、從石、從火、從水等等，利用爲化學、生物等科學名詞，也極爲方便，而且一目了然。兼且一字一音，英國人也看得懂，法國人也看得懂；萬一有一天，世界人類懂得中國文字的妙用以後，採用中文作爲世界語，也絕非空想。」[141]

關於中國文字的構造情形，前面已經說了個大概，但中國文字究竟有多少個字，便隨時代而不同了。根據近人研究甲骨文的結果，其已經出土而經辨認的殷商文字，已有三千多個字。漢平帝元始中楊雄作訓纂篇時，則搜集到五千三百四十個字，許愼說文解字序稱其：「羣書所載，略存之矣。」班固寫「漢書」時，因不够用，又增加了七百八十個新字，合計六千一百二十個字。以後代有增加，至清康熙時，張玉書奉諭編撰「康熙字典」，將新舊及廢字統統編入，計得四萬七千零二十個字，亦有謂爲四萬九千零三字者。但這與民國三十七年十月上海商務印書館增訂的「綜合英漢大辭典」，共收入了單語及複語字十一萬多個字相比較，則英文單字多了三倍。其實目前臺灣商務印書館在民國六十七年所出版的「辭源」亦僅收集一萬一千四百九十一個字；民國六十三年出版的

「國語日報辭典」僅有九千零九十八個字。就一般中國人所常用的字而言，總在三千左右，最多也不過五千字。而我國明清之際一般學生所讀的「千字文」，只有一千字而已。這就是說，一般人只要能夠認識一千字而加以靈活運用，便可以應付平常的書寫和閱讀了。

由於中國文字的構造特殊，形、音、義都表現了出來，所以文人、墨客便常常把它任意拼排出來，順讀、反讀、斜讀、倒讀，因而產生了許多有趣的文字遊戲來。以下試舉一些中國文字的妙趣。

一、拆字

所謂拆字，便是將一個字分解開來，從這些分解的字意中，來求出需要的答案。例如，有一個人因投考學校，不知道會不會被錄取，便往拆字（或稱測字）先生那裡去占卜吉凶。隨意取了一個「革」字問卜；測字先生叫他不要罣念，一定會錄取的。當時以為是測字先生安慰的話，已而果然中了第二十一名，因此便再往訪卜者，問他何以知道一定會錄取。測字先生解釋道，革字拆開為「中二十一」，所以得知。又有一人為他的女兒投考銀行是否有望，而去測一「立」字；測字先生便說，有備取希望。繼而榜發出來，果然是備取第一。因問何以知道？測字先生說，你為女兒測一立字，則立字下面加一女，當為妾字，妾就是庶出的意思，當然是備取了。又某人寫一「配」字問測字先生，我的國外滙款何時可到。測字先生便說：明日可到。次日滙款果然到達。因問測字先生是何道理？他說，配字為酉己，己為自己，酉屬金，當然是錢。又己為戊己之己，昨天為戊，今天為己，戊己已過，滙款當然應該明天到達了。這是中國文字妙用之一。

二、對聯

中國人利用文字可以自由配對拼排的特性，便寫出了許多喜笑怒罵的對聯來，成爲文人士子的遊戲文章。中國士人最喜歡賣弄詞藻，故要探求一個人的機智、才學、應對、志氣、胸懷時，每每以對聯相試驗。由其答對的情形和內容，來測度他的志氣胸懷。

所謂「對聯」，便是兩句或兩羣詞句，互相成對，但意義相反。上下聯的字數要相等，上聯某字是動詞、名詞，下聯也要一樣；上聯某字是數字，下聯也要爲數字。其意義要相反，音韻則爲一定。例如，四川新都縣楊愼中了狀元以後，被詔任爲楊州鄉試主考（卽今之典試委員），江南人士便因爲他是四川人而看不起他，（當時以四川是邊疆，還沒有開化。）以爲他的狀元是倖進得來的，必沒有什麼眞才實學，所以當他抵達考場時，便有許多考生先擬好了一些對聯，要他試對，其中一聯是：

（上聯）「四川芭蕉，葉大、枝長、根基淺。」這是指桑罵槐的一句尖酸刻薄話，連諷帶刺以爲他是不學無術之輩。於是楊升庵隨口答道：

（下聯）「三江嫩筍，皮薄、嘴尖、肚內空。」這也是回敬對方的訓斥語。當時文人對於中國詞句詩品之熟讀與深究情形，由此可以想見。

又四川某銀行開幕，特請前清才子李調元撰一對聯，作爲賀詞。銀行人員打開一看，原來上聯寫了七個「長」字，下聯寫了七個「行」字。經理莫名其妙。開幕之日調元也被邀入座，經理便卽席請求指示。李說，我希望你的銀行有發展，所以上聯是：「長長長長長長長」；（讀爲常掌常掌常常掌。）又佩服你的才能，所以下聯是：「行行行行行行行」。（讀爲航型航型航航型。）經理恍然大悟，心理非常高興，連說佩服！佩服！此外，民國二十六年四川軍人劉某死後，有人送輓聯一付云：「上將甫公千古；中華民國萬年。」有人指着道，上將甫公如何對得起中華民國？某君道：原本是對不起嘛！這又是以文字作爲諷刺的工具了。這是中國文字妙用之二。

三、詩詞

中國詩的種類很多，從一言到九言（每句字數的意思）都有。但古詩以四言五言最多，唐宋以後則以七言最爲普遍；至於詞則字數不拘，稱爲長短句。古今事物考稱：「自三百篇後有三言，起於夏侯湛；有四言，起於韋孟諷諫楚王戊；有五言，起於蘇武、李陵；有六言，起於谷永；有七言，起於漢武帝使羣臣爲柏梁詩；有九言，起於高貴鄉公。」詩有一定的押韻平仄，詞雖也有押韻，但字數不拘，比較自由，也活用得多。至於其在文學上的價值，則各有千秋，都有其玄妙和動人的地方。除了正規的詩詞外，還有一種遊戲之作，如寶塔詩，將詩的字數從一到九或十，累積爲寶塔一樣，如：煙，鴉片，吃上癮，實在討厭，弗吸弗連牽，日夜勿得安眠，一塊洋錢挑一錢，此身已入了奈何天，人人看見仔總不矜憐，奉勸諸公戒脫如同神仙。此外，還有廻文詩，起於魏時曹植（公元二〇〇年）的鏡銘。但最出名的還是竇滔妻蘇蕙所寫的五色錦廻文詩。蘇蕙字若蘭，是晉朝始平縣的女才子（公元三八〇年）。因丈夫納妾赴任秦州刺史，後因罪遣配流沙，音訊杳然，所以蘇蕙便織了一塊五色錦，縱橫各八寸，題詩二百首，計八百餘字，寄給他的丈夫，作爲相思惦念之意。這首詩既可以直讀，也可以橫讀、反讀、斜讀、倒讀，可惜失傳了。不過，黃慶萱所著「修辭學」

一書中曾稱：「回文叢談一書以爲回文詩始於蘇伯玉的盤中詩，而以蘇若蘭的回文織錦詩爲大備。」黃氏且將盤中詩及回文織錦詩刊於該書中，以爲參考。至於黃氏所刊的回文織錦詩，原載於李汝珍所著的「鏡花緣」中。此回文詩是否爲後人僞作，則不得而知了。但皮日休雜體詩序，則以爲廻文詩始於晉朝溫嶠（公元三一七年）。茲將蘇軾所題織錦圖回文詩及王安石回文詩，分別錄示如下，二氏之詩可以反讀，且句讀意義均佳。

1. 春晚落花餘碧草，夜涼低月半枯桐；
人隨遠雁邊城暮，雨映疏簾繡閣空。

如將上詩倒讀則爲：

空閣繡簾疏映雨，暮城邊雁遠隨人；
桐枯半月低涼夜，草碧餘花落晚春。

2. 碧蕪平野曠，黃菊晚村深；
客倦留甘飲，身閑累苦吟。

如將上詩倒讀則爲：

吟苦累閑身，飲甘留倦客；
深村晚菊黃，曠野平蕪碧。

此外，我國茶碗上，常寫有「可以清心」四字。這四字的每一字均可作爲首字。例如：

心	清	以	可
可	心	清	以
以	可	心	清
清	以	可	心

上列四句橫讀，直讀均可以成章成句。

蘇東坡另作了一首神智體「晚眺」，其詩圖如下：

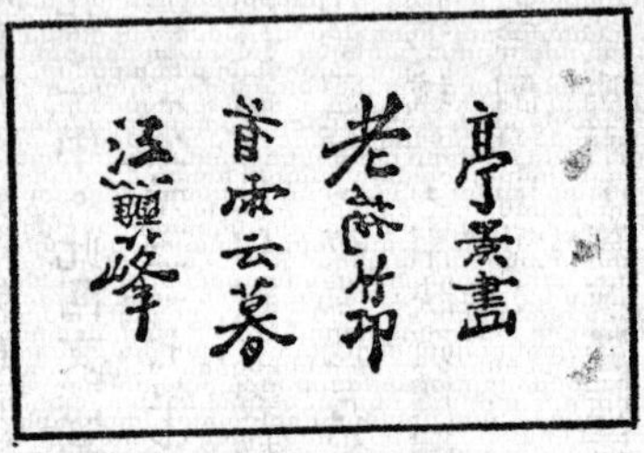

長亭短景無人畫，
老大橫拖瘦竹筇。
回首斷雲斜日暮，
曲江倒蘸側山峯。

東坡的這首神智體「晚眺」，是專爲北朝使者而擬訂的。據說，在神宗熙寧年間，有一位北朝來的使者，以能詩自誇。神宗乃以蘇大學士前往招待，藉此殺殺北使的威風。北使不察，意甚囂張。東坡乃稱：「賦詩容易，觀詩稍難」，乃作晚眺詩圖如上，北使黯然，從此不敢言詩，這又是中國文字妙用之一也。

中國詩詞的句讀，也可以隨意拆斷，只要斷句適宜，一樣成文。例如，王之渙的出塞詩，便有好幾種斷句法。

原詩：黃河遠上白雲間，一片孤城萬仭山；羌笛何須怨楊柳，春風不度玉門關。

斷讀一：黃河遠上，白雲間一片，孤城萬仭山；羌笛何須怨，楊柳春風，不度玉門關。

斷讀二：黃河，遠上白雲間，一片孤城，萬仭山，羌笛何？須怨楊柳，春風不，度玉門關。

中國詩的種類還很多，但最爲一般人津津樂道的，還是不依平仄，不守詩律的打油詩。因其創始於唐時一個張姓賣零擔油的人，所以稱爲打油詩。其首創詩爲：

江上一籠統，井上黑窟窿；

黃狗身上白，白狗身上腫。

以上是一首不依詩律的五言詠雪詩，全篇沒有一個雪字，但每一句都是雪景。不過，也有人以爲史思明不識字，但作了打油詩，這就較張打油爲更早了。史氏題石榴詩曰：「三月四月紅花裡，五月六月瓶子裡；拔刀割破黃胞衣，六七千個赤男女。」（公元七六〇年前）。

四、聯句

古今事物考云：漢武帝爲柏梁詩，始有聯句體；夏書五子之歌，亦爲聯句體。聯句有兩種：一是以普通口語聯接，即是第一個人隨便說一句話，第二個人便利用第一個人所說最後一個字，作爲他自己要接的第一個字，如此第三第四連續下去，直到有人連不下去，或所連的一句話沒有意義，便算輸了。第二種聯句是文人雅士的詩詞遊戲，每一句話不管是五言或七言，但必須是前人的詩句，第二個人以前一詩句的最後一個字，作爲他要接續詩句的第一個字，如此接下去，直到有人接不下去，認罰爲止。但有時所接聯的詩句，其第一個字也可以不與前句最後一字相同，但詩的體裁、意思和韻律仍然要能聯貫一致才行。下面是帝王與其大臣的聯句遊戲。

潤色鴻業寄賢才（帝），叨居右弼愧鹽梅（李嶠），

運籌帷幄荷時來（宗楚客），職掌圖籍濫蓬萊（劉憲）。

五、藏頭詩與歇後語

在中國文學作品裡，成語和典故都很多，有一段時期文人多喜歡用成語或典故，弄得人十分難懂，於是江湖上的酸酸客，也利用這類文字去罵人，或詼諧幽默一番，甚而至於演變成黑話。這雖是不入流的普羅文學，但也不失爲中國文字的另一種妙用。在這些普羅文學中有所謂藏頭詩和歇後語。所謂藏頭詩，是將作者的意見置放在每一詩句的第一字或中間，讓一般讀者不明白作者的秘密所在；而歇後語更是意在言外。下面第一首是藏頭詩，除了詩的表面意思以外，還有謀反的意思在內。第二首是歇後語，除了是一幅極普通的對聯外，還有罵人的含意在裡面。

藏頭詩：嵌「盧俊義反」四字。（見水滸傳）

蘆花灘上有扁舟，

俊傑黃昏獨自遊；
義到盡頭原是命，
反躬逃難必無憂。

歇後語：

一二三四五六七（忘八）；
孝弟忠信禮義廉（無恥）。

韓退之詩句裡面有「斷送一生唯有酒」，以及「破除萬事無過酒」之句；所以王荆公便將這兩句改為「破除萬事無過；斷送一生唯有。」藉以將酒字隱藏起來，讓人自己去揣摸作者的意思。紀曉嵐送水一瓶給其友人，附一箋云：「醉翁之意不在；君子之交淡如。」而不言酒水。蠡勺篇的作者凌揚藻以為歇後語本於葩經；氏稱太末葉敬君云：「詩三事大夫，莫肯夙夜，邦君諸侯，莫肯朝夕，此歇後體也。」又元人作清江引曲云：蕭蕭五株門外柳，屈指重陽又。不曰重陽又到，而只言重陽又，也是歇後語的一種。

九、大衆文學

一日不作詩，此心成渴想，
非關賦性癖，只爲薄技癢；
六義起商周，漢魏相倣傚，
下逮唐宋間，聲韻迭清響。
于焉觀治亂，豈眞事標榜，
窮幽與曠達，俱屬浩氣養。
要當搜神奇，後世知音賞。

——賦詩　舒　頔

當我國初民有了部落型態以後，便有了詩歌；只是這些詩歌，都是當時人們一時高興，而自然發出來的。沒有文字記載，過後便忘了。偶爾有一些好聽的句子，連續唱幾遍後，不只是唱的人記得，連跟着嚷叫的小孩子也記得了。這些卽興之作的篇章、斷句，是不經意的，也是淳樸天眞的。
當這些詩歌一代代地傳誦下來的時候，中途可能丟掉一些沒有意義，或不合當時民情風俗與社會潮流的篇章，但也加入了許多新的歌詞。於是傳誦的民歌，便愈積愈多了。最初的民歌多半是些人間的戀歌、情歌、農歌、牧歌，甚至一些對大自然的頌辭。當某些酋長或聰明人，爲人民作出一些有意義的工作，或有什麼新的發明，增加了人民的幸福；在疾病中有人治好了他的傷痛時，便會四出宣揚這些人的恩惠美德。有文學天才的人，更將這些美好的頌辭，組合成有韻律的句子，敎人們歌唱，這便是口頭文學的興起。顯見得這些歌謠的起源，比文字還早，甚至於早於音樂與舞蹈。
關於我國民謠和民歌的搜集，在商周時代，爲政者便派了採詩官，定期到各地方去，敲着木鐸，搜求民歌；並將蒐集來的詩歌，用文字記錄下來，作爲民情或輿論報告，呈送到天子或侯伯那裏去，以爲日後施政時的參考。這些歌謠原是人民自然發出來的心聲，但後來人民有什麼意願，便故意將它編爲兒歌，叫小孩子在大街上嚷叫，希望採詩官記錄下來，轉達上去，這種情形，就是在今天的中國，仍然有若干地方，採用這種方法，以抒發自己對國家社會的希望和要求。
我國最早而有紀錄的民歌，便是「吳越春秋」裏所記，射者陳音所說的彈歌：「斷竹續竹，飛土逐肉。」相傳這首歌是黃帝時候的產品，乃描寫當時人民利用竹製弓箭，防止野獸侵襲父母的情形。其次便是「帝王世紀」裏所載的擊壤歌。據說，唐堯時代，有八九十個老人，聚集在一起，作擊壤的遊戲，情況熱烈而有趣；旁邊有人稱讚道，這都是堯王的功德。可是有一個老人聽見了以後，便說：「日出而作，日入而息；鑿井而飲，耕田而食，帝力於我何有哉？」這意思是說，我們白天出去作工，夜晚回家休息；沒有水喝，自己掘井；要想吃飯，自己種田，天子對我們有什麼功德呢？再其次，在列子仲尼篇中，載有帝堯治天下五十年，不知道人民對國家到底有什麼意見，國家對人民是否已盡到保土安民的責任。於是便穿了便服到大街小巷去探求民隱，因而聽見小孩子在街上嚷道：「立我蒸民，莫匪爾極；不識不知，順帝之則。」這就是有名的康衢謠。它的意思是說，我們老百姓現在能安居樂業，都是堯王的功德，我們什麼都不希望，只求守法度日。此外更有「尚書」記載的卿雲歌：「卿雲爛兮，糺縵縵兮，日月光華，旦復旦兮。」這是舜時的一首民歌，乃是稱頌當時國泰民安，人民生活得很快樂的意思。這首歌在民國初年，曾有人將它譜入樂曲，代替國歌。

以上幾首都是人民歌頌帝王德政、社會繁榮，以及人民生活安樂情形的民歌。不過，在人民生活和娛樂方面的歌謠，卻遠比歌功頌德的要多得多了。根據孔子從三千多首民歌中，選取三百零五首而言，便有一半以上是屬於人民生活和娛樂方面的鄉土文學。這些口傳的詩歌，曾經過當時有文學天才的人，加以斧削潤色，並配以樂譜，作爲歌曲演唱，但其詞句與風格，卻仍然保留着原有的韻味。這就是我國的古典文學名著「詩經」。

詩經一書對於後世中國文學和政治影響，非常之大。幾乎可以作爲中國人的聖經看待。因爲這些歌謠，既經有道德學問的人，加以記載抄錄和修飾，則他們不只是樸實的民間文學，更是處事爲人的金玉良言。所以後世之人，以爲詩經的目的是：「上以風化下，下以風刺上；言之者無罪，聞之者足以戒之」的好書。而且詩經最好的地方，是其普遍性，因爲大衆化的歌謠，易懂難忘，讀唱方便，很有快樂和情趣，同時更是全國人民耳熟能詳的口誦哲學和史實。因此後世之人，常常引用詩經裏面的話，來證明他自己的哲學；來辯明他的爲人處世。其中著名的一個故事，便是孟子見梁惠王的一段談話。

孟子晉見梁惠王魏瑩的時候，惠王正站在庭園裏池沼岸邊，惠王便指着那些馴良的小鹿說，有道德學問的賢人，也喜歡這些嗎？孟子回答說，賢人要先有道德學問，然後才有時間和心情來欣賞這些；沒有道德學問的人，就是有了這些，也不見得快樂。因爲詩經上說：文王以人民的力量造臺挖池，人民也自願協助其完成，而稱其臺爲靈臺，稱其沼爲靈沼。同時又捉了些小鹿小魚放在園中和池沼裏，供文王欣賞。聖人與民同樂，所以大家都快樂。

從上面的這則故事，可見當時讀書人和人民的領袖，都常引用詩經上的話，來證明他的看法和理論。由此可知，詩經這部書，在當時社會上是如何地普遍，而具有無上的影響力。直到三千年後的今天，凡稍有文學根底的中國人，都曾經朗誦過它，並引它的詩句來作譬喻，以加深其文學的韻味，和敍述的雋永。此後，更有許多人，刻意仿照詩經的筆法和音韻，撰寫文章。例如韋孟的諷諫詩、在鄒詩；東方朔的誡子詩；甚至於仲長統、曹植、陶潛等諸位詩家，也顯著受了詩經的影響，而古聖先賢，更以詩經中所敍述的種種來訓人敎子。由於中國人過於着重了詩經中的大義，反而忽略了它的文學價值。尤其是國風裏面的戀歌、情歌、農歌、牧歌等，都描寫得非常樸實和眞切，絲毫沒有堆砌和牽強的情形；即或偶然用重字疊句，但是讀來仍是音韻雋永，意味無窮，毫無令人討厭的地方。例如鄭風中將仲子一詩，描寫鄉下大姑娘與隔鄰少年偸偸調情的一段敍述，多麼樸實而逼眞。

鄭風　將仲子　三章

一、將仲子兮，無踰我里，無折我樹杞；
豈敢愛之，畏我父母，仲可懷也，
父母之言，亦可畏也。

二、將仲子兮，無踰我牆，無折我樹桑；
豈敢愛之，畏我諸兄，仲可懷也，
諸兄之言，亦可畏也。

三、將仲子兮，無踰我園，無折我樹檀；
豈敢愛之，畏人之多言，仲可懷也，
人之多言，亦可畏也。

譯　句

一、仲子啊！
你又跳過我們這邊來了，
請你別弄壞了我們的杞樹好不好？
弄壞了它我倒不心疼，
就是怕我的爹和媽，……
我啊！我怎會不愛你？
就是怕爹媽知道了，

會給我一頓臭駡。

二、仲子啊！
你看你！怎麼又翻牆過來了？
喂！……別攀壞了我們的桑樹籬笆，
攀壞了，我也無所謂，
就是怕我的哥哥們，……
我啊！……我也一樣想你；
就是怕他們知道了，
會亂說亂講，
叫人多不好意思。

三、仲子啊！
你這個搗蛋鬼，
你怎麼還是不聽話？
又跳到這邊來了啊！
小鬼——敎你別弄壞了我們的檀樹，
不是我心疼，
給人知道了，
叫我多難爲情？

喂；……我可怪想你的，
……你這個跳牆鬼。
以後，你記着點吧！
要是給人家知道了，
又要七嘴八舌的，
說我們的壞話。(90)

詩經是我國上古最好的一本史詩，可與希臘荷馬所寫的依里亞特（Iliad）及奧得賽（Odyssey）兩詩，東西輝映；而與印度古詩馬哈巴拉泰（Mahabharata）及拉馬耶拉（Ramayana）相互媲美。

中國第二部古典文學名著，便是「楚辭」。這名字是司馬遷在「史記」裏所標示出來的；以後再由漢儒王逸將這一時代的南方文學詩歌，彙集在一起，正式命名爲楚辭。爲什麼叫它作楚辭，大家並不明白，也許是楚國之辭的意思。因爲楚辭裏面所敍述的事情，大都是長江流域一帶的民情風俗和政事；而且寫這些文章的人，也大多是楚國人，所用的語言，也是楚語。所以說，中國最古的民間文學，在北方以詩經爲主；在南方則以楚辭爲主了。在時間上言，南方的楚辭，略較北方的詩經爲晚。

楚辭裏一共有十七篇文章，其中屈原寫了七篇，宋玉二篇，其餘景差、賈誼、淮南小山、東方朔、嚴忌、王褒、劉向和王逸各寫了一篇。不過，到宋朝朱熹時，便將劉向和王逸的九嘆、九思去掉，只留下十五篇，算是楚辭的正統文學。楚辭中的題材，多半是當時傳說的故事、社會的動態、人民的疾苦以及詩人自身的遭遇。作者將這些事情連貫起來，注入了豐富的想像，深摯的情感，以及當時對事物的尖銳觀察，和日後必然發生事物的精確推測。例如在離騷一文中，便將古時傳說的羲和、望舒、飛廉、豐隆、宓妃、有娀的佚女、少康有虞的二姚，以及許多神話上的地名，如咸池、扶桑、春宮、窮石、洧盤；許多禽鳥與自然的現象，如鸞鳳、飄風、雲霓、鴆等，都納入在這篇文章中，令人不覺其厭，反而增加了文章的雋永和聲勢，將讀者引入這些飄飄欲仙的勝景裏，這確實是中國文學的最高峯，非屈原的天才，是難以辦到的。（至於屈原何以有這麼豐富的史地常識，何以能夠知道許多楚國境內所不及見的動植物，據衞挺生氏推測乃是他讀過穆天子傳的關係，因爲這些東西，在該書內均有記載。⑮）

在楚辭十五篇中，有一半是屈原寫的，就是其餘的一半，也是仿照他的文學體裁而寫的。因此可以說，楚辭是屈原的作品，他不只影響了當時的文學體裁，也影響了日後二千年來的中國文學。屈原以前的文學，都是以詩歌爲主，敍述的體裁也多不固定，經過了屈原的創新以後，大家便一改古時的詩歌體裁，而爲賦與詞了。所以說，詩經是中國哲學與道德的範本，而楚辭卻是中國文學的開端。因此詩經影響了中國人的道德，而楚辭卻影響了中國人的文學。屈原的作品爲後來的漢賦催生，爲樂府開路。他善用比與興的手法，形容善惡；他用寄情於物、托物以諷的方法，來比喻忠奸，這是他文學的崇高處。他利用民歌的體裁，通俗的語句，雜以豐富的想像力，用熱烈的情感，美麗的詞藻，和諧的音韻，譜出了他的心聲。以下是最能代表他豐富感情流露的兩首歌辭：

我哀憐人民艱苦的生活，
一面嘆氣，一面流淚。

只要我自己心甘情願，
　縱然死上九次，也絕不後悔。
我怨恨國王怎麼會那麼糊塗，
　一點也不體貼老百姓的苦心。
我這樣正直，忠心耿耿，
　還說我投機取巧，
我眞痛恨那羣造謠生事的小人。

——離騷譯文。⑱

老天爺眞不講理，
　爲什麼把百姓拼命摧殘？
弄得大家都家破人亡，妻離子散。
在這二月的春天裏，
我們一道向着東方逃難，
心裏淒涼，說不出的傷悲與憂怨。
　究竟逃到那裏去呢？無所依歸？
我只好隨着風波，順着流水，
　做一個漂泊的遊子，有去無回。
我走上大堤向北方遙望，

以便暫時釋去我的悲傷。
祖國的土地是多麼美麗！
民風又是多麼地純良。
我朝着四方瞭望，
要到那一天才能夠回到我的故鄉?!
飛鳥一定要歸巢，
狐狸死時，頭也一定要向着山崗，
我沒有犯罪而遭放逐，
眞使我日日夜夜，永不相忘。

——哀郢譯文。㊽

1. 我應該懇懇懇懇，忠實自守呢？
還是要送往迎來，專事應酬。
2. 我應該勤力耕作，做個農夫呢？
還是要趨炎附勢，成就名聲。
3. 我應該正言不諱，危及性命呢？
還是要隨俗富貴，苟求安樂。
4. 我應該退隱林泉，保存本眞呢？

還是要強顏求媚，以事婦人。

5.我應該廉潔正直，保守清白呢？

還是要委曲順俗，滑柔諂媚。

6.我應該志行高尚，像千里馬呢？

還是要隨波逐流，像水中野鴨。

7.我應該和騏驥並駕齊驅呢？

還是要隨駑馬徐步緩行。

8.我應該同黃鵠比翼高飛呢？

還是要跟鷄鴨爭食。

這究竟那一種是吉？那一種是凶？我究竟應該何去何從？這時代眞是溷濁不清，蟬翼爲重，千鈞爲輕，黃鐘毀棄，瓦釜雷鳴；讒人高張，賢德之人反而窮困無名，這還有什麼好說呢？誰又知道我的忠貞廉能呢？

詹尹聽了忙把卜龜放在桌上，對屈原一鞠躬道：尺子也常有些短少，但寸子卻也有長的；人有時也有些糊塗，像你所卜問的問題，人固然不懂，恐怕神靈也未必能夠說得明白，我這個騙錢的烏龜殼殼，恁怎麼也無法回答你的問題，你還是自己斟酌判斷吧！

隨着屈原的離騷、哀郢等文後——卜居譯文，另一膾炙人口的詩篇，便是孔雀東南飛了。這篇詩歌是我國古詩中最長和最偉大的一首，全文共三百五十七句，一千七百八十五字。成詩的年代，大概是在東漢建安中（公元一九○年）。因爲它是採自民間的樂府詩，所以不知道作者是誰。詩歌的本身是詠嘆一對年青夫婦的恩愛生活，由於時代的不同，老一輩人的觀點差異，這個弱女子因爲遲遲沒有生育，得不到翁姑的歡心，於是硬逼着兒子出妻。兒子在孝字的大帽子下，不得不勉強爲之。但私下裏還是向他的太太蘭芝表示，永不相忘，徐圖後會的願望。可是女的回到娘家後，受着雙親的責備，兄嫂的歧視，硬逼着她改嫁。終於在出嫁的那天，女的投湖自盡了。焦仲卿這個廬江縣衙門裏任職的小公務員，聽說他的太太劉蘭芝自殺後，也在自己的庭園中，上吊殉情了。兩家的父母爲了這一對夫妻的殉情自殺，內心感到歉咎，於是把他們倆的屍體，合葬在一個墳塋裏。當墓園中的松柏長大了的時候，在這一片林園裏，有一對五彩繽紛的小鳥，朝夕飛翔依偎在一起，過着他們人間沒有的快樂生活。這是描寫當時社會問題，以及家庭中父母兄嫂不合理的道德觀念和專制權威，終於演出了這幕悲劇。這是當時千千萬萬恩愛夫妻所提出來的無言抗訴，是一篇封建制度下，年輕一代所受不平等待遇的悲鳴。可是直到今天，這類事情仍然是接二連三層出不窮的發生着，仍然有不少的青年男女遭遇到這同樣悲慘的命運，過着相同的痛苦生活。

中國文學演進到唐宋時期，一變而爲詩與詞，文人學子都以詩詞爲主，而人主又以開科取士來範圍着人民的思想，故敢爲大眾人民說話的少之又少。而平民文學的興起，更受到多方的壓抑，沒有什麼偉大的作品。直至元朝，才發展戲曲，希望從民間藝術裏來發表人民的意願，但仍然起不了什麼大作用。到明朝大眾文學才又猛然抬頭。這期間最爲一般民眾所嚮往的，便是施耐庵的「水滸傳」和羅貫中的「三國演義」。就中以水滸傳，最爲人所樂道。這本書是以宋朝末期，權奸當道，人主昏庸，天下大亂時民間的許多小故事爲背景，是一本描寫深刻，感情豐富，文辭優美的通俗小說。這本書自刊印以來，已經發行了不知多少萬册，是一本屬於中國大眾的書。直到現在，可以說，凡是認識「之」「無」二字的人，都讀過它。每一個不識字的中國人，也都曾聽旁人述說過它。無論是愚夫愚婦，販夫走卒，也都知道書中的主角及時雨宋江，是一條好漢。他隨時刼富濟貧，膺懲頑惡。尤其是對那些魚肉鄉民的土豪劣紳，貪官汚吏，更是切齒痛恨，必先殺之而後快。由於它是家喻戶曉的一本書，不再在這裏多所敍述，只是把它提出來，作爲中國大眾自己的書。從水滸傳的描述，可以看出當時中國人民痛苦的生活，社會活動的各種黑暗和罪惡情形，以及當時羣眾的反抗心理。

最後，在千千萬萬的中國文學書裏，我還要提出一本純文藝的小說來，那便是「紅樓夢」。這本書的名稱很多，例如，從前人叫他做「石頭記」、「金陵十二釵」、「風月寶鑑」、「情僧錄」等。這本書究竟是什麼人寫的，至今仍然眾說紛紜。根據近人的研究考證，大概是曹雪芹無疑了。不管它是什麼人寫的，什麼人續的，如單就純文藝來說，卻是五千年來中國文學的結晶。紅樓夢所描寫的是一個中落了的官宦之家的實際情形，從看門人焦大，一直到僕從、丫環、少主人、大主人、老主人、婆婆、媳婦、侄兒、外甥、親戚、故舊，一連串的大小事故，包括明的暗的，正的反的，都用極細膩的手法，把它描繪得一清二楚。有的人簡直捧着它百看不厭，愛不釋手。它的文字優美，感情豐富，筆法細膩，組織縝密。作者將那四百四十八個大小不同的人物，描寫得淋漓盡緻，連大門前的一對石獅子和庭園假山間的一草一木，一石一鳥，都栩栩如生，令人讀來時而哭，時而笑，時而又哭笑不得；傷心處還要爲它撒下許多眼淚。這眞是數千年來中國文學的瓌寶，也是中國讀書人，個個都要拜讀再四的上上之作。因爲它是純文藝的一本書，沒有像水滸傳那麼普遍通俗而深入民間；但是在中國的中上層社會裏，卻比水滸傳更能吸引人，更爲人所稱道。如果就中國文學的成就而言，水滸傳只不過是人人都需要吃的青菜豆腐；而紅樓夢卻是盤飧市上的魚翅海參了。

一〇、音樂的研究

梅花，梅花，滿天下！
有土地就有它。
冰雪風雨它都不怕，
它是我的國花。
* * * *
看哪！遍地開了梅花，
有土地就有它。
冰雪風雨它都不怕，
它是我的國花。
* * * *

梅花，梅花，滿天下！
有土地就有它。
梅花堅忍象徵着我們，
巍巍的大中華。

——梅花

音樂的起源，較之語言文字尤早。當人們聚在一起而高興的時候，不知手之舞之，足之蹈之，然後齊聲嗚嗚，歡笑不已，這就是音樂的起源。

中國古時的領導人物，便已經知道音樂對於人的影響力很大，由人的音調反應，便知道這人是善是惡，是好是壞；是歡笑還是悲傷，是暴厲還是溫和。由這種內心的自然暴露，便可確定他的性情和行爲。因此爲政的人，爲了要安定社會，繁榮國家，撫慰人民，所以便集合了一些有音樂天才和道德修養的人，專門製作一些正大光明，循循善誘的樂曲，以敎化萬民；同時聽人民自己所唱的歌，就知道人民對於政府的期望，和其本身生活的安樂幸福情形。古人所謂「審音知政」，就是這個道理，而且這一原理，可以放之四海而皆準。

我國周時的音樂，便已經達到了敎化萬民，移風易俗的境地。所以當孔子在齊國的時候，曾經去參加了一次古典音樂會。結果，孔夫子聽得來連飯也忘記吃，一直住在那裏聆聽欣賞和研究這種感人至深的韶樂達三個月之久，最後更感嘆地說，想不到音樂的感化力有這麼大。由是可知，好的音樂可以敦風化俗，有潛移默化萬民的功效；反之，靡靡之音，只有傷風敗俗，招致亡國滅種的大禍。禮記樂記上說，好的音樂在廟堂之上唱和時，君臣上下聽了，都彼此忠心順服；在族長鄉里之間唱和時，使人都能遵守長幼秩序，鄉人也都和睦相處；在家庭之間唱和時，父子兄弟夫婦都彼此敬愛體貼。這就是音樂對人類的影響，對國家社會的貢獻。伯珩氏在東方雜誌上發表了一篇「音樂的能力」，㊿他說，德國醫生奇路奇氏稱，音樂可以治病。美人伍耳氏說，音樂的治病力和感化力，非常之大，尤其是對於精神病患者，更可以促進他的精神煥發，身體健康。近年更有人試用音樂來促進植物的生長，增加生產。所以中國古書記載，當名音樂家演奏時，連天上的飛鳥和地上的走獸，也停下來聆聽欣賞。李昉撰著的太平廣記裏寫道：「晉平公使師曠奏清徵，曠曰：清徵不如清角。公云：清角可得聞乎？曰：君德薄，不足聽之，……乃奏白雪之歌，一奏之，有雲自西北方起，再奏之大風至，大雨隨之，掣帷幕，破俎豆，墮廊瓦，坐者散去，平公恐懼……。」㊳這雖然言之過火，但音樂感人至深，確是事實。

我國古代的許多樂譜，大都已經湮沒，或只存其名稱而已。譬如堯王時代流行的「大章」是述說堯王功德的一首歌；黃帝時候的「咸池」，經堯王改作後，也曾風靡一時。「大夏」是歌頌夏禹治水的功績；「大濩」爲伊尹所作，用以昭示殷人的文明；「大武」是歌頌武王伐紂，爲人民除暴的樂曲。以後更有許多廟堂之上的宗教樂，君臣宴飲時的宴舞樂，如大饗、大射、鄉射、燕射等。而最爲孔子所欣賞的是韶樂，而且孔子以爲周時的韶樂已經盡善盡美了。㊺不過最爲中國先民所讚賞歡喜的，還是詩經裏面的許多國風樂曲，因爲詩經就是當時最流行的一本歌譜。它採集了許多地方的民歌和土風舞曲，用以表達人民對政府的願望，以及人與人間的情愛，可惜他的曲調失傳了，否則今天唱和起來，怕不更令人起思古之幽情。

關於中國音樂之產生，在黃帝時候，便有因聞鳳鳴而定律呂的記載。同時黃帝並叫他的大臣伶倫研究音樂的改進和創造，這位大臣更曾親自到嶰谷去，採取勁竹作管，以為吹奏律呂的樂器。周時莊王本人對樂理的研究和樂器的製作，便已經非常高深了。據管子地員篇的記載：「凡將起五音，凡首，先主一而三之，四開以合九九；以是生黃鐘小素之首以成宮。三分而益之以一，為百有八，為徵。不無有三分而去其乘，適足，以是生商；有三分而復於其所，以是成羽；有三分去其乘，適足，以是成角。」管子的這一段話，是解釋用竹管製作五音的方法。以後這種方法，又經過了漢、唐、宋、明各代諸名家的研究，愈亦精妙，這將在後段，詳為說明。

如要發展音樂，最重要的是定音。我國古人定音是用竹管，而以三分損益法為之。從三分損益法，求出竹管長度，因為音波的頻率高低，與竹管的長短呈反比例，管愈短，音愈高。至於中國古時所定的基本音如何？則代有不同。管子時代則是以「徵」為準，以「角」為最高音；以後乃改為黃鐘的宮音為基本音。因為黃鐘的管長剛好為夏尺的一尺，為周尺的九寸，但等於今天公制多少，便不得而知了；有人以為是二十

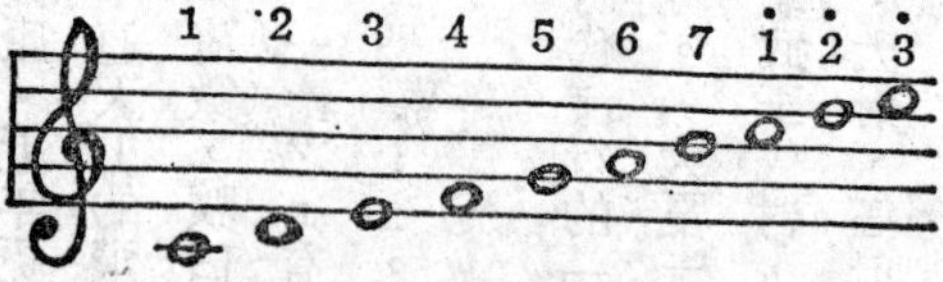

宮	商	角	變徵	徵	羽	變宮	宮	商	角	
上	尺	工	凡	合	四	乙	仕	伬	仜	(絃音)
四	乙	上	尺	工	凡	合	伵	亿	仕	(管音)
合	四	一	上	尺	工	凡	六	五		(元代樂工用)

第四圖：中國七音與現代樂譜的比較

三公分，不過，也有人表示懷疑。

我國古代的音樂，只有宮、商、角、徵、羽五個音，至周景王二十三年（公元前五二二年），才正式在角與徵之間，與乎羽與宮之間各增加了一個半音，而成為七音，這就完成了一個完全的音階。這是中國音樂上的一大發明。根據史記荊軻傳記載，高漸離擊筑，荊軻和為歌，發為變徵之聲（代表淒涼悲壯之情）。這就證明當時（公元前二二七年）七音的應用已非常普遍了。如果將周時的七音，用現代西洋的五線譜表示，則可如第四圖。

據說希臘人畢達哥拉斯（Pythagoras，公元前五八二至五〇〇年），曾以絃長作為定音的標準，而以三分損益法演化出各音來，因此有人以為中國的定音法，是由希臘傳入的。不過，中國的定音是以管長為準，與畢氏用絃長完全不同。當然就音色的優美與利便而言，自以絃長為佳。但絃是用絲作的，而以絲作絃在黃帝時期便開始了。古書記載，舜作五弦之琴，可見用絲作絃以為琴，在中國已有四千多年的歷史了。何況絲是中國的產物，既然中國的絲絹等物，可以外銷至歐洲去，則中國的琴絃和用管長定音法，也可能早已傳到歐洲了。因此又有人以為畢氏的以絃長定音，乃是取法於中國樂律的。因為中國的羽籥（竹管製作的樂器），在四千年前便已經非常普遍了，黃帝吹律定姓，鄒子吹律候氣，便都是這一樂律的應用。至於畢氏的定音原理，只是古時希臘人的一種傳說，至第六世紀時，羅馬哲學家波提艾斯（Boethius，公元四八〇至五二四年），才加以記述；復至一六三八年，意大利人加利略乃予以證明。此外，傳說畢氏生前曾到過東方諸國遊學，可能到過大食、印度甚至於西域各國，而法國音樂學家阿買陀氏（Amiot, 1776，或譯為錢德明，乃耶穌會的神父。）

更率直的說，畢氏曾經到過印度，自印度將中國的七音樂理帶回歐洲去。姑無論歐洲的定音法是畢氏發明的，或從中國學去的。但中國的七音在二千五百多年前，便已經非常普遍，卻是鐵的事實，不容置疑的了。

漢孝文帝時（公元前一七九年）北平侯張蒼，對於音樂的研究，已非常高深了。至武帝時更置協律都尉一官，專門主持音樂的研究、教化和推廣工作。漢書禮樂志載，當時協律都尉李延年所領導的工作人員有八百二十九人之多，其採訪民歌範圍達大江南北。元帝時（公元前四十八年）著名音樂學家京房氏，除了將西域引進來的樂器羌笛，加了一孔，變為五孔，使之適合於中國樂曲的演奏外，更發明了一種叫做「準」的十三絃定音器，（準的形狀像瑟，長丈餘，隱間九尺「以應黃鐘之律九寸，中央一絃，下面畫有分寸符號作為六十律的清濁音節。）而在絃上建立了一套易律，並以三分損益法，製訂了六十四個律（或有人以為是六十律），而與畢氏的定律原理相同。宋時太史錢樂之（公元四三八年）仍用該法得到了三百六十個律，也就是每一音組，由原來的十二律（C,C#,D,D#,E,F,F#,G,G#,A,A#,B），分解為三百六十律，並列表說明。德人斯坦因氏曾對錢氏的這一理論，加以驗證，並竭力推崇這一理論的正確性，只是一般人很難分辨出這種半音階中的小半音而已。

南北朝時的何承天氏（公元四四七年），又根據三分損益法，創製了十二平均律，氏曾逐步補正其長度，而使大律的差度減少，小律的差度增多，成功一種平均中一律，這一種律的發明，又較西方的十二平均律，早了一千二百年。

明神宗時（公元一五九六年），朱載堉（伯勤）氏發表了他所著的「律呂精義」，該書分內外兩篇，共十卷。書中將有關律呂的問題，完全用數學方法，加以計算和解釋，這是中國論律呂最爲科學的一本書。朱氏發明的三十六律，包括倍律、正律和半律。每一律又包含了十二個音（陽六、陰六，或謂之六律六同（呂），故謂之爲十二律呂。），同時又提出測定新舊律呂的蠡測方法，藉以察出它的正確性。朱氏以爲試驗的方法，可分兩方面：一用累黍造尺（一百粒黍長等於一夏尺），依尺造律，吹之試驗；一用吹笙定琴，用琴定瑟，彈之試驗。關於朱氏的這一定音方法，純係以夏尺爲準。根據其計算結果，則各音的長度數字爲：

1. 正律黃鐘：　　*C* 調

A＝1, 000, 000, 000

B＝1, 024, 302, 236＝$\sqrt[24]{2}$

C＝1, 059, 463, 094＝$\sqrt[12]{2}$

A/C＝94. 38分　等於正律大呂長度。

2. 正律大呂：　　D^b 調

94. 38×A/C＝89. 08分　等於正律太簇的長度

3. 正律黃鐘內徑：（竹管內徑）

3. 53×A/C＝3. 43分　等於正律大呂的內徑。

4. 正律大呂內徑：

3. 43×A/B＝3. 38分　等於正律太簇的內徑。

從上面的計算公式，加以類推，便可得到十二正律的長度，和管的內徑大小；其餘十二倍律及十二半律的算法也是如此。當朱氏的這一計算公式傳到西洋去以後，（據王漪撰「明清之際中學之西漸」一書稱，乃錢德明神父，於一七七六年所刊於北京者，題爲中國古今樂記。）⑤比利時的音樂大家馬戎氏（Mahillon C. V. 公元一八四一至一九二四年），對於中國人用$\sqrt[12]{2}=1,059,463,094$一數，遞除律管長度；及用$\sqrt[24]{2}=1,029,302,236$一數，遞除律管直徑，以求出十二平均律一事，大爲驚異。（近人莊本立氏，曾用電子計算機，驗算這一數字的結果，也證明其極爲正確。）因用此法造成之律呂樂器，其發音之準確與德國風琴名家魏客馬斯泰氏（Andress Werckmeister 1645-1706），在公元一六九一年發明的管樂比較，並無不同，但朱氏的發明，則早於馬氏一百餘年。以元明時期，歐洲傳教士及商人到中國來的很多，這本「律呂精義」，甚而至於「樂律全書」等書，都可能早已帶往歐洲，作爲魏氏發明管風琴的參考了。自從我們發明十二平均律以後，每一律均可作爲基本音，此種變調的演奏，不但適合各種樂曲，而且使旋律表現出更爲豐富的感情和優美的音色。

上面談到了我國古人發明用三分損益法作爲定音的方法，但什麼叫做三分損益法呢？所謂三分損益法，是以黃鐘爲基準，黃鐘的管長爲九寸，孔徑爲三分，用這竹管所吹出的音波頻率，剛剛等於是西洋樂器的中央C調。中國音樂家稱它爲黃鐘。用這一管長作基準，如果將它截去三分之一，管長便只有六寸，這叫做三分損一，這時再吹，則它發出的聲音，就等於是Sol了。中國音樂家稱它爲大呂。如果再將大呂的管長截去三分之一，這時管長只有四寸，其所發的聲音，便較黃鐘

第五圖　管長與音階的變化

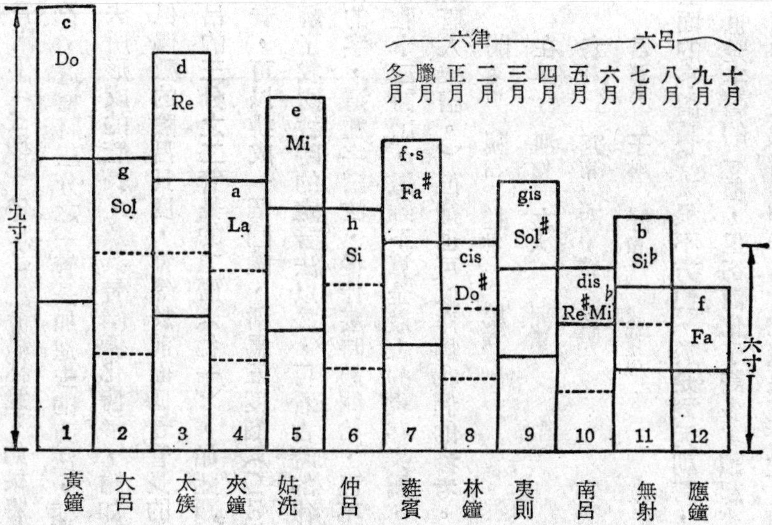

假定黃鐘等於西律中央 D_0，那末十二律就等於八度內的十二個音：它們在譜表及鍵盤上的位置圖如下：

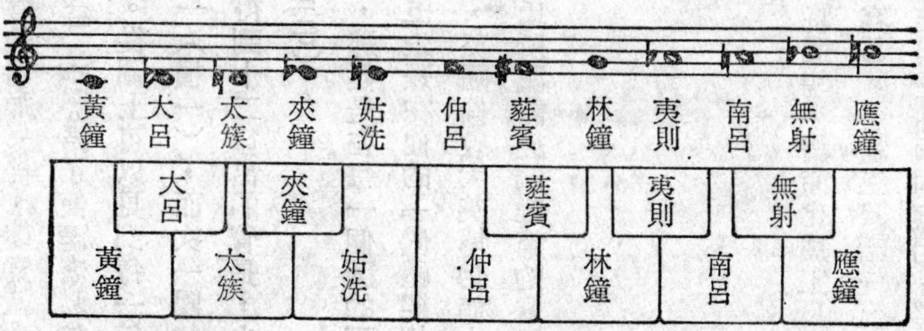

黃鐘（九寸）
林鐘（六寸）
南呂（五寸三分點三強）
應鐘（四分七寸點四微強）
大呂（八寸四分點三弱）
夾鐘（七寸四分點九強）
仲呂（六寸六分點六弱）
太簇（八寸）
姑洗（七寸一分點微強）
蕤賓（六寸三分點二微強）
夷則（五寸六分點二弱）
無射（四寸九分點九強）

高一大音階了（Major Scale），稱爲林鐘。如果將林鐘的管長增加一倍，變爲八寸，就叫做太簇，相當於Re，這種將三分之一管長加進去的方法，便叫三分益一法。爲了使讀者易於明白起見，特將這種方法所形成的管長，及其音階變化情形，繪如第五圖。從圖上可以見到每一管長都把它等分爲三段，但偶數的陰呂長度，都等於前面低音管長的三分之二（損一），而次一陽律的管長，則等於前面陰呂的三分之二管長的二倍（益一），如此類推，便得到十二律呂的管長，也等於西方音樂的十二半音，可以排成一個圓圈，稱爲五度圈（Circle of fifth）。

瞭解了我國古時的定音法以後，再看古時的律呂樂譜，那便是在每一個詞的下面，加上一個代表音律的字，這種字譜法，從什麼時候開始，已不可考，但朱熹在他的「儀禮經傳通解」一書中記載有風雅十二詩譜，這雖不算是最古的現存樂譜，（據說，英國倫敦大英博物館中，藏有一頁敦煌出土的唐人樂譜。）但卻也可以作爲我們的參考。例如朱氏所記詩經關雎篇的音譜爲：

關黃清　關南　雎林　鳩南
在黃　河姑　之太　洲黃
窈林　窕南　淑黃清　女姑
君清黃　子林　好南　逑黃清

上面的字譜讀起來很不方便，於是到元朝時，才有人將這些字譜簡化爲工尺譜。工尺譜雖仍然是字，也是字譜的一種，但卻簡化了許多，讀起來也比較容易。這種工尺譜一直沿用到現代。我國今日平劇和其他戲曲的胡琴譜，都還保留着它，可見這一樂譜在中國的應用，將近七百年了。

樂譜的表音是一回事，但每一字譜所顯示出來的只是音程或音階的位置。換句話說，只是聲音的高低，但聲音的長短，和它延長的時間，則沒有顯示出來，所以到了明朝才又加上節拍符號，亦即所謂的板眼符號。例如，一板一眼，便等於今日的兩拍；一板三眼等於四拍。而這種板眼符號，多放在合、四、一、尺、工等字的右邊，如此彈唱起來，既方便，又正確，比起古代樂譜要進步得多了。

本文只是介紹中國古時音樂的發軔情形，不打算在樂理上多所贅述，但中國音樂發展的經過，以及古人對音樂的種種措施，和聖哲們利用音樂的感化力敎化萬民的情形，確乎令人繫念。我國音樂固然發皇於周代的禮樂，至漢朝時，由於文武二帝的竭力提倡，加以發揚光大。史書記載，當漢高祖劉邦作了皇帝，衣錦還鄉時，便夥同少年時的朋友，在一起飲酒高歌，唱得高興時，高祖皇帝便自已拿起筑來自敲自唱。至漢武帝時更聘請名音樂家李延年爲音樂老師，李氏不只是會唱彈，還會作曲。由於他的天分高，音樂的修養和研究成績都非常良好；又秉接受了當時文學名家如司馬相如、董仲舒、楊雄等人的協助，因而譜出了許多名曲，敎給成均館的大學生演奏，並從而推廣及於民間。同時當時的士大夫階級，又多自已養了樂班，隨時演奏一些名曲或新編的歌曲。由於中上層階級的提倡，民間也漸次受到影響，這就是漢代我國音樂鼎盛的原因。

漢書記載，蔡邕路過江南的一個村莊時，正值村人在消除髒亂，清理環境，將一大堆爛木頭和垃圾在牆邊焚燒火化，蔡邕忽然聽到燃燒中木材爆炸的聲音，以爲是一根好木頭，趕緊叫人取了來，一看果然不錯，於是向村人討得了這根木頭，拿回家去打造成一架七弦琴，由於尾部已經燒焦了，所以就叫它做「焦尾琴」。造琴何以要用爛木頭，這是一項秘密。不過據宋人沈括說：「琴雖用桐，然須多年，木性已盡，聲始發越。」㊶換句話說，多年的老木頭，經過日晒雨淋以後，木材本身的性質已經變化，這時作琴，所彈出來經過共鳴的聲音，才沒有雜聲，沒有雜音的琴，才是好琴。不知道今天的造琴材料是否如此，或尙需經過人爲的另一處理，方才入選。

又有一次，蔡邕在陳國時，當地的一位名流請蔡邕參加他的家庭音樂會，欣賞陳樂。蔡邕因事到得很晚，演奏已經開始，這時有一個客人正在作七弦琴獨奏，蔡邕因聽得琴音中帶有殺聲，便馬上轉回去了。隨卽有人報告主人說，蔡中郎臨門不入，主人大爲驚異，以爲禮數不週，招呼得不好，乃於次日前往謝罪，並探詢其原因，蔡邕具實以告，於是再詢演奏的人，何以會發出殺聲？演奏的客人說，我因爲當時看見一隻螳螂，正準備躍起捕捉前面的蟬子，所以亂了方寸，發出殺聲來了。

又有一次蔡邕在自己家裏彈琴，忽然琴弦斷了，六歲女兒文姬便問爸爸是不是第二弦斷了。蔡邕以爲她是亂猜的，不久，又故意將弦弄斷，並問文姬是那一根弦斷了，文姬說是第四弦。可見文姬的耳朵很聰敏，在家中聽慣了爸爸彈琴，不知不覺間，便知道分別音響了。

漢初還有一個音樂與國的故事。那便是張良在垓下，夜吹洞簫破楚兵，殺項羽，奠定了劉家天下的故事。盛唐詩人李白旅次洛陽時，夜深不寐，起來走走，忽然聽到遠遠飄來了陣陣笛音，因而感懷不已，乃寫了一首噲炙人口的春夜洛城聞笛的詩。這首詩說：「誰家玉笛暗飛聲，散入春風滿洛城；此夜曲中聞折柳，何人不起故園情？」這是一首多麼令人陶醉的感懷詩。

十一、處世哲學

看破浮生半百，半生受用無邊；
半生歲月儘函間，半裏乾坤開展。
半郭半鄉村舍，半山半水田園，
半耕半讀半處廛，半士半民姻眷。
半雅半粗器具，半華半實庭軒；
衾裳半素半輕鮮，餚饌半豐半儉。
童僕半能半掘，妻子半樸半賢；
心情半佛半神仙，姓字半藏半顯。
一半還之天地，讓將一半人間；
半思後代與滄田，半想閻羅怎見。

飲酒半酣正好，花開半時偏妍；
半帆張扇免翻顛，馬放半韁穩便。
半少却饒滋味，半多反厭糾纏；
百來苦樂半相參，會占便宜只半。
（全詩二十八句，一七五字，其中半字四一個，約佔四分之一）。
——季密菴半字歌

近百年來的中國私塾裏，在入學啟蒙後不久，都要讀一本叫做「增廣」的書，這書的全名是「集韻增廣」，顧名思義，是一本集聚古人名言，編輯成有韻律而又可藉以增廣見聞的書。今天老一輩的中國人大都還能背誦若干句，甚而至於整本的句子也能記誦。這書是何人所寫，已不可考。據說，撰寫這本書的人是一個重犯，因為在監牢裏服刑甚久，乃了悟人生而懺悔莫及，所以才用古時的名言俗諺將他過去對人生的體驗、經歷和遭遇，和盤托出，好讓後世的人們知所警惕，不要再蹈他的覆轍，浪費了美好的人生。在他受刑前夕，他將這本書的原稿，呈上層峯，希望在他死後，刊行問世，傳之後代，當皇帝讀完了他的著作後，便下詔特赦，並准將該書刊行問世，交付教育部門作為學校教材，訓導學生。自此以後，凡是士人都要先讀這本書，然後才開始正式講授四書五經。以下是這本書中有關人生自律和處世的片紙隻字，但從這些段落的敍述裏，卻可以見到今日中國人民大眾的人生觀和其處世態度了。

甲、自律方面

一、萬般皆下品，唯有讀書高

學而優則仕，這是中國人的傳統觀念；也是開科取士以來的思想總滙。但這句話並沒有錯。只是有些人把這句話解釋得太狹窄了些，以爲讀聖賢書所學何事？讀了聖賢書，便要升官發財，光宗耀祖，所謂「十年窗下無人問，一舉成名天下知。」這種爲名利的自私打算，雖然覺得不妥，但究竟也無可厚非，這等於是一種職業，士人讀了書，便可藉此得到一官半職，解決了人生的食宿問題。不過，古人說，讀書明理，做學問，必須讀書，讀了書才明白各種事物的道理，才能够傳道，解惑。古人以爲，一事不知，儒者之恥，這當然是太嚴格了些，但也可見古人讀書的目的，是在窮究萬物的道理，以便成爲社會的中堅，國家的棟樑，對全體人類作更多更大的服務，創造人類更優美的文化。所以大學裏說：「大學之道，在明明德，在親民，在止於至善。」換句話說，讀書是爲了服務社會，復興國家，造福人類。我們要努力讀書，求更大的進步，達到人生至善的境地。因此讀書比做其他任何事爲重要，更迫切和更寶貴。古語說：「犬守夜，鷄司晨，苟不學，曷爲人。」又說：「人不學，不知義。」也就是說，沒有讀書，連最起碼的做人道理也不知道，在今天的社會裏更是如此。

春秋時晉國有位音樂家，名叫師曠，天資聰穎，智慧極高，當時各國君主對他均引爲清客，敬禮有嘉。可惜雙目失明，難見大千世界。一天晉平公宴客，請師曠作陪，席間平公向師曠說：寡人本想向你請教，學點什麼經世道理，可惜年逾古稀，已經來不及了。師曠便說，你爲何不點支蠟燭，向那支蠟燭學習呢？平公勃然變色說道，臣子怎麼可以對國君開玩笑呢？師曠說，我是一個瞎子怎麼敢嬉笑國君？平公便道，那你是什麼意思？師曠說，少年好學，如日初昇，光芒萬里；中年好學，如日中天，光彩奪目；老年好學，如點蠟燭，光雖微弱，但總比我這個瞎子強些。平公起座致歉道，謝謝你的指教。

二、善惡到頭終有報，只爭來早與來遲

這是佛教信仰裏的因果報應學說，以為：「要知前世因，今生受者是；要知後世果，今生作者是。」中國人都相信這一套說法，而且以為：「種瓜得瓜，種豆得豆；天網恢恢，疏而不漏。」所以人一生所行的是善，便有善報；所行的是惡，便有惡報。這種報應，可以發生在自己身上，這叫做現世報，或現眼報；也可以發生在後代兒孫身上，這叫做隔世報，或來世報。不管是什麼樣的報，早晚都是要承受的。又說：「積善之家，必有餘慶；積不善之家，必有餘殃。」這種餘慶與餘殃，都要發生在自己或與自己有密切關係者的身上。所以凡是看見人有了好的機緣，或幸運的時候，便說這人的祖宗積了德；反之，便是祖宗缺德，禍延後代了。中國人也都相信這些道理，除了喪心病狂的人以外，每個人都希望為他或他的後代兒孫積一些功德，不管是否如此，為了勸善罰惡起見，我們是寧可信其有的，而且也一代一代地，強調這一事實，決不容有人加以懷疑。因為天理昭彰，報應不爽，誰不畏懼三分。

三、錢財如糞土，仁義值千金

這是儒家輕財重義的理論，一個人不應該為了名利，就不顧一切的蠻幹下去。孟子去見梁惠王的時候，惠王問他，你會給我的國家，帶來什麼樣的財富？孟子說，賣些仁義給你。除了商人以外，中國士人都不願意談錢，而且以談錢財貨利爲可恥。市儈商賈之徒，在中國社會地位很低，中國人將商這一行業，分在最低等，以爲無商不奸。一個正當的商人，決賺不了大錢；而能够賺大錢的商人，也決不正當。古人說：「人無橫財不富」，所以凡是有錢的人，都以爲是「爲富不仁」，因爲照中國社會的情形看，一個人如果規規矩矩作事，他所賺的錢，也只能够養家糊口而已。一個人的錢太多，奢侈太甚，必定是來路不明，便自然地變成不仁了。

戰國時候，齊國的孟嘗君作宰相時，權位很高，齊王將薛的地方封贈給他，因此孟嘗君便利用薛的土地和人民，加以搜刮剝削，而且放高利貸給那些窮苦的人民，每年又派他的食客到薛去收租收利，弄得人民非但不能安居樂業，而且有貧無立錐，賣兒鬻女償還欠債的情形，因此很多人都不願意前往收債，以免看見那一幕幕的慘狀。一年又當收債的時候到了，孟嘗君徵求了好幾個食客，都不願意前往，最後一個他最看不起的食客馮諼，硬着頭皮站出來，願意前往辦理，孟嘗君很高興，賜他高車駿馬以及特使的名義前往薛地收債。臨行前馮諼問孟嘗君，債租收到後，買些什麼東西回來呢？孟嘗君說，只要我家裏需要而又沒有的東西都可以買回來。於是馮諼到了薛地，把那些欠債欠租的人都召集攏來，說：「你們終年工作非常辛苦，今天你們的主人孟嘗君可憐你們，從此以後，不再要你們還債繳租了。」於是當着大家的面，將債券契約全都燒掉了。第二天便回去銷差。孟嘗君非常詫異，怎麼收得那麼快，便問他收了多少債租？買了些什麼東西回來？馮諼說，臨行前，你曾告訴我要買一些你需要而家裏又沒有的東西，我看你什麼東西都有，只是沒有「義」，所以我給你買了一些「義」回來。孟嘗君說，好，那麼我原來的契約債券呢？馮諼說，我都當着欠債欠租人的面燒掉了。孟嘗君只好搖頭嘆息。隔了兩年新王卽位，不再信任孟嘗君，相位也被剝奪了，孟嘗君只好搬出相府回到老家薛去，還沒有走到邊境，全薛的老百姓便携兒帶女的出來迎接，孟嘗君便對馮諼說，你前年買的「義」，我今天才看到了。

四、萬惡淫爲首，百行孝爲先

忠孝二字是中國儒家傳下來的不易之道。當忠孝不能兩全時，只好移孝作忠，這是儒家的中心思想。忠是爲國，孝是齊家。自古必先保國，然後保家；保國是爲全體人民，保家只是爲氏族的少數羣體。但在律己方面，中國人最討厭淫，因爲一切的禍害痛苦都由此而發。翻開世界人類的歷史，幾乎有一半以上的慘痛事件，都與淫字有關。因此孔子以爲鄭聲淫，就連這類稍爲放蕩自由一點的戀歌也不願聽，以爲聽了這類音樂和歌曲，都要變爲不道德了。這雖然有點過火，但防微杜漸，卻也是人生應該注意的。雖然孔子也說：「食色性也」，這是天生的，沒有色，人類便要絕種了，但取之不以其道，則是罪惡。所以從古到今，中國人都以這句話語，爲律己的戒條，父訓子，子誡孫，脈脈相傳，從不稍懈。

相傳有兩個佛門高僧的弟子，奉師囑出去化緣，藉以歷練一番了解人生，當他們在作弟子的時候，曾有幾個戒條必須遵守，其中便有戒之在色的一條，佛門弟子不只是不能犯這條色誡，連男女肌膚相觸，也是授受不親的。這二大弟子對這些誡命當然是謹守不渝的。一天當他們要渡過一條小河時，剛好河水暴漲，便橋被沖走，大家只好涉水而過。可是當時有一位年輕的婦人，也要渡河，但又不敢涉水，於是甲這位佛弟子爲了行善，便將她揹過河去了。乙這位佛弟子總覺得師兄這樣作是犯了色誡，但又不好明說出來，只是在內心裏嘀咕，一直到天色晚了，他們都住宿在一個破廟裏，飯後倒頭便睡，乙這位弟子翻去覆來總是惦記着師兄與那位美婦人，肌膚相觸，犯了色誡的事情，因此一直到天明也沒有睡着，可是回頭卻看見師兄蒙頭大睡，鼾聲震屋瓦。第二天一早醒來，乙便向甲道：「師兄你怎麼睡得着？」「為什麼睡不着？」「你昨天揹了那個婦人犯了色誡，怎麼一點也不難過？」甲這位師兄睜大了眼睛，看住乙說：「我過河便把她丟了！怎麼？難道你把她揹了一晚上?!」

乙、處世方面

一、各人自掃門前雪，休管他人瓦上霜

這是明哲保身的思想，凡是與自己無關的事情，最好不去管他。我國有句俗話說：「閒事少管，無事早歸。」當政治不上軌道，而社會又極端混亂的時候，這確是明哲保身的不二法門。中國人常說：「是非只為多開口，煩惱皆因強出頭。」這與歐美人士所說的「沈默是金」的格言，殆相符合。這種態度是消極的，可能源於道家思想，但卻有他人生處世哲學的另一面。

在明人郭子章所寫的「諧語」裏面，有如下的一則寓言故事：[119]

黃雀、蚊蟲、酒蠁（果蠅）三個動物聚在河岸柳蔭下，各道自己的生活情趣。

黃雀說：「七月新涼，五穀登場；主人未食，我已先嘗。」

酒蠁問道：「王孫一彈打來，如何商量？」

黃雀說：「人為財死，鳥為食亡。」

輪到蚊蟲說：「幽閨深院度春風，黃昏寂寂無人踪；紅羅帳裏佳人睡，被我偷來一點紅。」

躲在河裏的鱉，原本學會了老僧入定，這時聽到了閨房艷事，不覺春情盪漾。於是爬上河岸來插嘴說道：「佳人春睡乍醒，打你一掌，如何計較？」

蚊蟲說：「能在花下死，作鬼也風流？」

最後酒甕說：「酒熟我先嘗，良朋千萬聚；沈醉倒金樽，才郎扶我起。」

鱉又取笑他說：「才郎不扶起，豈不浸殺你。」

酒甕說，「醉時曾捉月，姓名千古說。」

忽然一個路人走來，它們的辯論倏然停止，三個動物舉翅飛去，只有鱉的行動緩慢，被人捉住，帶回厨房，引刀成一快，放入油鍋中，炸來作下酒菜。這時鱉才恍然大悟：「是非只爲多開口，煩惱皆因強出頭。」

二、忍得一時之氣，免得百日之憂

忍耐並不是懦弱而是一種美德。古往今來的智者、賢者，都教人要忍耐。中國諺語裏說：「忍得一時之氣，免得百日之憂」，這是金玉良言，是先賢們處世經驗的累積結果。一切的暴虐、凶殺，大半是屬於不相忍耐，只要任何一方加以尅制忍讓，便可大事化小，小事化無，變戾氣爲祥和。張公百忍是中國民間相傳得最久的一個故事。

據說，古時有位姓張的長者，因爲年歲大，都稱他作張公。這位張公最能忍讓爲懷，一切事情都不和人計較，因此家道並不富有。但是在地方上的聲譽很好，名望也高，鄰里都非常稱道敬重。一天正是他小兒子迎親娶媳婦的日子，遠近親友都來賀喜，熱鬧非凡。當新娘進入洞房，大家正準備鬧房的時候，忽然來了一個陌生客，身體魁偉，面目黝黑。一進門來便向張公道賀，然後排闥進入洞房，將房門關起來，不讓旁人進去，連新郎也不例外。這時候惱了那些鬧房的弟兄和親友們，以爲這小子豈有此理，怎麼可以一個人進入新房而把房門關起來，不讓新郎進去呢？於是大家怒不可息，非要破門而入，揪他出來，痛揍一頓不可。這事被張公知道了，他卻以爲不可。他告訴他們說，在事情沒有弄清楚以前，不得輕舉妄動。爲了怕年輕人胡來，便命人拿來一張躺椅，放在新房門口，自己躺在那裏，守着房門，阻止他人進入，以免發生毆鬥。直到天明，他才離去。眾人等張公離開後，乘機破門而入，揭開被褥一看，原來躺着的是一個金人。因此民間都傳說：「張公百忍，天賜黃金」。這雖然是一個中國民間傳說的故事，但忍耐的價值，確乎比黃金更大。

三、逢人且說三分話，未可全拋一片心

英諺有云：「不要傾囊相授（Don't show all you have）」。聖經上說：「人心比萬物都詭詐，壞到極點。」中國先賢告訴我們：「害人之心不可有，防人之心不可無。」爲了避免受人利用、栽誣，以及種種不利於己的原故，不必把你所想的全部說出來。中國俗語說：「逢人且說三分話，未可全拋一片心」，這是中國人處世的傳統哲學。中國官場裏有所謂：「一問搖頭三不知」的油條論調，這雖然有點滑頭，但也是保身的一種方法。因爲現今的世代邪惡，所以耶穌基督教訓他的門徒說：「你們要馴良像鴿子，靈巧像蛇。」

段成式在他所著的酉陽雜俎裏面，寫了一篇師徒比箭的故事。古代中國最有名的射箭能手是甘蠅，他的學生飛衞，聰明伶俐，盡得乃師眞傳，因此名氣很大，附近的人都來從他學藝，其中有一個名叫紀昌文的學生，盡心學了三年，也就青出於藍，與乃師的武藝不相上下。有一天紀昌文想謀害他的老師，以便獨步武林。於是便對他的老師說，假使我們師徒在百步之外對射，你的箭鏃是否能和我的箭鏃在中途相遇，而將我的箭射下來。飛衞說，當然可以。於是二人前往靶場，當場比試。紀昌文在百步之外，拈弓搭箭，對準師父的咽喉，大聲說道，師父小心了，一箭射來，旋聞「嗤」的一聲，兩枝箭鏃正在五十步左右的地方相遇，互落塵埃。十箭射畢，均是如此絲毫不爽。忽然紀昌文大叫一聲，徒弟還有多餘的一枝奉贈老師。說罷，嗖的一箭射來。飛衞冷不防還有偸襲，這時閃避已經來不及，只好把口一張，咬住箭鏃，然後吐箭於地，哈哈大笑說，三年師徒，我如不留下這一手，豈不死在你的箭下？[119]

四、饒人不是痴漢，痴漢不會饒人

我國俗語有：「饒人不是痴漢，痴漢不會饒人。」這意思是說，在某些情形下，不必趕盡殺絕，能夠放手便放手，不必追根究底，也就是儒家所提倡的「中庸之道」。得理不讓人，有時反而要吃虧。報章雜誌上，常常報導，有一些人爲了一二元錢，爭得面紅耳赤，甚至於賠上一條性命，這是多麼不合算的一回事。何況嚴格說來，世界上難得有眞正的公理，你所堅持的理由，未必便是百分之百的正確。所以耶穌說：「要饒恕你的弟兄七十個七次。」[127]

莊周在路上散步，看見一個賣菜的小販和人爭辯，一問之下，才知道彼此爲了幾元錢的小事，爭得面紅耳赤，幾乎動起手來。莊子便道：我知道你們兩人，都自以爲有道理，所以才發生爭執，但試問你們自己，假設你爭勝了，你就一定是有道理嗎？如果輸了，就一定沒有道理嗎？也許你們都同意請第三者來評評理；可是第三者如果有些偏袒，那麼他所判定的勝訴人，是否就是有道理的呢？所以我說，世界上的事，就沒有什麼道理，我和你固然沒有道理，第三者和第四者，也未必有道理。既然大家都沒有什麼道理，又何必爭什麼道理呢？爭去爭來還是沒有道理。

五、得人點水之恩，須當湧泉而報

這是我國先賢用以敎訓後生的話。中國人的哲學是「施恩不望報」，但在受者來說，應該是不忘大德，必須儘快加倍奉還報答才對。古人有結草啣環的報恩故事。

結草的故事記載在左傳上，宣公十五年，晉大夫魏顆擊敗秦師，而且將秦國的大力士杜回活捉過來。杜回之所以被擒，是當他在逃跑的時候，忽然被一個草結絆倒了，因此追兵趕到，將他活捉。不久，魏顆得一夢，看見他父親侍妾的父親前來告訴他，杜回之所以跌倒被擒，是由於他結了一個草環，使他跌倒。他之所以要結這個草環，讓杜回跌倒遭擒，是要報答魏顆，沒有遵照他父親的遺命，將他的女兒殉葬，但卻遵照他父親生病以前的話，將她改嫁了事。

啣環的故事記載在楊震傳裏。漢代楊寶九歲時，在華陰縣北郊外玩耍，看見一隻黃雀爲鴟梟所搏，旋又墜在地上，黃雀因受傷很重，不能動彈，又爲羣蟻咬食，楊寶便將羣蟻趕走，將黃雀帶回家中療傷飼養，等傷癒後，又放它飛去。晚上楊寶便得了一夢，看見他所放去的黃雀又飛回來了，而且口裏啣了四個白環，送給楊寶，並告訴他說：我是西王母的使者，蒙君拯救，特啣四個大白環來答謝你，使你的子孫可以得登高位，事後果驗。

有一個人因爲生前潦倒，家庭負擔又重，所以向親戚朋友借了許多債，又得了許多人的幫助，實在還不了，於是他在臨終的時候一再思索，來生要變做什麼東西，才能够償還這些債呢？變牛變馬不成，那要變多少次的牛馬才行，最後他想到了一個妙計，我要變成一座大山，長出一叢叢的嫩草，讓我的這些朋友親戚儘情地啃吃，吃完了，我又長出來。這雖是一個稍爲刻薄點的笑話，但可見中國人的心裏一直是要報答旁人點水之恩的。

十二、兼愛與非攻

視人之室若其室，誰竊？
視人之身若其身，誰賊？
視人之家若其家，誰亂？
視人之國若其國，誰攻？
若此則天下治。

——墨子

兼愛與非攻是我國戰國時候墨家的重要學說和政治主張。這學說的發起人名叫墨翟，他是魯國人，但也有說是宋國人的，因為他在宋國作過大夫。據推測他生於公元前四七九年㊹，就是孔子死的那年，也就是春秋時代最末的一年。墨子出生在貧寒之家，父親是個木匠，所以墨子小時候也跟着父親替人家作零工，偶爾向他的親戚及鄰人借一些書讀。

當墨子二十幾歲的時候，由於他很聰明，也肯花腦筋，不只是木工作得很巧，書也唸得不錯，有空的時候，便在有學問的親戚朋友中來往問道。最後，他覺得那些讀書人所講的，都是文武周公孔子那一套「仁政」、「禮樂」，對於當時政治的腐敗、社會的混亂、經濟的蕭條、人民的疾苦，完全不管，也束手無策。雖然偶爾也有一些大賢說，要用仁義去化導王者行仁政，用禮樂去敎化萬民擁護政府。不錯，這是對的。只是那些當政者，根本是些冥頑不靈、痲木不仁的傢伙，任你怎樣去化導，他也不管人民的死活，只是眷養食客，窮兵黷武，擴充勢力，無惡不作。就是孔子的弟子冉有，還不是在幫着季孫氏一家，搜刮錢財，助紂爲虐。因此他對王道失望，覺得王道政治，在當時的環境下緩不濟急。必須另創一套政治理論，以糾正當時士大夫的思想，拯救處在水深火熱裏的同胞，喚醒那些執政者，回心轉意，安定社會，停止殺伐。

墨子覺得上天生人，個個都是一樣，都有同等的人生權利，決沒有君臣主奴之分，也沒有貧賤富貴之別。其所以有這些現象，都是那些自命爲天子，爲政治家的人幹的。這正如老子道德經所說：「智慧出，有大僞」。如果要使人人平等，只有大家團結起來，爭取平等；如要使人人都能平安度日，也只有大家聯合起來，爭取安寧的日子。他又說：現在大家都在口口聲聲講仁義，但什麼是仁義呢？仁者應該與天下之大利，除天下之大害；可是現在國與國攻，家與家爭，人與人仇。國君不施恩予民，民也不忠於君，父不慈，子也不孝，弟兄反目，這就是不仁。爲什麼大家不仁呢？因爲他們不懂得彼此相愛，互相幫助。所以他又說：現在正是國難當頭，社會混亂的時候，大家應該共體時艱，講求節約，以求生活的安定；彼此互助，以求社會的安寧和國家的興盛。於是先在他的親戚朋友中，宣傳他「互愛利他」的政治主張，當獲得大部份人的贊助與同情後，再向其他人們宣傳勸說，於是一傳十，十傳百，很快地便被勞苦大眾所信賴和擁護了。然後又有一些比較開明的士大夫階級，覺得兼愛利他的主張，很有道理，於是便也信服他了，甚至於跟隨他，拜他爲師，尊他爲首。

戰國時代學術自由，人人都有提出學說主張的權利，所以學派很多，因此便也有些其他學派的人，反對他這種兼愛非攻的主張。例如儒家學派的巫馬子是墨子的小同鄉，一天便問他說：「你愛天下，不見得有什麼好處；我不愛天下，也不見得有什麼害處，你爲什麼說我不對呢？」墨子說：「城門失火，大家都手忙足亂的拿水去救，但卻有人拿油澆上去，你說那一種人對呢？」巫馬子說：「當然是拿水去救火的人對，怎麼可以火上澆油呢？」墨子說：「你的不愛天下，就是火上澆油。」又有孔子的一個弟子子思問他說：「你說人與人不可相攻，但你知不知道，豬狗也要互咬互鬪的嗎？」墨子說：「文武周公要講仁義，可是豬狗也講仁義？」

由於當時正值周朝王權衰落，各國競相攻伐，人民萬分痛苦，他這套互助合作，兼愛非攻的主張，獲得勞苦大眾的支持，以及若干賢士大夫的鼓勵，所以很快的便傳揚開來。孟子所謂：「天下之言，不歸楊，則歸墨。」可見當時這一針對時症的政治主張，非常時髦而流行。墨子不只是一個政論家，同時也是一個實行家。他不只是用口說，而且也主張說到做到，實踐他的主張。因爲他以爲過去的學者，只會用口說，沒有去實行，結果什麼政治主張，仁義道德，都是空話。

當墨子三十五歲那年，他探聽到西南方的楚國，聘請了他的同行公輸般去設計製造秘密武器，企圖進攻宋國。便覺得應該實行他的非攻學說，貫澈他的兼愛主張，制止這場戰爭。他了解過去孔子的仁政不能實現的原因，乃是孔子沒有實力，要制止戰爭，必須要有武力作爲後盾，否則說破了嘴，也沒有用。於是便一面召集他的徒弟和信眾，說明他要去楚國的目的；一面又選拔能攻善守的徒眾約三百人，由他的大弟子禽滑釐率領前往宋國，並帶給宋國國君一封親筆函件，和一套秘密攻防計劃，說明他派禽滑釐等學生到宋國的原因，以及抵抗楚國進攻的方法。而他自己則從魯國徒步兼程前往楚國國都郢城；雖然趕了七日七夜，足都走破了，也不停止。因爲他覺得兵凶戰危，不管勝負如何，總是兩敗俱傷，吃虧受害的還是人民。

墨子到了楚國先去見他的同鄉公輸般，公輸般問他：「你來找我幹嗎？」

墨子說：「北方有人侮辱我，特來央你將那人殺了，爲我報仇。」公輸般聽了便臉色一沉，很不高興，沒有答腔。

墨子又說：「如你把他殺了，我可以給你十兩黃金作爲報酬。」

公輸般聽了便很生氣的說：「殺人是犯法的，我的良心也不允許我殺人，我也不希罕你的黃金。」

於是墨子又說：「我聽說，你正在這裏給楚國設計製造秘密武器，準備攻打宋國，這話當眞？」

公輸般說：「不錯，有這回事。」

墨子便問公輸般道：「宋人有什麼對不起你的地方？殺人既是犯法的，而你的良心又不允許你殺人，爲什麼又要犯法，製造秘密武器去殺宋國的人呢？楚國地大物博，人口稀少，自己有的是廣大的土地和用不完的資源，卻要去搶奪小國宋人的土地和財產，這算什麼公理？楚國給了你多少酬金？」

公輸般原和墨子在家鄉很熟識，也很佩服墨子的爲人，這時聽了墨子這一大套義正辭嚴的辯駁，便答不上話來，只好將這件事推在楚王身上。於是墨子要求公輸般帶他去見楚王。

墨子見了楚王並不提攻宋的事，只是告訴楚王說：「有一個人自己有好馬車不坐，卻去偷鄰人的破馬車；自己有華麗的衣服不穿，卻去盜取鄰人的破棉襖。你說這是怎樣的人呢？」

楚王笑着說：「這個人一定是患了偷竊狂的病。」

墨子便連忙說道：「楚國有五六千方里的土地不用，卻要去搶奪宋國五六百方里的土地；有雲夢漢江之流，魚米富甲天下，卻要去掠奪宋國的野鷄狐兔，這不正像你所說的偷竊狂嗎？」

楚王給他這麼一比，頓時感到很尷尬，但又不願停止這久已籌謀的攻宋計劃。於是又將這樁事推在公輸般的身上，指着公輸般說：「他已經爲我監製好了秘密武器雲梯，可以一鼓作氣攻佔宋國。」

但是墨子卻笑着說：「不見得吧！我們現在就試試如何？」

於是墨子解下自己的腰帶，作爲城牆，公輸般便用他監製的雲梯等秘密武器演習攻城。公輸般用了九次的攻城戰，都不曾攻破墨子的九次防守。於是公輸般生氣了，他說：「我另有攻擊妙計，現在不談了。」

墨子也說：「我也另有防禦良策，不談也罷！」說完便要辭去。

楚王在旁邊被蒙在鼓裏，不知道這兩個同行兼同鄉，到底葫蘆裏賣的是什麼藥？便叫墨子回來說：「你們兩個葫蘆裏，究竟賣的是什麼藥？」

墨子說：「這還不簡單，老般是要我的命，他以爲殺了我，便除去了心腹之患。其實我老早防備了這一着。我的秘密攻防計劃和先遣參謀人員，已經到宋國去了。你就是殺了我，也攻打不下宋國。」

楚王以爲宋國既然已經有了準備，又有墨子的大批參謀人員，在那裏協助宋國防守，就是攻下了宋國都城，所付的代價也太大了，於是宣佈作罷。

以後公輸般見了墨子便對他說：「我沒有見你的時候，我想攻佔宋國；自從見了你和你演習攻防戰以後，就是有人把宋國親手送給我，要是有絲毫不義，我也不要了。」

墨子說：「那麼說來，彷彿是我已經把宋國給你了。……不過，你若能努力行義，我還要把天下送給你哩！」。

十三、道德經

言者不知知者默，此語吾聞於老君；
若道老君是知者，緣何自著五千文。

——讀老子　唐・白居易

道德經是我國二千多年前的一部偉大哲學書，一共有八十一章，五千二百八十個字。自第一章至三十七章，稱爲「上經」，以其所論的都屬道的方面，因此又稱爲「道經」；自第三十八章至八十一章，稱爲「下經」，以其所論的均爲人性德的方面，故又稱爲德經，總名之爲「道德經」。

道德經爲何人何時所作？已不清楚。根據考據結果，可能是老子，所以該書又名「老子」。但老子又是何許人也？也沒有人知道，因爲凡是有道家思想的人，都不願意揚名顯姓，就是當時見過老子的人，也不一定知道他姓甚名誰，史記老莊申韓列傳中記載，孔子曾經問禮於老子，但孔子也沒有將他的眞名實姓記載下來，很可能連孔子也不知道。雖然史記中記載，孔子曾對弟子說，老子猶龍，不可捉摸，以後便未說了。一般人因爲他年輕的時候，頭髮便已經全白了。所以才戲稱他爲老子，也就是老頭兒的意思。不過，史記裹卻記載，老子爲楚國苦縣厲鄉曲仁里人，（卽今河南鹿邑縣。）姓李名耳字伯陽，諡爲聃（亦作耽），別號重耳，周時的守藏吏（圖書管理員；有人以爲是皇家圖書館的館長。）因爲他的哲理深奧，不容易懂，又不願著書立說，所以門弟子不多，但每一個弟子都非常聰慧，而且盡得老子眞傳，其中最傑出的便是涵谷關的守將尹喜。（或稱尹字公度名喜，秦人，著有關尹子一書）。

關於道德經的寫作，尙有一段傳說，卽老子暮年因見世風日下，社會黑暗，周室衰微，人民痛苦，便騎着靑牛（水牛），出關隱遁去了。當他到了涵谷關，把關守將尹喜（郭鼎堂氏疑係環淵，一九七〇蕭本），是他的同道好友，便留他小住，藉以問道。待尹喜知道老子將一去不返時，便感到徬徨焦急，因爲他還有許多道理不明白，要是老子這一走，以後沒有人繼續弘揚道德了。於是急中生智，便請老子將道家的中心思想和他的理論寫下來，作爲日後敎導後輩的準繩。可是老子是以「自隱無名」爲務的人，怎麼願意著書立說呢？但是尹喜則以閉關不放相要挾，不得已，只好暫時留下來，寫了上下兩經，解釋他對道與德的看法，這就是道德經的由來。但有很多後代學者，都以爲道德經中，有很多後人的作品摻雜其中，甚至於擷取古代的名言，拼湊而成，因道德經有很多重複或衝突矛盾的地方。

道家的思想，並不始於老子，自黃帝時期開始，人們便有這類思想和著述了，所謂黃老之術，便是指這類哲學思想而言。只是到了老子這一時期（公元前五〇〇——五七〇年），社會特別混亂，人性更爲險惡，人們便更想藉以脫離這一紛擾的社會了。於是老子起而集其大成，將若干流傳的思想和著述，加以整理修正，使成爲一個有系統的哲學。尤其是有了道德經作爲範本以後，談道德哲學者便有所依循。而道德經這本書，不只在今天是我國家喻戶曉的一本書，就是在春秋戰國的當時，便已經風行全國了。試讀當時若干賢士大夫的記載，常常引用道德經上的話，作爲政治、經濟、以及社會治亂的張本，便知道當時道德經在社會上的力量和地位了。這本書在今天東方哲學派系中，也佔了頗高的地位，很多研究東方哲學的人，也對它加以甚大的注意。由於這部中國哲學書是別出一格，頗獲歐美人士的讚賞。尤其是今天歐美社會，在宗教哲學上成了眞空，嬉皮、披頭大行其道的時候，這種物極必反而留下來的超脫思想，順乎自然的行爲，便很可能是受了道家影響的關係。

道德經的中心思想究竟是什麼？一言以蔽之，無爲而無不爲。老子是要人人不爲己，然後天下可以太平。爲什麼不要爲己呢？因爲一切的利都不是利；既不是利，便沒有自私的必要；既不自私，則天下太平矣。這也就是宗教家所標榜的「罪不利於己」。這裏試將老子道德經所述的哲學思想，加以分析說明如下：

一、懷疑人生：一般哲學家的思想，都是以人爲中心，而且過於着重人性的發揮，因此其結論便脫離不了人性，而且是人類社會中已經變了質的人性，所以其結論與一般常人無異；而老子則以爲一切人類社會或人類本性，均受環境所影響，因此其思想也就必然有了偏差。例如，他主張對每一件事加以懷疑，特別是對那些受環境影響而變質的人性，加以懷疑。人之所謂利者，究竟是不是利？人之所謂權者，究竟是不是權？而權利對人究竟有什麼好處？於是懷疑的結果，他便發出與眾不同的呼聲與行為了。莊子喪妻擊盆而歌，便顯示出來這一思想的極峯。老子是要人以柔克剛，以無為然後有為，來制止這一場人生的浩刼。

二、適可而止：一切事物都是相因相成，決非完全對立，而且在本質上完全一致。例如，老子說：「唯之與阿，相去幾何？善之與惡，相去何若？」這表示一般人以為大不相同者，其實仔細察之，還不是一樣。又說：「禍兮福所倚，福兮禍所伏。」換句話說，老子以為一切的禍福，並非眞的禍福，所以天下的事，並沒有什麼善惡禍福；其所以有，只是人的片面看法而已。莊子勸人勿爭的故事，正是這一思想的說明。

三、幸福的眞諦：什麼是幸福？福、壽、康、寧，才是幸福，其餘一切都是自尋煩惱。老子說：「少則得，多則惑。」人們以為享受越多越好，其實鷦鷯只棲一枝，偃鼠飲河不過滿腹，多了無用，非但無用反而有害。古人所謂：「大厦千間，夜眠八尺。」又說：「生不帶來，死不帶去。」一切的享受都並非享受，普通幸福也並非眞福。因此老子又說：「五色令人目盲，五音令人耳聾，五味令人口爽。」因此寧靜恬怡，至樂無窮，眞正的幸福，是持久的安泰寧怡，而非一時的愉快刺激。他要人不太重視肉體的物慾，而要求精神上的安適，才是人生眞正幸福的不二法門。

四、使民不爭：政治的目的是要維持一個安定無擾的秩序，使人民無拘無束的去謀求一已的幸福。這是中國自古以來所懸的政治標的。在今天我們仍然以大同世界為理想，以安定中求進步相號召。所謂安居樂業，就是太平的景象，也是人人所追求的愉快生活。今天的世界人民，除了極少數的野心家外，每一個人的心目中，都希望能安居樂業，作自己喜歡作的事情，說自己心裏想要說的話語。中國人如此，美國人如此，蘇聯的人民也未嘗不想如此。但如何才能安居樂業，才能達到這一境界呢？唯一辦法是使民不尙賢，不爭利。我國昔時縣衙門的大門上粘貼了一幅對聯，這樣寫着：「有暇各勤爾業；無事休進此門。」因此王旦爲相時，眞宗卽以「無爲治天下」，也就是老子所標榜：「我無爲而民自化，我好靜而民自正，我無事而民自富，我無慾而民自樸。」的救世哲學。⑿

道德經是道家哲學的依據，而它的中心思想也與衆不同，許多研究道家哲學的人，都根據此一中心思想而闡發其意念。根據張起鈞氏在其所著「老子」⑼一書中稱：概括來說，道家的哲學思想有四大特徵卽：道家採取⑴自然主義，一切順乎自然；⑵退化史觀，凡人所作的都是破壞自然；⑶消散政治，一般政治措施，社會事業，都是頭痛醫頭，不切實際，反而治絲益亂；⑷恬淡人生。人生就是痲煩，一切人類的動向，都是以物慾爲中心，爭權奪利，並不只在於生存。由於這些在實際上毫無用處的名利，給人們自己帶來無窮的禍害和痛苦。

道德經的哲學思想，爲二千多年來的人類帶來了些什麼呢？沒有人敢加以論斷，但它卻深深地埋藏在中國人的心裏，影響着每一個中國人的活動。由於它順乎自然的主張，使每一個中國人都傾向於自然的寧靜恬怡，酷愛和平的含蓄持重生活。中國人有句俗話說：「各人自掃門前雪，休管他人瓦上霜。」又說：「塞翁失馬，焉知非福。」這就是黃老之術對中國人的影響。

今天世界人類的思想，究竟是走向那裏，誰也不知道。但是嬉皮，披頭，裸奔，這些莫名其妙的怪現象，不斷地發生，是爲了什麼？當人類的行動過於追求物慾，而忽略了人內心本性的時候，便會有人起而反抗，這就是所謂的「物極必反」的結果。道家的順乎自然，就是在這種人類物慾過於擴張的情形下產生的。說實在話，一切機器的發明，科學的成就，對於人類幸福的幫助究竟有多少多大，還是一個待決的問題；卻已造成了環境汚染，空氣和水源的不潔，直接威脅人類的生存，使原本寧靜的生活，增加了無比的愁煩。這就是人類的文明嗎？天曉得這是什麼文明！所以老子說：「智慧出，有大僞。」越是聰明人，所幹出來的事情，越是糟糕，越是痛苦，越是人類幸福的共同敵人。

當漢惠帝的時候，蕭何死了，於是曹參接任爲相。只是曹參是個老粗，也不懂得政治。於是他便去請敎當時的一位高人名叫蓋公的。蓋公便敎他以黃老的清靜無爲四個字，來治理國家，於是曹參便在接任相位後，頒佈命令，一切法規典令悉以蕭何的規定辦理，不加更改。而自己只是在相府裏吃喝宴樂。惠帝知道了大爲不滿，便對曹參說：「你執掌國家朝政，就這樣天天敷衍了事嗎？」曹參叩頭道：「陛下以爲聖明英武可比得上高祖皇帝？」惠帝當然不敢比附，便道：「我怎麼比得上先皇。」曹參又道：「陛下看臣比蕭前相國如何？」惠帝又老實告訴他道：「還是差一點。」曹參便告訴惠帝說：「今天下已治，百姓安居樂業。今日的政治，但求能够安定，在安定中求進步，求繁榮，不必多事舖張，勞民傷財，所以我要大家奉公守法，不求有功，但求無過，這就是我的治國之道。」這或許就是老子所說的，無爲而治的大道理吧！

十四、宗教觀

菩提本無樹，明鏡亦非臺；
本來無一物，何處惹塵埃。

——六祖慧能偈語

自從佛教傳入中國以後，因與道家的洪流相沖激，所以時常發生衝突，也產生了多次的教義辯論；終由於宗教是無法辯論的，而且主持辯論者的過於權威性，終究得不出結論，也無所謂是非；辯論的結果，徒招致另一失敗者的殺身滅教之禍。其實在任何宗教辯論會中，除了兩教主持與護法的宏論滔滔以外，一般人士是不置一詞的。中國的沉默大眾，只是以隔岸觀火的態度去欣賞它，因爲他們自有其一己的宗教觀；這種宗教觀，可以從「所有宗教都是勸人爲善，都是好的。」而得知其大概了。由於中國人是抱持着這種勸善罰惡的心理，所以不排斥任何宗教，也接納任何宗教。原因是中國人對於宗教的看法，是從他的出發點和終結點而言，無論他的方法如何？論證如何？只要它的出發點是勸人爲善，它的終結點是來世納福便行了。

以下是筆者杜撰的一則故事，藉以說明中國士人對宗教的看法。

一個在朝的親王，偶然間聽見當今皇帝對於中國人的宗教信仰，表示關切和憂慮時，便未雨綢繆，邀集了當時駐在京城裏的各大教主，共同探討各大宗教的教義，俾便日後皇上有所選擇。一個秋高氣爽的午後，在王府後花園裏的涼亭上，擺設了一個大長方桌，周圍安置了幾把太師椅子，全都坐滿了客人，煙茶完畢，主人起立開始將這次敦請各位大主教前來討論教義的目的說明白後，便請各教主持人先將自已宗教的主要教義說個明白，讓他自已多所獲益，萬一皇上問及時，才好善言以對。

於是大家推辭一番，最後決定按照中國人的待客規矩，遠客優先，以示尊敬。因此便由羅馬天主教教宗派任的中國紅衣主教，首先發言。

王樞機：主席、各位大主教、各位貴賓：恭敬不如從命，由於時間的關係，恕我不客套了。天主教的主要教義是這樣的：我們相信宇宙萬物都是天主所創造的，天主用五天的時間，創造了宇宙萬物，最後第六天按照自己的形像造人。於是地上萬物滋生繁多，各從其類，便形成了今日的繁華世界。只是天主特別賦與了人一個靈魂；這靈魂使他有自決的權利（Free Will），所以人比萬物都聰明。就因爲太聰明，又有自決的靈性，所以就誤用這聰明而作起損人利己的事情來；於是犯罪作惡，無所不用其極。天主大不以爲然。所以才差遣他的獨生子耶穌基督，道成肉身，勸人改過自新，並死在十字架上替人贖罪，死後三天復活，四十日升天，復成爲神。將來還要再降臨世間，審判活人死人，照着我們在世上所行的定罪，如果我們相信祂，聽祂的話語，遵行祂的旨意，祂就會赦免我們的罪，使我們與祂和好，就仍然可以回到天家，同享神賜給我們的平安快樂。完了！

主人：謝謝王樞機主教扼要而精闢的說明。現在請心印大法師，說明一下佛教方面的主要教義。

心印：佛教是無神論者，佛陀的思想異常開明，因此佛教徒的思想也變得非常龐雜，因而有許多人假託佛說，隨意亂撰經典，惑亂世人。要證明何者是眞正的佛教教義，很爲困難；但我們已經找到了一個區別眞僞的方法，那就是三法印的道理。什麼叫做三法印呢？法就是普遍的必然理性，也就是公理；印就是以此而獲得證實的意思，就是證明屬實。依此三者來印證佛法，所以稱爲三法印。⑭那麼到底是那三個法印呢？第一是諸行無常，第二是諸法無我，第三是涅槃靜寂。諸位也許還不大明白這三法印的意思，讓我多費點唇舌，再爲解釋一下。

一、諸行無常：就是無論是心是物，一切現象都是流轉不定，變換無常，如果把它看做不變，執着常想，便是自找痲煩，自尋苦惱。

二、諸法無我：是一切現象都沒有我，或者我也是常變不定的。如果把自己看得太重，執着自我(atman)，便不能證得解脫，因爲世界萬物都不過是藉着因緣和合而成，本無什麼常體不變的東西，所謂三界所有，皆由心作。都是因爲有了我以後，才有世界一切現象，無我便什麼都沒有了。

三、涅槃靜寂：涅槃就是將自己的心，予以安靜，不受外界任何事物的影響；於是心理上和精神上都沒有任何負擔，一切都歸於寂靜無有。於是靜坐冥想，見性成佛，便成爲得道成佛的不二法門了。

以上只是佛學的主要教義，但人要求得解脫，進入涅槃，自力是不可能的，所以要重修行，靠菩薩之力，代爲修行贖罪，逃出苦海，得登彼岸。

（主人：謝謝！現在請張天師大弟子觀心說道。

觀心：剛才聽了耶、佛二大教主及法師的講說，條理分明，扼要精闢，佩服！佩服！本人現在就將道教的主要教義，說明如下：

方才心印大法師已將區別佛教眞僞的方法三法印，說得透澈。其實道家思想也很龐雜，並不亞於佛家思想。所以我們也有四道徵的區僞法。所謂四道徵就是：第一自然主義；第二是退化史觀；第三是消散政術；第四是恬淡人生。[112]雖然上面舉的是四道徵，其實又可總括爲一個，也就是「順乎自然」。老子道德經第二十五章末節說：「人法地，地法天，天法道，道法自然。」道是源於自然，而自然就是道。宇宙萬物就是一個自然界，這自然界有其一定的秩序，一定的規律，從不紊亂，而這個依自然律形成的一切，卻是完美無缺的。人要干涉自然，破壞自然，戰勝自然，那是妄想，自找麻煩。人必須遵從自然，順服自然，才有幸福。什麼是自然，強名之爲「道」。所以要守道，順服自然，不要自作聰明去破壞自然，違反自然，老子說：「大道廢，有仁義，……六親不和有孝慈。」如果人自作聰明，以爲人可以勝天，那便是產生了機心，有了機心，便會帶來無窮禍害。所謂「智慧出，有大僞。」今天社會的一切文明，對於人類並無幸福可言；反而招致了無窮的煩惱。例如空氣污染，海洋污染，糧食污染，甚至於整個地球也被人的自作聰明而污染了；終究人要毀滅在這些自己製造的汚染東西上。人們要想獲得幸福，只有由自然去主宰一切，無爲而後有爲，便是這個道理。

以上旨在說明道家思想的眞諦；至於道教，雖然仍依循這一眞諦，但人總是人，要使人無爲而爲，頗爲困難，所以唯一的辦法，只好給他們一點希望，那就是長生不老——成仙。所謂成仙原有兩個意思，仙是界於世界之外的人，不受人世間一切法則和物慾煩惱所苦。換句話說，只要不受人世的煩惱所苦，便是神仙，就有幸福。中國有句俗話說：「無災無病是神仙。」其次，神仙有大法力，可以驅妖趕鬼，醫病袪禍。所以道教徒常要上山採藥，替人治病，唸咒畫符，替人趕鬼。前者可以袪除人身體的痛苦，大家有目共睹，沒有話說；但是後者，則有很多人便以爲是迷信了。其實這不是迷信，只不過是精神治療之另一種方法而已。與現代心理學的治療術，有異曲同功之妙；因爲今天的世界上有很多疾病，不是藥物所能治得好的。至於求神問卜，那並非是道家的東西，與道教無關，這裏不再辯白了。

主人：今天謝謝大家給了我許多寶貴的意見和道理，眞是同君一夕話，勝讀十年書了。現在請大家入座，痛飲幾杯水酒。

當皇帝再一次召見這位親王的時候，便問道：「我們中國人究竟該信什麼宗教最好！你去研究研究如何？」某親王奏道：「啟奏聖上，微臣已經擬好了一個宗教崇拜儀式在這裏，請龍顏過目。」皇帝展開一看，在一頁大黃紙的中央寫道：「天地君親師位」，六個大字，右邊寫的是「觀音大士」，左邊是「太上老君」。皇帝指着所寫的字道：「這是什麼意思？」親王奏道：「數天前臣已經請敎了各大敎主，將他們的主要敎義都融合在這裏面，變成我們的民間宗敎了」。

皇帝：你說來聽聽看。

親王：觀音大士是佛敎裏面最受人崇敬的一位好菩薩，他會爲世間的苦難人民，捨己救助，希望人人都能够平安度過一生，從這婆娑世界，紅塵苦海中渡過，得登快樂的彼岸。這是一個救苦救難的活菩薩，所以我把它放在這裏，讓人民朝夕崇拜祭祀，好隨時得到祂的救助。

皇帝：那麼太上老君呢？

親王：太上老君是老子的神號，是道家的開山祖師，也是一位活神仙，祂能够幫助人，人民有什麼需要？有什麼急難？只要將祂的封號唸上幾聲，便會前來幫助，度過難關。

皇帝：好的！那麼中間這一行大字呢？

親王：天是指上天，天老爺，天上帝君，玉皇大帝。總之，是一位最大的天神。我國古人稱之爲「上帝」，祂是創造宇宙萬物的主宰。也是管理宇宙萬物的神靈；羅馬天主敎尊祂爲天主，人人應該崇拜祂。「地」是滋生萬物，供人需要的神；地如果發怒，便有大地震，大災難，所以自古以來的人民，都崇拜祂，希望祂能爲人民生產繁多，爲人民帶來幸福。「君」是一國之長，便是皇上，是管理一國，保護人民的主人，上帝的兒子，所以稱爲「天子」，每一個國民都應該尊敬天子，朝夕焚香不忘。「親」是父母親，是生育敎養我們的人；爲了要飮水思源，崇敬我們的親人是應該的。聖王以孝治天下，這是不可少的。「師」是老師，敎導我們爲人作事的長輩；尊師重道，古有明訓，不能遺漏馬虎，所以臣也把他列在最末位。

皇帝：很好！很好！但你怎樣處理這張紙呢？

親王：這很簡單，請聖上下一道詔命，要天下人民，都在自己的廳堂上，掛上這一張紙，朝夕焚香，以示崇敬便得了。

皇帝：好極了，就這麼辦。不過，我要問你，你這鬼主意，是從那裏學來的？

親王：啟奏聖上，是從孔夫子那兒學來的！

皇帝：唔！孔子，孔子好像沒有講過這些吧！

親王：有！有！

皇帝：你說說看。

親王：中庸裏面說：「不偏之謂中，不易之謂庸。」

皇帝：不錯！有這麼一句話。但這與中庸有什麼關係呢？

親王：因爲我國儒家講中庸之道，臣這篇東西，便把儒、釋、道、耶各教的教義，都包括在裏面了，不是樣樣俱全，面面俱到的中庸之道嗎？

皇帝：你眞是一個好卿卿，虧你想得出。

親王：謝萬歲！

以上這個故事，可以代表中國大眾對宗教的看法，那便是：「所有的宗教都是好的，都是勸人爲善，我們信仰任何一個宗教。」

十五、陰陽學說

——萬物負陰而抱陽，沖氣以爲和。

燕谷無暖氣，窮岩閉寒陰；
鄒子一吹律，能廻天地心。

——鄒衍谷　李白

當春秋戰國時代，齊燕二國產生了以陰陽爲宇宙源起論的一派學者。後世史家稱這種理論爲陰陽學；這派人爲陰陽家。而以齊國大賢鄒衍爲其代表，其次則爲鄒奭，愼到，田駢等，由於他們都在稷下研究這些學問，發表專論，所以後人便稱這些人爲稷下先生。

關於鄒衍等人所倡導的陰陽學說，大概起源於羲和之世，因爲自伏羲畫八卦以來，一般中國人便都知道八卦是以陰陽爲主。所謂無極生太極，太極生兩儀，然後陰陽以生。而八卦的種種符號，又都脫離不了乾坤，陰陽，也就是「⚊」(連)與「⚋」(斷)的相互配合。所以陳立夫氏在其所著「易學應用之研究」一書的導言裏說：陰陽家的思想，得之於八八六十四卦的卦氣。隨着下降至唐堯時代，羲和二氏乃專門研究天象四時，因此天文學的知識大爲增加，於是人們更發現了日與月的運行，也是互相配合的，太陽與太陰又形成了天體的陰陽問題。從天上到地下以及人間，都發生了晝夜、晴雨、上下、左右、男女等現象，因而才促成人類思想，進而體驗到陰陽與宇宙萬物生存繁衍的關係。於是一些有思想有學問的聰明人，便互相研討了一套以陰陽解釋宇宙運行生息的問題，因名之爲陰陽學說。而專門從事研討這一學問的人，便稱爲陰陽家。他們研究的處所，便是在齊國的稷下。李約瑟先生在其所著「中國之科學與文明」(38)一書裏稱，這是中國有書院的開始，李氏並以爲當時參與書院研讀的人中，便有孟子、荀子、莊子等人。余受申氏在其所著「稷下派之研究」(58)一書裏，則以爲稷下派是承受了道家的傳統，由儒墨兩家學說所支配，而以正名、唯道、尚法等主張爲主。至於陰陽學說，則由鄒衍等別立一說，專門討論宇宙萬物的起源、運行與生息。所以黃公偉說：「太極以明宇宙之起源，陰陽以推生物之學理，八卦以示物類之發端。」(101)

陰陽學既承受了道家的自然主義，同時又受古時神祝巫人，與乎星象占卜等影響，所以當這些人討論到宇宙萬物的形成時，除了一些星象占卜的辭彙外，又想用另一套理論來加以解說；這與佛家以因緣和合形成宇宙，以及基督教以上帝創造萬物是同一個出發點。只因爲儒家不信鬼神，中國士人也不願用鬼神來解答這個實值的宇宙運行和生息問題，於是在許多學說中，他們便以「陰陽」相生相尅爲最好的解釋和答案了。

宇宙萬物的生息運行是否可以用陰陽學說來解答，姑且不論，但如果就陰陽學說的內涵及其主張，而用現代的科學知識去加以論證，則可知道，這些二千多年前的古人，也有他們思想週密，觀察正確，眼光遠大，智慧高超的地方，值得後人景仰和讚佩。

關於宇宙萬物的生息運行，陰陽學家嘗以下述的五大學說，來加以解釋和說明。

一、陰陽爲形成宇宙萬物的二大原動力

若干稷下先生們認爲陰陽是形成宇宙萬物的二大原動力。易繫辭上說：「一陰一陽謂之道。」這道就是生成宇宙萬物的原動力。又說：「天地絪蘊，萬物化醇。」這就是生生不息的道理。道德經上說：「萬物負陰而抱陽，沖氣以爲和。」墨子更說：「凡回於天地之間，包于四海之內，天壤之情，陰陽之和，莫不有也。」馮友蘭在他所著「中國哲學史」裏記載說：「五行、四方、四時、十二日、十二律、天干、地支、及數目等，互相配合，以立一宇宙間架；又以陰陽流行於其間，使此間架活動變化而生萬物。」黃公偉說：「淮南王劉安，以陰陽二元變化原理，爲宇宙生成的原則。」董仲舒春秋繁露基義篇說：「物莫無合，而合各有陰陽。」陰義篇說：「天地之間有陰陽之氣，若虛而實。」[124] 這都說明，宇宙萬物的生息運行與陰陽有關，都是由陰陽相生相尅而成。雖然在若干地方顯出了陰盛陽衰，或陽盛陰衰的現象，但在這些現象中，仍然蘊藏著陰與陽的動力。陰陽學派的人，仰觀天象的結果，以爲春夏秋冬四季之形成，就是陰陽盛衰的結果；他們以爲春夏之季陽盛陰衰，而秋冬則陰盛陽衰。由於陰陽盛衰的不同，所以萬物生息不輟。古諺說：「不冷不熱，五穀不結。」這就表示許多生物的繁衍，都與氣候有關；非但如此，岩石的崩壞，土壤的形成，一切礦化物的變動，也都受着這些不同的冷暖寒暑所影響。如果再用現代的電磁學來加以說明，可能更爲眞切。從生物學方面說，則更爲顯著。世界上一切的生物，從單細胞的水綿，變形

胞，進到孢子植物，以至於高等植物與人類，都與陰陽有關，都是陰陽相配合的結果。雖然在單細胞的生物裏，我們無從分別其雌雄，但其性質則仍然可能有陰陽的區分在內。生物學家 Keltzaff 及 Schröder（1933）二氏將家兔的精子放在有極性的儀器內，結果發現這些精子分爲兩個集團，一羣聚在陽極，一羣聚在陰極，凡是聚集在陽極的精子，將來與卵會合，卽發展爲雌性胎兒；反之，聚在陰極的，則發展爲雄性胎兒。所以大戴禮記裏說：「倮蟲之精，曰聖人。」所謂倮蟲應爲一種單細胞或原生動物，此一原生動物，可漸次演變爲高等動物，人類，以至於聖人；或者也可以說，聖人也是由兩個不同的單細胞（精子與卵）相配合發育而成的。所以莊子至樂篇又說：「萬物皆出於機，皆入於機。」胡適之先生解「幾」或「機」是指物種最初時代的種子，也可叫做元子，是最原始的單細胞生物。二程全書遺書第十八卷記載：「天地間無一物無陰陽。」換句話說，宇宙萬物都是陰陽二大動力相生相尅的結果。

二、相對倚存說

從陰陽二大原動力的學說，於是聯想起大與小，白與黑，晴和雨，上和下，左與右等等，互相倚存的關係來。這種相對倚存的觀念，在莊子的思想裏特別明顯，而且莊子在他的論證上，常常將這種尖銳的對比，不厭其詳地敎化世人。譬如，他在齊物論裏說：「物無非彼，物無非是，自彼則不見，自知則知之，故曰，彼出於是，是亦因彼。」這就是說，一切東西都互相關聯，若沒有「是」，更何處有「非是」，因爲有「是」，才有「非是」。事實上，一切事物也確實是對立的，因爲沒有惡，便沒有善；沒有大，也就沒有小了。所以程顥所著的「明道語錄」稱：「萬物莫不有對，一陰一陽，一善一惡，陽長則陰消，善增則惡減。」今人研究生物細胞中的染色體是成對的，染色體上的遺傳因子，也是成對的，這成對的染色體，可以互相交換，成對的因子也可以互相轉移，只是交換或轉移的部位和對象有一定法則而已。驢和馬可以互相交配而生出騾子和駃騠來，但是騾和駃騠，便不能再生育。這就是莊子天下篇所說的「孤駒未嘗有母。」黃牛和黃牛或水牛與水牛，可以交配繁衍；但黃牛和水牛交配，則不能生出雜種牛來，這就是因為染色體不能配對的關係。

三、兩性因子論

陰陽學家以爲宇宙萬物的二大原動力常有變化，所謂「寂寞無形，變化無常。」這種變化，有時是表示陽盛陰衰，或陰盛陽衰。如果用五行學說來論，便是所謂的「水勝火，木勝土，火勝金」等現象。所以董仲舒說：「物莫無合，而合各有陰陽。」這一理論可以從生物遺傳學的分離原理（Principle of Segregation）裏獲得證實，如果再從今日的遺傳學說來論，也許更為恰當。生物遺傳學裏有一套因子學說，這是孟德爾等人觀察豌豆分離等現象後，所得的結果。孟德爾以為在豌豆的遺傳因子裏，有兩種完全不同的因子存在着；一是顯性因子，一是隱性因子。當顯性因子存在時，隱性因子的遺傳性狀，便被壓抑着而表現不出來，但當隱性因子單獨存在時，則這隱性因子所代表的遺傳性狀，便顯示出來了。顯性因子存在時所表現出來的外表型（Phenotype），雖然沒有隱性因子的性狀，但事實上隱性因子的遺傳性狀仍然存在，只是外表上看不出來而已。如果改用因子型（Genotype）來看，便非常明顯了。譬如說，用A代表豌豆的高莖，a代表矮莖，R代表紅花，r代表白花；又高莖和紅花都是顯性，矮莖和白花則是隱性。如果一株豌豆是高莖紅花的，那麼它的因子型就是AARR，是矮莖白花的，就是aarr，當這二種豌豆相互雜交，所生成的下代，就是高莖紅花，但是因子型則成爲AaRr。這株雜交豌豆在外表上看是高莖紅花，可是卻含有矮莖白花的因子，除非純化到極點，則都含有或多或少的兩性因子，這就是陰陽學家所說的「物質的淨化作用（Purification）」。換句話說，所有的物質，無論進行到怎樣的程度，仍然是陰與陽的共同組成物。又從磁鐵具有兩極性而言，也是一樣的，因爲一條磁鐵，無論分割成多少小段，每一段仍然具備着兩種極性。磁場現象是我國先民最早發現的一種宇宙現象；而指南針的發明，就是這一知識的具體表現。

四、陰陽平衡法則

陰陽學說的另一原理，便是一切事物均須保持陰陽的調和或平衡，才能達到繁衍、成長與良好的秩序或健康。陰陽出入篇：「天地之數，相反之物也，不得俱出，陰陽是也。」又曰：「天道之常，一陰一陽。」這一關係，在化學變化中最爲正確。一個化學分子的形成，或多個分子的累積，必須正負相當，保持一定的陰陽性。在植物吸收土壤裏面的養料時，也必須要吸收等量的陽離子或陰離子（Cation & Anion），以便保持二者在植物體中的平衡。當植物體裏面的陰離子多時，必須要吸收一些陽離子進入體內，以平衡多餘的陰離子；要是外面的陽離子不够，或不能吸收時，則這一植物便須將其體中多餘的陰離子排出體外，藉以保持陰陽二離子濃度的一致。又當植物吸收陽離子太多而體內的陰離子不够時，也同樣會排出體內多餘的陽離子，或將其形成結晶體，減低溶液中的陽離子濃度，保持陰陽二離子的平衡，以維持該一植物的正常生長。華來士與白耳二氏（Wallace, A.

Bear, F. E. 1950）研究苜蓿體中所含陰陽二離子的比是一常數（Constant），就是這一學說的證明。

中國醫藥學者，以爲人體的一切生理現象，都受陰陽二因子所左右。當陰陽調和時，身體健康，生理正常；反之，如不調和，則百病叢生，精神萎靡。所以中國醫生診病，治療與乎病體的養息，都以調和陰陽爲主。李甲孚氏在中央月刊上引用俞梅隱氏的話說，中國醫生將人體生理區分爲陰陽兩性，這與陰陽學說，以陰陽爲形成宇宙萬物的法則相一致，而且也符合天人相應的法則。在病理方面，則講求陰陽消長與變化；陽如強盛，陰氣就絕；陰陽離決，精氣也會斷絕，這跟易經的否卦、未濟卦所表現的狀態，也完全一致。診斷方法，也要辨別疾病的陰陽，表裏虛實，寒熱，才能完全正確的加以診斷。就是脈象的動靜遲速，也可以用陰陽來作分解和辨識。在治療方法上，完全以藥性的陽或陰，來消長病的陰陽，偏盛時用抑制的方法，衰竭時用扶助的方法，使病體得到陰陽統一，和諧而痊可。這與植物必須吸收相當的陰陽離子，以平衡生長，是同一原理。

五、萬有感應律

陰陽學說以爲任何事物，都可以互相影響，彼此感應，因而主張萬物都互相密切結合，成爲宇宙的一部份。董仲舒人副天數篇：「天地之符，陰陽之副，常設於身，身猶天也。數與之相參，故命與之相連也。」黃公偉氏在其所著「中國哲學史」中說：「萬物之生滅消長，乃由是而成規律。」[101]世說新語裏記載，當殷荆州問遠公時說：「易以何爲體？」答說：「以感爲體。」又問：「銅山西崩，靈鐘東應，便是易耶？」遠公笑而不答。墨經裏說：「方石去地尺，關石於其下，懸絲於其上，使適至方石；不下，柱也；絲絕引也。」這是重力或引力關係。當牛頓發現蘋果落地以後，便提倡萬有引力說，這就證明萬物都互相吸引，互相感應，互相發生共振。由是可知，空氣中漂浮的微塵，可以影響地球的旋轉，少年棒球員的一次揮棒，對於整個宇宙都有影響，這是今天物理學家，所共同公認的。聖經上說：「萬事都互相効力」。這就是宇宙萬物，互相密切配合的說明。

關於萬有感應的問題，我國古時還有一個有趣的故事，可藉以作爲進一步的說明。唐人佳話錄裏記載，洛陽有一所古寺，寺中僧房裏掛了一口古磬，這口磬常在夜裏不敲自鳴。住持不知究竟，以爲是鬼怪，因而憂懼成疾。寺僧的好友曹紹夔得知此事後，便將古磬的邊緣，予以錯鑢，結果便不自鳴了。寺僧問古磬自鳴的原因，紹夔告訴他道，這口古磬的音律與鐘的音律暗合，所以遠處寺院擊鐘時，音波傳到這裏，磬便互相呼應而自鳴起來，如今我將它的音律加以更變，與遠鐘的音律不合，所以便不自鳴了。

宋人沈括在其所著的「夢溪筆談」裏記載：高郵人桑景舒，性知音，……試用吳音製一曲，對草鼓之，枝葉亦動，乃謂之爲虞美人操，其聲調與虞美人曲，全不相近，始末無一聲相似，而草輒應之，與虞美人曲無異者，律法同管也。

一九七三年四月份的讀者文摘，刊登了一篇題爲「植物也有靈性嗎？」的文章說：……假使只有巴克斯特個人認爲植物有靈性，倒很容易斥爲無稽，但事實上若干科學家，也感覺巴克斯特可能眞正獲得端倪。這些科學家中，有一位是紐約州奧倫支堡市，洛克蘭州立醫院精神病專家艾塞爾醫生，他和物理學家埃鐵爾，化學家狄恩，請一位女士帶了一棵愛樹來進行實驗，……愛樹眞像對愛護他的人有反應。……我初次聽到巴克斯特的實驗結果的時候，不覺失笑，現在我眞要打自己的嘴巴了。

以上這些故事，都在說明許多事物，都可以彼此感應，不只是人與人，物與物，就是人與物也都可以互相感應，彼此相通。

鄒衍等人提倡的陰陽學說，在戰國後期曾經風靡一時。根據司馬遷在史記卷七十四裏面記載，當鄒衍在世時（西元前三四五至二七五年），曾經主持稷下書院（當時未有此名，但確爲一種類似後代書院的組織型態。），而名重一時，且曾一度爲齊國君王所重用。後來因爲齊國君主的更迭，宣王駕崩，湣王接位後，不再信任稷下的學者，所以鄒衍便離開了齊國，到梁國去了。梁惠王聽說鄒衍來了，便親自迎於郊外，待以上賓之禮。到趙國時，趙國的公子平原君且側行襒席，朝夕不離的陪着他。至燕國，燕昭王且擁篲先驅，執弟子禮而師事之，同時並在京城裏，爲他建築了一幢官舍，將他安置在裏面。鄒衍在燕國大概住了十六七年，眼看着燕國的興起，並在衆多賢者的輔佐之下，一鼓作氣連下齊國七十餘城，逼使齊國的君臣都躲在莒、墨兩個小城裏面，幾乎組織流亡政府。

關於鄒衍的事蹟，我國古書裏面記載得並不多，而他自己所寫的「終始大聖之篇」及「大九州」等書，共約一百零五種，也在漢朝時代，便已經零落亡佚了。亡佚散落的原因，大概是因爲他的學說，被當時人看來是十分怪誕的，不但不去保存它，反而加以拒絕接受，於是在秦火中便都付之一炬了。因爲他的這些「自然律」的理論，與當時儒家的理論不符，所以一般學者都稱他是「談天衍」，甚至於連司馬遷也說他的理論是「閎大不經」。不過鄒衍之所以在當時為各國政要爭相羅致，待以上賓之禮，且願師事之，也有他的一套本事。姑不論他的學說如何？為人如何？但憑他在農業科學上的豐富知識，與乎對農作物栽培的實際經驗，便可以看出他是一個又有理論原則，又有技術經驗的學人。根據太平御覽引劉向的話說：「傳言鄒衍在燕，有谷美而寒，不生五穀，鄒子居之，吹律而溫至，生黍到今，名黍谷焉。」關於這段記載，從古到今，有很多人認為是無稽之談，漢代大儒王充，便曾著論（論衡）加以駁斥，以後也有很多人認為是神話。不過近人王夢鷗氏，在其所著「鄒衍遺說考」裏面，便曾強調「吹律而溫至」的這句話。王氏以為鄒衍時代，中國的天文曆象學已經相當發達，而鄒衍本人對於天文曆象學的研究，尤為擅長。所謂吹律而溫至，乃是用吹律的方法，以測定氣候的寒暖。因為吹律候氣，是古人測定氣溫的一種方法；鄒子既然擅長天文曆算，則這種測候方法，一定也知道得非常清楚，於是用吹律測候法，以推定這個低窪地帶的氣溫，何時可以升高，是十分可能的。同時他也知道黍的生長習性，和播種的適宜溫度。只要知道了谷地轉暖的時間，適時播種，黍苗的生長，便自然會茂盛起來，產量也可以藉此提高。筆者以為鄒衍既然在燕國住了一段不算短的時間，在這段時間中，不只是測定了寒谷氣溫的升降變化，同時還蒐集了許多抗寒品種，在那裏試行栽培。因為那時黍的栽培品種已經很多。廣志云：有中黍，有稻尾秀成赤黍，有馬革大黑黍，有溫屯黃黍，有嫗亡鶂鴿黍等。說文曰：秬、黑黍也，一稃二米……黏者以大暑而種，故謂之黍。呂氏春秋曰：「得時之黍，芒莖而徼下，穗芒以長，摶米而薄糠，舂之易，而食之不噮而香，如此者不飴。先時者，大本而華，莖殺而不遂，葉高短穗；後時者，小莖而麻長，短穗而厚糠，小米鉗而不香。」從以上這些記載，便可知道，當時黍的種類，已經很多，播種時間不同，所得產量與米的品質也有差別。所以在那種特別寒冷的低窪地帶，種植黍稷，必須要把握播種的時間，選擇特殊抗寒的品種，以防止早期的霜害，才能夠得到豐富的產量。于景讓教授在其所著「栽培植物考」一書中說：「Vavilove 是以中國爲黍的起源地。……de Bunge 在烏蘇里河附近，見有栽培黍。」由是可知，黍在中國的分佈很廣，在寒冷的西伯利亞尚且可以種植，則在河北省的低窪寒冷地方，栽黍成功，應是沒有問題的。因此，王氏在他的書中結尾時說：「我們相信鄒衍在燕，曾利用其候氣知識，使不毛之地，適應季節而變爲黍谷，所以那急欲富國強兵，以報仇雪恥的燕王，會那樣尊敬他，替他築宮而師事之。」⑫不只是在京城裏築宮，而且還在那個美土而不生五穀的黍谷，爲他立了一個生祠，由當地農民朝夕焚香來祭祀紀念他。

從上面的這則故事，可見陰陽家的學說，是根據實際的宇宙自然現象而推演出來的。司馬遷在史記裏寫道：「……鄒衍後孟子……其語閎大不經，必先驗小物，推而大之，至於無垠。」這是當時陰陽學家用以研究自然科學的基本方法，無怪乎李約瑟先生要大爲讚賞這些稷下先生對自然科學的研究精神了，因爲今天我們用以研究自然科學的方法，正是從小觀大，從細微論大體；由近及遠，以現有的一切自然物體而推及於其他的未知之體了。

石永貴氏稱，㉓在中國歷史裏有二位科學家的地位是不朽的；一是鄒衍，他被評爲「中國古代科學思想的眞正創造者。」鄒衍是在西元前三五〇至二七〇年間的大科學家。歷代煉金術者都一致公認，西元二世紀的煉金術著作，都導源於鄒衍。一是董仲舒，他是一位大物理學家，因爲他在春秋繁露一書的同類相動篇中寫道：「聲比則應，五音比而自鳴，非有神，其數然也。」

十六、天文曆算學的研究

兩儀始分元氣清，
列宿垂象六位成，
日月西流景東征；
悠悠萬物殊品名，
聖人憂代念羣生。

——兩儀詩　晉·傅元

人類的生存與活動，都受着天體萬象的影響，晝夜分明，更是人類工作與休息的指標。於是有智慧的聰明人，便開始研究它的陰晴圓缺，以及其風雲雷雨了。這就是人類研究天文學的開始。我國曆算之法，相傳始於伏羲氏。漢書記載，上古的中國人都用上元太初曆，至漢武帝元封七年（104 B. C.），已經有四六一七年了。但這曆是何時由何人製作的，便不得而知了。索隱系本又說：黃帝使羲和占日，常儀占月，臾區占星氣，而由容成綜合各家結果，編著調曆。直到唐堯時候，重又加以訂正，且以閏月定四時，這是西元前二三五六年的工作，因而完成了一歲的曆法制度。這一曆法並隨時代的演進，天文知識的增加，予以不斷的改進，沿用至今，已四千餘年了。

古人占日月星辰以定歲，並不那麼簡單，因爲當時的觀測，都憑肉眼，除了大的和亮的星球，可以看得清楚外，其餘便不那麼容易分辨明白了。此外，那麼大一個天空，到底是什麼東西呢？在在都使人感到模糊不清，因此對於這些渺茫的事事物物，陰晴圓缺，便只有憑肉眼的觀察和靈敏的頭腦，來加以分析推究了。以下是我國先人對於天體萬象的研究結果和推論。

一、天體論

我國古人憑其肉眼的觀測和智慧的推論，對於天體的運行和地球的依附，曾經分爲蓋天、宣夜和渾天三種學說。所謂蓋天，便是以爲天好像是房頂，地就是我們的地板，天與地的距離，各處都是一樣，只是北極星所在的地方，稱爲中天，該處的天頂較高，其與地的距離約六萬里；地的四週是水，爲三大光體所隱映，分爲晝夜。古周髀算經裏說：「天員如張蓋，地方如棋局，天旁轉如推磨而左行，日月右行；隨天左轉，故日月實東行，而天牽之以西沒，譬之於蟻行磨石之上，磨左旋而蟻右去，磨疾而蟻行遲，故不得不隨磨以左廻焉。」渾天之說，則以爲：「天地之體，狀如鳥卵，天包地外，猶殼之裏黃也，周旋無端，其形渾渾然，故曰渾天也。」又說：「天表裏有水，兩儀轉運，各乘氣而浮，載水而行。」宣夜派的學說，何時發軔，又由何人創始，不得而知。清俞正燮癸已類稿宣夜論稱：「宣夜言七曜東行，非夏法；言日月無所根繫，非周法；因斷爲殷法。」是即表示宣夜學說，起於殷商時代。據漢秘書郎郗萌記載他的老師說：「天了無質，仰而瞻之，高遠無極，眼瞀精絕，故蒼蒼然也。譬之旁望遠道之黃山而皆青，俯察千仞之深谷而窈黑，夫青非眞色，黑非有體也。日月衆星，自然浮生虛空之中，其行其止，皆需其氣焉。是以七曜或游或住，或順或逆，伏見無常，進退不同，由乎無所根繫，故各異也。」周髀算經：「春分之日夜分至秋分之日夜分，極下常有日光；秋分之日夜分至春分之日夜分，極下常無日光；冬至夏至者，日道發斂之所生也。故日運行處極北時，則北方日中，南方夜半；日在極東，東方日中，西方夜半；日在極南，南方日中北方夜半；日在極西，西方日中，東方夜半。」同時又記載：「北極之下，不生萬物；北極左右，多有不釋之冰，物有朝耕暮穫；中衡左右，多有不死之草，五穀一歲再熟。」㉚由上可見，天如彈丸，地爲圓圓，天包地外，周人已知之。

有人以爲蓋天是道家的主張，渾天是儒家的學說，宣夜則爲陰陽家的論證了。關於這三派的學說，均各有所本，後人則多從渾天說。東漢張衡爲了要說服其他兩派的學者，曾創製渾天儀，並與刻漏相連接，用水的壓力使儀隨時間而轉動，並與天象的變換相配合；解釋天象與列宿的轉運情形，天圓地方的古說，也因此而不攻自破。不過，當時觀測的儀器不多，也很粗放，所以沒有進一步的測算和證明。從宣夜一派所主張的「天了無形質，衆星浮空」而論，確有見地，且與今日天文學家的觀測結果，不謀而合。可惜這種理論在當時沒有被人注意，也沒有人再作進一步的研究，加以受渾天派的反對和壓抑，更沒有人敢加以宣揚了。直到晉時，才有虞喜其人，對於宣夜派的這一學理大爲折服。虞氏更根據其理論而演繹爲「安天論」。所謂安天論，就是以天爲不動，且天高於無窮之高，地深於無窮之深；天在上而常安，地在下而常靜，但當彼此覆蓋時，方則俱方，圓則俱圓，沒有什麼天圓地方之說。而且天空之中，光曜布列，各自運行，如江海之潮汐，萬物之有所規行也。虞喜的這一學說，實與我國古人所說，宇宙形成的理論相一致。因爲周禮天官記載：「天地開闢，始於虛廓，虛廓生宇宙，宇宙生氣，氣之淸妙者爲天，重濁者爲地，以及日月星辰，均由氣而生。」這種說法與基督教聖經中創世記第一章所說：「起初上帝創造天地，地是虛空混沌，淵面黑暗，上帝說要有光，便有了光，……上帝稱空氣爲天……。」迨相彷彿。只是安天論更進一步地說明，天是不動的，這較早期歐洲天文學家以天環繞地球而轉動的說法，則高明多矣。

二、恒星的觀測與命名

虞書舜典載：「在璿璣玉衡，以齊七政。」就是說用玉作的觀測管，觀察日月及五星的運行。這是我國最早的觀測儀器，距今大概四千五百年了。這較古埃及人用蘆管窺天的滿開脫（Merkhet）還要早上一千年。其後觀測七政的人很多。殷朝巫人巫咸，對於星球的觀測，極有研究，而齊人甘德更曾就其過去觀測和研究的結果，寫了一部「天文星占」，共有八卷；同時魏人石申也寫了一部「天文」，也是八卷。因此後世的人，便合稱這兩部書爲「甘石星經」。這是我國最早的天文學著作。以後的天文學家對各星的名稱，多緣用該書的名稱。例如甘石星經稱木星（Juipter）爲歲星，因爲木星每年只見一次；土星（Saturn）爲鎭星或塡星，因爲它一年行一宿，如坐鎭二十八宿然；火星（Mars）爲熒惑，以其熒熒如火，光度常變，行道不齊，足以惑人的原故；金星（Venus）爲太白，因爲它體呈銀白色，是天上最亮的一顆星；水星（Mercury）爲辰星，因爲它距離太陽最近，不及三十度，一個時辰便到了。從以上五星的命名而言，可以知道各星的形態，及其在天空運行的情形。換句話說，這都是實測的結果，並非向壁虛構，胡亂猜測的。此外，史記裏曾載，戰國時候的秦記裏，記有日食九次，彗星出現九次，隕石一次，可惜沒有註明年月日時，這是當時戰亂不已，以及秦火項火，燒毀迨盡的關係。不過以今日天文學的倡明，重驗當時所記的一切，均屬確實，可見當時的記載，是有所憑藉和根據的。

漢時觀測天文的儀器和方法，都比周時爲多爲優，而所獲得的結果也較爲準確。例如當時四分曆中測得水星一週的日數爲 115.87 ，可是歐洲方面最有名的天文學家哥白尼（Copernicus 1473-1543），在一千六百年後所測得的結果，尙爲 116 日，還不如我國漢時所測的準確。關於天體星球的分佈情形，戰國時期吳太史令陳卓，曾將巫、甘、石三人所觀測的結果，加以統計，而得 283 官，1464星，這是以北半球能用肉眼所見者而言。後漢時張衡在其所著「靈憲」一書中稱：「中外之官，常明者百有二十，可以名者三百二十，爲星二千五百，微星之數，蓋萬有一千五百二十，……海人之占，尙不與也。」從上面的這些記載，驟然視之，定以爲他是胡說八道，可是如果就今日觀測儀器之發達，計算之精確，如以六等亮度以上之星，能够爲肉眼所見者來說，確乎只有二千五百至三千左右。可見張衡等的記載，乃係多年觀測計算得來的結果；而且張氏的這一結果，與古時希臘天文學家依巴谷氏（Hipporchus 100-170 B.C.），所著恒星錄裏所記載的數目，頗爲一致。而二氏的測定時間也相差不遠。

關於星球的觀測，古人以爲恒星不動，所以稱之爲恒星（Planet），其實恒星也會動，我國最早測得恒星會動的，是祖冲之的兒子暅之。祖暅之根據他實測紐星與極星距離，用以證明歲差的結果，而發現北極星也在動，只是動的速度很慢，非長時間觀察，很難覺察出來。這一結果，直到唐朝（玄宗時）張遂（一行和尚）應用銅儀測量，發現古今結果不符，才知道恒星的自行移動，而證實了晉人祖暅之的觀察結果。但此種現象，直到西元一七一八年英人哈雷（Halley），測量天狼北河大角之黃道度時，才發現與古時希臘天文學家所測得的結果不同，而天狼星的移動，更特別明顯。唯此一結果，與祖暅之及張遂的觀測完全相同，但在時間上，哈雷已晚了一千年。

三、太陽黑點與彗星的發現

漢書五行志載，河平元年三月乙未（28 B.C.），日出黃，有黑氣大如錢，居日中央。這就是太陽黑子（Sun-spot）的最早紀錄。續漢書五行志記載，太陽黑子有兩種：一言大如瓜，居中央；一言如飛鵲，數月而消。這就是我國稱太陽爲金烏的原因。因此在創造文字時，也在圓內加一點，表示黑子或烏鵲的意思。根據我國各朝史書記載，自漢迄明一千六百多年，有一百多次的黑子記錄。可見我國古人用力之勤，與乎觀察之微之精了。關於古人觀測太陽黑子的方法，沒有詳細記載，朱文鑫先生以爲當時可能已安裝擴大鏡片在玉衡裏了。㉓不過我國民間觀察日食或太陽之變動時，常以面盆盛水，從水中以觀察日食。李時珍氏在其所著本草綱目中有所謂「觀日玉」。李約瑟氏所著中國之科學與文明一書中稱，在戈壁沙漠的塵霧中，也可作太陽黑子觀測。古人觀測日食或太陽黑子是否如此，或另有妙法，不得而知。此外，漢時京房好言日異，嘗稱日有五色五變，日中黑子當屬於這五色五變之列了。

此外，太陽黑子的出現似乎有一定的周期，因此有很多天文學家均根據我國的紀錄而加以核算，結果一般以爲這周期的平均長度爲一一·一年，而日人神田(Kanda, S.）所測得的結果則爲一〇·三八——一一·二八年。

古書所載有關彗星的事情，其名稱常有不同。一般以爲偏指者爲彗，就是有一條長尾巴的稱爲彗星（Comet），俗稱爲掃帚星。如果是毫光四射的彗星，則稱爲孛星。至於客星，則是指忽隱忽現，變化無常的新星。此種客星，極可能是古人所謂的景星。如係景星，則我國竹書紀年記載，唐堯四十二年（公元前二三一六年），景星見於翼，或景星出翼軫。正義云：景星狀如半月，生於晦朔，助月爲明，見則人君有德。漢書天文志記載，景星者，德星也，其狀無常，常出於有道之國。可見景星也是屬於彗孛之一種。

晉書天文志稱：「彗體無光，傅日而爲光，故夕見則東指，晨見則西指，在日南北，皆隨日光而指。」這是表示太陽對它有引力的關係存在。因此彗星的頭部（圓而明亮的部份）恒向太陽，這都是實際觀測的結果。而與西人弗拉開斯脫（Fracaster, J. 1483-1543）及愛拜因（Apin, P. 1495-1552）所測得的結果，完全相同，但卻早了一千年。

我國古書記載彗星的次數很多，而且大部份的人民，都以爲彗星是不吉祥的星，凡彗星出現時，必定有刀兵凶殺之災。晉書天文志上記載：「妖星一曰彗星，所謂掃星，本類星，末類彗，小者數寸，長或竟天，見則兵起。」所以天文學家特別予以注意，詳細記錄。竹書紀年載：「周昭王十九年春（公元前一〇二三年），有星孛於紫微。」太平御覽記載，是夜有五色光，貫沖紫微，又載，周頃王六年（公元前六一三年），彗星入北斗（道家稱爲天罡星Great dipper）。此後各朝天文志均有詳細的記載，有時天文學家見到彗星時，僅暗自予以記載，並不公開，尤其是對於不德的君王，更是如此。恐怕他因爲妖星的出現，發生心理上的恐慌和變化，而作出許多暴虐的事情來。

關於流星雨的記載，當以竹書紀年載：「桀十年（公元前一八〇七年）五星錯行，夜中星隕如雨。」爲最早。周莊王九年，亦卽莊公七年四月辛卯（公元前六八八年），夜中星隕如雨，這就是今日天文學家所稱的流星雨（Meteoric Shower）；僖公十六年正月戊申朔，卽周襄王八年（公元前六四四年）隕石落於宋者凡五顆；其次便是漢書五行志所載：「成帝永始二年二月（17 B. C.）癸未，夜過中，星隕如雨，長一二丈，繹繹未至地滅，至雞鳴止。」這都是有關天文上最早的世界紀錄。

宋仁宗至仁元年（公元一〇五四年七月十一日）暐星晝現。這就是指當日金牛宮的蟹狀雲。這一星雲爆炸後的擴張率爲每秒一、一一一公里，其爆炸質量達九個太陽之巨。

關於彗星與刀兵的問題，越絕書上曾有如下的一個故事。當吳王夫差領兵與越王戰於檇李時，彼此相持不下，一日吳王忽然召伍子胥前來說，我午覺時，夢見一口大井，忽然湧出一個光芒四射的大星來，我便與越王共同爭奪這一顆大星，結果被越王打倒，我看這是一個凶兆，還是班師回朝吧！子胥說，從前武王伐紂（公元前一一二二年），彗星出現，武王問太公，太公說，我聽說被彗鬪倒的人必勝，所以請大王趕緊出兵，吳國必勝，結果不出子胥所料，大勝而回。這是假託彗星出現最早的心戰故事。

四、日月食的觀測與計算

日食（Solar eclipse）與月食（Lunar eclipse）很容易爲肉眼所看見，所以紀錄這些事也最早。世界日食之最古紀錄，當以我國夏書爲最早。夏書云：「惟季秋月朔，辰弗集於房。」（日月交會謂之辰）不過這次日食的時間，沒有十分確定。據梁時虞劘的推測，這次的日食在仲康元年。但唐朝一行僧張遂，則以爲是仲康五年（公元前二一五五年）。而且一行相信日食有周期性，因而努力推算夏殷時代的日食時間。竹書紀年則記載是仲康五年九月庚戌朔日。也就是古書所稱的「仲康日食」。另外詩經記載：「十月之交，朔日辛卯，日有食之。」這是周幽王六年（公元前七七六年）的事。當時河南方面只見偏食（Partial eclipse）。詩經又載：「彼月而食，則維其常，此日而食，于何不臧。」（古人命月食爲常；日食爲醜。）這表示月食常有，不足爲怪，但日食難逢，所以大家都特別注意。按古史記載，在春秋四百多年中，共有日食三十七次。（漢書天文志第六稱，春秋二百四十二年間，有日食三十六次。）除其中因計算不確，而有四次錯誤以外，其餘三十三次，都有年月日可考。後人推算校核結果，也都正確。可見我國古時天文學的進步了。

漢朝大儒劉歆（公元前二十年）在其所著五經通義中說：「日食者，月往蔽之。」東漢時王充曾撰「論衡」一書，其說日篇稱：「日食者，月蔽之也；日在上，月在下，障於日之形也。」其後張衡（公元七八至一三九年）在其所著「靈憲」一書裡也解釋月食之原理說：「月光生於日之所照，當日之冲，光常不合者，蔽於地也，是謂暗虛，在星則星微，遇月則月食。」這就說明日食之形成，是月球掩映的關係。其論說與今日天文學家所觀測者，完全吻合。李約瑟氏以爲日食的正確觀念，是在戰國時期形成的，而與鄒衍的陰陽學派有關。㊳因周髀算經記載：「日兆月，月光乃出，故成明月。」而公元前四世紀時，石申也認爲日食的發生與月的運行有關，他以爲日與月交會，產生日食。董作賓氏研究甲骨文的結果，獲知武丁二十九年十二月望日，有月食之紀錄，而是日則爲公元前一三一一年十一月二十三日，經今之科學方法推算結果，該日午夜，在殷都安陽，確有月食。又這一月食，卜辭稱爲庚申月食。此外，尚有癸卯月食，在公元前一三四四年八月三十一日，適當殷商小乙六年八月十五日。這兩次月食均由天文學家予以證實。此外，尚有甲午月食，乃在公元前一三七三年三月二十七日，此次月食據稱在安陽看不見，因此大家還在繼續考證。以上這些月食，都是世界上的最古紀錄。

漢時馮恂曾研究月食的長短週期，就其推算結果，在五六四〇個月中，共有月食九六一次，因得其週期爲五．八五二二月；此與晚近西人牛考慕（New Cowb, S. 1835-1909）所研究的結果，僅差〇．〇〇〇四日。關於馮恂推算月食的週期與時間，還有一個好笑的故事。是在靈帝時（公元一六八——一八八），馮恂、宗誠與王漢三人，都是當時有名的天文學家，且都各自創立了一套新曆，上書請求試行。結果宗誠法於熹平四年乙卯採擇試行，旋又在光和二年採用馮恂法；三年庚申再用宗誠法，王漢法始終未用。根據各家推算結果，在光和二年三、四、五月均有月食。其中馮恂曆在三月，宗誠曆在四月，官曆在五月。屆時因爲三月陰雨看不見，四月無月食，五月又陰，都沒有看見月食。於是各家互相爭辯，而朝中史官也沒有方法考驗解決，於是奏明聖上，當時靈帝劉宏也無法裁決；只好認爲恂誠議論失當，各罰俸兩月；王漢用元不合（以己巳爲元）遣歸故里。以後有人考證當年三四五各月，根本沒有月食，三人都有些活天寃枉。也可見古人對於曆日換算之嚴，與乎國家量法之一般了。說到國家量法，還有一段對天文學家欺騙與殘酷的事情，那便是司天考古星通元寶鏡載，宋朝太平興國中（公元九八〇年左右，宋太宗光義爲帝。），詔天下研究天文學的人，一齊到京師來開會討論，不久到京師報到的有一百餘人，太宗以這些學人擅行私自研究天文，罪不可逭，於是大加屠戮，或發配邊疆海島，自是民間研究天文的人，便絕跡了。

唐朝一行和尚是個天文學家，曉得日月掩食及星球升沉的時間，所以大家都很尊敬他。據說一行小時家裡很窮，鄰人王某常資助他，所以他很感激，但當一行在開元朝中負責天文曆算的司天監時，玄宗李隆基非常器重他，所以他的名氣很大。可是當他這位鄰人王某因犯了殺人罪，下在牢獄裡時，王某的家人便去求一行設法脫罪。可是一行到監裏見了王某後，便說道：你要多少銀子都可以給你辦到，只是你所犯的殺人罪，卻無法給你洗脫。王某聽他如此推脫，大爲不滿，只好說他忘恩負義，兩人不歡而散。於是一行到渾天寺去（大概是他研究天文曆算的地方），叫寺中的工役將其中一個大殿裏的東西通通搬走，然後在這空殿中安放了一個大甕。隨又命兩個寺中的和尚到某處廢園中去，告訴他們如在當天下午有物來到此處時，務必將所見的東西一個不少的捉放在給你們的布袋裡，如有短少必不饒你們兩個。於是這兩個和尚照着他的話而去，在將近黃昏時果然有七條小猪狂奔而至，於是這兩人便將這七隻小猪，一齊捉住，放入布袋中，拿回來交給一行，一行盡置大甕中，並用木蓋覆被，用六一泥封牢，外加朱字封皮，這兩個徒弟莫名其妙。翌日早朝，觀察天象的值日官，忙不迭地晉見玄宗說，昨天晚上不見了北斗星，玄宗趕緊問一行，如何得了？你有什麼禳星之法沒有？一行說，從前在後魏時火星忽然不見了，因此發生皇帝的車輦失落，今天北斗又不見了，恐怕朝中會發生什麼事情，要想禳祛恐怕也只有大赦天下，才能夠禳卻這場浩刧了。於是玄宗下詔大赦天下，自然他的恩人王某也在被赦之列。第二天太史便奏道，北斗復現，當然那大甕中的七條小猪也在暗中釋放了。

以上這一段故事，當然是後人杜撰的，不過由此可以見到這位一行僧的本事了，這和希羅多德史書中所記，在西元前六百年左右，來弟安人與米狄之戰，遷延至六年之久，盧舍爲墟，殺人盈野，當時天文學家泰理士（Thales 640 B. C.），知道將有日食，所以便當眾宣告，上天厭戰，某月某日必有天象示警。屆時果然天昏地暗，日月無光，於是兩軍因而罷戰，言歸於好。㉚

五、地球的自轉與公轉

關於地球的轉動，我國天文學家在二千年前，便已經知道，予以記載了。據尙書考靈曜言：「地體雖靜，而終日旋轉（自轉 Rotation），如人坐舟中，而不自覺；春星西游，夏星北游，秋星東游，多星南游，一年之中，地有四游（公轉Revolution）。」北齊人張子信（公元五五〇年），對於天文測量之學，很有研究，但因當時有葛榮之亂。所以他避居海島，專以圓儀測天，歷三十年，方才發現日月的運行，有遲有疾。其實早在漢朝時代，天文學者便已經知道日行有盈縮，只是不知道其原因罷了。直至張子信實測以後，才將日行的盈縮測算出來。張氏以爲日在多至爲盈之極，自多至以後，漸次縮短，至春分而平；夏至爲縮之極，以後漸盈，至秋分而平，至多至又爲盈之極。於是他推定其盈縮的原因，乃是地球公轉的軌道遠近之不同（橢圓形關係），有以致之。以後隋朝末年的劉焯創立了一套日月的盈縮躔差法，及張一行的定氣定朔法，都是根據這一原理而創製的。

六、月行的研究

地球只有一個衞星（Satellite），就是常見的月亮。關於月亮的運行，古人研究得很多，因爲月亮大而明，且有陰晴圓缺的一定變化，所以容易研究，因此我國曆算都以月亮的運行爲準。上古曆算以十九年爲一章，一章之內，日行十九週，月行二百五十四週；換句話說，十九日內，日行十九度，月行二百五十四度，卽一日之內，日行一度，月行十三又十九分之七度，這是東漢以前測得的結果。但是後來發現月亮繞地而行，有緩有急，至於緩急的原因，則不大明白，還以爲是計時器有毛病。直至東漢平陵人賈達，才測得月亮運行得疾時，常較正常的十三度超過約三度，這是因爲月亮繞地的軌道是微近橢圓的關係，因此月行緩時不足十三度，疾時又超過十三度，緩疾之間相差約三度。隨後劉洪也測得同樣的結果，因名之爲「過周分」。並進而測得月行一週的日數，近地球的地方爲二七．五五三三六日，稱爲近點月（Anomalistic month）；此與西人白朗氏（Brown, E. W. 1920）所測得的二七．五五四五五日，相差不大。除了上述的近點月以外，晉、范陽人祖冲之（公元四二九年）更測得交點月（Modical 或 draconitic month）的日數爲二七．二一二二三日，較希臘人依巴谷氏（Hipparchns 100-170 B. C.）所測得的二七．二一二二五日更爲精確，而與近人用科學儀器測得結果二七．二一二二二日，最爲接近。

我國古時測量月行一週的日數，除了上述的兩種外，尚有另外兩種：一名朔望月（Synodical

month)，這是以月的圓缺爲準，因此與交點月不同，其測得結果爲二九·五三〇八五一日，而殷墟甲骨文上殷人的結果爲二九·五三日，依巴谷測得結果則爲二九·五三〇五八三日；以後又有所謂經天月，這名稱見於三統曆，其結果爲二九·五三〇八六四日，二者相差不大。而與一九二九年英國天文家福令漢（Fotheringham 一九二九）所著曆法書中所稱，會合月之長爲二九·五三〇八七九日，更爲接近。與李約瑟氏（一九六一）所記的朔實眞値二九·五三〇五八八日差距較大，而與我國何承天（公元四四三年）所測的二九·五三〇五八五日最爲接近。

七、歲差與蒙氣差的發現

過去天文學家，均以太陽自冬至日起，繞行一週後，爲一周天（Sidereal revolution），稱爲一歲（a year），因此天周與歲周不分。待晉人虞喜實際觀測多年的結果，發現太陽的一周天，並非自冬至至冬至的一歲，其間確有若干差異。換句話說，一天周並非一歲周。因爲太陽自今年冬至日起，繞行一周天至明年冬至，並不能復合在原來的位置，尙有一些差誤，因稱此種差異爲歲差（Solar precession）。自從發現歲差以後，才知道恒星東行與節氣西退的原因。是後祖冲之與劉焯二人，更利用歲差原理，將恒星年（Sidereal Year）與太陽年（Solar Year）加以區分，希臘天文學家依巴谷氏，在其所著恒星錄中，也曾說明歲差的原因，而將恒星年與太陽年分開敍述。

後秦人姜岌（隋書稱安岌，公元三八四年。）善曆算，因見太陽初出時黃而大，及至中午乃白而小，不知其故，經其細心研究結果，始知地球表面，有一層大氣，氣中有很多浮塵等物質，所以大氣變得很混濁，姜氏稱此種含有浮塵的空氣爲游氣，游氣可以反射日光，所以光線透過時，有很多反光，致使太陽黃而大，中午游氣層薄，反光少，太陽乃白而小了。這種游氣層的光線反射差異，姜氏稱爲蒙氣差（Atmospheric refraction）。這種光線因浮塵而有的反射原理，古人並不知道。所以當兩個小孩子辯論日大日小問題時，連孔夫子也答不出來。不過有人以爲孔子與小兒辯日的故事，是道家杜撰的（列子），想藉以譏諷儒家只知道孝弟忠信，至於其他的自然現象便一竅不通了。同時又有人以爲這一羣兒童中，便有孔子的老師項橐在內，不過吳師道以爲那是無稽之談，根本沒有那回事。

八、曆法的推算與變遷

古人研究天文的最大目的是在定四時，而定四時的最大利益，又在乎農耕。要農耕發達，人民才能飽食暖衣，安居樂業；社會文化才能發榮滋長，蓬勃邁進。不過定四時的最大困難，是如何求得一個起算點。因爲起算點的推定，必須依據天體萬象的運行和變化，加以適當的配合，古人研究結果，以爲實行曆元法（Epoch）最爲合宜。所謂曆元或上元，是以甲子朔旦夜半與冬至齊同爲起算點；同時日月五星又須在同一度數上，這就是所謂的珠聯合璧之象，也就是舜典所稱的在璇璣玉衡，以齊七政。欲齊七政（日月五星在同一度數上），第一要推算至朔同日，要達到至朔同日，必須晝測日影，夜考中星，因而獲知月令昏旦，並分周天爲十二次，以定節氣早晚，分星體爲二十八宿，測定齊七政的方法。第二要推算日月合璧，因而獲知同經爲朔，同度爲交，交在朔則日食，交在望則月食。古人以月食常見，不復記載，而日食很少，且占星家以爲日食與君主安危，國家禍福有關，所以特別注意。同時天文學家對於日食測定，也秘而不宣，恐怕引起君主或朝臣的憂慮。第三是推五星聯珠，因而發現若干星球的運轉常不固定，也無常規，例如，有的星球自西向東順行，有的自東向西逆行。（多祿某於公元一五一年前後，始記述五星有順逆留守的現象。）由於星行的順逆不同，守留不一，而發現其周期性，例如東方的啟明星（Phosphorus），多半在早晨見之，西方的長庚星（Hesperus），則在晚間見之，但二者都是金星的別名。

中國天文學的發軔及其研究途徑，都是爲了要達到齊七政而不斷演進的。相傳我國古代曆書有六，卽黃帝、顓頊、夏、商、周、魯，但漢書律曆志，則以爲這六本曆法，都曾經後人校改過的。正式的曆書，應該始於周末漢初，因爲漢時的天文曆算之術，已有長足進步。根據整理校正後的曆元，可以記載如下：

一、一歲：所謂一歲，是指自本年的多至日至次年的多至日，但因日影不能回復原位，常有餘數出現，因而發生歲差，爲了想設法取消歲差，所以便連續測定四年，然後才發現日影回復原位，所以便以四除一四六一日而得一歲爲三六五．二五日，英人福令漢（Fotheringham 一九二九）的結果爲三六五．二四二二九日。這就是歲周的計算，歲周又名歲實（Length of the year），也就是一年的意思。

二、一章：如以多至爲歲首，朔旦爲月首，則在一年以後，多至日不能恰在朔旦，經推算後，發現在十九個多至，及二百三十五個朔旦以後，其日數乃相同，多至與朔旦方才相遇。所以天文學家以爲至朔在同一日爲章。換句話說，一章等於六九三九．七五日，合共二百三十五個月，計十九年而七閏。

以多至測一歲之長，係以太陽爲準；以朔望計一月之長，係以太陰爲準，故古人以至朔同在一日爲治曆之本，也就是兼顧太陽與太陰的計算，因平分一歲爲十二中氣，及十二節氣，一般均以二者相互交錯。換言之，中氣以後爲節氣，節氣以後爲中氣，一月之中有中氣也有節氣，但因爲二者間的相距日數爲十五日多，因此便有時一月中沒有中氣的現象，天文學家便以這個沒有中氣的月份爲閏月。所以漢志上說：「朔不得中，謂之閏月。」

三、一蔀：一章之後，至與朔固然會同在一日，但仍有餘數，因此察知至朔雖在同一日，但不同時辰，亦且不在夜半，因此又推演至更長的時間，直至四章之後，至朔才在夜半而同日同時，因謂之爲蔀首。換句話說，必須經歷七十六年，九百四十月，二七七五九日以後，才能達到此一標準，因稱之爲朔實，或朔策。

四、一紀：一蔀之後，至朔固然均在同日同時而在夜半，但卻不同甲子，因一蔀日數，不能用甲子六十除盡，所以又取二十蔀爲一紀，但仍不能除盡，乃又延長爲三紀。如此則甲子、朔旦、夜半，多至同日同時，這就是所謂的曆元，也就是高平子先生所謂的「干支陰陽三合曆」。

除了曆元以外，還要求日月五星齊同，也就是齊七政的意思。要求得七政全同的「上元」法，還得應用更精密的籌算方法才行。經過前人絞盡腦汁，費盡苦心，並花去了差不多一千年的時間，才在唐宋年間，獲得較爲精密的數字，這就是開元占經所載六曆積年，皆在二百七十六萬年以上；而三統曆之太極上元，更推演至二千三百六十三萬九千零四十年，才能達到七政全同的目的。可見我國古代天文數學的發明與演進，全在此「齊七政」三個字的要求下而堅苦進行的。

此外，夾漈鄭樵所撰通志天文略稱，隋時有隱者名丹元子的人，曾作「步天歌」，敍述日月星辰的方位和觀察的方法，其文字淺俗，不過便於記憶。鄭樵以爲是天文學的秘笈，只傳靈臺，不傳人間，所以宋以後的天文學者，多根據此歌的敍述而占測星象。據說步天歌是根據晉隋二天文志的記載結果，而加以綜合編纂的。所以鄭氏又稱讚這歌的作者說：「步天歌句中有圖，言下見象，或約或豐，無餘無失，又不言休祥，是深知天者。」不過，又有人懷疑丹元子就是唐人王希明，因其語句淺陋，不似隋人文字，且隋書經籍志也沒有予以記載，因此存疑。

十七、氣象的測量

天地之中，土圭可測，
陽城之地，表景所得；
周公肇建，以占洛極，
王城旣成，百度交式。
更漢歷唐，以憲以則，
雖小厥用，遺規孔飭；
神靈守護，靡有薄蝕，
逮於近代，莫之保嗇。
棄置榛莽，震撼敧刻；
方圍外缺，中徑潛泐；

有美張公，見之太息，
鳌復舊規，拓土披棘。
守令克賢，繼踵葺飾，
門壁神祠，如翬矯翼；
過輒聳瞻，居民誠敕，
後人有作，噫疇之德。

——測景臺　明·倫文敘

一、測景臺

我國設置專人以觀測天象的制度，雖然源起很早，但眞正安置儀器設立專官，從事天象研究，則爲時較晚。隋書天文志記載，周人用土圭測日影，以定日出日入的奇景與正確的時間，所謂「晝參日中之景，夜考極星，以正朝夕。」文帝時張衡曾在京都長安地方建立氣候臺，裝置地動儀，以測定地震的方位和遠近。但其時各種測量儀器都很簡單，設置的地方也不多，甚而有些氣象儀器被送往宮裏把玩，有些則隨人亡而政息。例如，我國的水運渾天儀，創始於張衡，發揚於梁令瓚，但遲至宋朝才由蘇頌集其大成。並得巧匠韓公廉的協助，方才完成第一座較具規模的觀象臺。根據古書記載，晉人祖暅之曾在嵩山頂上造八尺銅表以爲日晷，其下與土圭相連，圭上爲溝，溝中置水，以定其平正，這是世界上利用水平原理的第一次。

宋時蘇頌安裝的氣象臺，共有三層。上層爲露臺或稱陽臺，安裝了一部渾天儀，以測天象，這套渾天儀是安裝在有水平儀的機械上面，可以隨時調整其水平方向，以便測定所觀天象的角度。水平儀的上面，放置一套璇璣玉衡，俾便從觀測管裏面，觀測日月星辰的位置及其變動情形，玉衡安裝在璇璣上面，可以上下左右轉動，觀測管上面有一條龍柱，藉以支持渾天。又在這個露臺頂上，留有一個洞穴，平時不用，便將屋頂活板闔蓋起來，以免日晒雨淋，損傷儀器，待觀測時才再將活板啟開。中層設置渾象，用輪機轉動，晝夜不停，其自行轉動之速度，適與天體星象之變化，完全吻合。這就是張衡所創製的渾天儀，亦卽西人所謂的假天（Planetarian）。下層設有五層木閣，每一閣，設一門，每門有一木人按時出入，這種木人稱爲司辰，與今日壁鐘上的布穀鳥按時報曉一樣。其第一層木閣的木人，左手搖鈴，右手敲鐘，中部擊鼓；第二層木人報時初正，第三層木人報刻，二三層木人都手拿木牌，出報時刻，第四層擊夜漏金鉦，以聲音傳達；第五層報夜漏更籌。其運轉各類機械的齒輪，均安裝在木閣後面，閣旁設有天池、河車、水壺等器具，引水沖激，轉動輪機，於是各閣的木人便自行按時報告，這簡直就是一個最早的自動報時鐘了。（參第六圖）

元時天文學的研究更爲精良，測候所也多達二十七處，其設置地區，東達朝鮮，西至滇池，南踰朱崖（今海南島東南部之珠崖），北抵鐵勒（卽敕勒族所居之地，在青海以西之故匈奴地。），其餘青海以東的回紇地方，也有設置，其規模之大，可以想見。

二、土圭

土圭是一種測記日影移動，以計算時辰的簡單儀器，所以又叫做日圭。周禮地官大司徒：「以土圭之法，測土深，正日景，以求地中。」當求得地中後，便在這一中心點上安置日晷，如果日在南方時，則影短而多暑熱；日在北方時，則影長而多寒氣；日在東方影夕多風，在西方則影朝多陰。夏至時日的影長爲一尺五寸的地方，叫做地中。關於這一儀器的式樣和尺寸，鄭衆曾加以詳細的記載，他說，土圭長一尺五寸，以夏至日立一長八尺的竹竿，當它的影長爲一尺五寸剛好與土圭的長度相等時，卽爲地中。經研究尋訪結果，獲知在河南洛陽西北方十里的王城地方，（或稱陽城，今名告成。）剛好與此相等，所以當時便以王城爲地中。過這地中向北的日影較長，向南的較短，這是經緯度不同的原因。自是以後，其他各地的日景差，多以此一地點爲準。這與今日世界時鐘，以英國格林威治天文臺爲準是一樣的。

根據我國鄒伯奇氏的研究，王城地中的經緯度爲：北極出地 $94^{\circ}45'20''$，卽王城赤道距天頂度爲$34^{\circ}45'20''-10^{\circ}52'22''=23^{\circ}52'58''$，是爲黃赤大距（Obliquity of the ecliptic）。又據周顯王時，西人在歐洲所測得的結果爲$23^{\circ}51'20''$。這兩種結果，相差不大。又據今日用現代科學儀器，測得王城地中夏至日景長應爲 1.48 尺，與三千多年前測得的圭長一．五〇尺，只差〇．〇二尺，也算相當準確了。

沈括在夢溪筆談裏，便知道指南針不能正指北方，常有微偏東的現象。所以中國古時多用土圭測定較爲準確。戴震曾著「考工記」並在其書內繪製，土圭測影的情形。

至於土圭的起源，究竟在什麼時候，大家都沒有一定的意見，日人新城新藏，以爲我國之用土圭測景，當在春秋中葉文宣公時代，但甲骨文中已有「至日」的記錄，可見我國殷商時代已有測景的事情，又西洋學者希律多德（Herodutes）云，希臘人的圭（Guomon）是傳自巴比侖，而巴比侖之測景有記錄者，約在公元前六七世紀，則較我們用圭測景，晚一千餘年矣。

三、璇璣玉衡

這是用來觀測日月星辰升降變化的儀器。古書記載，舜帝時（公元前二二〇〇年），天文學家便用這儀器以觀天象了。也就等於今日的望遠鏡，當然那時候的璇璣玉衡，不可能安裝了玻璃鏡片，但除了玻璃鏡片以外，其構造與今天的天文望遠鏡非常近似，而且這種望天觀測天象的儀器直到漢代還在沿用。根據漢代大儒蔡邕的記載，這種儀器是玉製的，主要部份是一條長八尺的橫管，叫做衡，直徑約一寸。這一橫管常固定在一座可以自由旋轉的璣上。觀測的人坐在璣旁，便可以從橫管的下端，自孔中觀測天體中的星辰日月。並且可以隨己意轉動。有了這一儀器，對於某一星球的繼續觀測，便方便得多了。同時也不致於受其他星體的影響，而混淆起來。從衡長八尺而言，當時的觀測臺，是相當巨大的。因爲今天許多天文臺所用望遠鏡的鏡筒，還未必都有八尺長呢？不過，這一橫管爲什麼要長八尺呢？又爲什麼一定要用玉的呢？據周髀算經的記載：「取空竹徑一寸，長八尺，捕影而視之，空正掩日。」該書並注稱：「以徑寸之空，視日之影，髀長則大，矩短則小，正滿八尺也。」又說：「以玉管有反光，故窺視較竹爲明亮也。」

四、刻漏

刻漏是古時的一種計時器。隋書天文志說：「黃帝創觀漏水，製器取則，以分晝夜。」並且派有專人負責觀測漏水的情形，隨時報告時間。周禮中所說的「挈壺」，就是專門守觀漏水的官。刻漏是一個特製的水壺，刻畫爲一百刻，合爲一晝夜。（哀帝本紀說，太平皇帝刻漏，以一百二十刻爲度。）換句話說，讓壺裏所裝的水慢慢的向下漏滴，滴水的速度要一定，這樣從今天的日出到明天的日出是十二個時辰，也就是二十四小時。不過，中國人計算時間是以夜半子時爲準。這是就月亮的升沈情況而言，特別是望月的半夜子時，正是浩月當空的時候，等於今日所謂的「零時」，這時開始滴水，計時便開始了。冬至節時，晝漏四十刻，夜漏六十刻；但在夏至時剛好相反，晝漏六十刻，夜漏四十刻。而在春分及秋分時，晝夜均爲五十刻，所以中國諺語說：「夏至至長，冬至至短；春分秋分，晝夜平分。」此外，還有所謂黎明與黃昏，那就是各增減二刻半漏水。即是說，日出前二刻半爲黎明，日沒後二刻半爲黃昏。因此古人爲了節約日光，便提倡「減夜五刻，以益晝刻，謂之昏旦。」這就是我國日光節約時間的開始。這種計時方法，異常準確，一切上下班及更夫守夜報時，都以此爲標準。如果有什麼快慢或障碍，便由挈壺官，隨時根據日月星辰的運行，加以調整校正。

論到水漏的快慢問題，古人曾爲此而大傷腦筋，因爲常發現冬天的水漏刻度與夏天的不同，（這時還不知道冬日短夏日長的現象和原因）因此以爲冬天氣溫低，水的流速因溫度低而減緩，夏天因熱的關係而流速加快。直到東漢時候，劉洪才發現晝夜長短隨季節變動的原因，是因爲地球軌道呈橢圓形的關係。

五、渾天儀

尙書考靈曜稱：「觀玉儀之旋昏明主時。」又說：「唐堯卽位，羲和立渾儀。」可見渾儀的製作很古，只是時代愈進步，這一儀器的製作與使用，也愈益精密，直至東漢明帝時（公元七八——一三九年），河南西鄂縣人，張陵之子張衡，主張宇宙的形態爲渾天，但是其他的許多學者，多不相信。張衡爲了證明他的渾天說是正確的，所以便先用許多竹片製成了一個地球儀，並在上面標明黃道（Ecliptic）、赤道（Equater）和南北極。並另繪了一幅星象圖與地球儀配合。藉以表明地球與天體星辰的關係。製作完成，開始實驗時，覺得不錯，才再用銅片製作。一切妥善後，乃邀約當時

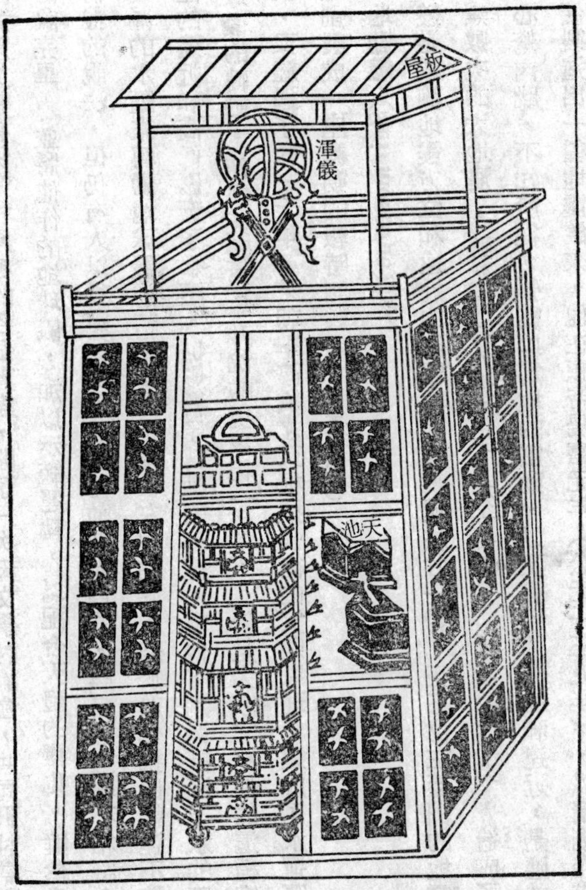

第六圖　蘇頌儀象法要書中的報時渾儀

在京城裏對天文學有研究和興趣的各個專家，開了一次天文學討論會，共同研討辯駁宇宙的型式和運轉，討論完畢，並將他作的地球儀，加以示範運轉，以配合天體的變化。雖然當時已有一部份的人相信他的說法，但仍有人以爲這種地球儀的轉動是人爲的，與自然運轉不相符合。於是他又研究出用刻漏的水壓來轉動地球儀，結果卻是不準，左思右想，終於給他找出轉運不準的原因來。卽是刻漏記的遠近和高低影響了水壓，也影響了轉動的時速。當他將刻漏計滴下水的壓力調整好了以後，地球儀的轉動，便與天體星象升沈的現象相一致了。於是大家才被他的這種實驗的成功所折服。此後，又經過了約一千年，宋朝李淳風才又根據張衡的實驗原理，製成了水運渾天儀，蘇頌更利用水壓創製成一座機動的報時測候臺。(參第六圖)

六、地動儀（Seirmoscope）

地動儀是觀測地震方位和遠近的儀器，因爲我國陝甘一帶，正好位在亞洲的地震帶上，數千年來經過了無數次的大地震，雖然當時人煙稀少，死亡不大，但地震的威力，造成了人們心理的恐慌，令人心驚肉跳，不知所從。張衡以爲地的震動，以及震動的方位和遠近，是應該可以測得出來的。於是便製造出一種地震儀來，他在順帝陽嘉元年（公元一三九年），以精銅作成了一個直徑八尺，合蓋隆起，形似酒罇的東西，在其四面八方(八方的方位與今日氣象學上的方位完全相同)，各安置一個龍頭，計共八頭。龍口裏面含了一個銅製小圓球，這個圓球可以在口裏面自由滾動，如果地震時，這圓球受震波的影響，便向龍口外面滾落；龍頭下面，有一個癩蛤蟆，張口望天，圓球滑落下來，剛好落在它的嘴裏，由於圓球的滾落撞擊，蛤蟆便發出響聲，警告看守的人，當然龍頭和蛤蟆的嘴裏，還安裝了一些小機關，古書沒有記載下來。當某一方有地震的時候，機關發動，便將向地震方位龍口裏的圓球推出來，銅球滾落在蛤蟆口裏，推動另一機關，而發出警報，這一儀器的妙用，不在能發出警報，而在某一方位地震時，只有那一方位的圓球滾出來，其他銅球都不滑落。由於這一地震儀的設計，不只是知道地震的時間和方位，而且還知道地震的震央在那裏，距離京城洛陽有多遠。

當張衡的地震儀設計完成以後，便安裝在洛陽的國家天文臺上，並派專人晝夜輪班看守。有一天看守者慌忙入報，某時西北方位龍口中的圓球下落，發出警報。張衡據報後，立即加以核算，獲知震央在甘肅省的東南方，距洛陽一千餘里，隨卽撰寫一份報告，迅速呈奏順帝閱覽，同時又另抄了幾張副本，作爲海報，張貼在太學的佈告欄裏。大家對這一樁事，都抱着存疑和觀望的態度，因爲他們並沒有感覺到什麼地震，可是數天後，甘肅官方的報告便傳來了。所報告的地震時間和地點，都與張衡測的結果，完全吻合。於是這一地震儀的測震記錄，便正式地記載在中國的歷史上了。當然這也是世界上第一次的人爲測震紀錄。王振鐸氏曾於民國二十五年在燕京學報第二〇期，發表該一地動儀的製造法推測，並附圖數幀，以爲參考。氏並稱，張衡所作地動儀之主要機件，與今日一般應用者，甚爲近似。

七、候風儀

張衡在天文臺臺長任內，爲了觀測風向，又製作了一架候風儀。這是一架銅作的像鳥一樣的東西。他在這鳥的腹上穿一個小孔，用一條銅條支持着，支柱高約五丈，因此當風吹在鳥的尾部時，鳥頭則自然轉向風吹來的地方，風向變動時，鳥頭亦隨着變動。如此從鳥頭的方向，便可知道風的方向。這種候風儀的運用，與今天的風向計完全相同。不過，這種候風儀的應用，較歐洲人所用的候風鷄，要早上一千年，說不定歐洲人所用的候風鷄，便是仿照張衡所發明的候風儀而製成的呢？

八、雨量計

我國古時，便已經知道雨量與農業生產的關係，並以此作爲農作物栽培與生產量和繳納賦稅的標準。鄭樵通志記載，後漢時，自立春至立夏，再從立夏至立秋，這兩個時期的降雨量，與農作物的生產最有關係。因此各州郡都要報告各該年期的雨量分佈情形。如果在所定的兩時期中，降水量有所短少時，各郡縣長官便要命人清掃社稷壇，地方長官和公卿大夫等人士，也要在壇上舉行祭祀，禱告上天，祈求降雨，以保佑人民衣食無缺。顧炎武日知錄裏說，明朝洪武中（公元一三九〇年），詔令天下，每月呈報雨量。永樂二十二年十月（公元一四二四年），通政司（專掌人民請願及各官章奏之事）奏請頒令各州縣將雨量報告表，送給事中收藏，俾便統計分析各地雨量分佈情形。其詔令說：「我朝祖宗之所以要令天下各州郡報告雨量的原因，是要瞭解各地水旱情形，以便施恤人民，方法很好，但過去雨量報表，都是送通政司，上面的主管人員，怎麼知道各地的水旱情形呢？如今又送給事中，上面的人員便更不知道詳情了。所以傳令下去，今後各地雨量報表，都要送到我這裏來，讓我親自審閱，以便研討。」雨量期報表要送皇帝親自核閱，如此愼重其事，眞是天下罕有，也可見當時爲政者，注重氣候變遷之一般了。

關於我國古時，測記雨量的儀器和方法如何，頗值得注意。第一個要討論確定的是雨量的計算方法。太平御覽記載葛仙傳云：「吳主曾與仙公坐於樹上，望見道間人民請雨，土人累時不得。仙公曰，雨可得耳。卽書符置社廟中，日午大雨尺餘水。」又王隱晉書曰：「東皙太康中，郡大旱，苗稼敗，皙乃命邑人，躬共請雨，三日中，雨水三尺。」明吳承恩撰西遊記說，唐時魏徵丞相，夢見龍王派員吩咐他下雨，並說：「明日早晨八點鐘要佈雲，十點鐘打雷，十二點鐘下雨，並下雨三．三〇四八尺（約合一千粍）。」由上可見，我國自漢時，記載雨量的單位，便已經以尺寸爲準了。非但如此，就是降雪量，也是以尺寸爲單位。例如，金匱記載，武王伐紂，都洛邑，陰寒，雨雪十餘日，深丈餘，這恐怕是世界上落雪最高的記錄了。至於我國古時使用的雨量計如何？已不可考，但從朝鮮的古文獻中，知道朝鮮在李朝世宗七年（公元一四二五年），所用的雨量計是圓筒形的，筒長一尺五寸，直徑七寸，當時我國各地每月都要呈報雨量紀錄，當然也有雨量計，而且所有的雨量計都是同一標準，否則便不準確了。又據元史記載，元時（公元一二七九——一三六八年）我國便在朝鮮、遼東、甘肅、洛陽、南京、北平等地，設有雨量站二十七處。所以朝鮮所用的雨量計，也與中國的完全相同，很可能各雨量站所用的雨量計，都是由政府統籌配製而再予分發的。

清康熙年間，全國雨量計均已統籌監製，劃一規範，所有雨量計也都規定用黃銅製造，其形圓，高一尺八寸，直徑八寸，較明朝所用者略大。公元一七七〇年，日人和田雄治在朝鮮大邱、仁川與咸興等處，先後發現乾隆時代中國所建的測雨臺。由是可見，我國自元末明初，卽已製造儀器分發各地，以測定各該區的降水量了。

除了用雨量計測雨的多少外，秦九韶（公元一四二七年）在其所撰的數書九章中更稱：古人曾用竹器驗雪，卽用一竹製大筐，分置於高山，深谷及平原上，在一定時間內，計算筐內積雪的深度，所以才有積雪丈餘的記載。

又康熙年間（一六六二——一七二二年），西人巴士汀（Bastian）的遊記中曾稱，甘肅的喇嘛嘗以砲火轟擊雨雲，令其下雨，且在砲轟以前，由喇嘛僧先行祈禱上蒼，求神原有此一不法舉措。這又較今日科學家砲轟雨雲，以求降雨的實驗，早了三四百年。

十八、數字的演進

三人同行七十稀，五樹梅花廿一枝；
七子團圓正半月，除百零五便得知。

——孫子歌　程大位

數字是伴同文字而俱來的，其實人們在沒有文字以前，便已經有數字的觀念了。結繩記事，就是這種觀念的具體表現，而數字的用途較之文字則更爲重要和普遍。中國人對於數字的書寫，在公元前十四世紀時，便已經形成了，這就是殷商時代的甲骨文字和其記數。其後根據此一數字形式，再演進爲公元前十一世紀西周時代的鐘鼎文數字；再進而至公元前後秦漢時代的算籌型（Counting rod forms），以及同時併用的商業常用型。各時期數字的演進型式，可自第七圖得知。至於在書寫上所用的數字，在公元前九世紀便非常普遍了，這從當時通行的錢幣上，可爲證明。

我國的數字有三種寫法：一是「普通型」，如一二三四五六七八九十等，這種簡化了的數字，

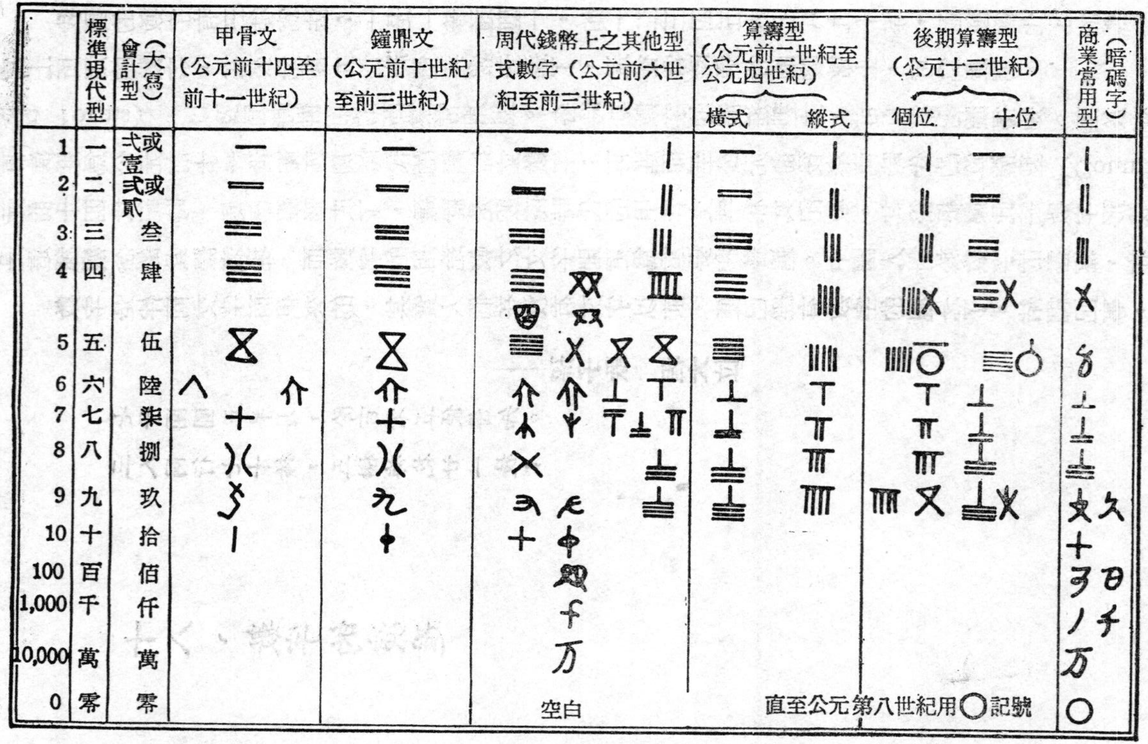

標準現代型
(大寫)會計型
甲骨文(公元前十四至前十一世紀)
鐘鼎文(公元前十世紀至前三世紀)
周代錢幣上之其他型式數字(公元前六世紀至前三世紀)
算籌型(公元前二世紀至公元四世紀)
橫式
縱式
後期算籌型(公元十三世紀)
個位
十位
商業常用型(暗碼字)
1 一 弌或壹
2 二 弍或貳
3 三 叁
4 四 肆
5 五 伍
6 六 陸
7 七 柒
8 八 捌
9 九 玖
10 十 拾
100 百 佰
1,000 千 仟
10,000 萬 萬
0 零 零
空白
直至公元第八世紀用〇記號

第七圖　中國古代及中古時期的數字

在西周的錢幣上，便已經開始應用了。其次一種稱做「會計型」，如零壹貳叁肆伍陸柒捌玖拾等，這一數字的成型很早，但應用在會計上，則可能源起於隋唐，隋龍藏寺碑勸獎州內士庶壹萬人等。唐開元素貞和尙塔銘書開元貳拾陸年（公元七二八年）等，由於其筆劃較多，不易竄改，所以在重要文件如契約、滙票等上面，多應用之。而南宋時候所流通的銅鎊牌，已鑄明爲「準貳佰文省」、「準叁佰文省」等。第三種數字叫做「商業型」，如〡〢〣〤（或𝍬）〥〦〧〨〩十等，這種寫法多在記賬及計算數目時用之。秦漢時期人口衆多，交易頻繁，商人記賬，已採用此種寫法。直至今日仍有若干地方的商人，應用這種寫法。此外，我國四川湖北等省的商人，還有用指數法的，這叫做『暗碼』，就是用指頭的數目，代表一個數字；例如，三就用三根指頭，五就用五根指頭，六用母指，七用勾頭的小指，八用母指和食指分開，昰中國普通數字八的型式，九用勾頭的食指代替。這種暗碼多在買賣雙方議價，而有第三者在場不便明說時，才在袖管內或衣袊下面覆蓋着爲之。所用數目在十以上時，則其名數乃用口頭說明，例如這個千（指頭數）、這個百（指頭數）、這個十（指頭數）等，令旁邊的第三者無法得知其確實數目。

關於商業型的數字，孫子算經曾稱：「計算先知其位，單用直（單位時用竪筆如𝍠𝍡𝍢𝍣等），十用橫（有兩位數或在十位時，則橫寫，如一二三𝍬等），百站立（在三位數或在百位時，其數字的寫法又如單用時一樣直寫），千躺下（也就是如十位時的橫寫）。」所以又說：「千同十，萬同百……六不重疊，五不連接。」此表示各種數字的型式雖同，但寫法不一，如此才會有顯明的區別，不至於混淆不清。例如寫13468，則應寫爲：〡三〤〦〨，或〡三𝍣𝍮𝍰，或〡三𝍣𝍥

土•

中國數字從一到九都很活用，只是「○」這個數字符號，在公元七二九年時，才在開元占經裏面提到，但遲至一二四七年，在秦九韶所著的「數書九章」中，才予以普遍應用。例如該書有一道減法題是這樣寫的：

一☰○〣||||☰丅　|☰⊥○○○○

丅✕☰⊥✕

如用現代的數字法寫出來，便是：

1470000
− 64464
1405536

關於「○」的發現，有人說是南美馬雅人發明的，但也有人說是從印度傳進來的，因爲開元占經是印度人瞿曇悉達所寫的。而且在敦煌出土的唐代古籍「立成算經」一書中，嘗將405寫成||||　|||||，可見當時還沒有應用「○」的觀念，至少沒有將這一符號應用在數字裏面。但又有人說，「○」是道家的哲學符號。因爲老子在道德經裏說：「夫道者，體圓而法方。」道家以爲「萬物之總，皆閱一孔，百事之根，皆出一門」。道家以爲宇宙萬物都發源於「無」。老子在道德經裏又說：「天地萬物生於有，有生於無。」什麼是無呢？無就是虛空。老子並特別舉了三個例子來加以說明，他說第一個表示無的，便是車輪中央的空洞「○」，以及器皿的空處，窗門上的窗洞和門洞。車輪若沒

有中間的空洞，便不能轉動；器皿沒有空處，便不能容物；窗門若沒有空洞，就不能讓人或物進來，這個大虛空的符號，就是「〇」。一切數字都應該從「零」算起，沒有零，便沒有一二三。老子說：「道生一，一生二，二生三，三生萬物。」道是什麼？道是無，無卽是「〇」，因此萬物都源於「〇」。道家的學者，是以哲學的眼光來看「〇」，而數學的極高峯，就是哲學。不過宋邵康節在他所著的「皇極經世書」裏的圖上，則以爲八卦裏的無極就是用「〇」來代表，所以「〇」又爲易學裏的東西。總之，「〇」在中國人的觀念裏已經很早了，只是用在數學上，卻爲時較晚。[55]

中國人的「零」字，並不是「沒有」，乃是稍許，不是整數，或些微的意思。而眞正代表「沒有」的字，乃是「無」字。所以邵康節在「皇極經世書」裏，將无極的圖形，畫爲一個圓圈（來瞿唐所繪），乃表示沒有的意思。中國人何時用「零」來代表沒有？卻不知道。如就中國字的字意來說，敎學上所用的「〇」這一符號，應該讀爲「無」，而不是「零」，因爲無才是眞正的代表沒有，零仍然代表着若干數值。換句話說：「〇、一、二」，應讀爲：「無、一、二。」

復查「零」在中國文學裏的意義爲：

1. 崔鴻春秋前燕錄云：「……朕以寡德蒞政，多違元陽，三時光陰，錯緒農植之辰，而零雨莫降……。」這裏的零是表示些許、微小的意思。
2. 詩鄘風：「靈雨旣零」，這是表示零零落落的意思。
3. 鄭風：「零露漙兮」，表示細少也。

4.豳風：「零雨其濛」，也是徐徐細微的意思。

5.辭源：不成整數曰零，俗語稱零頭，乃餘錢也。

復根據日人吉田洋一所著「零的發現」[22]一書稱，公元七世紀初，印度數學家布拉阿馬骨普達（Brahmagupta 628），在他所著「婆羅門正宗」（Brahma Sphuta Siddhanta）一書中記述「○」的性質爲：

1.任何數乘以零，其數恒爲零。

2.任何數加或減以零，其值恒不變。

如果用現代數學方式表示，則爲：

$$a \times 0 = 0$$

$$a + 0 = a$$

$$a - 0 = a$$

不過，在布氏的該一著作中，則沒有提到「位制記數法」，吉田氏猜想，這種位制記數法，在當時已極爲普遍，早已爲人所知，所以不提，但是否在其他早期的印度數學書籍，曾經提到過呢？便需要再進一步的考證了。

英人李約瑟氏，在其所著「中國之科學與文明」一書中稱：「印度關於零的最早碑銘證據，是九世紀末葉。」又稱：「據克氏（Kaye）在其所著的『印度數學註釋—算術記號』一文中，對於碑銘的年代，曾作批評的調查，謂位值的發生，不能早過第八世紀。」李氏又說：「西元六百零四年的柬埔寨首都金邊的碑銘中，表薩卡紀元五百二十六年時，便用的是五枝箭，兩個守護神，和六劃。此後不久，碑銘上就開始出現了零。」李氏在其書中稱，零這個符號何以在柬埔寨出現，頗爲奇怪，大概是印度文化與中國文化滙集在一起時而自然產生的。

關於數字的寫法是有了，但如何讀出來呢？這就是所謂的「位値法」了。中國人對於數字的讀法非常清晰，例如 3,694,666,976 元，則讀爲三十六億九千四百六十六萬六千九百七十六元。即是說上面的數字，是在百千萬億等數字上，每四行加一個新的名稱，這樣讓聽的人，可以在一聽之下，便知道所讀的數字，究竟是多少。如果再簡化一點讀，則爲三十六億九千餘萬元，便更清楚了。但如果照印度人的電話號碼式讀法，則爲：三拍度馬絲，六威爾普度絲，九潤推絲，四普拉幼塔絲，六拉庫撒絲，六阿拉塔絲，六撒拉絲拉，九西阿塔，七達相，六元。照上式的讀法，聽的人還要回想或寫下來，才知道究竟是多少數。至於埃及、希臘或羅馬等數字的讀法，則每進一位數字，便給以一個新的名稱；這種方法在數目較少時，很是方便，也容易懂，但稍爲大一點的數字，便覺得新名稱太多，而感到有些累贅，無怪乎他們當時的最大數字，只到億爲止，億以上便沒有名稱了。這與中國人早在二千年前便用億兆京垓秭等，是不可同日而語的。吉田以爲希臘羅馬人的數字到億爲止，已經比現今南非洲普修曼人的，僅止於一和二要高明得多了。

中國人早在東漢時，所用的名稱便大得驚人，根據當時數學家應劭（公元一八〇年）在其所著「風俗通」裏記載：⑮「十十謂之百，十百謂之千，十千謂之萬，十萬謂之億，十億謂之兆，十兆謂之經，十經謂之垓，十垓謂之補，十補謂之選，十選謂之載，十載謂之極，有物者，有事者，絕於此點。夫數也，一爲特、侯、奇、隻；二爲再、兩、偶、雙；三爲參；四爲乘。」這是十進位法。一位算法曰：「萬萬壤爲載，數之極點，或問何以數之極爲載？因孫子算經曰：「積錢上至於天，天不能容，下至於地，地不能載，天不能蓋，地不能載，故名曰載。」

中國人所用的名稱不只是大，而且分爲上、中、下三種。應劭的十位進，乃是屬於下數，另外還有中數及上數兩種。據東漢徐岳（公元一九〇年）所著「數術記遺」[38]一書中記載：「黃帝爲法，數有十等，及其用也，乃有三焉。」所謂十等，便是：億、兆、京、垓、秭、壤、溝、澗、正、載；三等者，即上中下是也。其下數爲十進位，如十萬爲億，十億爲兆，十兆爲京等；中數爲萬進位，如言萬萬爲億，萬萬億爲兆，萬萬兆爲京等；上數者，數窮則變，如萬萬爲億，億億爲兆，兆兆爲京等。如果將徐岳的說法，用現代數學的寫法整理排列起來，則可如下示：

漢代徐岳的數字記名法

名數	上數	中數	下數
萬	10^4	10^4	10^4
億	10^8	10^8	10^5
兆	10^{16}	10^{12}	10^6
京	10^{32}	10^{16}	10^7
垓	10^{64}	10^{20}	10^8
秭	10^{128}	10^{24}	10^9
壤	10^{256}	10^{28}	10^{10}
溝	10^{512}	10^{32}	10^{11}
澗	10^{1024}	10^{36}	10^{12}
正	10^{2048}	10^{40}	10^{13}
載	10^{4096}	10^{44}	10^{14}

徐岳所說的三等記名法，究竟有什麼用處，至今未明。按照徐岳的解釋：「下數淺短，計事則不盡，上數宏廓，世不可用，故其傳業爲中數耳。」目前世界數學家所用的名稱，都爲下數或中數，而且僅止於百萬（Million）及十萬萬（Billion）。（美、法等國的計算法，一個 Billion 等於十億，而英國和德國則等於萬億。）至於上數的用法，恐怕要等到將來有了超電子計算儀器後，才會用得着它。

數字的符號使用是一回事，而在數字上「定位」又是一回事；由於定位法的發明，才將數字的境域擴大到無限大。關於定位法的發明，我國早在秦漢時代便已經非常普遍了。孫子算經所說的：計算須先知「位」，便是定位的意思。其次孫子算經裏面，還有小數位置的觀念和零的意識存在。開元占經是唐時印人瞿曇悉達所編輯而成的（公元七一八——七二九年），書中說到從一至九的數字中，任何一字，如表示十之倍數時，就將該一數字，移入該單位的前一格。這就是孫子算經中所說的「前位」。如在格中有空位時，卽在其空位處，加添一點，表示有一位置的存在，但並無實值的意義；這就是以後用「○」的前奏。例如在西元六百八十三年左右，高棉京城金邊表薩卡王的碑銘上，便將八〇五年，寫爲ρ·ε，但在六百零八年時，則寫爲ε〇ᐁ；這是世界上以「○」代位的最早紀錄。㊳

至於十進位的用法，在我國殷商時代的甲骨文上，便已經記載明白了。譬如將 547 日，寫成百≡七十日，（百代表百，七代表旬或十，日是一天的單位。）由上例看來，我國在殷商時代數字的書寫，其本身便已具備了「位置分量」（Place-value Component）。換句話說，數字符號的本身，已經指示其小數點的位置了。例如[illegible]表示為十三，在五的上面，加上十的位置符號，變成[illegible]50，用松毬形「[illegible]」表示 100，[illegible]表示 300，[illegible]表示 500，以人形「[illegible]」表示 1000，[illegible]表示 3000，[illegible]表示 5000，[illegible]表示一萬（目前我國尚有人將萬寫成万），古代羅馬人以字母C代表 100，CCC 代表 300，而我們則以[illegible]代表 500，也就等於羅馬人的 CCCCC，這種數字符號的體系，較之巴比倫人埃及人所用的泥板數系，以及希臘羅馬人的數字符號，都要高明得多了。

中國自殷代便已經將九個數字加以擴大使用，漢代徐岳更利用名數而將此數字擴至無限大，並隨而有定位及小數點的制度。這就完成了數字符號的絕大部份。漢末夏侯陽氏又發明了「指數法」。關於指數的應用，夏氏稱：「十乘加一等，百乘加二等。」即是說$10=10^1$，$100=10^2$……。又說：「十除退一等，百除退二等，」即是 $1/10=10^{-1}=0.1$; $1/100=10^{-2}=0.01$，這又表明正負指數的應用，已經在漢時開始。我國刻漏相傳始於黃帝，但還沒有積極的證明；不過至少在殷末周初，這一計時器便已非常普遍了。在滴漏或沙漏的計時器上刻度，是早已有了的。而這種刻度的數目，曾應用「中半」，即二分之一；「太半」，即三分之二；「少半」，即三分之一；「弱半」，即四分之一，這就是我國分數的發明。而這種分數法，在古時的天文學上，也曾用來表示十二時辰的分數，可見我國不僅用十進位，也用十二進位。在度量衡方面，又用十六進位；記年月日上面，又用干支的六十進位，以及七日一來復的七進位。至於數學遊戲方面的器具九聯環，則是一種類似拓樸學（Topology）方面的東西了。今人黎凱旋氏[166]以為伏羲氏的八卦就是二進位，並且以為德國大哲學家兼大數學家萊布尼茲是參考了易經圖象以後，才發明了0與1的二元式算學，這二元式即是二進位，而這種二元式的數學，正是今天電子計算機（Computer）時代所不可少的一環，因為電子計算機的計算多用二進位法。下面是伏羲八卦的方位圖和頓氏所加在其上的0 1二元式圖。又說八卦成列是八進位，也就是用乾一、兌二、離三、震四、巽五、坎六、艮七、坤八，八種符號反復運用而來。以是可知，我國易經的命數法，有二進位、四進位、六進位、八進位、九進位、十進位、十二進位、六十進位等。目前一般用的是十進位、二進位和六十進位等。②

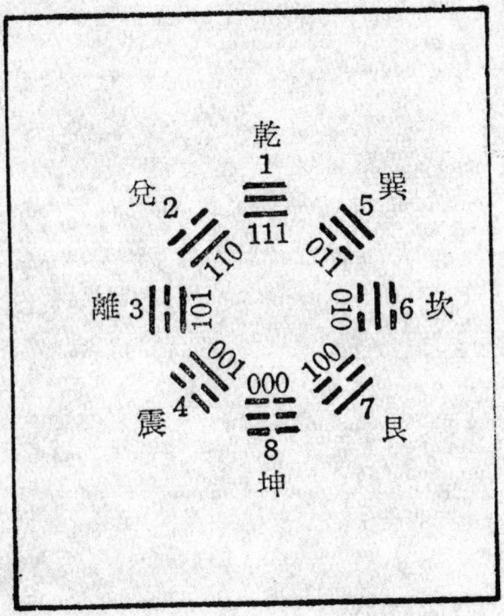

關於中國人的數字觀念，其大可說已經至於無窮了。譬如說，今天天文學上最大的數字乃為一百億光年。這意思是說，就是用現今速度最快的光速來說，也要走一百億年，因此這一意義，似乎便達到了無窮大的邊緣了。但如果用中國計數法裏的上法來說，則一百億光年，只等於九、四五五、〇〇〇兆公里而已。（一光年為九四、五五〇萬萬公里）

十九、算術的發明

築臺丈尺要推詳，上長倍之加下長；
上廣乘之別列位，另倍上長加下長；
仍以下廣乘見數，二數共併積相當，
原高乘併積爲實，六歸實數積如常。

——築臺歌　程大位

當數字的符號確定後，人們第一個應用的，便是加減法，然後才是乘除。當然從加減法進步到乘除法，也一定經過了相當年代，耗盡了不少人的心血，才能够次第完成；至於明白除法就是乘以除數的倒數，則更是公元五百年前後的事情了。

在數字的應用和計算方面，最早的便要算是我國的九九乘法表了。根據管子輕重戊章裏的記載，以爲伏羲作九九乘數，以乘天道。是後又在其他古書，如荀子、呂氏春秋、戰國策、淮南子等，都曾引用九九歌訣。又在我國敦煌北部出土的「九九術殘木簡」，約長二六〇公分，寬二四公分，便記載了一部份的乘法歌訣。有了乘法歌訣，在計算上便方便得多了。

除了九九歌訣以外，我國另一個計算器的發明，便是「籌」了，也就等於西方人的「計算桿」（Counting rod）。徐鍇說文繫傳稱：「籌其制似箸，人之算數也。」籌長六寸，直徑一分，故二百七十一枚，祇盈一握；以後更縮短爲三寸，便於抽取，所謂採取頭籌，就是這個意思。初先的籌原只一色，隨後分爲紅黑兩種，表示正負數，算籌本身是用竹、木、鐵、玉、牙等所製成。據敦煌石室算經序稱：「凡竿（同算）者正身端坐，一從右膝而起，先識其位，一縱十橫，百立千僵，萬百相似，千十相望，六不積聚，五不單張。」這與孫子算書及張丘建算經所述者相同。[126]

籌算的乘除運算，是將各數放在不同的位置，其位置分爲上、中、下三位，佈置如下：

	乘法	除法
上位	表示「乘數」	表示「商數」
中位	表示「乘積」	表示「被除數」
下位	表示「被乘數」	表示「除數」

例一：324×753 先將此二數照上式位置排列：

上位乘數	324
中位乘積	
下位被乘數	753

然後以 $3\times7=21$，1的位置與7相同；如此再 $3\times5=15$，進一位，5的位置在被乘數7的上方；然後再乘 $3\times3=9$，又進一位，9在5的上方；如此再以2，3乘之，則得243972，這與手搖計算機的計算畫面完全相同，只是數位的佈置不同而已。

例二：$243972\div753$

先將被除數置於中位，除數753放在下位，如下式：

	上位商數
243972	中位被除數
753	下位除數

算法與乘法相反，最後置商數於上位。

從籌的算法又發明了「策」，這比籌更爲方便，其原理也更接近於計算尺的應用，（古書將籌策互用不分，但從計算的型式與方法上言，籌與策是完全不同的，因此筆者權把它分開敘述。黎凱旋氏（一九七六）稱扁平或成圍棋子、象棋子、軍棋子等形狀的叫做籌；細長如鉛筆形狀，長度從三寸到六寸的叫做策。千陽縣西漢古墓中掘出的算策三十一根，是策不是籌。——中央日報六五、十二、二十九）清朝梅文鼎和戴東原二氏，對於古策曾加以研究，因舉例如下，以供參考。

策有十一種之多，其排列方式如下：

右第一策（1的乘方表）

右第二策（2的乘方表）

右第三策（3的乘方表）

右「零」策

右平方策（自乘表）

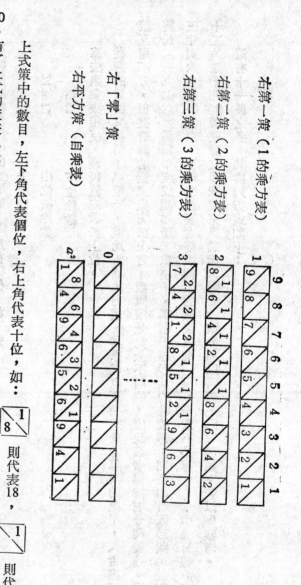

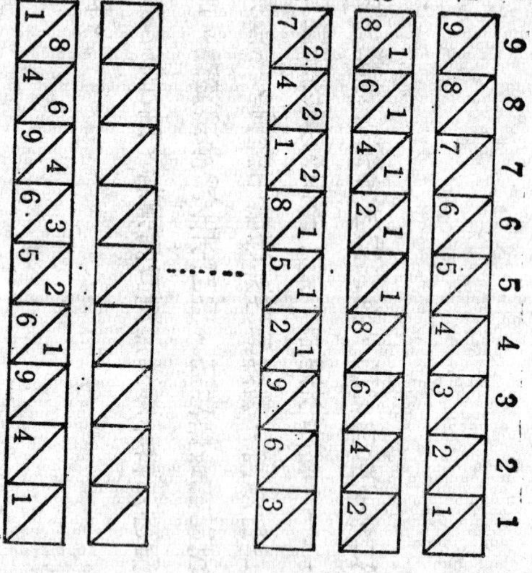

上式策中的數目，左下角代表個位，右上角代表十位，如：則代表18，則代表10。有了上式的策表以後，便可利用它進行乘除法了。

乘法用策：凡兩數相乘，任以一數爲實（乘數），一數爲法（被乘數），法有幾位，則用幾策；如法爲 384，則爲三策，順序列之。再視實爲某數，即於策的某行，取數列出；從實首位起，挨次在策取數，列畢後併加之，即得答數。例如，求 64×64，其法如下：

法（被乘數）

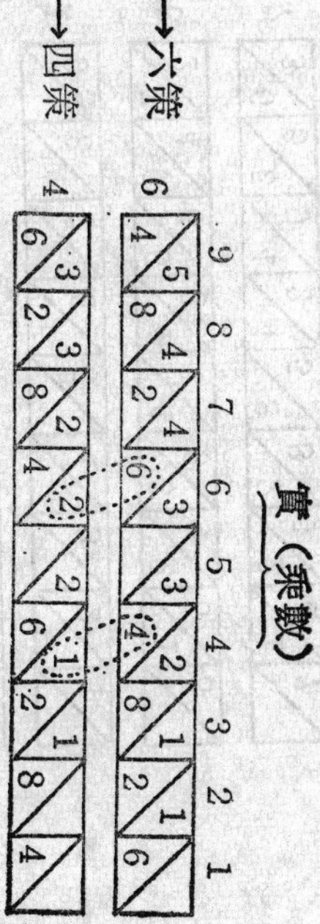

自第六行取數得：3840（6為十位故加「0」）

自第四行取數得：256

兩數相加，則得：4096

例二：求 14053×52

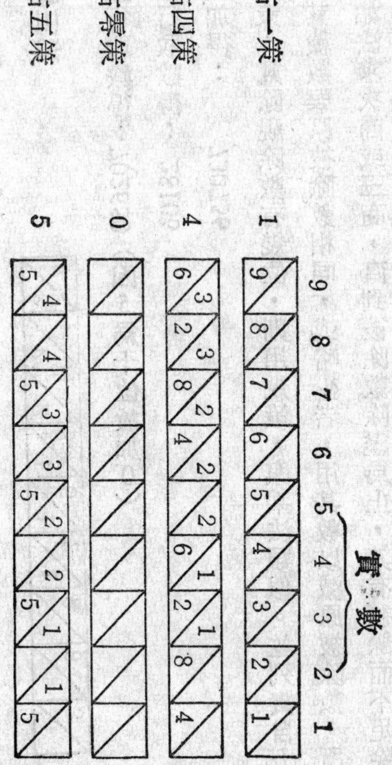

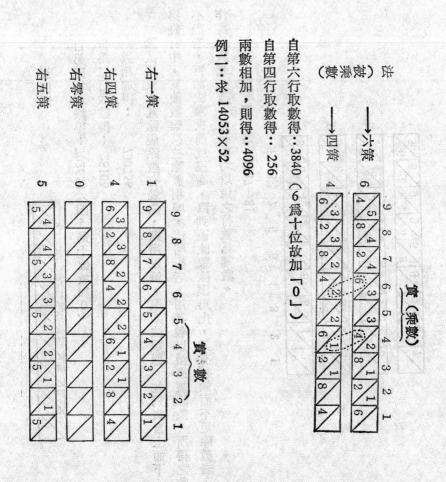

右三策

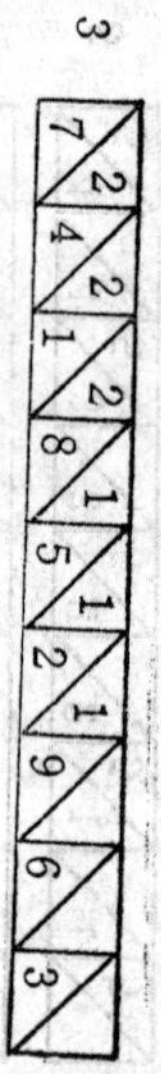

自第五行取數得：702650（因5爲十位故加0）

自第二行取數得：28106

兩數相加得：　730756

除法用策：凡除視除數有幾位，則用幾策，與乘法類似。並列實自上而下，直書之。再視策之第幾行中，其積數與原被除數相同，或略少者，用其數以減原被除數，所得之數，便爲初商，有除不盡者，再如法求次商或三商，直到被除數除盡爲止，其有剩餘而不足除數者，以除數命分之，或作爲餘數或小數；凡商數均以策之行數爲其數。

例如：求　177147÷2187=81

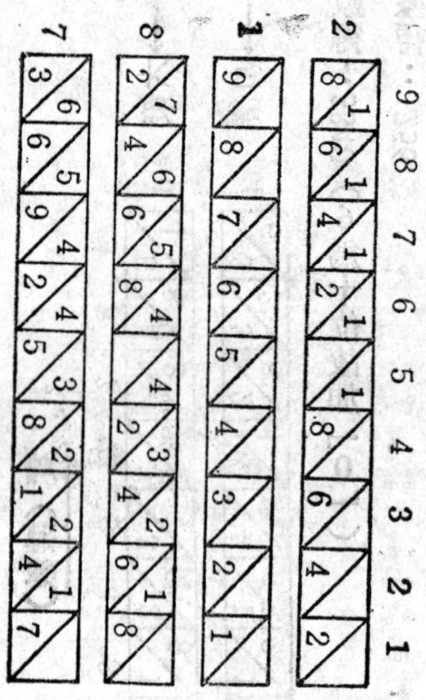

原被除數爲：177147
自第八行得數：17496
兩數相減得：2187
自第一行得數：2187
兩數相減得數：0
故其商爲第八及第一行：81

籌和策的利用，解決了古人計算數字的困難，可是籌和策在計算上，仍然感到相當麻煩，因此又有人根據籌策的原理製造出算盤來。用算盤上的算珠排列，作爲和籌策相同的標誌，一樣可以達到計算的目的，而且感覺到更方便。這種算盤的應用，在今日中國、日本以及東南亞各國家，都仍然在加以利用。雖然計算機已經發明了將近一世紀，而電子計算機也應用了約三十年，然而一般亞洲國家的許多商人，還是在利用算盤，作爲他們計算的儀器。這種算盤雖然比較原始，但在一般簡單計數上，計算機或電子計算機的速度，仍然不及算盤；而亞洲商人喜歡算盤的最大原因，還是機械簡單，不發生故障，成本輕微的關係。因此本小利微的商人，還是以算盤計數爲最好。不過，近年電子計算機進步很快，價格也和算盤差不多，今後繼續改良，算盤的應用便可能要絕跡了。

不過，算盤究竟是誰發明的呢？一般人總以爲算盤是中國人的東西，當然是中國人發明的。因爲我們在七八百年前，便大量利用算盤作爲計算數字的儀器了。由於蔡九峯在其所著「洪範皇極數書」裏曾說到，古時計算數目的儀器，有1～5縱列，6～9珠橫於上，珠值以上一當五，而數字上的個、十、百、千、萬，也自右至左，恰如文字書寫之自右至左排列一樣。因此有人以爲算盤是從籌策原理演繹而來的。而且算珠的編排也與商用數字配合，例如六的商用數字爲〦，七爲〧，這上面的直撇，代表五，下面加一爲六，加二爲七，正與算珠排列相同。不過，吉田洋一在其所著「零的發現」㉒一書中說，在大英博物館裏，藏了一個羅馬時代的算盤仿圖，原盤是用一塊金屬板，刳成一條條的槽，在槽面嵌上釦子，沿槽推動，以計算數字。又說，古羅馬人用排珠算盤計算數字。所謂排珠算盤，是在一塊木板上，劃上幾條平行線，另備有像棋子般的算子，放在平行線上計算；計算時依平行線的位置，順序向下，自下面一線開始作爲個位，上一線爲十位，更上一線爲百位，如此類推，而千與百之間，置放一算子，則爲五百。例如27529之排法，可如下第八圖。

排珠算盤在加減上甚爲方便，但乘除則十分麻煩，也很容易弄錯，這裏不再贅述。不過，這種計算器的用途，似乎比前述推珠算盤（作者暫稱之爲推珠算盤，以別於我國的滾珠或游珠算盤。）要方便一些。因爲在歐洲的歷史中曾記載，當法蘭西最強盛的時候，貴族間有以高價算子當作禮物的風俗，而路易十五每年所收到的禮物中，便有許多這類金算子。但李約瑟氏則認爲前面所說的古羅馬算盤，仍隸屬於劃平行線的排珠算盤之類；而大英博物館內所藏的算

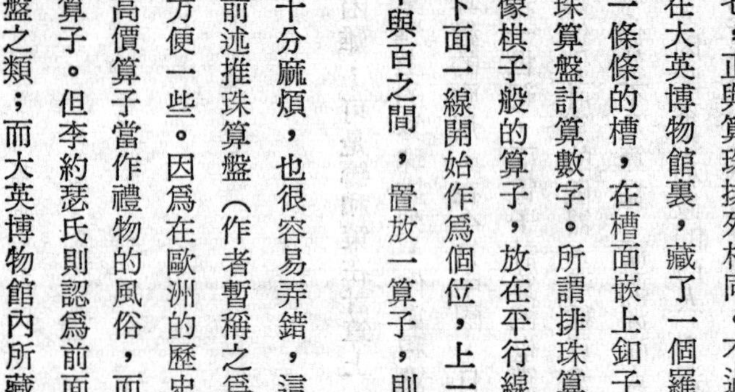

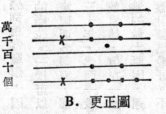

A. 吉田原圖　　B. 更正圖

第八圖　古羅馬人用的排珠算盤

盤仿圖，其年代當在公元六七百年間。至於路易十五所收的金算子，也並非眞正的算珠，只是一種圓球形的金丸而已。

以我國歷史而言，算盤的記載，當以後漢徐岳爲最早。徐氏記載，其師劉會稽（洪）在敎書時，曾遇一道士名天目先生者，會異算，曾將隸首算法十四種，傳授給劉洪，再傳東萊徐岳。（劉洪傳與徐岳的隸首算法十四種爲：①積算，②太一算，③運籌算，④了知算，⑤兩儀算，⑥三才算，⑦五行算，⑧八卦算，⑨九宮算，⑩成數算，⑪把頭算，⑫龜算，⑬珠算，⑭計算（心算）。劉氏稱珠算的方法是控帶四時，經緯三才。）徐岳寫道其算法爲：「珠算控帶四時，經緯三才。」同時北周漢中郡守司隸臣甄鸞，對於徐岳所寫的這兩句話，加以註解道：「刻板爲三分，其上下二分，以停遊珠，中間一分，以定算位，位各五珠，上一珠與下一珠色別，其上別色之珠，當其下四珠，珠各當一，至下四珠所領，故云控帶四時，其珠遊於三方之中，故云經緯三才。」查徐氏著書當在公元一九〇年左右，可見算盤係由我國發明，當無疑問，且此一發明，距今當近二千年了。由於徐岳所記載的珠算方法，未爲當時數學家所注意，故遲至宋朝方才被人發現，加以普遍應用。尤其是傳到元朝時，又由朱世傑製作九歸除法歌訣，計算起來，就更方便了，終於成爲今日大衆化的計算器。算盤傳到日本當在宋代，蓋至今尙有宋明珠算古籍流傳日本，而今天日本人所使用的日本算盤，就是當時中國人所用者。

除了計算用的籌、策、珠算以外，我國古時還有一些與數學有關的儀器，那便是「規」與「矩」了。規是畫圓圈用的，矩是畫直線和方框的。墨子天志上說：「輪匠執其規矩，以度天下之方圓。」孟子離婁篇上說：「離婁之明，公輸子之巧，不以規矩，不能成方圓。」由是可知，這兩種儀器在幾何學和三角學上，都是不可須臾離的東西。但這兩種東西是什麼人發明的呢？傳說是伏羲氏作的，因此在山東嘉祥縣於漢代建造的武梁祠中，有一個石室，在石室的牆壁上，有二幅石刻畫像，一是伏羲執矩向右，女媧執規向左；而另一石像，又專刻了伏羲手執矩圖，旁邊還刻了一行字道：「伏羲倉精，初造王業，畫卦結繩，以理海內。」漢朝王符潛夫論又稱：「甘倕之巧，目茂圓方，心定平直，又造規、繩、矩、墨，以論後人。」無論這兩種東西是何人所造，但在殷周時代便有這些東西，作為工程上的儀器，卻是毋庸置疑的。據古書記載，大禹治水，曾開山闢道，測繪地形，要測繪地形高低，這兩樣儀器是非有不可的。因此可以推定，規與矩在夏代便已經開始應用了。

關於中國數學的演進和其歷史，自有專家撰寫專著討論，這裏只是把我國古人在數學上的一些特殊成就，列舉一部份出來作為我們後代的參考，讓年輕的人們知道，我們的老祖宗確是天才橫溢，成就非凡，而中國人的細胞裏也含有科學家的遺傳質哩！

一、圓週率的計算

根據我國周髀算經記載，我國數學家在公元前三百多年，便已經求得圓週率π的實值了，那時的計算結果$\pi=3$。因此民間的許多工程與測繪，都以這一結果為準，來加以計算。至公元前五十年左右，劉歆才求得較為準確的數字，而獲知π值大於3。根據隋書律曆志的記載，當公元初年，王莽任大司馬時，曾由劉歆監製「嘉量斛」（一種量米用的量器），因為是屬於度量衡方面的器具，所以必須合乎標準而製作準確。因此劉歆乃利用π值而確定其一斗的容積爲一六二方寸，（一斛等於十斗）也就是說，劉歆測得的π值爲3. 1547，李儼氏以爲是 3. 1416㉟。公元一百三十年左右，太學生張衡，又重新加以測定，而獲得其值爲3. 1622，換句話說，就是十的平方根。這個數值和他測定的方法，都記載在他所著的「靈憲」一書的算罔論中，可惜這本書失傳了。同時儒學大家蔡邕也測得π值爲 3. 125。三國時期吳國的王蕃予以重新測定，其得到的π值爲142/45或3. 1555。同時魏國的劉徽（公元二六五年），用直角三角形及圓內接多邊形的方法，求得其值爲157/50或3. 14；同時並寫出其較高數爲 3. 142704，較低數爲 3. 141024。其後劉氏繼續求到 3072 邊形，而得到更爲精確的π值爲 3. 14159，這一數字比阿基米德（Archimeder） 在公元前二五〇年所得 96 邊形的π值 3. 1428，要精確得多，也比公元一五〇年間托勒密氏（Ptolemy）的 3. 14166 更爲精確。劉氏的求π值定理是：「割之彌細，所失彌少；割之又割，以至不可割，則與圓週合體，而無所失矣。」這是以圓之內容六邊形起算的。

公元五世紀時，晉人祖沖之和其子暅之始以綴術共同精心研究數學的結果，使得中國的數學超前了西方一千餘年。祖沖之是南北朝的人（公元四二九——五〇〇年），是一位中國最優秀的數學家，天文學家和工程師。唐朝的長孫無忌，在其所撰隋書律曆志裏寫道，祖沖之求得的π值爲：㊱

π ＝3. 1415929203（密率或 355/113）

π ＝3. 1428（約率或 22/7）

π ＝盈數 3. 1415927

弱數 3.1415926

今日電子計算機計算之π＝3.141,592,653,589,793,238,462,643,383,279.

關於π值的計算，西方數學家直到公元一六〇〇年時，才由安索尼榮（Adriaan Anthoniszoon）
獲得與祖沖之相同的結果。而在公元一三〇〇年間，我國趙友欽氏在其所著「革象新書」裏稱，他
重複作了多達 16,384 個多邊形，才證實了祖沖之的π值極爲正確。可見我們的老祖宗中也有一些
傻得可愛的科學家，不憚其煩的去證明一項眞理。

祖沖之曾寫了一本名叫「綴術」的書，據說這本書的數理非常精深玄奧，一般學人連看都看不
懂，就因爲太深奧，便沒有人理它，終於因而失傳。π值的求法，自然是記載在他的這本書裏，除
了π的求法以外，可能還有許多深奧的數學理論，也都記載在裏面，如果不是失傳的話，也許我們
今天的數學理論，還遠在歐美之上呢！

二、勾股弦的求法

我國最古的數學書「周髀算經」（約成書於公元前一千年），在其開宗明義第一章裏，便談到
勾股弦的原理和直角三角形的性質。而且說明勾股弦的比率爲 3:4:5，這就是以後所謂的「勾股弦
定理」。這一定理比希臘人畢達哥拉斯所發明的「畢氏定理」，要早五六百年。勾股弦定理和直角
三角形性質，是測量和工程上不可少的基本數學。由此可見，我國在三千年前的工程數理，實遠在
世界各國之上。

趙君卿氏（公元一二〇年）在他所著的「勾股方圓圖注」一書中，曾說明勾股各自乘方後的和

開方後，卽爲弦長。如果照現代的數學說法，便是勾方加股方等於弦方，或 $a^2+b^2=c^2$。趙氏並用弦圖予以證明。且趙氏的弦圖證明法，較之歐幾里得（Euclid 304-285 B. C.）的證明法，要簡明和清楚得多。（歐氏是將各邊平方，然後以三角形法證明之。）非但如此，趙氏並將各圖加上紅黃等顏色，令人一目了然。趙氏並說：「禹治洪水，決流江河，望山川之形，定高下之勢，除滔天之災，釋昏墊之厄；使東注於海，而無浸溺，乃勾股所由生也。」

關於勾股弦的求法，明朝大數學家程大位，曾在其所著「算法統宗」中加以說明，且綜合算法，作歌以教學子。其歌爲：

「勾股求弦各自乘，乘來相併要分明，
開方便見弦之數，法術從來有見成。
勾弦求股要推詳，各自乘來各一張，
以少減多餘作實，實求股數要開方。
弦股求勾皆一例，算師熟記莫相忘。」

三、天元術

天元術是宋代數學家的一大發明，於淳熙年間，便已演算完成。隨由李治氏（公元一一七八—一二六三年）將他蒐集在其所著「測圓海鏡」（凡十二卷，專講勾股容圓等各項問題。）及「益古演段」（凡三卷，乃補充算書益古集的不足。）二書中。這兩本書對於當時最爲流行的天元術，解釋得非常詳細。李氏並以八卦中太極的「太」字，代表常數，書寫在係數的旁邊；而以天元的「

元」字，代表未知數「X」的一次項，旁記元字。在測圓海鏡中，又規定「太在元下」或「元下必太」。卽是說，太上必元，故有元字時，不記太字，有太字時不記元字。元上一層，則爲元之自乘數；又上一層，則元又再自乘一次。換句話說，凡上一層，便增加一次自乘。太下一層，則元除太數；又下一層，則元再除太數一次，凡下一層，則增加一次除數。以上的意思，可從下面的各種符號，加以說明。

例如：244800　則記爲：𝍡𝍬𝍣𝍯〇〇太

x＋160　則記爲：
|元
|⊥〇

$x^2+680x+96000$　則如右示：
|
⊥≟〇元
Ⅲ⊥〇〇〇
或
|
⊥≟〇
Ⅲ⊥〇〇〇太

x^3+16x^2　則記爲：
|
一⊥
〇元

$x+2+4x^{-1}$　記爲：
|
‖太
||||
或
|元
‖
||||

$x+135+248x^{-2}$ 記爲：

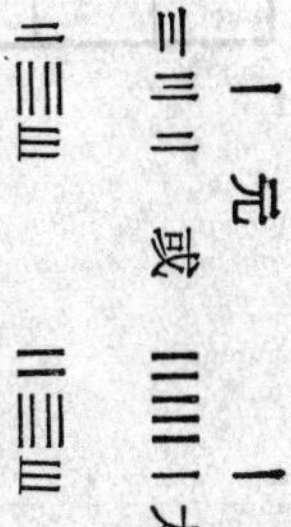

此後元朝的朱世傑氏（公元一二九九——一三〇三年），更將這種新發明的代數理論，加以推演，而得到四元術。所謂「四元術」，便是以「天，地，人，物」代表四個未知數。其絕頂項居於正中，記爲「太」。天元在太之下；太又在物元之下；地人兩元，分別在太之左右。以上四元的四個方向，每一方向，再向外增加一層，卽表示多一次自乘。至於下圖井字的對角線上的位置，則表示相隣二元的乘積。

例如：

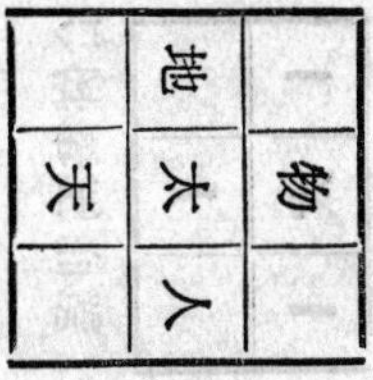

x 記爲：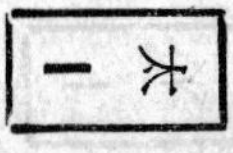

爲天元

y 記爲：

爲地元

z 記爲：

太	丨

爲人元

w 記爲：

丨
太

爲物元

如將 x, y, z, w 合併書寫則爲：

	丨	
丨	太	丨
	丨	

設 $(x+y+z+w)^2=x^2+y^2+z^2+w^2+2xy+2xz+2xw+2yz+2zw+2yw$

則記爲：

		丨		
	‖	〇	‖	
丨	〇	太	〇	丨
	‖	〇	‖	
		丨		

設 $2y^3-8y^2-xy^2+28y+6xy-x^2-2x$

則爲：

0	0	2
0	−1	−8
0	6	28
−1	−2	太

我國數學的級數求和問題，以及珠算的九歸除法等，都是朱氏演繹而得的。

四、數學遊戲

古人學習算數的目的，一方面固然是爲了許多工程問題，必須應用數學，先加以推演測量，然後才能按照所獲得的結果，予以取材構築。另一方面，則在求取數學中的哲學問題，或哲學中的數學問題，這是理論上的探討，所以古人說：「夫道術之所以難通者，既學矣患其不博，既博矣患其不習，既習矣患其不知，故同術相學，同事相觀；此列士之愚智，賢不肖之所分，是故能類以合類，此賢者業精於習知之質也。」換句話說，演算數術，在訓練謹嚴，啟發智慧，使人人都能在艱難困苦中，求出一條活路來。

古人既以演算數學，爲訓練人生工作與乎啟發智慧的目的，所以又有許多奇才異能之士，在演算之餘，想出一些有趣味的問題來，這些有趣味的數學問題，常稱爲：「鬼谷算」，「韓信點兵」，或「秦王晤點兵」等等。在數學遊戲中，以縱橫圖爲最普遍，惟此一縱橫圖遊戲，當創始於洛書。

大戴禮明堂記：「二九四七五三六一八」，甄鸞注爲：「九宮者，二四爲肩，六八爲足，左三右七，戴九履一，五居中央。」(參第九圖) 下面的兩個魔術正方形 (magic square)，有十種奇異的性質：

1.各縱橫行及對角線內，其數字之和，均爲34。

2.圖內由四個數字集合而成的各小方，其和亦爲34。

3.四角數字之和，也是34。

4.與兩對角線相接之四數，如12，2，5，15等，其和亦爲34。

5.角上一數，與對邊併列一斜線上的三數，如7，11，10，6等，其和亦爲34。

6.任取相隣之兩縱行，或兩橫行，其在兩端之數字，如7，12，9，6等之和，亦爲34。

7.圖中由九數字集合之任何小方，四角之和爲34。

8.併估兩角之二數，與處於反對方向之象棋馬位之二數，如7，14，3，10之和，亦爲34。

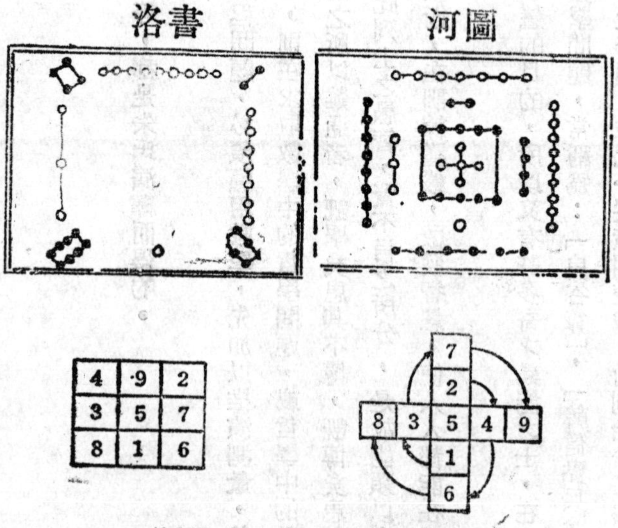

第九圖 洛書(左)及河圖(右)

9. 中央並列之任何二數，與其不相接之平行兩角數字，如13，8，9，4之和為34。

10. 若將兩方之上下左右行移易，仍不失其奇異之性質。

7	12	1	14
2	13	8	11
16	3	10	5
9	6	15	4

15	10	3	6
4	5	16	9
14	11	2	7
1	8	13	12

華裔美人曾硒佳最近函送嚴前總統方陣圖三種，祝我立國六十六年國運昌隆，其圖如下：

第一方陣圖

一二	三三	二一
三一	二二	一三
二三	一一	三二

以一二三，三個數字配置而成其直線上數字之和為66。

第二方陣圖

12	17	14	23
13	24	11	18
19	10	21	16
22	15	20	9

以九至二十四，十六個數字配置而成其直線數字之和均為66。

第三方陣圖

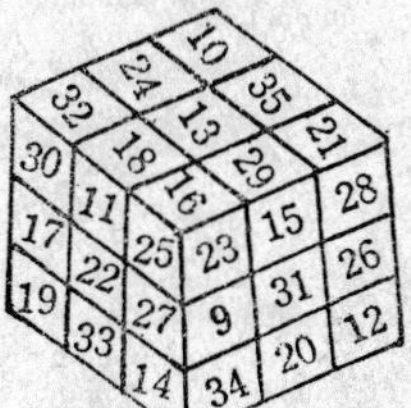

以九至三十五，二十七個數字配置而成。其直線上數字之和為66。

有關我國數字的遊戲甚多，此處因篇幅所限，不再詳述了。

二〇、玉璽的故事

赤紱在躬，非印不明；
啓傳符節，非印不行，
龜鈕犢鼻，用爾作程。

——印銘　漢・李尤

春秋時候，楚國有一個人名叫卞和，他在挖礦時，得到了一塊石頭，據他自己的採冶經驗，這塊石頭剖開後，一定是塊大而且純的美玉。他對這塊石頭的評審，以及他自己採取玉石的知識和經驗，有極大的信心。於是他便把這塊尚未雕琢的璞玉，拿去獻給楚厲王，厲王叫玉工鑑別，到底是不是一塊有價值的玉石？可是這個玉工的知識和經驗都不够，因而向厲王稟報說，這是一塊普通石頭。楚王大怒，認爲這個礦工有欺君之罪，於是命人斬掉了他的左足，卞和悲憤極了，認爲玉工無知，不識寶物，但也無如之何。等到厲王死了，兒子武王接位，他以爲武王比較開明，也有見識，一定會認得出來，因此又將這塊尚未琢磨的璞玉，拿去獻給新登基的武王，作爲賀禮。武王又叫玉工加以鑑別，仍說是頑石一方，因此武王又斬去了他的右足。卞和因爲自信心太強，也憤恨那些自作聰明，自以爲是的一批弄臣，與乎那些一竅不通，而自命不凡的專家，害得他失去了雙足。然而他仍不死心，結果文王接位，他在皇宮外面涕哭了三日三夜，又擔待起捨卻性命的危險，再呈奉上去，獻給文王。文王看見他有這麼大的信心，於是便叫玉工截開，查驗內面，是不是眞的玉石，結果確乎是一方純樸光潔，價値連城的美玉。文王問卞和道，你連失雙足，仍然有這麼大的信心，眞是一個有見識而忠心的臣民，你要我獎賞你什麼呢？卞和說，我什麼都不要，只要大王相信那是一塊美玉，表示我沒有欺君便行了。

當楚王得到了卞和璧的風聲，傳到各國之後，大家都想據爲已有，剛巧楚王爲他的兒子求婚於趙，趙惠文王乃索和氏璧爲聘禮，於是這方美玉便到了趙國。秦國的昭王聽見趙國得到了這塊舉世無雙的碧玉，便派人往告趙王，願以十五城與趙國交換這塊美玉；趙王畏懼秦國的征伐，不得不派遣他的上卿藺相如，親自帶着這方玉石，前往秦國交割，但秦王拿到了璧，便想賴賬不給城。於是藺相如玩了一個手段，又把璧拿回去了。這就是歷史上有名的「完璧歸趙」故事。

當秦國攻滅六國統一天下後，這方和氏璧還是落在秦王的手裏，於是始皇叫李斯寫了「受命于天，既壽永昌」八個篆字，然後命玉工孫壽刻成一方傳國玉璽。這方傳國玉璽，除了李斯的八個篆字外，孫壽還在玉的上端刻了鈕紋，和盤了五條龍形犢鼻之類的花紋，並飾以鳥蟲等物，裝飾在上面。玉璽方濶四寸。歷代帝王均視這一方玉璽爲得國的象徵，雖然有了全國的土地和人民，如果沒有這方傳國之璽，仍然覺得十分遺憾，必須設法弄到手，方才甘休。因爲我國古人有一種迷信，以爲沒有傳國玉璽在手中，這個國家還不能算是自己的，就是勉強屬於自己，也決不會久長。反之，凡是持有這方玉璽的人，終會再來奪取他的江山，篡奪他的王位。這就如江湖人所稱的：「劍在人在，劍亡人亡」的迷信觀念在作祟。因此晉元帝東渡後，歷數帝無玉璽，北人皆稱司馬家爲白板天子。

劉邦入關，秦王子嬰素車白馬，將這一顆傳國玉璽，繫在自己的頸項上，前往獻給高祖。從漢高祖一代代的傳下去，直到王莽篡位時，王莽第一個索取的便是這方玉璽，因此特派王舜逼迫太后，交出玉璽，太后發怒將玉璽擲在地上，因此便跌破了一角，隨後雖然有金匠將它鑲補起來，可是從此缺了一角，以後凡是要得到這璽的人，都要說明是缺角玉璽。新莽地皇四年（公元二十三年），赤眉入長安，公孫賓殺莽於漸臺，遂得國璽，後歸於劉盆子。建武中葉（公元四〇年），盆子降世祖，璽又入於漢。獻帝時董卓爲亂，玉璽便到達孫堅的手裏，爲了這玉璽，孫堅與袁紹、劉表等交惡，隨而爲袁術所得。袁術失敗後，再轉到曹丕手裏。至常道鄉公，傳給司馬氏，至懷帝爲劉聰所陷後，聰派人到處尋找，結果在皇宮的天花板上覓得。聰死後，其子璨爲靳準所殺，劉曜再殺靳準，旋曜又爲石勒所殺，因此玉璽又入於石勒手中。至秀龍死，石氏大亂，魏冉閔盡誅石氏遺族，稱國號爲魏。隨魏又爲燕國慕容儁所敗，其時有一個名叫戴施的得到了這方玉璽，謝尚以五百匹良馬和他交換。因此玉璽又傳到了東晉穆帝手中（公元三四五年）。及恭帝傳位給宋主劉裕時，璽又入宋。順帝時再禪位南齊，齊主蕭道成查問玉璽，只好又獻出來交給蕭道成，和帝時又給梁武帝蕭衍。太清間侯景作亂，臺城不守，武帝崩，蕭綱繼位爲簡文帝，帝死永福立昭明太子棟爲主，旋又廢帝自立，百餘日兵敗，爲羊鯤所殺。當時掌璽的人叫做趙賢，便將這顆玉璽夾在綢布中，運往京口，途中遇盜，便將璽丢在亂草叢中，然後報告大將軍郭敬之，敬之覓得後，交與北齊主高洋。至高緯被後周宇文邕殺後，玉璽又入後周，靜帝衍禪位給隋文帝，璽又入隋。煬帝幸江都，被宇文化及所殺，璽爲蕭后所得。化及爲竇建德殺後，璽歸建德所有，待建德爲突厥可汗殺後，蕭后與璽均被擄至北方。至唐武德中，乃遣人至北方取蕭后及傳國璽，並煬帝少子元帝一同返回中原。因此玉璽又到了唐高祖李淵手中（公元六一八年）。至廣明元年十二月五日，僖宗幸蜀，王建帶着玉璽，隨駕而行。天佑初，濟陰王祝以壽終，璽入於梁，梁亡入後唐，莊宗同光之亂，歸於明宗。明宗崩，清泰即位于歧下，王思同、張虔等人，帶領少帝奔潞，潞帥石敬塘拒絕其入境，少帝死於驛中，這方玉璽才又到了清泰手中（公元九三四年）。隨而晉高帶着軍隊，從晉陽入洛河攻擊清泰，泰軍無法守橋，因此清泰便將玉璽及所有寶物，堆在摘星樓（或謂光武樓），一火而焚之，眞個是「玉石俱焚」。這顆歷經一千餘年，害死無數人命的傳國玉璽，便從此而終。

以上的這則故事，據說是在宋太宗至道三年（公元九九七年）五月十五日，滎陽鄭文寶在舟行中所敍述的。後由人記載下來，古今圖書集成收在璽印部卷裏。本來玉璽的故事應該就此告一段落。可是中國人總想這種稀世之寶，不應該就此告終。因此又希望它會被一些狡詐之徒，從那堆柴火裏，用偸天換日之法，將它搶救出來。再一代一代地傳下去，好讓後人得以親眼見到它的廬山眞面目，因此故事又延續下去了。

根據彭友生所著「古事今談」一書裏記載，明朝的狀元楊升庵，曾寫了一本「玉璽考」，談到元朝元貞三十一年（可能是三年之誤，時在公元一二九七年。），在木華黎的曾孫碩得家中，見到了那方缺角玉璽，不過升庵以爲那是假的。民國五十三年三月九日，中華日報刊載學人曹樹銘先生，從新嘉坡帶回來大批古物，包括傳說中的缺角玉璽在內。據說，這顆玉璽曾給乾隆皇看過，也以爲是仿製品，不予重視，只留作把玩而已。又據今故宮博物院副院長那志良說，當年大陸變色，遷運古物時，這顆仿製品並沒有携來臺灣。曹先生帶回的那顆玉璽，可能就是那顆仿製品。目前它尙珍藏在陽明山中國文化大學的博物館裏。

就中國人迷信的說法，以爲卞和所獲得的那塊璞玉，應該列於不祥的妖物之類，所以王舜逼太后交璽時，太后便罵說：「何用此亡國不祥之璽爲？」因爲它不但害得卞和失去了雙足，還害殺了二千多年來的許多和它有關係的人物，就是在科學昌明的今天，還害得人在胡思亂想，以爲得到了它，便可以作眞命天子，眞可說是「害人精」了。

其實害人的不是那方玉石，或什麼傳國之璽，而是人們自己。古諺說：「天下本無事，庸人自擾之。」就是這個道理。

二一、人才的徵聘

一天風雪訪賢良，不遇空回意感傷；
凍合溪橋山石滑，寒侵鞍馬路途長。
當頭片片梨花落，撲面紛紛柳絮狂；
回首停鞭遙望處，爛銀堆滿臥龍岡。

——玄德風雪訪孔明　羅貫中

我國地大物博，人口眾多，歷史悠久，文化燦爛；五千餘年來，經過了二十五個王朝，二百四十六個正統皇帝，數以千計的大小戰爭。在這冗長的歲月裏，有千千萬萬的奇才異能之士，影響着我國的文化，人類的幸福，以及億萬人的敎化。這些政治領袖，軍事天才，敎育專家，科技人才，有的精明幹練，忠義可嘉；有的糊塗透頂，遺臭萬年。不管他們的後果如何，卻都是國中一時之選。就中國五千年來對人才的徵聘選拔而言，上古之時，帝王以禪讓爲遞嬗的法則，卽是在宗廟大典中，推某人爲繼任人選，薦與各地來集會的諸侯，然後由各地諸侯遍採人民的意見，於前皇遜位後，共同投票表決，聯名恭請被選中者，定期卽位。嗣後因人口衆多，社會形態漸次複雜，交通又不方便，不能普選，於是帝王對於羣臣的任用，才有禮聘徵集的情形發生。因爲很多有才幹、有學問道德的人，都不願意隨便出來應聘作官，自找麻煩。在位的人爲了要將國家治理得好，使人民安居樂業，便只有紆尊降貴親自前往禮聘了。一次聘不到，再聘，三聘，以致有多達七次的，如商湯之聘伊尹；就是布衣之士的諸葛孔明，也要劉皇叔三顧茅廬，才肯出來輔佐劉備，與扶漢室。春秋戰國時代，公侯之家，實行養士政策，其中確有許多賢德幹練者，如馮煖、毛遂之徒；但亦有不少濫竽充數的人。至秦漢復行薦舉方法，由各州府縣官署，察訪當地確有道德精幹之人，出而爲官，輔助政府，治理國家。如果各官署推薦的人，屬於眞正的人才，便可獲得官爵，不次升任；同時推薦的地方官署也有獎賞。例如漢時法雄，推薦胡廣爲孝廉，到京師後在皇帝面前親試章奏，安帝評爲第一，不只是給胡廣作了大官，連推薦胡廣的法雄，也得了厚賞；當然如果推薦不實，推薦人也要受罰。至唐宋以後，國家便以科舉選拔人才了。

以下是中國早期選拔人才，徵聘賢者的三個小故事，由這些簡單的故事，便可以看出爲政的人，如何選拔一些奇才異能之士，以治理國家的情形。

第一個是齊桓公禮聘管夷吾的故事：

國語齊語中記載，當桓公知悉公孫無知被殺，便自莒城返回齊都臨淄。桓公鑒於過去政治不上軌道，官吏貪墨不法，武人忠義者少，畏死者多，於是下定決心，收拾破碎了的河山，重整齊國的昔日雄風，因此便請他的老師鮑叔牙爲相，主持國家大事，以便一新耳目，藉以鼓勵全國上下，努力復國建國。但是鮑叔不幹，而且告訴桓公說，我是一個庸臣，如今能在國家轉危爲安，國勢初興的時候，有一口飯吃，免於凍餓，已經是叨天之福，感激我公不盡了，何必要叫我掌握軍政大權，主持一國大事呢？還是另找一位高明的吧！桓公便問他，在齊國中還有那位賢者比你更高明的呢？鮑叔回答說，在齊國固然難找，但又何必一定要在齊國找呢？桓公便說，那你推薦一個好了。於是鮑叔立卽推薦了管夷吾，並且告訴桓公說，管仲無論在治理百姓方面，政治方面，軍事方面，都較我強千百倍。桓公說，就是那個用箭射傷我的潁上人嗎？我非殺他以報一箭之仇不可！可是鮑叔則說，他射你是盡忠職守，各爲其君，這有什麼可恨的呢？如果你赦免他而重用他，他必全心爲你所用，齊國也可以大治而雄霸天下了。桓公便道，這樣也好，但是他在魯國，如何可以將他接回來呢？鮑叔說，大王可修書一通，向魯國引渡。桓公又說，如果我向魯國引渡，那魯國的賢臣施伯必不答應。鮑叔說，你遣使去魯，就說管仲是你的仇人，要引渡回來把他殺了，以報前仇。於是使臣前往魯國要求引渡管仲，施伯果然不答應，並告訴魯侯，爲了免予齊國口實，結下夙怨，可將管仲殺了，把頭送去。但齊使不答應，非要活口不可。魯君只好將管仲捆綁起來，打入囚車，由齊使引渡而去。桓公唯恐施伯在途中邀殺管仲，所以選派了許多諜報人員，暗中保護。而管仲自己也怕中途有變，但又不好催促推車的役卒，只好自己在車中唱歌講故事，娛樂那些役卒，讓他們忘了辛苦，車子很快便到達了齊國邊界。囚車剛剛進入齊國境界，桓公便與鮑叔同往迎候，一再向管仲表示歉意，立卽叫人打破囚車，親爲管仲解除束縛，隨邀管仲同車返回齊都，大宴羣臣，介紹管仲與大家見面，當堂宣佈，聘請管仲爲相。不數年齊國大治，而且九合諸侯，一匡天下，幾乎統一了周室已破的河山。孔子曾稱讚他說，要不是管子實行尊王攘夷政策，我們都要變成蠻子了。

第二個是漢光武徵聘嚴子陵的故事：

嚴陵名光字子陵，會稽餘姚人，幼年時與漢光武交稱莫逆，是頂要好的朋友。當光武作了皇帝的時候，嚴子陵還是在河邊以釣魚爲生。於是光武帝親自前往餘姚嚴宅去，請他出來作官，共同治理國家，嚴陵不願意。光武帝便說，我們兩人就像親兄弟一樣，現在我做了皇帝，你卻仍在河邊釣魚，這豈不是天大的笑話嗎？旁人還以爲我不够朋友，連總角交也不顧了呢？現在我可以給你作很大的官，吃喝不盡，你的權勢也可以在一人之下，萬人之上，榮華富貴無窮，名垂千古，而且要什麼有什麼，何必再在這裏櫛風沐雨釣魚爲生呢？子陵笑道，從前我與你交往，是因爲你還有幾分志氣，講仁義道德，樂善好施，安於貧賤，如今你剛剛當了兩天皇帝，便不可一世，這是妄人。你知道天下有多大嗎？你知道中國又有多大嗎？世界上的山嶽川澤便佔了一半地方，其餘的一半又被蠻夷戎狄佔去了三分之一，你所有的土地不過是世界的十分之一二而已。你爲了這十分之一二的土地，連年征戰，民不潦生，就是當了皇帝，還不是老百姓的功勞，你這個只佔世界十分之一二的皇帝，也沒有什麼了不起。現在你大權在握，便大興土木，爲自己營造宮室，選天下美女充後宮，聚歛百物，供自己食用賞玩。其實死了以後，還不是埋在土裏，給螻蟻食掉，與我這個鄉下人又有什麼兩樣。現在你作了皇帝便想用高官厚爵，金玉美女來誘惑籠絡我；其實住在宮裏與住在茅屋裏還不是一樣，旨在躲避風雨而已，穿絲綢與布帛，也旨在禦寒而已，有什麼區別呢？吃魚翅海參，山珍海味，與青菜豆腐，又有什麼兩樣？現在你當你的皇帝，我作我的漁翁，咱們倆河水不犯井水。你以爲拼卻老百姓的性命，爲你求得了江山，便看不起我釣魚的行業了嗎？你沒有想想你的皇帝是怎樣得來的；反來說我釣魚不對，會惹人笑話你不够朋友，我倒替你難過哩！說完拿起他的釣竿和魚簍，到河邊釣魚去了。光武慚愧滿面地回去，再也不敢勸他作官了。宋人范仲淹先生寫了一篇嚴先生祠堂記，讚揚他說：「雲山蒼蒼，江水泱泱，先生之風，山高水長。」

第三個便是劉皇叔三顧茅廬，風雪寒天訪孔明的事。

這個故事是婦孺皆知的，不必在這裏細表，但我要說的是諸葛先生眞是如三國演義裏所說，他能够呼風喚雨，神機妙算嗎？那只是羅貫中添油加醬的結果，世界上沒有這種人，如果他眞能呼風喚雨，那就是神而不是人了。但讀三國演義，他確有驚人的聰明和智慧，他可以辱罵司馬懿，氣死周瑜，舌戰羣儒，必非等閑之輩，那麼他的本事在那裏呢？據我讀三國演義的結果，發現他是情報專家。孔明讀書多，人很機警，確是才氣橫溢的一個才子。但他的情報從那裏得來的呢？是他廣交遊結納的志士仁人很多，無論是在魏國、吳國或劉備營中，袁紹軍中，他都有很多的朋友，而這些朋友都經常與孔明有來往，常通消息，這就是他的觸角，他情報的來源。至於這些人是誰，從三國演義裏一看便知。如徐元庶就是一個顯著的例子。以上所說的，是上層階段，時常可作決策而影響整個國家大事的情報人員。在這些人員之下，一定還有很多間接爲孔明搜集情報的中下級人員，書中無法交代，羅貫中也不一定知道，但其情報之可靠與傳遞之迅速卻可想而知。

其次，孔明是一個政治家，他是在擇人而事，待價而沽，在劉備三顧茅廬之前，曾有很多地方首長去邀他協助，他都認爲那些首長多半是氣量狹小，私心太重，不足以成大事的人。曹、孫二公頗有王者之象，只是曹孫的手下也儘有飽學之士的能人，容他不下，因此諸葛先生久臥隆中而無法出來，也是這些原因。最後，他實在慫不住了，乃先轉囑他的朋友，間接介紹給劉備。而劉備此時，正在一籌莫展的窮途上，只好親自前往邀請孔明出山，協助他這個小團體。孔明爲了要試試這個早已聞名的劉皇叔是否眞心誠意，所以也只好一再躲避，看他如何？終於在三顧之下而出山了。

二二、孫子與兵法

教戰吳宮斬美姬，軍威整肅不容疑；
十三篇法今猶在，一戰終能破楚師。

——孫武子　陳則東

我國古代有一位天才軍事學家，名叫孫武，他提倡全國主義，又稱爲萬全主義。他在謀攻篇中說：「凡用兵之法，全國爲上，破國次之；全軍爲上，破軍次之；全旅爲上，破旅次之；全卒爲上，破卒次之；全伍爲上，破伍次之。」他所謂的全國爲上，到底是指自己的國或敵人的國，都不去管他，但其主要目的是在不戰而勝。因爲兵凶戰危，一場大戰下來，兩敗俱傷，敵國破了，自己的國也破了，所以他不主張用兵。他以爲不戰而勝，才是上策。

從孫子的著作來看，他不僅是個軍事學家，而且是個政治學家、經濟學家和社會學家，他主張用一切的和平手段，達到「全國」的目的。用兵是到了最後和平已經絕望時的下下之策。是以先總

統　蔣公在民國二十六年的五全大會上說：「和平未到絕望時期，決不放棄和平；犧牲未到最後關頭，決不輕言犧牲。」這就是全國主義的延伸。

今天講戰爭哲學的人，都要研究孫子兵法，不只是中國人要研究，外國人也要研究；不只是古人研究，今人也要研究；不只是讀軍事學校的學生和教官要研究，一般學校的教授和學生也應該研究；哲學家要研究，科學家也要研究。理由很簡單，因爲孫子的目的，是以全國爲上，所謂全國包含了很多意義，不只是要使敵人完全投降，也要使自己的國家不受戰爭影響。爲了要以全國爲上，所以他主張要從政治、經濟、外交各方面，保全自己的國家，這是每一個國民都應該肩負的責任；所以說，每一個人都應該研究它。

要了解孫子兵法和他的意義，便必須先了解孫子本人和他當時所處的環境，以及他的家庭背景，然後才能明白孫子所秉賦天才之自來，及其偉大的戰爭哲學論述。以下分爲兩方面說明，先談孫子的家庭背景及其環境，然後再談他的兵法精要。

孫子的先世原是周朝所轄陳國的一位公子，因爲陳蔡爭戰多次，人民顛沛流離，痛苦已極，乃遷往齊國，爲了避難，改名田完，而且在齊國的政府裏作事，後來升遷到齊國的勞工部大臣，很爲齊國作了一些事情。直到田完的第五世孫田書，更因爲率兵攻伐莒國立下大功，齊景公非常高興，便賜他孫姓，改名爲孫書，並將樂山的土地賞賜給他，作爲獎勵。從此以後，便在齊國安居下來。此後孫書的孫子孫馮，也在齊國作了大官，並且生了一個兒子，便是孫武。因爲當時的中國正處在戰亂頻仍的春秋時代，周朝轄下的幾十個小國，一天到晚都在勾心鬪角，東征西伐，彼此兼併，互相傾軋。最後只剩下了十幾個較強的國家。這時齊景公已經死了，簡公繼位，因與田鮑二家不和，孫武只好帶了一些細軟，逃到吳國避難去了。在吳國又與楚國的政治難民伍子胥不期而遇，此時大家都是政治難民，惺惺相惜，不久便成爲患難朋友了。尤其一個是當時的大政治家，一個是曠絕古今的軍事天才，彼此傾談之下，相見恨晚，因而情投意合，患難與共。不久伍子胥受知於吳國公子光，且爲光的參謀核心人物，旋因伍子胥的悉心籌劃，奪得了吳國的統制權。由於吳王闔廬（閭）的野心很大，當他奪得了政權以後，便有意招攬奇才異能之士，作爲股肱，所以便要伍子胥推薦人才，伍子胥怕吳王不相信他的推薦，便叫孫武將他的軍事意見，寫成論文，呈給吳王。吳王看了非常賞識，但只怕孫武是書生論政，儘管說得天花亂墜，結果還是綉花枕頭。所以便召他前來面試一番，覺得不錯，雖然如此，還是不放心，又要他先訓練軍隊，看看他的眞才實學。由於臨時召集，所以只好就宮中的女眷試行。結果孫武召集了一百八十名宮女，編成甲乙二隊，分由吳王的兩個美妾擔任隊長。於是孫武先宣佈軍令，違者斬首示衆，繼又說明操演的進退和左右轉的方法，經過一上午的說明操演都不整齊，女兵又不聽指揮，於是他認爲先前不整齊是部隊長官沒有說淸楚，應由長官負責，以後再四說明，還是不整齊，應由領隊負責，因此便叫軍令官將兩個隊長斬首示衆。吳王看見趕緊傳令免去死刑，可是孫子說：「將在軍，君命有所不受。」便將兩個隊長殺了。然後再行徵集操演，結果所有人員都依令而行，決不違悖。從此吳王知道孫武的性情，和他的才識了。

孫武爲吳王練兵三年，便去攻打楚國的舒城，一舉成功。回國後又準備了兩年，再攻越國，也使越國投降納貢。周敬王十四年（公元前五〇六年），孫子率軍三萬與楚國大軍二十餘萬，戰於夫椒，大破楚師，進佔楚都郢城（今湖北江陵縣），逼得楚昭王帶着幾個隨員，狼狽退往隨邑避難。如果不是秦國出兵干涉，楚國那時便亡了。這就是伍子胥鞭屍平王的一段歷史。是後吳王因與越國再戰，檇李一役，吳王受傷而死，子夫差立，受西施美人的蠱惑，與乎太宰伯嚭的悖逆，便與孫武和伍員疏遠了，最後並賜死伍子胥。子胥死後，唇亡齒寒，武亦無法獨撐，只好告老還鄉，退隱林泉，終於老死於吳。這就是一代天才的簡短故事。

關於孫子的軍事天才，並不在乎他打了幾次勝仗，乃在他那十三篇軍事論文，盡得了戰爭哲學的原理，從此談兵學者，均以這十三篇論說爲圭臬，中國軍人也以孫武爲兵學鼻祖。國外研究兵學者所在多有，尤其是日本軍人，更是對之五體投地，欽佩不已。

孫子兵法的十三篇論文裏（漢書藝文志說他共寫了八十二篇），提出了軍事十大原則，古今中外講兵學的人，均未超出這十大原則。現在將它簡略的說明如下：

一、用間法

所謂用間法，就是今日的間諜戰或情報戰，又謂之曰統戰。孫子以爲：「知彼知己，百戰不殆；不知彼而知己，一勝一負；不知彼不知己，每戰必殆。」這是任何戰爭期間都必須密切注意的事，也是戰爭的基本原理。因爲先知道敵人的虛實，然後才能根據虛實，擬定戰爭計劃。同時孫子恐怕當時會有一些人迷信鬼神，或求神問卜以決戰事，所以他特別強調，明君賢將之所以戰無不勝的原因，乃是利用間諜法去探聽敵人的虛實，並不是猜測或忖度，而是實實在在的取得敵人現有情況的證據。因此說：「能以上智爲間者，必成大功；此兵之要，三軍之所恃而動也。」我國歷史上用間最成功的人，便是三國時的諸葛亮，三國演義裏說他能測會算，其實就是情報工作做得很好的證明。

春秋時晉平公想攻齊，使范昭前往探聽齊國的虛實，席間范昭假醉欲侮景公，這一計劃被晏子識破，於是返國報告說，齊不可伐，因爲我想佯醉侮辱景公之計已被晏子識破。所以杜牧舉出孔子對晏子的這一手法批評說：「仲尼曰：不越樽俎之間，而折衝千里之外，晏子之謂也。」這就是上兵伐謀的最好例證。

二、備戰法

備戰就是準備作戰，也就是計劃作戰，既已知道敵人的虛實，便針對這一敵情擬訂周密的作戰計劃。因爲戰爭既是兵凶戰危，不能視同兒戲，所以必須計劃萬全，不得稍存僥倖或有疏忽。所以計篇說：「夫未戰而廟算勝者，得算多也。未戰而廟算不勝者，得算少也。多算勝，少算不勝，而況於無算乎。」這就是：「不打沒有把握的仗。」

任何一個國家都有敵國，既有敵國便要防止這敵國的進攻，因而便有所謂國防。早期的國防多是指軍備兵員而言，所以平時要訓練軍隊，儲備器械，一旦邊疆有警，才好卽刻動員，保衞國家疆土。不過，今日的戰爭已經超過了軍事的預防，而進入了經濟戰、資源戰和人力戰等的總體戰了。換句話說，除了軍事方面的備戰外，還要自己的經濟能够獨立，資源能够自給，人力要能充足。否則，只在軍事上勝利了，還不算是完全勝利。今天阿拉伯國家用石油資源作武器，使全世界人類的生活受到影響，就是一個明顯的例子，也就是政治家所謂的資源戰，或經濟戰，……。

除了與戰爭有直接關係的軍備與資源外，還要具備「道」或「名正」。換句話說，就是要「師出有名」。孫子說：「道者，令民與上同意也。」或「道者，上下一心，君民一體所依據之德，即仁愛之德也。」有了道，或師出有名，才能够令兵士人民，可以與之死，可以與之生，而不畏危。如此才能够如管子所說：「計先定於內，而後兵出於境。」沒有道或師出無名，大家便都心有不甘，戰爭的結果，也就可想而知了，這也就是所謂的「心理戰」。國父孫中山先生說，要先實行心理建設，也就是孫子所說的「備道」、「正名」。先總統 蔣公則以爲孫子所謂道，就是一種主義，我們必須使官吏民眾了解主義，認識主義，然後使大家都知道爲三民主義而戰，才能够達到孫子所謂的：「可以與之生，可以與之死」的境地，而不畏危了。

韓戰、越戰與高棉的戰爭，儘管美國以超級大國的姿態出現，派兵數十萬參與作戰，結果還是澈底地失敗了，這就是師出無名，而國人士兵都不予支持的原故。

九一八事變，日軍挾其強大軍力侵奪我東北九省，復又進擾平津，一二八又謀攻上海，都因爲我國備戰不够，所以蔣委員長都隱忍下來，與之簽訂淞滬停戰協定，塘沽協定，秦土協定等，藉以遷延時日，以便從事戰爭準備，積極進行政治、軍事、經濟與心理建設等，各方面的國力培植。自九一八開始，至七七抗戰，換得了六年時間。正如鐵血宰相俾士麥所說：「戰爭勝負，決於準備。」

三、順勢法

順勢法就是順乎自然的意思，因爲一切的事物，必須順乎自然，才能水到渠成。在作戰計劃與乎運用兵威時，也必須要法乎自然。這並不是聽天安命的意思。因爲運兵計謀，爲不可測。所以必須「踐墨隨敵，以決戰爭」。這就是法乎自然。換句話說，作戰運兵之時，不可拘泥於某一種法度，某一種操典，某一派學說，而要獲其精髓，神而化之，運用自如。因此孫子說：「善戰者，求之於勢，不責於人，故能擇人而任勢。」

春秋時代北方的宋國因在宋襄公不斷銳意經營治理之下，國強民富，因此便想爭霸中原，於是在西元前六二二年左右，便與南方的楚人戰於泓水，宋襄公並親上前線督戰。當楚兵跨渡泓水時，襄公部下的大將軍公孫固便建議，趁楚兵渡河之際，予以突襲，必然大勝，但襄公以爲這是乘人之危的作法，不道德，有違仁義之師的大旨，因此不戰。隨而楚兵已全部渡過泓水，而正在佈置陣式時，公孫固又建議，乘其佈陣尚未完成，即予痛擊，可竟全功，還可以獲勝，襄公仍以爲這種作法，沒有君子風度，也不合當時的禮俗文化。（錢穆氏以爲當時中國社會習俗偏重和平，信守信義，即在戰爭中猶不失重人道，講禮貌，守信義之素養。而道義禮信，在當時顯著重於功利。這是春秋與戰國截然不同的地方。[142]）待楚兵佈陣完成，兩兵交戰，襄公大敗，又因爲襄公督戰過於英勇，以致中箭受傷，返回睢陽後，不久便死了。這是死讀兵書，不明順勢的結果，所以成得臣笑他說：「宋公專務迂闊，全不知兵。」[114]

應用順勢法最爲成功的，要算是孫臏用減灶法，以擒殺龐涓的事了。因爲孫臏知道，彼三晉之兵，素悍勇而輕齊，齊兵常被譏爲怯懦，於是他利用這一心理，以減灶法來欺騙龐涓，結果龐涓上了一個大當，終致兵敗被殺。（根據年前出土的孫臏兵法殘簡記載，馬陵一役，只殺了魏太子申，龐涓是被活捉了的。）

不過，當發現戰爭不能避免時，便應該積極從事於戰爭的準備，以防止戰爭，或減少戰爭時的不利情勢。但怎樣才能達到充分的準備呢？孫子提出了「五事」和「七計」以爲解決之道。

所謂「五事」即是：道、天、地、將、法。道是訓兵敎民的原則，也就是要以恩信仁義爲先，如此有恩有信，有仁有義，則萬眾一心，樂爲效命，所謂眾志成城，則堅不可破矣。天是天象，必須先要瞭解當時當地的天候氣象變化，陰晴晦雨，風雪變換，都與行軍作戰有密切的關係。地是指地形，因地制宜是行軍應該特別注意的。將是帶兵官，這一支隊伍的生死存亡，成敗得失，都在爲將者的一念之間，所以一個好的帶兵官，要有智、信、仁、勇、嚴五德。法是指軍法而言，也就是說治軍要有方法，要恩威並用。

七計則指爲將者，除了要知道天、地、將、法的眞諦外，還要知道下面七件事情，即：⑴敵我兩方，誰是有道之君，師出有名的；⑵主將的性情，知識和才能；⑶作戰地區的天時地利；⑷敵我雙方治軍訓練的優劣；⑸敵我雙方軍隊的素質和裝備；⑹士兵訓練的情況；⑺賞功罰過的嚴明等。七事俱優，則戰無不克矣。

四、蓄銳法

養精蓄銳，這是練兵的基本原則，兵要精，將要廣，這是國防上最重要之點。所以孫子在形篇裏說：「善戰者，立於不敗之地，而不失敵之敗也。是故勝兵先勝，而後求戰，敗兵先戰，而後求勝。」又在九變篇說：「用兵之法，無恃其不來，恃吾有以待也；無恃其不攻，恃吾有所不可攻也。」這就是一般所謂的「以逸待勞」，或「有備無患」，一切事情都是如此，何況兵凶戰危的軍事。

越王勾踐自吳國返回後，乃臥薪嘗膽，十年生聚，十年教訓，委國政於文種，託兵甲於范蠡，先後二十餘年，始達成兵多將廣，軍糧充實之境地，然後乘吳王有潢池之會，國內空虛，兵疲將乏，然後才能一舉而滅了吳國，這是養精蓄銳，而先立於不敗之地也。此外，漢將李牧，在防止匈奴入侵的邊地上，常常將烽火設置完善，經常操練士兵，待士兵如手足，取得了士兵的信任。又不斷派出間諜，搜取匈奴人的情報，知道匈奴人要來進攻，可以趁此機會，引誘他到可以設伏的地方，於是一戰成功，這就是勝兵先勝而後求戰的道理。

五、全存法

用兵的最高原則，是不戰而勝。等到大家兵戎相見，那已經是下下之策了。所以在戰爭開始之前，應該竭盡所能，想盡辦法，打擊敵人，或用外交，或用經濟，或爲離間，或爲構陷，只要能夠打擊敵人，摧毀敵人，便可無所不用其極。所以孫子說：「不戰而屈人之兵，善之善者也。故上兵伐謀，其次伐交，其次伐兵，其下攻城。」因爲勞師動眾，不利於自己，勝了也是兩敗俱傷。

試看越王勾踐對吳王夫差的那一套全存辦法，例如，用美女西施，內奸伯嚭，換取和平以充實自己，必要時更俯首稱臣，爲奴爲僕，承歡吳王膝下座前；然後再設法離間孫、伍與吳王，最後將伍員賜死，貶遣了孫武，終能打敗了吳國，雪了前恥。范蠡這一套統戰方法，應有盡有，雖然隱瞞不了孫、伍的慧眼，但孫、伍亦無如之何？這就是孫武所謂的「全存主義」，眞可以說是不戰（不是熱戰）而屈人之兵、亡人之國的上兵伐謀了。

六、主動法

先下手爲強，後下手遭殃，這就是作戰的最高原則。這意思並非是戰爭由我而起，乃是在戰場上，處處要居於主動地位，讓敵人受我的支配，使其疲於奔命，來應付我方的主動攻擊。所以虛實篇說：「凡先處戰地而待敵者，佚；後處戰地而趨戰者，勞；故善戰者，致人而不致於人。」又說：「故我欲戰，敵雖高壘深溝，不得不與我戰者，攻其所必救也。」

蔣緯國將軍在其所著「八年抗戰是怎樣打勝的」一文裏說：當日本在佔我平津以後，誠恐它沿平漢路南下，奪我武漢，而將中國分割成東西兩部，癱瘓我國的政治經濟和軍事，所以蔣委員長便置重兵於山西，命湯恩伯將軍自綏遠南下進攻南口，牽制日軍南下，結果逼使日軍向南口及太原進攻，而緩和了日軍的南下政策。又在一二八襲擊上海日軍，使日海陸空軍在上海方面集結，逼使日軍改變其南北進攻的路線而爲東西進襲，這種戰略的目的是在粉碎敵人速戰速決的陰謀，使其轉移爲長期的持久戰。

七、利戰法

凡是於我有利時，才興師動眾；於我無利時，不可以隨便作戰。因此孫子火攻篇說：「非利不動，非得不用，非危不戰；主不可以怒而興師，將不可以慍而致戰；合於利而動，不合於利而止。」三國時司馬懿守渭濱，諸葛亮以婦人衣服送去，想用凌辱他的方法逼他出戰，可是司馬懿欣然受之而不爲所動，深溝高壘，以老蜀師，這就是於魏無利，所以不動。

八年對日抗戰，中國因科學、工業、技術都落後，所有重武器都需要從國外輸入，不能自己生產，所以戰力薄弱。但中國有廣大的土地，眾多的人民，豐富的資源。因此日軍利於速戰，而我軍則利在持久。如果能粉碎日軍的閃電戰而轉爲持久的陣地戰、資源戰和人力戰，則對我有利，也可以獲得最後勝利。這就是克勞塞維茨所倡的「兩極性原理」，也就是孫子所說的利戰法。那種戰略有利，便促使敵人採取於我有利的作戰法。前引蔣緯國將軍所述的中日戰爭期間的一二八與南口戰役，都是這一戰略的應用。

八、速戰法

戰爭既已開始，則應以閃電戰術，速戰速決，如果戰爭拖得太久，對國家不利，對軍隊也不利。因爲國家的經濟、財產、人民的生命，均因爲長期戰爭而消耗過甚，不利於己。軍隊在戰場上時間太久，心理上先受影響，士氣大打折扣，不能一鼓作氣戰勝敵人，師老無功，終將一敗塗地。所以說：「兵貴勝，不貴久。」因此軍爭篇說：「其疾如風，其徐如林，侵掠如火。」以色列與埃及的六日之戰，就是一個實例。而第二次大戰希特勒對俄國所用的閃電戰，也是如此。只可惜在大面積的全國動員中，閃電戰一擊不能成功，便要延爲長期的持久戰。持久戰對於人力資源短缺的國家是不利的。德國、日本之所以敗亡，原因在此。

九、保密法

軍事計劃應該絕對保密，因爲大家都要求知己知彼，大家都在利用間諜，搜求情報，不只是敵我之間是如此，就是友我之間也是如此。因爲在今天的世界國家中，根本就沒有敵友；今日爲敵，明日爲友；今日爲友，明日爲敵。所以事事保密，處處防諜，已經是大家都在注意的了。所以計篇說：「攻其無備，出其不意，此兵家之勝，不可先傳也。」

抗戰初期，日軍攻我上海，我則封鎖馬當來打擊日軍在長江內的艦艇，結果這一消息被當時任職國防會議的秘書長黃濬父子所出賣，於是日本海軍在一夜之間便將長江軍艦撤除淨盡。經調查爲黃氏父子所洩漏，於是第三天便將黃氏父子槍決了。這是保密不够，防諜不力的結果。而黃氏父子雖然得到了六十萬元的情報費，但賠上了兩條性命不算，還留得永世的罵名，實在是不合算。

十、善變法

戰爭的變化多端，敵人的詭計難測，所以作戰時，不可拘泥於形勢、學派、信義。所謂兵不厭詐，只要能獲得勝利，便可不擇手段。所以虛實篇說：「水因地而制流，兵因敵而致勝，故兵無常勢，水無常形，能因敵變化而取勝者，謂之神。」同時孫子爲了應敵之變，又具體地說明了以下幾個重要的作戰原則：⑴高陵勿向（仰攻），⑵背丘勿逆（隱避），⑶佯北勿從（假敗），⑷銳卒勿攻（暫避其鋒），⑸餌兵勿食（誘敵計），⑹歸師勿遏（讓其退卻），⑺圍師必闕，⑻窮寇勿迫。

杜牧在其孫子兵法註中稱：「大唐天寶末，李光弼領朔方軍與史思明戰於土門，賊衆退散，四面圍合，光弼令開東南角以縱之。賊見開圍，棄甲急走，因追擊之，盡殲其衆。」是善變法之尤者也。在羅馬戰史中，漢尼拔（Hannibal）在攻羅馬之干尼亞（Canea）時，是四面圍合，雖然戰勝了，但是曠日廢時，事倍功半，與李光弼之三面圍攻相較，則不及遠甚矣。

韓信傳記載，漢王遣韓信帶領數萬兵，東下到井陘地方去攻打趙國，趙王成安君陳餘也領二十萬大軍到井陘去迎敵。廣武君李左車便向成安君說，漢兵此來，係以戰勝之威，遠來攻趙，其氣正銳，其鋒難當，我聽說：「千里餽糧，士有飢色，樵蘇後爨，師不宿飽。」這樣的行軍，可以緩兵擋住，而我願意自帶一支三萬人的奇兵，從小道前往，超在漢兵的後面，燒燬他的糧車，阻絕漢兵的糧道，而你卻閉關自守，深溝高壘，不與他戰，如此軍中無糧，便會不戰自亂，這樣韓信的頭，不過十日便會被你砍下來了。可惜成安君是個書呆子，只知道讀死書，便說道，義兵不用詐謀奇計，而且兵法上也說：「十則圍之，倍則戰之。」如今我的兵多，怕他則甚，因此不採納廣武君的計謀。韓信獲知成安君的情報，便放心大膽前進，而且預選了兩千奇兵，從小路超在趙軍的後面，埋伏起來，等趙漢二軍正面對陣時，這二千奇兵便突襲趙營，並在營地遍插漢軍旗幟數千面，待趙軍返回，見遍地漢軍旗號，不戰自亂，因而敗績遁走。這就是死讀書，不知用書的書呆子，其實孫子不也說，要制敵機先，而兵無常勢嗎？

當孫臏在齊國整軍經武的時候，魏國派兵進攻趙國，趙國向齊國求救，齊國以田忌為大將，孫臏為軍師。照田忌的意見，要直接領兵去救趙國，共擊魏軍。但是孫臏卻以為，目前魏國精銳部隊都開到趙國去了，國內一定空虛，如果我引大軍直搗魏都大梁，魏兵必然回師援救，這樣便可解趙國之危。田忌依計而行，魏軍果然撤趙國之圍，而返國援救，這就是攻其所必救，而且齊軍以逸待勞，自然便會打了一次大勝仗。這就是三十六計裏面的「圍魏救趙」典故的來源。

以上十大原理，不只是可用於軍事，即其他社會、經濟、政治、外交、做人、處事，均可以放諸四海而皆準。所以日人佐藤堅司在其所著「孫子的體系研究」52一書中說：「孫武所著孫子，是世界兵法書或戰爭論著中，可與克勞則維次（K. von Clausewsewitz）所著『戰爭論』，一同稱為雙璧。這兩本著作，可以看做是世界戰爭哲學書的二大高峯。假如要我去決定它們的優劣，在二者之中選擇其一的話，我會毫不躊躇地選取孫子。因爲克氏想澈底地以戰爭屈服敵人爲目的；相反地，孫子是想以不戰屈服敵人爲主旨。」兩人的基本戰爭觀點完全不同。因爲克氏還沒有理解到兵凶戰危，國之大事的意義。也沒有想到，「全國爲上，破國次之」的最高原則。而最可貴者，孫子兵法的本質是和平，不是戰爭。所以在火攻篇裏他說：「亡國不可以復存，死者不可以復生。故明君愼之，良將警之，此安國全軍之道也。」

二三、最早移民海外的人

蓬萊三渡求芝草，不作神仙作野人；
徐福當年深計慮，飄遊無奈欲逃秦。

——木石懷古詩之一

秦始皇派徐福率領三千童男童女前往蓬萊仙島，求取長生不死藥的故事，是每一個中國人都耳熟能詳的。這故事代代相傳，就是村夫漁婦，販夫走卒，也都津津樂道，可是這是千眞萬確的一則史實，並非虛構，只是時間已經久遠，而這故事的本身，也僅止於是一個簡短的故事而已。衞挺生先生在他所著「徐福入日本建國考」（又名「日本神武開國新考」⑭⑧）一書裏，記載這件事非常詳細。衞先生認爲日本的神武天皇，就是徐福，他從歷史、地理、文物，以及政治、思想、神話等，舉了十個證明，以說明這一假定的眞實性，我國的現代史學大家張其昀氏，也認爲徐福是日本歷史的創造者，日本建國的第一人。⑫⓪本文的目的，只在述說徐福的勇敢、機智、和有計劃的巧妙殖民海外。至於他是否是日本人的老祖宗，便不是這裏所要談的了。

根據我國的正史記載，秦始皇爲了求取海外神州的長生不死藥，便派方士徐福入海求取仙藥。前後經過十年，來往三次，才完成殖民異邦的計劃。這計劃不但週密巧妙，而且贏得了秦始皇的大力支持，用國家的力量去完成，連秦始皇自己也認爲所費不貲，動以巨萬。至於秦始皇是否知道徐福的用心，或有意派出一支探險隊，前往海外開疆拓土，正史沒有記載，只是說，始皇求藥心切，又受其周圍方士的慫恿，才毅然不惜動用巨萬資財，作這一頗有意義的殖民工作。當然，如果以構築萬里長城和拓疆西南的情形來看，徐福這一支海外探險隊，仍只是一件小事而已。

在沒有分析徐福海外探險的意義以前，我想先將一般民間傳說與正史記載的求仙故事，說明如下。然後才可以看出徐福這一位方士的各種機智才能，就是作爲日本人的開國先皇，也確實當之無愧。

徐福是山東琅玡人，原名徐市，後改徐福，是一位博學多才的讀書人，因爲受了當時陰陽五行的學說，篤信黃老。始皇下詔求取天下賢才，他便應詔，且受到始皇的賞識，作了方士。因爲知道始皇迷信道術，看重方士，醉心於長生不老術；同時更了解始皇爲人暴虐，徵歛無度，人民痛苦，怨聲載道，所以便想脫身遠颺，以避免奴虐殺身之禍。於是聯合當時頗有名望，而又爲始皇所信任的幾個方士，共同策劃這一移民海外的計劃。這一計劃徐福是否曾經透露給與會的方士，不得而知，或許這只是徐福私心的籌謀，也未可知。因此計劃成熟後，便聯名以齊威王、齊宣王以及燕昭王等曾派人赴海外求取仙丹的往事，說動秦王，並且自願冒險前往。始皇對於前賢的求藥故事，知道得非常清楚，而且傳說久遠，活靈活現，早就對這一樁事，心嚮往之，所以徐福等的聯名獻議，正中其懷，便一口答應了。初先徐福等人，對這一海外仙島的傳說，也並沒有十分把握，但他因為小時便住在海濱，對於近海的島嶼，知道得比較詳細，也確實聽人說過，在山東的外海裏，有幾個較大島嶼，只是沒有去過，不敢十分肯定，於是便先決定作一次地形考察，與民情探險，初次出發是在始皇登基的第二十八年，也就是公元前二一九年。同行的人不多，也許只有一條樓船載着幾十個人前往而已。第一次的地形考察到底有什麼結果，徐福沒有詳細報告，史書也沒有記載。只有在公元前二一七年的時候，徐福忽然自海外歸來，並且向秦始皇報告他的所見所聞。甚至於也可能帶回來一些海外的動植物作為證據，否則秦始皇是不會相信他的。關於徐福的報告，據史書所記載的，只有以下的一段對話：

當徐福第一次自海外回來，朝見始皇時說，他在蓬萊仙島，會見了大神。

大神便問他道：「你是西方秦始皇的使臣嗎？」

徐福答道：「是的。」

「你到這裏來有什麼請求嗎？」

「求大神賜給延年益壽藥。」

「要長生不死藥可以，但你們的禮品太少了。仙藥可以給你先看看，但是要帶回去不行！」

於是大神叫一個面龐棕色的彪形大漢，穿着像龍一樣的使者，帶領徐福去蓬萊仙山參觀，到了那裏，徐福看到了一座美輪美奐的「芝城宮闕」，宮闕的內外，都有類似的使者把守。宮裏面有毫光萬道，照射全宮，如同白晝，並且看見了正殿上有一個大磁罈，裏面便是長生不死藥。徐福當時曾向守護使者商量，情商一點，但使者告訴他，不得大神許可，任何人不得盜取。所以他只好伴同使者，返回原地，問問大神，到底要些什麼禮品，才可以取得這些藥呢？

大神告訴他：「要三千童男童女作爲祭品，另要百業技工，協助我們修築宮殿，還要一些五穀雜糧的優良品種，作爲敦睦邦交的誠意表示。」

徐福便告訴大神說：「這一切我都將回去禀告我們的皇上，請求他聖裁。」

於是便將當地採集到的一些奇禽異獸，特別是白色的動物，如熊、海鷗、蚌珠等，以及中國少有的東西，都各帶了一些回來，送給始皇把玩。當始皇看見了這些東西後，也不得不信徐福所編造的這一套美麗而動聽的謊言。於是始皇下令徵集所要的東西，包括百工和童男童女，以及樓船、戰艦、兵士等，組成了一個遠征移民大隊。在始皇三十一年，也就是公元前二一六年，自山東的琅玡出發，抵達蓬萊島後，便在近海濱的平原地方，住屯下來。(據衞挺生的推測，這平原地方就是今日的熊野縣。)同時架木爲屋，叫那些童男童女播種五穀，百工各依所業，製造各種器物，供人使用，兵士負責防守野獸及當地土人的侵襲。當他們各安生業的遷住好了以後，另一個問題便發生了；這就是連續遭到了土著的侵襲，他們帶去的兵士不多，防禦單薄，而且不斷地傷亡，如不另想辦法，恐怕這個偉大的移民計劃，便要半途而廢了。不得已，徐福又想到向始皇要求救兵的方法了。因此他又在公元前二一一年的下半年，伴同幾個隨從，返回琅玡，徵募援軍，恰好始皇巡行來到了琅玡，徐福只好硬着頭皮去見始皇。並說，長生不死藥已經拿到手了，但是不敢貿然帶回來，因爲沿途有海中鮫魚爲惡，聞到長生不死藥，都羣集起來與風作浪，要搶奪所帶的藥，所以特回來稟明大王如何處置。秦始皇初則大怒，以爲徐福所奏都是謊言，要殺徐福和一干人員。隨卽有隨同出巡的其他方士，爲徐福緩頰，將功贖罪。反正大禮已經送去，不在乎這一點救兵了。始皇才問要如何護送長生不死藥回來？於是徐福要求派五百名連弩手，射殺惡魚，並帶一些捕魚的工具，以便萬一羣魚攻擊，長生藥被奪時，還可以用網捕捉，始皇勉強同意。隨於公元前二一〇年春，徐福帶了這批生力軍，返回蓬萊，一鼓作氣將那些土著降服了。

徐福的移民海外計劃成功了，從此中國的先秦文化，便傳到了日本。

從以上的移民故事，可以見到徐福的用心良深，計劃周密，而其三見始皇，其膽識與機智，都在當時一般朝臣之上；連有政治名望的丞相李斯，和心狠手辣的宦官趙高，都被他蒙在鼓裏，莫名究竟。

二四、中國人心目中的標準皇帝

雷雨昆陽戰，風雲赤伏符；
始知銅馬帝，遠勝執金吾。

——清．吳梅村

五千年來，中國經歷了數以百計的君王，也出現了不少賢良愛國的領袖，東征西伐，開疆拓土，爲國家贏得了許多無上的光榮。可是在中國大眾的眼光中看來，只有漢光武劉秀，才是值得稱道的一位標準皇帝。因爲他肯聽臣下的忠言，他遵守國家的法律，他敬愛那些有學問道德的忠義之士。根據歷史記載，他有以下的許多優點：

一、勤於求學：劉秀九歲喪父，依靠叔父生活，但他忠於待人，勤於治學，當遊學長安時，便對政治發生了很大興趣，對於民心的趨向，也有深入的研究與瞭解。不過，他並不想作皇帝，只希望長大以後，能够當上執金吾的官，娶鄉居陰麗華小姐爲妻，便心滿意足了。可是當他作了皇帝以後，除了白天上朝處理國家大事以外，晚上則與公卿們講經論術，常至深夜不睡。即或是在作皇帝以前與敵人週旋，在軍旅馬次，仍然不忘息馬論道，投戈講藝等的進修工作。

二、勇於認錯：當宋弘推薦好友桓譚（君山）給光武時，光武馬上便接受了。由於桓譚善於鼓琴，而光武對此也很有興趣，因此便常找桓譚鼓琴助興。宋弘知道了便忠告桓譚說，我薦你到政府裏來，是爲國家作事，服務人羣大眾，不是當一名歌手，給皇帝解悶的。光武知道後，便當眾認錯，從此不再叫任何人鼓琴唱歌助興了。

三、接受忠諫：當潁川太守郭伋奉命入京述職的時候，便告訴皇帝，國家大事應選賢與能去担當大事，不可因爲酬答故舊，而隨便派人擔任，將事情弄糟，誤了國家大事。光武聽了認爲很對，於是便將那些不能任事的舊屬都給予重酬遣散了。

四、大公無私：光武帝的姐姐陽湖公主，因爲偏袒他的傭人，不讓地方官捉去法辦，可是雒陽縣令董宣硬叫人把這個殺人犯，從陽湖公主的車上拿下，送到縣衙裏去，治死抵罪。陽湖公主不依，告到光武帝前，光武大爲震怒，要箠撻董宣。董宣說，在殺以前，容稟一言：「陛下聖德中興，而縱奴殺人，將何以治天下乎？」光武帝又爲了姐姐的面子，要董宣向公主謝罪，董宣不允，光武無如之何。因此公主說，你從前在家裏藏亡匿死，吏不敢前，何以作了天子，反而威令不行了。光武說天子與白衣不同。於是賜董宣錢三十萬，公告天下，以獎勵他的忠心。

五、遵守法紀：建武十三年秋，武帝外出狩獵，回來太晚，城門已閉，侍從告以皇帝回宮，叫守門官上東門候郅惲開城。郅惲回答說，國家法律規定，夜半關城，皇帝應該知道，你們陪同皇帝圍獵，更應該勸告皇帝早點回來，如何還夥同皇帝犯法，今晚不開城。於是皇帝一行只好由東中門入。第二天上朝，郅惲也不謝罪，反而又當着眾臣的面，數說皇上夜遊的不當。光武帝聽了，認為他說的很有道理，非但不罪，反而大加讚賞，賜布百疋，以示獎勵。同時卻將東中門候貶為參封尉，以懲罰他夜半開城的不盡職。

六、慎於辦事：光武當政後，對於過去各朝的弊端，力求革新更正，尤其是對於土豪劣紳，魚肉鄉民，官商勾結，營私舞弊等，最為痛恨，經常發詔，三令五申，以圖根絕。可是一天在各地方所上的奏章中，發現夾了一張紙條，上面寫了兩句話：「潁川、弘農可問，河南、南陽不可問。」光武不明究竟，便問年方十二歲的太子東海公陽，太子奏道，南陽方面一定有問題，可派人密查。於是調查結果，發現大司徒歐陽歙與河南尹張伋等人，勾結地方度田不實，贓罪千餘萬，立即拿下一齊問罪。歙世授尚書，八世為博士，當時諸生守闕為歙求哀者千餘人，帝亦不赦，乃死獄中。⑱

七、敬事愛民：光武起自農家，知民疾苦，且被服儒術，知天命無常；所以常下詔說，凡民間士人上書時，不必言聖。建武十三年（公元三十七年），外國獻名馬，日行千里；又進寶劍及珍品。光武帝令將名馬作為拖拉鼓車之用，寶劍賜與有功武士。以節省上林養馬費用，並廢除弋獵嬉玩之事。每遇有功之人，應加賞賜時，光武都用一札十行紙張，親自書寫嘉勉獎進的話，以節省人工紙筆，敦勵後進。由於光武以身作則，為國家儘量節省公帑，所以上行下效，蔚為風氣，分崩離析，民不潦生的社會國家，方才賴以復興。臨死前又特別遺詔臣民，不准上哀悼文，也不許外地官民來京弔祭。至於葬禮更應該儘量節省，以免浪費國家的人力、物力和財力。

八、重視教育：建武二十八年秋，光武大宴羣臣，共同討論爲太子東海王陽（莊）立傅的事。一般文武大臣都一致推薦忠厚正直的國舅陰識，當光武正在考慮的時候，博士張（佚）便提出反對。張佚降階奏道：「不知道陛下今日立太子是爲了陰家一家，還是爲了天下人民？如果是爲了陰家，自應以國舅爲是；如果是爲了天下人民，便應當愼選天下賢士爲之。」光武聽了大爲讚賞，便即席宣佈，選派太子師傅，是爲了輔助太子進德修業，勸善規過。現在旣然張博士有此見識，便請他充任太子師傅。於是立刻下詔任命，並加派桓榮爲太子少傅，賜以輜車乘馬，以示尊師重道。

九、伸張人權：劉秀登基後，對於官吏與人民的關係，非常重視。而一般人民與豪強間的情況，他也非常注意。建武二年至十四年間，光武曾下了七道詔書，解放奴婢，而建武十一年所下的一道詔書更說：「天地之性人爲貴，其殺奴婢不得減罪，敢炙奴婢者論如律。」這種維護人權的詔命，在當時的情況下，確是少有的，而這種賢明的措施，也爲後代的帝王作了很重要的典範。其次，人民與官吏之間的情形，他更爲重視，對於人權的保障，也格外留心。譬如他在削滅羣雄時，每光復一個地方，必愼選太守，要他負起收拾民心與復興地方的重任。

十、以柔術治天下：建武十七年，光武巡幸到故鄉南陽地方，南陽的父老都來朝見，於是光武便在章陵大擺筵宴，招待他們。席間宗室中有位老太太喝醉了酒，便說道：「文叔年輕時，溫柔謹愼，規規矩矩的，眞沒有想到他今天會做皇帝。」光武聽了笑說道：「你們那裏知道，我做皇帝，治理天下，就是用我從前的溫柔之術哩！」光武待人和藹，處事寬大，對待屬下臣民都是以恩義信實相接納。對於功臣孝子，都是優禮有加，從來沒有任意屠戮過。這與他的先皇劉邦便大不相同了。

十一、保全功臣，不分異己：光武卽位後，對於當年一同併肩作戰的朋友、同僚，都善加看待，安撫有恩，從不曾誅戮過一人。卽或是投降的敵人，也一視同仁。例如，他的雲臺十八將都是終其天年，不曾誅戮一人。而當年與他分庭抗禮，雄據一方的竇融，在隴蜀破滅後，自河西來朝，光武對他也毫無敵意，並先封其爲冀州牧，再拜爲大司馬。劉玄與光武有殺兄之仇，但當劉玄被赤眉殺死後，玄妻率三子來歸，光武仍然撫慰其妻兒，並分封爲侯。

光武中興固然靠了一大批忠貞幹部，將已失的劉家天下奪回來。但武人只可以執干戈，衞社稷，打天下，奪江山；至於如何保江山，安社稷，定民心，興國家，則這批忠貞幹部，全是外行。如果用這一批武人來搞外交，攬政治，興實業，辦教育，叫他們丢掉槍桿，拿起筆桿，則用非其長，絕不是復興國家的好人才。必須要另選一批保國衞民，賢良中正的文治專家，才能勝任愉快，方不至於把國家弄糟。馬五先生在論領導人物的一段話裏，也特別推崇劉秀。他說：「劉秀在位時，尊崇節義，敦勵名實；爲政則綜持大體，至公至正；用人則推心置腹，賞罰嚴明；對饒有品格的讀書人，特示敬重。曾以帝王之尊，與故人嚴子陵抵足而眠。……他在歷史上，沒有好大喜功，殘虐臣民的言行紀錄，但卻是歷史上最出色的中興之主。」㉑—1

今天世界上爲政的人們，大多是皂白不分，是非不明，能够有一二項及得上光武的人，已經是難能可貴了。也許寫歷史的人，有他們自己另外一套看法；但就中國大眾來說，劉秀才是一個不可多得的好君王。

二五、勞苦大衆最崇拜的人

人傑惟追古解良，士民爭拜漢雲長。
桃園一日兄和弟，俎豆千秋帝與王。
氣挾風雷無匹敵，志垂日月有光芒。
至今廟貌盈天下，古木寒鴉幾夕陽。

——雲長讚　羅貫中

一千多年來，中國勞苦大眾最崇拜的人便是關公。他不但是一個忠、義、仁、勇四德兼備的人；而且是一個威靈遠震，濟困扶弱的神。因此士大夫階級屬於上流社會的人，欽佩他的忠義；而一般平民則崇敬他的仁勇。有疾病災難的人，祈求他的濟助；有雄心大志的人，禱告他的幫扶；在位有權柄的人，用他的忠義來勸化人民，籠絡屬下；無依無靠的人民，則呼求他的濟助與幫扶。所以他始而是忠、義、仁、勇的人，繼而又變爲三界伏魔大帝，更進而爲神威遠震的天尊。原本是被中國大眾人民尊爲武聖的人，與文聖孔子分庭抗禮；隨着時代的推移又變爲關聖帝君，而凌駕乎孔子之上了。這是爲什麼呢？因爲孔子始終是人，他可以教化人，感召人，但不能幫助人，特別是那些處在水深火熱當中而快要絕望了的人。

關雲長爲什麼會由人而變爲神呢？這是社會變遷與勞苦大眾心靈上的需要，而漸次形成的。因不在本文討論範圍以內，所以不談。但他憑什麼能成爲民間的武聖，而與文聖孔子並駕齊驅，則是一個頗令人玩味的問題。從理論上講，孔子的道德仁義，足爲後世學子效法景仰，因此尊爲萬世師表。而關羽的一生則沒有什麼值得人仰慕的。雖然在三國演義裏，曾敍述了一些可歌可泣的事情，但那只是小說家爲了故事生動，隨己意穿插進去的，在正史裏面並沒有那麼許多，甚至於根本就沒有那回事。這一論證，在黃華節氏所著「關公的人格與神格」⑩一書裏分析得很詳細。據黃氏最後分析的結果，中國人之所以崇拜關公，而且把他從亘古一人，提升爲天尊大帝，完全是三國演義的功勞。雖然大多數的士大夫階級，都不重視三國演義的文飾方法，但卻是大眾最喜歡的一本書。凡是中國人，甚而至於日本人、高麗人以及東南亞的人，從兒童至成年，從販夫走卒至閭巷婦孺，都津津樂道這書裏面的一章一節，以及其各個人物的故事，這是羅貫中文學敍述極爲成功的地方。明知道他是信筆胡謅的，仍然衷心地相信他的說法，而且也希望他會眞是如此，甚至於發生觀眾上臺痛揍飾演曹操、呂蒙等角色的戲子；這是羣眾心理，把握住羣眾心理，則什麼都是對的了。

這裏不是在分析羣眾對關公義勇雙全的心理問題，而是站在今天中國大衆的立場，來看羅貫中所一手塑造成的關公畫像，究竟是怎樣的一個人，然後又如何經歷代帝王利用這一羣衆心理，漸次地把他從凡人提升到聖人，再提升到亘古一人，以至於神的地位。中國大衆所見到的關公是忠、義、仁、勇氣慨非凡的一個人，直到清人入關，爲了要籠絡漢人，羈縻蒙人，便藉着這種信仰上的心理，而封謚關公爲忠、義、仁、勇關聖帝君。關聖帝君是他的神號，姑且不論；至於忠、義、仁、勇四達德，則有再予分析與說明的價值和必要。

三國演義中所寫有關雲長的故事，可就這四達德，分別說明如下：

一、忠的方面　從忠的方面言，關公對於劉備是忠心的，對於漢室也是忠心的。所謂降漢不降曹，這就是關公的忠。當關公於下邳一役失敗後，爲了保護劉備一家大小，不得不曲意降曹。故當好友張遼前來說降時，關公無可奈何地只好暫時委屈一下，但還是提出了三個投降的條件：一是降漢不降曹；一是一宅分二院，留與嫂嫂與侄兒居住；一是只要有劉備消息，便要引去跟隨哥哥。這三個條件並不苛刻，所以曹操便一口答應了。直到關羽遇見孫乾而確知劉備在袁紹軍中時，乃不顧曹操的優禮有加，掛印封金而去，曹操也只好告訴左右，彼亦各爲其主，不必再追了。其實曹操之所以這麼慷慨，一是有言在先，不好反悔；一是關公智勇，其手下將軍中，還沒有人是雲長的對手，追也無益，何不人情作到底。這是寫雲長忠於漢室及劉備的一面。

二、義的方面　赤壁一戰，曹軍敗北，八十三萬人馬被殺得片甲不留，等於是全軍覆沒。曹操帶同數十名隨員，自華容小道落荒而逃。剛要走完這段路程時，曹操忽然轉悲爲喜，不禁在馬上大笑，隨從人員已經個個是人困馬乏，連吃敗仗，那裏還有心情說笑，因此忙問曹公爲何發笑？曹操說，人稱諸葛用兵如神，我看不過如此，要是我來用兵，這裏只要隨便派一員小將，便可以把我們這批殘兵敗將一股腦兒擒下。正說話間，一聲炮響，前面轉角處，一彪人馬擋住去路，爲首一員大將，騎赤兔馬，握靑龍刀，旌旗上斗大一個「關」字，嚇得曹操和衆將直抖擻，連一個字也說不出來。關公騎在馬上，將刀一指問道，來人可是曹公？曹操只好硬着頭皮，前來與關公答話，而所答之話又都是些掛印封金，五關六將的事情。關公看見曹操那一副狼狽不堪的樣子，又感於曹操過去對他的禮遇和信誓旦旦的大將作風，覺得他對自己還算不錯，所以一時間激於義氣，連自己干犯軍令要殺頭的事也不管了，便側馬讓曹操這羣殘兵敗將過去，釋放了國家的欽犯。事實上是否如此，不去管他，但華容道義釋曹操，使大家對於關公的這一行爲，大爲讚賞折服，以爲他是報答了曹操對他所施的恩惠，有恩必報，是値得後人仿效稱頌的。

另一個故事，便是在攻打長沙時，守將黃忠因馬失前蹄而跌倒在地，關公沒有殺他，反而叫他趕快起來，換馬再戰。這種不乘人之危的大君子風度，値得誇讚，因此黃忠後來便投降了劉備，而且以後戰績彪炳，與關雲長同列五虎大將之列，這就是演義裏面所寫的「義釋黃漢升」的故事。

三、仁的方面 仁與德往往是聯在一起不分的，仁德也很不容易分開，所以中國的古書裏，常仁德並稱。關公到底有什麼仁德値得後人敬仰的，便是「秉燭待旦」這個故事了。所謂秉燭待旦，就是當雲長在下邳之役，力戰敗北，被曹兵圍困，突圍無力時，爲了皇叔妻小的安全，便從權地在「降漢不降曹」的原則下，實際上投入了曹操的掌握，且更出力爲曹操解了白馬之圍。至於在投降時所提出的第二個條件，那便是要一宅分兩院，俾便與皇叔的妻小分院而居，隨侍左右，以防不測。不知道是因爲戰陣之間的關係，軍旅生涯沒有那麼方便，或者是曹操有意爲之，硬把關羽和皇叔的妻小局限在一個小房間裏。這樣一來，非但關羽沒有床舖睡覺，就是有床舖也不容許他睡了。於是他只好秉燭讀春秋，坐以待旦了。這種臨時的機智應變，一是防嫌，一是表示光明磊落，這的確是他不得已而臨危時的一種安全措施，可是就因此而博得了仁德兼備的令譽。中國人最忌諱淫亂，後人因爲他有此美好的情操和胸懷，所以就把他從凡人升爲聖人，再升高爲神了。

四、**勇的方面**　關公神勇，天下皆知，據正史所載，他在數十年軍旅之中，勛業彪炳，最值得人稱道的，便是拔樊城，淹七軍，斬龐德，降于禁，全盛時期，神威遠震，連曹操也準備遷都，以避其鋒了。這些固然可以表示關公是智勇雙全，但最值得一般中國士庶人稱道的，還是他能在十萬大軍中取顏良首級如探囊取物，與乎刮骨療毒這兩樁事了。

顏良是袁紹手下一員大將，武藝超羣，領兵十萬。然而關公卻一人獨自闖入其營中，斬顏良首級而還。所以曹操才手撫雲長的背說：「此英武之絕也。」這可說是彼此在武功上相差太遠，顏良不是關公的對手而加以解釋。但另一個刮骨去毒的事，卻不是武藝的高下問題，而是「勇者不懼」的武德了。陳壽寫三國志時說：「羽嘗爲流矢所中，貫其左臂，後創雖愈，每至陰雨，骨常疼痛。醫曰：矢鏃有毒，毒入于骨，當破臂作創，刮骨去毒，然後此患乃除耳。羽便伸臂令醫劈之，時羽適請諸將，飲食相對，臂血流離，盈于盤器，而羽割炙引酒，言笑自若。」演義說，這個刮骨的醫生就是華佗。且手術完了以後，關公先讚美華佗說：「先生眞神醫也。」然後華佗才讚揚關羽說：「君侯眞天神也。」不過也有人表示異議，以爲當時華佗已死，不可能是華佗本人。[152]

關公除了俱有四達德以外，還有一個最令江湖人士津津樂道而互爲倣效的，便是桃園結義。這件事正史沒有記載，可能純爲小說家虛構的。不過一般中國人，卻相信演義的一切敍述，也將它當作眞實故事來看。姑不論結義是眞是假，但劉、關、張三人的誓詞是：「不願同年同月同日生；但願同年同月同日死。」這種愛同手足，情逾骨肉的行爲，倒是眞的，而且一點不假，正史上也有記載。後人爲了仰慕他們的結義，也常效法而與同心合意的人相互結義起來。這對於聯合同志，爲某些事而彼此互助合作，以促事業之成是很有意義和價值的。我國下層社會的幫會組織，江湖人士的義結金蘭，都是由此而起，也就是今日所謂的小黨派了。我以爲羅貫中在寫三國演義時，這一流式在中國已經很普遍了。漢留史將這一盟誓方式，歸源於桃園結義，便可能是受了演義的影響。今天社會上的各種幫會派別，多半是這種結義故事的延續。在中國政治方面而言，鄭成功失敗以後，反清復明的幫會流入地下，便是這種結義影響的顚峯。毋怪乎清人入關後，便不惜將關公的封謚連升三級，其目的便在籠絡漢人，瓦解幫會，加強人民對關公忠義的崇拜心理，藉以穩定其權力了。

二六、神醫的故事

豈有神方肘後曹？不如記室檄文豪，
料應手記難醫漢，姑遣頭風屢困曹。
世上偶教除疾苦，仙人終是厭塵囂，
秘書一卷隨兵解，猘犴空煩悵望勞。

——**華佗（元化）** **鮑桂星**

我國醫藥史上有兩大名醫，一是周朝時候的秦越人，一是三國時代的華佗。二千多年來他們兩人的美譽是盡人皆知的，只是不那麼詳細清楚罷了。從他們兩人的醫理與醫道來看，可以充分說明當時中國的科學研究與文化道德了。

先說神醫扁鵲：

大約在公元前四百年左右，在今河北河間縣地方，有一個年輕人，名叫秦越人，是齊國勃海郡鄭縣人，在當地官辦的客館裡工作。他和當時住在館裡的名醫長桑君常有來往，服侍長桑君也非常週到，尤其對於長桑君的高明醫術，佩服得五體投地。除了服侍長桑君的飲食起居以外，更幫助他看護病人，也常和長桑君討論醫道，請教疑難，借閱長桑君的醫書研讀。時間久了，長桑君覺得這個青年人不錯，爲人也聰明伶俐，誠實可靠，於是便把他數十年來所研究得來的醫理，和救治病人的經驗，全都傳授給他。等到長桑君老死以後，秦越人便接續他的衣缽，掛起招牌行醫治病了。

由於秦越人的不斷研究進步，又全得了長桑君的眞傳，所以他的醫術較之長桑君更爲高明精通。當時的人因爲他的醫術高明，活人無數，所以便將他比做黃帝時候傳說中的神醫扁鵲，因此大家都稱他扁鵲先生而不名（當時凡是醫術高明的醫生，都稱做扁鵲。）。這個名符其實，而醫理更爲高明的扁鵲先生，一方面替人治病，一方面繼續研究。由於要求診病的人太多，不得不招收一些年輕而聰明誠篤的學生，跟他學習醫理，幫助他診病救人。其中子陽和子豹，更是他的得意門生和左右手。當時醫生不只是替人診病，還要給病人藥物，因此醫藥不分。扁鵲替人治病，眞是仁心仁術，他只以治病救人爲宗旨，從不計較診金。他不只是替本地方的人治病，同時還想到遠方的病人；不只是替自己國家的人治病，也想到其他國家的人。因此他便成立了一個醫療服務隊，率領他的學生，到各國應診去了。

當扁鵲到了晉國的時候，正値晉國的執政大夫趙簡子忽然病了，躺在床上昏迷不醒，五天五夜不曾動彈，晉國所有的名醫都束手無策，聽說齊國的醫療隊來了，便派人兼程前往迎接，要求緊急應診。當扁鵲診斷了趙簡子的病後，認爲沒有關係，隨卽給他吃了幾貼藥，便甦醒過來。又養息了三天，便能够起來行走，康健如初，銷假上班了。趙簡子非常感激，因此說他是「神醫」。

又當齊國醫療隊到了虢國的時候，正巧遇見虢國的世子急病死了。扁鵲聽見非常奇怪，覺得有加以重新診斷和研究的必要，於是便託虢國的一位大臣，說明來意，請他轉告虢侯，要親自診視世子的死因。於是到了世子停屍的地方，扁鵲按摩脈搏和撫擦身體的結果，雖然世子已經其他御醫宣佈死亡約有半天了，但下體猶溫，所以他告訴虢侯，世子不是眞死，如果願意的話，他可以試試將世子救活過來。虢侯悲痛之餘，聽說不是眞死，還可以救活，當然高與萬分，立卽請扁鵲緊急治療。於是扁鵲令其徒子陽扎以金針，子豹投以藥石，不到半天工夫，世子便甦醒過來了。因此虢國上下，都以爲扁鵲的醫術高明，可以起死回生。其實扁鵲後來告訴他的學生說，我怎可以起死回生呢？世子的暴斃，只是一時間憋住氣息而已。人眞死了，誰也沒有辦法救活過來。

扁鵲回到了齊國以後，齊桓侯要想見見這位可以起死回生的神醫，而扁鵲也正因爲禮貌上的關係，要拜訪這位當時叱咤風雲的齊國大人物。見面寒喧以後，扁鵲便告訴桓侯說，公體是否有些不舒服，桓侯說，我精神很好，身體也沒有什麼不適。但是扁鵲又說，看來侯爺面色不正，恐怕有些小病纏身，應該加以診治才是。桓侯不信，也沒有請扁鵲診視。過了五天，扁鵲仍不放心，又去見桓侯，告訴他說，你的病已輕轉劇，再不醫治便來不及了。桓侯以爲扁鵲是江湖郎中，藉口唬嚇他，好敲一筆診金，所以仍然一口咬定，我沒有什麼病，用不着診治吃藥。結果十幾天後，桓侯便一命嗚呼了。他的學生問他，何以知道桓侯有病呢？他說，當我第一次見到他的時候，發現他皮膚顏色不正常，表示疾病已開始滲入皮膚，進入血液了，此時如果馬上投以藥石，阻止病菌進入血液，便很容易治好。五天以後再見他時，病毒已由血液進入腸胃及肝臟，這時如果迅卽投以藥石，還有治癒的希望，但已輕很困難了。再過五天，病入膏肓，毒菌侵入骨髓，便沒有救了。所以說，治病要早，病輕好治。

又有一次，一個名叫魯公扈的人，到醫療隊來求診，說他肚子很痛，而且頭昏腦脹，沒有精神。扁鵲診視了很久，便說到這病很難治，等兩天再來吧！第二天又有一個名叫趙齊嬰的人也來看病，病情與魯公扈的完全一樣，於是扁鵲叫他第二天上午十點鐘來。第二天魯、趙二人都同時前來晉見扁鵲。扁鵲說，你們二人的病癥完全相同，只是心的跳動有些兩樣，如果能够將你們二人的心彼此互換一下，便可以各得痊癒。於是徵得雙方家屬的同意，辦完了入院手續，第三天下午開始動手術。初先護士給他們各喝了一杯毒酒（麻醉藥），這兩個人便昏迷了三天，於是扁鵲將這兩個人的心，互相交換，再將傷口縫合，塗以神膏（消炎藥膏），三天以後，兩個人都甦醒過來，各再服了幾貼補藥，便完好如初，身體也不再有什麼疼痛了。這是世界上第一次的換心手術，紀錄在古書列子湯問篇中。

當齊國的醫療隊到了秦國的時候，正值流行性感冒猖獗，許多兒童因而死亡，扁鵲的醫療隊便展開了緊急治療，因而治癒的兒童和大人不計其數。秦國的人民都說扁鵲的醫術了得，全中國的醫生沒有比他更高明的了。因此秦國的御醫李醯，便自慚形穢，唯恐扁鵲的名聲壓倒了他，搶走了他御醫的飯碗，於是便派人追踪扁鵲，要找出他的缺點和錯誤，以便把他的醫療隊驅逐出境。可是始終沒有發現扁鵲和他的醫療隊的缺點，反而齊國醫療隊的聲譽愈來愈高，信服和讚揚扁鵲的人，愈來愈多。不得已，李醯只好派人將扁鵲暗殺了（有人以爲被李醯陷害的是另外一名扁鵲）。扁鵲雖然死了，可是他的醫理和醫術，卻一直流傳到今天，二千多年來，不知道治愈了多少病人，眞可以說是「濟世活人」與「功同良相」了。

再談聖手華佗：

華佗字元化，名旉（敷），漢時沛國譙人（今安徽亳縣）。生於公元一一〇年，卒於二〇七年，活了九十七歲。年輕時候，嘗遊學徐土（徐州），對於數學、經史都很有心得。同時對於人體的脈絡，以及人體生理衞生，非常有興趣，也有極精微的研究。尤其是對於身體的保健問題，非常注意。史書上說，當他將近百歲的時候，看來還只有三四十歲。人人都說他有仙風道骨，駐顏有術，可以長生不老。沛國的丞相陳珪常推舉他出來做官，他也不願意，只是一天到晚，躲在家裡作實驗，讀書研究。在他家中的實驗室裡，採集了許多動物的標本，掛滿了各種人體解剖的圖片，他也研製了許多治病的良藥，但拿這些藥物治病的卻不多。至於他所用的少數幾味藥物，卻很靈驗，每每藥到病除。尤其是在外科手術上，醫術特別高明，這不僅是因爲他的手術好，而是有兩種最好的外科用藥物，這就是痲醉用的痲沸散（日人華岡青洲曾加以研究，以爲痲沸散是：曼陀羅花六錢、川芎三錢、白芷一錢、當歸三錢、馬頭三錢、天南星一錢，熬汁而成者；鄭士珪（一九七二）則以爲是曼陀羅花一斤、生草烏、香白芷、當歸、川芎各四錢、天南星一錢配煮而成。），和消炎用的消炎藥膏。這兩種藥物，就是在今日來說，也屬上乘；因爲它既沒有副作用，也不至於一醉不醒。其次華佗也精於針灸術，如在人體的若干部位，扎上幾針，疾病便會豁然而癒。這種不藥良方，在今天的醫學上，仍然是奇妙莫測的。最近我國榮民總醫院，曾經利用針灸痲醉，作胸腔手術非常成功，病人在兩三小時手術中談笑自若，可爲明證。

一天當華佗在路上行走的時候，遇見一個咽喉有病的人，痛苦萬分，華佗便告訴他，前面有一個賣餅的人，他有一種以浮萍和酒泡製成功的萍虀酒，可以買三大盅喝下去，保管你的喉嚨不再疼痛了。於是那人喝了以後，便吐出一條尺多長的條蟲來，這人將條蟲撿起來掛在車上，返回去再找華佗，可是不知道他住在什麼地方，當他經過一個大院的門前時，正遇見一個小孩在那兒玩耍，看見了這條懸在車上的條蟲，便問他說，是不是我公公告訴你買酒喝而吐出來的？這人回答說，是的，可是你公公叫什麼名字？孩子回答說：「華佗」。這人才知道，無意中遇見了有名的外科聖手華佗。待到了華佗的家裡時，才發現在他的實驗室裡，懸掛了數百條這類寄生蟲的標本。

有一個郡守，久病不起，請華佗去給他診治，結果發現他的病癥很奇特，不是一般藥物所能治得好的。便故意說，這是一種特殊病症，很難醫治，如果要想治好，必須多給酬金。於是獅子大張口，狠狠地敲了一筆大錢，雖然金錢敲到了手，卻不專心給他治病，而且有意敷衍塞責，幾天都不去望一眼，也不給藥吃，郡守派人催了幾次，也不前去，最後乾脆又寫信大罵郡守不仁不義，有虧職守。於是這位郡守大怒，認爲他有敲詐和欺騙嫌疑。因而派兵緝拿歸案，以便治以重罪，結果並沒有追捕到華佗，郡守憤懣已極，隨即口吐黑血數斗，疾病也因此豁然而癒。（此段所述，頗與呂氏春秋所載大夫文摰醫治齊王怪病相類似。）

又有一個人請華佗診病，經檢查後，認爲病情嚴重，非立刻動手術，取出腹中的腐爛部份不可，不過剖腹以後，最多只能再活十年，結果剖腹切除了一部份已經腐爛的器官，再行縫合，直到第十年，果然舊病復發而亡。

又有一位李將軍的太太，因婦科病而請華佗診斷。華佗把脈以後便說：尊夫人傷動胎氣，故身體不適。李稱不錯，前日確曾因傷而將胎墮落。華佗卻仍說，胎沒有墮落，李某大不以爲然。佗乃投以安胎藥而去。其妻病稍癒，但百日以後，腹又大動，仍請華佗診治，佗乃知李夫人是雙胎，前胎雖然已經墮落，卻因流血過多，後胎無法墮下，目前後胎已經死在腹中，漸次潰爛，必須設法除去，於是針灸數次，服湯藥數帖，死胎才安然落下。類此病例，經華佗治好者無數，史書記載亦多，惟以篇幅所限，不及備述。

元化爲人內向，不喜交遊，也不喜歡爲人診病，但卻喜歡留在自己的實驗室裡，左思右想，揣摸端詳，將他採集得來的許多生物標本，不斷地觀察審視，並將古代留傳下來的醫書，不斷地研究，探討其中道理，他與希臘的亞理士多德，所作的工作頗多類似之處。

由於當時的丞相曹操，害有偏頭風，經常頭痛，只有華佗可以醫治，所以便將華佗留在他的宮中，作爲他的私人醫師。這種工作對華佗來說，是極端的不幸，也妨礙了他對醫學的研究。佗本不喜替人診病，而且更不喜診某一個人的病，因託辭回家取藥，一去不回，曹操催急了，又託妻病未癒，暫行請假，結果曹操探聽到都是假的，便把他捉來押在牢裡。初先曹操的參謀荀彧，曾說華佗是個當代大國醫，最好保全他的性命，可是曹操剛愎，不聽勸告，他以爲華佗既然醫不好我，留之何益？終於下令將華佗殺了。可是後來曹操的兒子倉舒病篤，無人能治，曹操乃又後悔殺了華佗。

據說，當華佗在臨刑前，曾將他所著的數十卷醫書，交付獄吏，要他學醫救人，可是獄吏怕曹操怪罪，不敢收受，佗只好點火將它燒了。等到有人知道他燒的是醫書時，才趕緊前往搶救，但已經來不及了，最後只搶出了閹猪的一章。

華佗生前也曾招收廣陵吳普、彭城樊阿等人，學習醫理醫術。吳普日後爲人治病，醫術也很高明，只是華佗告訴他，醫病不如防病，防病不如運動，保持自己的健康，才是最好的養生之道。因爲適宜的運動，可以促進消化系統的正常工作，使全身血脈流通，增大疾病的抵抗力。譬如，戶樞因爲常常轉動的關係，所以不生蟲，不腐爛。古人常以熊經鴟顧的譬喻，勸人多運動，以維護身體的健康。莊子在其刻意篇裏說：「吐故納新，熊經鳥申，此導引之士，養形之人也。」這意思是說，人要隨時呼吸新鮮空氣，如熊和鴟鳥一樣，輕常伸腿展翅，活動肢體，這就是維護健康的最好方法。華佗根據這些原理，自己編了一套活動筋骨、吐故納新的方法，後人稱爲五禽戲。（有人以爲他是少林拳的鼻祖）所謂五禽，便是虎、鹿、熊、猨、鳥，如照今天生物學上的分類，便應該稱做五動戲才對。吳普學習五禽戲的結果，活到九十幾歲時，耳朶仍很靈敏，視力也很正常，牙齒也未見脫落，飲食如恒，體健如牛。旁人問他養生方法，他只介紹人們作五禽戲，每天作一戲，直到汗發爲止，輪流操作，永不間斷，就是最好的保健養生法。至於樊阿則專習針灸，雖有人說，胸臟之間不可以針灸，就是要針，也不可深過四分。但樊阿給人針灸時，背部常深一二寸，胸臟之間且深過五六寸，而且針到病除，從未發生差錯，危及患者。據說，華佗曾將漆葉青黏散藥方，傳授給樊阿。所謂漆葉青黏散，就是用漆葉屑一斗，青黏十四兩，合併煎服，可祛除三蟲，裨益五臟，使人頭髮不白，試之異常靈驗。

三國志和三國演義裡都曾提到關雲長刮骨療毒的事。究竟何人爲雲長刮骨，三國志沒有說出名字，而演義裡就直接說是華佗。而且手術完畢，華佗看見關公不畏斧鉞和痛苦的精神，特別稱讚他是「天神」；而關公也誇獎華佗是「神醫」，互相標榜，彼此愛惜。這段故事是大多數中國人，都津津樂道的，用不着再在這裡介紹了。有人以爲華佗早死，當關公與曹仁大戰受傷(119)A，需要刮骨時，已沒有華佗了；不過也有人證實替關公療毒刮骨的確是華佗，因爲看關公在刮骨的同時，還可以飲酒下棋，這一定是服了當時有名的痲沸散藥物，使關公的部份神經痲醉了。而使用痲沸散最多的便是華佗，因爲這是他自已發明的。除了外科的局部痲醉之外，沒有人可以在動外科手術時，不縐眉頭的。當然他的學生吳普或樊阿，也是極可能知道應用痲沸散的名醫（西人 Crawford Williamson Long 1815-1878 以乙醚 (ether) 作痲醉劑始於一八四四年）。

此外，又有人以爲神農本草經也是華佗寫的，至少是經他刪改增損過的，因爲在當時只有華佗才有那麼多的研究結果，可以發表。但這種說法，還沒有確切的證明。

華佗雖然被曹操誤殺了，但他的醫學研究成果，確一代代地傳下來。後人爲了紀念這位曠世名醫，曾在江蘇徐州的華佗墓園，立了一個紀念坊，作爲後人憑弔的依據；並在安徽亳縣華佗住過的地方，建立了華莊和華祖廟，以紀念他的「妙手回春」。民國五十九年我國郵局也發行了一套「華佗紀念郵票」，以紀念這位從事醫學研究的古代名醫。

二七、價值連城的筆記簿

二郎山下雪紛紛，旋草穹廬學塞人；
化盡素衣冬未老，石煙多似洛陽塵。

——詠石油 沈括・延州詩

宋人沈括所寫的「夢溪筆談」，包括了政治、經濟、外交、軍事、水利工程、農業技術、生物、化學、醫藥、天文、曆算等，可以說是一本中國的科學史。英人李約瑟氏以爲它是一本價值連城的好書。日本三上義夫以爲只有希臘的阿契泰斯，差可與沈括相比，因此三上把沈括稱爲中國數學家的典型人物。[142]

沈括名存中，宋仁宗時浙江錢塘人，寄籍吳縣，生於公元一〇三二年，卒於一〇九六年，享年六十五歲。父親沈周是當時吳縣的一個小公務員。嘉祐八年（公元一〇六三年）沈括中了進士，也在朝廷覓得了一官半職，作一個圖書管理員，在圖書館裏除了負責圖書的登錄、整理與校核外；便醉心於天文、方志、律呂、醫藥、數學等書籍的瀏覽，因此獲得了許多書本上的知識。圖書館出來以後，因爲父親的關係，出任江蘇沭陽縣主簿，因見於那地方地瘠民貧，人民生活非常艱苦，便計議與修水利，構築隄堰，灌溉農田，增加糧食生產，因此獲得廣大人民的愛戴。以後神宗知道他會天文曆算學，於是委他作太史令兼司天監，讓他盡量發揮他的天才。在這一段時間裏，他爲中國的天文曆算學，開啟了光輝的一頁。熙寧八年（公元一〇七五年），曾以龍圖閣待制的身分（相當於今之總統府顧問）出使西夏，並奉使與遼國談判畫界的問題。元豐元年（公元一〇八二年）出任西北戍邊統帥，又設計挖掘戰壕與修築城垣的工程工作，可惜因未能及時支援友軍，以致永樂（陝西米脂縣）爲西夏攻陷，於是被謫江南，貶任均州團練副使，以後雖然恢復了他的官職，改任光祿寺少卿，分司南京，但他對於做官已不太感到興趣，隨即退休，時年約六十一歲，卜居潤州，住在他夢寐以求的夢溪莊園裏，在那裏他寫成了這本價值連城的「夢溪筆談」。

沈括在他的夢溪筆談裏，一共記載了二十五項，五百八十四條（胡道靜則稱爲六〇九條）：其中包括了人文主義七項，計二百七十條；自然科學十四項，二百零七條；人文科學四項，一百零七條；總共在科學方面的記載，便佔了全書的五分之三。而且大部份的條述，都是他數十年的研究心得，可見他對中國科學的注意，和他自己研究的情形了。

沈括一生中最感興趣的是天文學、曆算學、生物學及醫學。這裏僅將他對中國科學研究的重要成果，以及有關重要科學發明的歷史資料的記述情形，說明如下，作爲早期中國科學發明的里程碑，同時更可以顯示出中國文化在當時的普遍與深度情形。

一、景表：沈括在司天監任內，親自觀察日出日落的差誤情形，而發現了蒙氣差(Atmospheric refraction)，因爲他發現天體在運行時，愈接近地面，蒙氣差愈大，這種差異現象與地面大氣中塵埃的多少或密度有關，致使日光的照射發生屈折現象，影響了觀察的結果。於是他將這種差誤情形，製成了三種候景表，以校正因觀測而有的錯誤。

二、北極星的位置：沈括爲了觀測北極星的位置，曾一連三個月，不斷地以測遠鏡察看它的移動情形，並將所測得的結果，繪圖表明出來，其在三個月所繪製出來的位置圖，多達二百餘張。從這些圖上顯示，北極星的位置，並不在地球的正北，而是偏離北極約三度多。

三、月球的觀測：研究月球的結果，認爲月球是一個不能發光的球體，其所以能在地球上看見它的光輝，乃是太陽光反射的結果；同時對於月亮之所以有圓缺，也完全是因爲地球將太陽光遮蔽住的原因，月球本身並無絲毫變動。這都是世界各國天文學家，在當時還沒有發現的事情。

四、曆法的改進：中國古時的曆法，常隨月亮的運行而不同，因此所載的節氣，也常常變動，對於農民的田間耕作，多有不便，因此他主張將節氣的日期固定下來，如此既可以便於記憶，也更適宜於春耕夏耘的田間操作。於是當沈括奉命修改曆法的時候，便將每年定爲四季，每季分成孟、仲、季三部，因而將一年分爲十二部，每部有兩個節氣，於是便將立春固定在孟春的第一日，驚蟄爲仲春的第一日，清明爲季春的第一日，如此類推，小寒爲季冬的第一日。如果是月大，則爲三十日。如此分法，可以歲歲除盡，永無餘日。由於他的這種定曆法有很多好處，特別是廣大衆多的農民，只要知道是那一天，便知道是什麼氣節，應該作些什麼田間工作，連曆書也可以不要。這種主張與西洋天文曆算家，依日爲準所製成的陽曆不謀而合。其構想則爲八百年後，英國氣象局長蕭訥伯（公元一九三〇年）所採用，而製成今日所謂的蕭氏曆。

五、指南針與磁性羅盤：沈括應用指南針的磁性動向，而發現北極星的眞正位置不在地球的正北，而偏向微東，這就是以後天文學家所發現的地磁偏差。從指南針的指向，以及地磁偏差的發現，才進一步完成了磁性羅盤。日後海運的發達，航向的撥正，都與這項發明有密切的關係。

六、隙積術：這是算術中求積尺的一種方法，或稱之爲「級數求和法」，也等於今日高等數學裏的「積彈法」（Piles of Shot）。所謂積彈法，原本是兵工廠裏堆積子彈的方法，也就是一般算術裏的堆垛法。這方法有好幾種；例如，將球狀物體堆爲錐形體、劈狀體等，這種堆積可分爲：⑴三角形，⑵正方形，及⑶矩形。宋元數學家都稱他爲垛積法或垛積術，沈括在他的筆談裏，對於這一計算方法，解釋得非常清楚而詳細。

七、會圓術：除了隙積術外，沈括又創建了一種會圓術，就是從已知的圓直徑，求它的弓形高與弓形底的弓弧形法。元人郭守敬在創製授時曆時，曾以四次方程式，求天體黃道積度的矢（弓形高），就是引用沈括會圓術方程式而完成的。

八、石油的發現與利用：當沈括於公元一〇八二年，奉命成守西北邊防時，他的大本營便設在現今陝西的延安。由於他不時親往附近各地調查山川形勢與人民生活，於是便在二郎山下發現了一種可以着火的黑色液體，因爲這種液體乃是從石隙中滲透出來，所以沈括便稱它爲石油。而且因爲石油着火後，發生大量黑色濃煙，所以他就利用這種濃煙，作爲製墨的原料。並且肯定地說，這東西將來必有大用。他的詠石油詩，就是在這時寫成的。

其實石油之發現並不起於沈括，早在晉朝年間張華卽在其所著博物志中寫道：「延壽（陝西）南方山岳，卽有由岩層噴出之泉水，聚而爲塘，大如竹籠，水可沿水溝流失，而此一粘性油質液體，有如肉湯，又如未凝固的油脂，用火點燃，焰色極爲明亮，但不能食用，土人謂之石漆。」這是在公元二九○年中，有關石油的記載。又據三國志載，魏國鄧艾，抵江油。蜀漢亡（公元二六三年）此間所稱江油乃四川龍安府之一縣也。其名稱江油，乃江中有油之謂。近年該縣已發現石油並正鑿井取油。可見石油之發現甚早。又據元和郡縣記載，當公元五六一年——五七七年間，突厥人攻襲甘肅酒泉時，北周人某曾用從石隙中流出之天然潤滑油來抵抗敵人。這種天然流出的原油，我國人常稱之爲石油、石漆、石脂水、脂水或猛火油等名詞。

我國古代小說中，常有「弱水」這一名稱，李約瑟氏在其所編中國之科學與文明一書中，曾懷疑所謂弱水，就是貯積天然石油的池塘。因爲郭璞（西元三○○年）注解山海經中之弱水稱：「弱水之弱，不勝鴻毛。」而唐代大儒張守節則以爲此種弱水非毛舟不可濟。如非石油聚滙而成的河水，爲什麼會非毛舟不可渡呢？

九、立體地圖模型的創作：神宗熙寧八年，他以制誥的身分，奉使契丹談判畫界問題，便將他的考察心得和調查資料，用熔臘製成一凸出的立體地理模型，歸來後，又根據進一步獲得的結果，和兩國畫界的山川地形道路等，照臘製模型的更正結果，再用木材雕刻成一個立體的地理模型，呈獻給神宗皇帝。這不但是世界立體地理模型的創作，也是以實測模型作爲奏議說明的第一次。至於其測繪地形，以及比例縮尺等的製圖方法，也與今日的製圖原理完全相同。

十、胚胎學的論述：續筆談最後一條說：「凡草木百穀之實，皆倒生，苗下系於幹，其上抵於穎處反是根，人與鳥獸生胎，亦首皆在下。」這就是沈氏觀察生物倒生胚珠的研究結果。

十一、荔枝的接穗術：筆談卷二十四第二十三條記載：「閩中荔枝核有小如丁香者，多肉而甘，土人亦能爲之。其法取荔枝木，去其宗根，仍火燔令焦，復種之，以大石抵其根，但令旁根得生，其核乃小。」這是一種園藝學上的空中壓條或枝接法（Grafting）。沈氏所敍述的火燔令焦是什麼意思，則不太明白。其實只要令旁根生出後，斬其宗根（與原株接連之枝），復種之，便成了，用不着再用火將切口消毒。這種無性繁殖法，乃在保持其原種不變，所以其核仍然很小，甜而多肉也。

十二、殺蟲藥與殺草劑的應用：沈氏在他另一篇「忘懷錄」裏說，在出外旅行時，除了隨身行李外，還要帶一個小書箱，書箱裏除喜讀的書外，還要置放一小包殺蟲藥，以免書籍爲衣魚等蟲所蛀食。這裏所說的殺蟲藥，曾在筆談卷三第十二條裏記載說：「古人藏書辟蠹用芸，芸，香草也，今人謂之七里香者是也。葉類豌豆，作小叢生，其葉極芬香，秋後葉間微白，如粉汚，辟蠹殊驗，南人採置席下，能去蚤蝨。」這是有關我國早期便已使用殺蟲藥的證明。當然這一方法不自沈氏始，但由他筆之於書，留傳後世，也可作爲我國早期文化的發展說明。

其次沈氏在他的筆談卷四第三條裏記載：「楊文公談苑記，江南後主患清暑閣前草生，徐鍇令以桂屑佈甎縫中，宿草皆死。謂呂氏春秋云，桂枝之下無雜木……。雷公炮炙論云：以桂爲丁，以釘木中，其木卽死。一丁至微，未必能螫大木，自其性相制耳。」筆者幼讀一書稱，以胡椒一粒，置樹幹穴中，密閉之，此樹一二年後必死，當是同一道理。

十三、畢昇發明活字版：除了以上的一些例子外，還有一個最值得人興奮的，便是他在該書卷十八第九條裏，將畢昇發明活字版的故事，很詳細的寫出來，就連畢昇的活字版原件，也藏在他的家裏，可惜沒有流傳下來。有了他這段文字的敍述和證明，我們才贏得了發明印刷術的美譽，要不然這一發明權，又要被歐洲人搶去了。

以上只舉筆談中一些比較突出的例子，至於類似這樣的例子還有很多，確乎是中國古書中汎論科學成果最多的一本。最可寶貴的，是這些科學成果，大部份是沈氏自己研究的結果，或從實驗與觀察裏得來。可見沈氏在古代中國科學上的成就，和他這本書的價值了。英人李約瑟氏在他所著「中國之科學與文明」一書裏曾說：「我覺得最驚奇的，就是他這本偉大著作，直到如今，還沒有翻譯成任何西方文字。」這原因很簡單，讀歷史的人以爲它不重要，而讀科學的人，又覺得它是古董，用不着譯出來獻醜。沈括地下有知，對於英人李約瑟的推崇，當有「海外存知己」之感，而含笑九泉了。

二八、物理與化學

旁有垣闕，狀似蓬壺；
環匝關閉，四通踟躕。

——周易參同契

㈠物理學的研究

古人對於力學的研究很有成績，因此機械學的發展也很早。老子說：「小國寡民，使有什佰之器而不用。」這就是說，當時已有可以省力而代替人工的機器了，只是大家不願應用而已。關於古代力學方面的研究，最普遍的有以下數件：

甲、槓桿的發明：晉朝皇甫謐寫了一本高士傳，[67]裏面記述了子貢和漢陰丈人的事。漢陰丈人是楚國人，一天子貢出使楚國，路過漢陰地方，看見一個老人，自己抱了一個瓦罐，下到井裏面去取水，灌溉他的菜園。子貢便告訴他，可以用桔槔的方法取水，用力少而取水多，不必再拿起瓦罐到井裏去取水了。漢陰丈人笑着說：我的老師告訴我，如果用機械作事，便要產生機心，有了機心，心地便不純潔，心地不光明純潔，便心神不定，神不定，就沒有道，沒有道，人生也就沒有意義了。我並不是不知道用桔槔取水，可以省力省功，只是不願意用它而已。可見周時我國已經普遍應用這些槓桿原理，作爲機械取水灌田了。

除了桔槔、船櫓以外，中國人利用槓桿原理最普遍的便是「秤」(Steel-yard)。關於中國人稱重用的秤是一種不等臂天平，這較西方人所用的等臂天平，在槓桿原理上說，要複雜而高明得多。關於中國「桿秤」的發明，雖說爲時很早，但究竟創始於什麼時候，則沒有可靠史料，足資證明。呂氏春秋記載，黃帝使伶倫取竹於崑崙之谷，爲黃鐘之律，而造權衡度量；又因其所勝輕重之數而生權，以爲銖兩斤鈞石，則秤之始也。雖然如此，我國用秤或可早在殷商時代，至少在周初已經很普遍了。因「稱」字見於孫子兵法書中，而孟子更說：「權然後知輕重，度然後知長短。」此外，愼子書中也說：「厝鈞石，使禹察錙銖之重，則不識也。懸於權衡，則氂髮之不可差別，」不待禹之智，中人之知，莫不足以識之矣。」這說明「秤」在周朝已很普遍。據文獻所載，當時常見的桿秤，是將桿之一支點，懸固於某一物上，另端繫物，他端繫錘，將錘在桿上滑動，至桿呈水平時止，讀錘懸在的度數，便是所稱物之重量，這較等臂天平使用法碼，要快捷而方便得多；當然需要的槓桿原理也要複雜一些。

應用不等臂天平，雖較快捷，但十分細小的東西，或價值昂貴的東西，甚至影響巨大的東西，便必須更準確的權衡器，因此才有等臂天平的產生。據說，等臂天平在公元前三千年便已經在埃及史料中發現，而且一直沿用到近代。至於中國人用等臂天平，亦可追溯至周末漢初，最近自長沙楚墓中出土的器物中，便有大小不同的環形法碼，至明初（一四五一年）更有皇帝下詔天下，宣佈製造天平的各類規格。關於中國人的等臂天平，通常稱之爲「等子」或「天平」，多用在稱量微小物品如金銀珠寶及藥材上面。

歷代政府對於度、量、衡的製造和校正非常注意，這是因爲易起爭端的關係。呂氏春秋記載，周代已經有一項從上古流傳下來的法令，規定每年秋分（在每年的九月二十一至二十三日，視年期而略有移動。），校準各項度量衡，這大概是在此時間中，大氣的溫度和濕度都很平均，年期的差別不大，這時校準各式度量衡器，最爲可靠。張衡在他的東京賦中也說：「量齊急舒於寒燠」，這是指溫度與器物間有密切的關係。

關於中國秤的用法，大家都知道，但確有個極爲有趣的故事，不妨把它記在下面，作爲插曲。據說，在我國康藏地區，常有一些夷人，知識較爲低落，文化程度不高，對於中國的器什物件不大明白。因此常受不肖漢商的欺騙，特別是在秤重方面。某次，一個夷人對他的兒子說，當漢人用什麼桿秤稱你的藥材時，你必須要他用同一桿秤稱他的食鹽。（因爲漢夷交易，多半是用藥材換取食鹽。）於是這個兒子將這一交易原則牢記在心，當漢人稱完了他的藥材，要換一桿小秤稱他的食鹽時，這個夷人立刻將稱藥材的桿秤拉住不放，聲明一定要用剛才稱量藥材的桿秤，秤量食鹽，於是二人發生爭吵，此時漢商的太太聽見外面吵鬧，便出來詢問，漢人立刻大聲斥責他的太太，不准她出來管閑事，而且將手裏的秤錘投向她的太太，假意要打擊她；而這位極爲機警的太太，立刻將另外的一個小秤錘反投向她的丈夫，於是這位漢人，便拾起這個小秤錘，稱量交換的食鹽了。

乙、比重計的製造：根據我國古典「天工開物」（明、宋應星撰）的記載，我國製鹽極早，當可追溯至黃帝時候，至遲在周時已經大量製造了。而在挖取鹽滷時，爲了測知這些鹽滷的濃度，常使用一種叫做「蓮管秤」的比重計去測它。這種蓮管的製造非常簡單，便是採取石蓮若干粒，先在淤泥內浸泡，然後再用四種已知不同濃度的塩滷，分別浸泡。其浸於最鹹的鹹滷者爲第一等，三分滷加一分水者爲第二等，半滷半水者爲第三等，一滷二水者爲第四等。浸泡好了後，將此等蓮子裝入竹筒中，上覆蓋一竹絲網，防止水滿後蓮子外洩，然後在竹筒中裝入未經檢定的滷水。如第四等蓮子浮起，則表示此滷水中所含鹽質甚少，是其中水多於塩也。如蓮子浮起三粒，則表示此滷水中所含之鹽質在七五%左右，四粒均浮起，則爲第一等之鹹滷。這是我國二千年前的比重計。三國演義裏所說曹沖稱象的故事，也是一種比重量計法。

丙、光學的研究：關於我國光學的研究，當以墨翟爲最著。雖然周初已經有人鑄金爲陽燧以取火的事實，但在理論的說明與實驗上，卻以墨子集其大成。墨翟在他所寫經上及經下兩卷書裏，說了很多有關他實驗光學的結果，這裏把它分別說明如下：

一、光的直行性：墨子說，光線的進行是以直線行進。何以見得呢？因爲光線經過小孔以後，它的光線並不折射。還可以人的景像證明，因爲一個人的景像，經過小孔以後，他的頭部便在下面，足部反而在上面，這一倒像的發生，便證明光線的性質是直行的。所以墨子經說下說：「景光之人煦若射，下者之人也高；高者之人也下。」

二、光的複射性：墨子以爲光有複射性，因爲光如果穿過一小孔，則光線很淸楚，孔愈大，愈不淸楚，這就證明，光線雖然是直射的，但也有複射性質，沿途的光也要被分散。於是照得愈大愈遠，光線的明亮度便愈小愈模糊了。所以說：「光至影亡。」又說：「木柂景短大，木正景長小。」

三、焦點的發現：墨子說，光線可以聚於一點，因而增加它的明亮度和熱量。陽燧之所以能取火於日，便是因爲能將日光的光線聚集在陽燧的一點上，而產生高熱，將樹枝點燃。因此墨子說：「在遠近有端於光，故景庫內也。」

四、虛倒像產生的原因：用凸透鏡照射，則鏡面產生虛像；但用凹球鏡則產生倒像。這都是因爲焦點聚散遠近的關係。所以經上說：「景之臭無數，而必過正，故同處其體俱然。」又說：「臨鏡而立景倒。」由於墨子對於凸凹鏡的硏究結果，已經相當進步，所以有人懷疑，我國周時已經應用這種原理製造成望遠鏡，以觀察太陽中的黑子了。[85]

五、透視線的記載：古人是否已經發現類似 X-Ray 的放射光線，不敢臆斷。但是在我國古書中確乎有了許多這一類的記載。例如列子仲尼篇載：「文摯命龍叔背明而立，文摯自後向明望之曰：吾見子之心，方寸之地虛點。」又史記扁鵲列傳：「長桑君與扁鵲藥，使飲以上池水，三十日視見垣一方人；以此治病，盡見五臟癥結。」[85] 又西京雜記：「咸陽秦庫方鏡，廣四尺，高六尺九寸，人以手捫心而來，則見腸胃五臟，歷然無碍。」這簡直就是一套 X-Ray 透射儀器，只是沒有照射在膠片上，用印像紙保留下來而已。

六、銅鑒的析光術：我國古書如夢溪筆談、中州集、餘光錄裏均曾記載，在古時有一種銅鑒（

銅鏡），它背面雕琢的花紋、鳥獸等圖像，可在日光照射之下反映出來，印在牆壁上，㊻好像是幻燈機一樣，但銅鑒的正面確是平滑無紋的。這種幻景形成的原因爲何？連外國的光學專家也不知道。這類古銅鏡在元朝還有發現，因爲元人吾子行曾親見此一銅鏡的反映圖像，與其背面刻雕的盤龍像完全相同，可惜當時以爲是怪像，所以便把這一銅鏡打碎了。㉟

關於這類銅鑒的製造方法，元人吾子行曾加以敍述稱：「鏡銅有清濁之分，鏡背鏤作盤龍，齊於鏡面，竅刻作龍，如背所狀，復以稍濁之銅，塡補鑄入，削平鏡面，而加鉛其上，舉以向日，影光相射，隨銅清濁，分明暗也。」換句話說，鏡背面的刻紋是透過鏡面的，而且所用的銅品質不一樣，反光的程度也有所差別，於是正面磨平後，在平常光線下分不清楚其明暗，但在太陽光反射下，便清楚地映在幕上了。不過沈括在夢溪筆談卷十九第十一段所述：「人有原其理，以謂鑄時薄處先冷，唯背紋上差厚後冷，而銅縮多，文雖在背而鑑面隱然有跡，所以予光中現……然予家有三鑑，又見他家所藏，皆是一樣，文畫銘字無纖異者……意古人別自有術。」㊻

㈡化學的研究

我國化學的研究，當起源於煉丹術，這是中外化學家都承認的。而述說煉丹術的內容和結果的書，則以東漢桓帝時代（公元一四二年左右）會稽人魏伯陽所寫的「周易參同契」爲最早。這在一九二〇年布朗（Brown, J. C.）在其所著化學史（a history of chemistry）一書中，予以證明。而我國吳魯強氏（一九三二）更將參同契這本書譯成英文，發表在科學史雜誌上，受到全世界人的注意，而李約瑟氏更稱其爲在化學史上佔首要地位。

關於參同契的意義，據宋朝大儒朱熹解釋，參是三的變寫，同是共通，契是互相吻合的意思。換句話說，這書中所載的一切敍述和結果是與周易相通而義理互相吻合的意思。更換一句話說，這書的內容和結果的理論根據是由周易而來的。

參同契書中的立論和結果很多，由於歷史久遠，文字上的應用，以及作者所寫的術語不同，所以今日讀來，很多已經模糊不清了。據一般專家的推測，目前已經知道的，有以下幾點：

一、汞的研究

參同契書中記載：「河上姹女，靈內最神，得火則飛，不見埃塵，將欲判之，黃芽爲根。」據蔡仁堅氏在其所著「古代中國的科學家」[152]一書稱：姹女是汞，得火則飛是它加熱後便昇華了，黃芽是硫，則硫如像有神靈似的，將汞制服了，而且不留一點痕跡，轉眼便形成了丹砂（硫化汞）。如果將這一變化過程用現代的化學反應式記出來，可如下示：

$$2Hg+O_2 \longrightarrow 2HgO$$

$$Hg+S \longrightarrow HgS$$

以上的化學反應，在傳至阿拉伯人後，曾經過歐洲的煉丹家，百做不厭，因爲從白亮的水銀，忽然變成紅色的丹砂，的確令人感到奇怪。

二、定量分析

魏伯陽經過多次的實驗，以及參考前人研究的結果，發現一切的化學反應，都有一定的數量，過多過少，都不適宜。所以他說：「端緒無因緣，度量失操持，……千舉必萬敗。」意思是說，實驗時所加入的藥劑，如果數量不合，怎樣也作不出來。又說：「分劑參差，失其綱紀，愈見乖張。」這也表示參與的藥物，要有一定的比例量，才會有結果，否則不會成功。這顯然告訴後來的人，在作化學實驗時，各種藥物都應該有一定的比例。可惜書中還有許多說明，大家都不明白，也許魏氏在其他地方，曾經將各種化學的比例量，記述下來了。當然，他所寫的比例量在今日看來，未必合理，但要知道，當時所用的化學原料，都是天然物，雜質很多，純度不一，應用起來，便只有憑經驗和運氣了。

三、合金的分析

當一塊礦石在熔爐中鍛煉時，便發生了很多不同的結果，因此參同契書裏說：「龍呼于虎，虎呼龍精，兩相飲食，俱相貪並，……故鉛外黑，內懷金華。」這末後兩句話，指的是鉛與金的礦塊，從表面上看是一塊黑色的鉛，但經鍛煉後，便成爲鉛與金兩部份了。而金的光彩奪目，與氧化了的黑鉛，便不可同日而語了。

我國在唐時便已經知道用銀粉補牙，當時書載名之曰銀膏，乃是用白錫、銀箔、和水銀調和後，凝硬如銀。這些方法都存在宋唐愼微的「大觀本草」上，（葉慶林述，中央日報、六七、三、一九。）這較西方的醫學早了一千年。此外，中醫也用藥物治療蛀牙等。

四、金的特性

從提煉精金的結果，發現金子不容易氧化，所以其色澤常保持不變，所以參同契說：「金入于猛火，色不奪金光。」中國俗語常說：「眞金不怕火煉。」

五、屬性的區分

在提煉金屬的時候，不是同屬的不能發生作用，除了金屬以外，其他物質也是如此。所以參同契說：「欲作服食僊，宜一同類者，……類同者相從，事乖不成寶，……雜性不同種，安肯合體居。」所以煉丹家常常在火煉了若干天後，打開丹爐，仍沒有發生變化，就是不同屬性的關係。

但在化學研究方面，最可稱道的，還是氧氣的發明。

六、氧氣的發明

氧氣是中國人發明的，這恐怕會使全世界的人震驚。

根據英人韋克斯女士（Weeks M. E. 1934）所寫的化學元素史裏記載，在中國唐朝的時候（公元七五六——七六二年），有一個人名叫馬和（譯音），寫了一本書名叫「平龍認」，（這本書已不可考）在第三章裏記載了以下的一段敍述：[79]

大氣或稱含眞氣，是靜止在地面上與昇至雲表的氣體，當陰的成分（組成大氣分子之一）過大時，則地表之氣便不如雲表之氣爲完善或充滿。卽用人的感觸，就可以覺到含眞氣的存在。但因氣中含有火素，因此我們的肉眼便看不見它了。不過卻有許多方法可以提取氣的成份，並可取出其中陰的部份。我們最先可用「陽」的變化物提取之；如用金屬、硫磺及碳等。當我們用火燃燒時，這些原質乃與空氣中陽體混合，而發生此二種元素之新的混合物。

陰氣是永不純淨的，但以火熱之，便可以從青石、火硝和黑炭石中取出來。水中亦有陰氣，不過它常和陽氣縝密的結合在一起，很難將它們分開。火素把陰氣隱藏起來，所以肉眼看不見，而我們所能見到的，僅陰氣所發生的現象。這裏所說的陰氣，便是英國化學家 Joseph Priestley 在公元一七七四年，用紅色水銀加熱後所製得的氧氣。但馬和所敍述的氧氣卻較 Priestley 早了一千年。

Weeks 氏稱，平龍認的第三章非常重要，這是證明中國人在第八世紀的時候，對於氧氣，已有了相當明白的概念和認識，作者稱它爲陰氣，或不完善的氣體（單一的氣體）。若不如此解釋，試問還有什麼別的氣體成分，能和燒熱的金屬，或硫磺和木炭相混合，而組成一種新的混合物呢？馬和在他的書裏確認水是陰氣（$O^{=}$）和陽氣（H^{+}）的混合物。這對歐洲人來說，是有莫大的興趣和鼓舞的，因爲歐洲人一直相信水裏只有一種元素（Element）。

關於氧氣與其他金屬類的結合或混合問題，馬和氏更有進一步的解釋和說明。中國人早期便發現了金、銀、銅、鐵、錫、鉛等金屬物，而且以爲金最完善、最純淨，它是屬於陽的；通常象徵着盡善盡美和純潔。因金內並不含陰（O_2），所以它的價值最高。銀（Ag_2O）內已含有少量的陰，銅（Cu_2O）更多些，鉛（PbO, pbO_2, pb_3O_4）是含陰最多而最不純淨者。金從不與陰混合（不氧化），且常保持其原狀，卽加以極高的熱度，也不會使它改變。在高山裏埋藏的銅，常保持其本質，或已與陰氣混合，或與硫磺混合，但如把它熔煉若干次，它便逐漸失去紅色，它和陰的關係很密切，要分開它們，非常困難；可是它卻很容易和陰混合，吸收水分或白礬，因此便成了銅銹，或稱銅綠（CuO）。如果要提取美麗的銅綠色，須將銅擊成碎末，和以白礬及水，共煮之，待水冷卻後，水卽變成綠色，此時須再加以鹼水，鹼水沈澱爲「小綠色」，古人多用這種綠色的水來繪畫植物和竹葉。如再要提取銅藍色，則須再混合三勺的紅銅屑與十七勺的硇砂，然後和以純水煮之，漢朝的謝桀（Hhiene Pann）便是發明銅藍的人。

二九、植物的研究

李叟維稍直塘樹，便覩仙眞跨龍去；
却出靜囊肘後書，似求元宴先生序。
華陽眞逸臨欲仙，誤註本草遲十年；
何如但付賢郎寫，羊角橫搏上九天。

——送時珍　王世貞

中國人對植物的研究，應該很早，雖然古書上記載，第一個研究植物的人是神農氏，可是後來的人們，一直懷疑神農這個人是否存在？對於他所寫的神農本草這本書，也說是後人僞造的。不管人們怎樣說法，但有了「神農本草」這本書，卻是事實。這本書在漢朝初期，便在民間流傳了。因此可以說，我國在周朝的時候，便已經有很好的植物學研究和記載了。

姑無論神農本草是何人所寫，但它裏面所記載的各類植物，都實實在在地生長在全中國的原野裏。由於研究植物的人只注重它的藥性和對人體的生理反應，所以描述它對人體生理的反應和效用，較之形態、生態及分佈更爲普遍。雖然如此，爲了使採集的人容易了解，所以研究的人，也順便記載了它的形態和產地，甚至於它生長的氣候環境等生態情形。因此可以說，我國初期研究植物學的目的是以醫藥爲主。因爲這些研究是在乎治病療疾，所以較之純植物學的研究，更有益於人類的生存繁衍。

關於神農氏嚐百草的說法，儘管令人懷疑，但事實仍然是事實，我國在二千多年前，便已經有一部描寫植物學的書，是值得我們驕傲和效法的。據筆者自己的推想，初民爲了治病起見，總在不斷地尋求藥物，而這部神農本草，便是累積無數先民多年的知識和經驗而有的結晶品。後人更跟踪他們不斷地將新的藥物、新的經驗和新的知識加進去。過去不切合實際或錯誤的地方，都不斷地予以改正。因此自神農本草以後，便有各代的名醫聖手，和對植物有研究的人，更撰寫了無數本的本草書籍。這些書籍，有的是個人的研究成果，有的是集體創作；有的是私人出版的，有的是國家命令刊刻的。所以二千多年來，我們已經有了數十部，有關醫藥方面的植物學研究。

從神農黃帝至明朝，中國人對植物學的研究，雖然已經有了無數名家的著作，但這些著作多半是傳抄的，偶爾將一些新知識和新經驗的結果累積上去。而實際從事植物學基本研究的人，卻屬很少。可是在公元一五五二年間，我國的李時珍（字東壁，別號瀕湖山人，湖北蘄州人，一五一八——一五九三年）先生開始了他的實際研究和考查。這時他剛剛滿三十五歲，他因爲發現過去許多植物學的書籍都含義不明，敍述不清，有時一物數名，或數物一名，如天南星和虎掌原是一種植物，卻誤爲兩種藥物；而蔓菁和菘菜實際上是兩種植物，卻誤爲是同一植物。爲了要糾正這些錯誤，所以李時珍便攜同他的學生龐憲和瞿九思等，到各地方去行醫採藥，更搜集神奇秘方，以及徵求古書古籍。時而到名山大川去採集珍品，時而到窮鄉僻野去發掘奇花異草。如此經過了十幾年的時間，到過四川、湖北、江西、安徽、江蘇等省，採集了上千的植物標本，搜集了無數的醫藥古書。這期間他採到了可以作痲醉劑的曼陀羅（Datura），也採到了人間罕有的貢葯檳梅。㊸

當他數次長途旅行，蒐集到他所需要的文獻和標本後，便返回故鄉，召集他以前的學生、兒子和孫子，共同編寫這部本草。一共花了二十七年，才將所搜集到上千種植物標本的名稱、形態、藥性、產地等，編寫繕校完畢。正本抄寫完畢後，又按照各項標本的實際形狀，繪製插圖。當他完成了這部曠古未有的巨著時，全家上下以及他的學生都高興極了。可是繼之而來的是如何出版呢？雖然他的醫術高明，聲望極著，但他爲人正直，不隨便要錢，就是醫好了楚王王子的病，（有人以爲係楚王朱英㷿的妃子胡氏害胃腸病，時珍以延胡索方治癒了她。）王妃拿了一大盒珠寶要送他，他也不要。因此直到暮年，仍然是家徒四壁，沒有錢出版。要想請求國家津貼出書，也不容易。儘管如此，由於他所撰寫這本書的價值很高，所以大家便爭着傳抄，直到李時珍七十六歲那年，臥病家中時，仍然沒有出版的消息。其後他的兒子曾將一份抄本，呈獻給神宗皇帝，可是這位皇帝只把它存查歸檔了事。（據悉，李氏的這份原稿存在文淵閣，次年火焚文淵閣，便一起遭到了回祿。）不過好的東西，還是有人要的。一五九〇年南京的一位出版商，名叫胡承龍的開始爲這一名著刻板印書，這便是最初的小字金陵本。直至一五九二年李時珍死時，還沒有雕刻完畢，不過，這消息已經傳到李時珍的耳中了，他在興奮與微笑中逝世。目前我們讀到的李著「本草綱目」，就是這位不畏艱苦的有心人的傑作，李時珍地下有知，當亦可以瞑目含笑了。

李時珍氏窮了畢生的精力，編著這本本草綱目，的確是對國家民族的偉大貢獻，但這一大貢獻，並不止於此。根據各方面的報導，這部書對整個世界人類都有很大的影響；不只是在醫藥上有影響，在植物學上，在生物學上，在遺傳進化學上，都有其不可磨滅的價值。

關於李氏的這部著作，對世界科學而論，確有如下的影響：

一、世界最早的藥物學：本草綱目是世界上第一本有系統的植物學，當萬曆二十四年（一五九六年）胡承龍所刋印的小字金陵本出版後，便被許多人，搶購一空，其中有的傳到了日本，便被在德川幕府中的林羅山氏翻譯成日文，一七八三年又有日本的自然科學家小野蘭山，再次將全書翻成日文；一六五六年由在華的波蘭傳教士卜彌格（Michael Boym）譯成拉丁文，並名之爲「中國植物誌」。一六九六年法人弗格斯（Th'evenotes Voxages），將其中重要部份譯成法文；一七三五年再由法人都哈德（J. B. du Halde）節譯爲法文，且以後的英譯本，也是根據都哈德的譯本而成的。總之，這本書一共譯成了七種文字，有數十種版本，在中國人所著的書中，至今還沒有一本書能勝過它。

二、雙名制的由來：凡是讀植物學的人們都知道雙名制是瑞典植物學家林納氏所發明的。但是林納是讀過了布克斯和客服（B. Brockers & E. Cave）二氏所譯的本草綱目的英文本以後，才根據李時珍的本草雙名制而確定的。而李時珍之所以應用這一制度，又是根據中國人姓名的排行而有的，因爲中國人名的排行制度，就是一種雙名制。所以說雙名制的產生和發明，都是中國人的傑作，林納氏只不過套用中國的制度而已。所以蔡仁堅氏說：「林納氏的分類學結構思想，其主要的靈感和啟廸都是來自本草綱目。」[152]

三、進化論的起源：李時珍在研究植物學之餘，兼亦研究動物學，因爲在藥物學上，動植物均有價值。就李氏本草綱目中所述動物方面的種類，多達四百四十四種，爲了研究方便起見，所以將這四百多種動物分爲：蟲、鱗、介、禽、獸、人六部，其中除介類指爲軟體動物稍不合現代科學分類外，其餘都極合乎現代科學分類學，因爲李氏的這種分類方法，完全是照着動物的進化程序而分。

此外，李氏在研究動植物分類之餘又發現了動植物隨環境而變異，而且這種變異都有脈絡可循。例如，李氏在本草綱目中記載說：「烏骨鷄有白毛烏骨者，有黑毛烏骨者，有斑毛烏骨者。有骨肉俱烏，或肉白骨烏者……」又在金魚條下說：「自宋始有畜者，今則處處人家養玩矣，……初出黑色，久乃變紅，又或變白者……。」達爾文（Darwin, C. R.）在他所著的「動植物在人工培養下所發生之變異」(Variation of Animals and plants under Domestication) 一書中曾引證烏骨鷄條說，烏骨鷄在人工長久飼養下，其羽毛、骨、肉均會產生變異。又金魚的顏色，也可在人工的細心培育下產生突變。而中國人在宋朝便開始由人工培育這些不同色澤的金魚。達爾文氏並在其書中註明，這些研究結果都是取材自一五九五年出版的「中國百科全書」（Chinese Encyclopaedia, Published in 1595。）這本中國百科全書，就是李氏的本草綱目。

李時珍窮了畢生的精力，在全家人的支持下，完成了這本震驚中外的曠古巨著，他的貢獻是屬於世界的，歐洲的文明藉着這本書而愈益光明。這是中國人的光榮，我們後代子孫也與有榮焉。

三〇、動物的豢養

瑤池罷遊宴，良樂委塵沙；
遭遇不遭遇，鹽車與鼓車。

——驌驦駿　杜牧

先秦學者對於動物的研究，多從其心理狀態着手，這大概是方從遊牧轉入農耕的關係。至於有關動物的分類、形態和生理方面的研究，則遲至宋、明才有少許成就，而這一研究的發軔，還是從人的生理衞生方面的研究而漸次延伸的，因爲唐、宋以後的醫藥漸次發達，對人體的解剖開始注意，由於人體解剖學的進行，才漸次及於動物的形態和分類，至明時李時珍本草綱目的研究完成後，才達於雛型。

關於先秦人民對於動物心理學的研究，可用下面幾個歷史上的記載，來加以說明。

一、馴獸術

列子黃帝篇說，周宣王時（公元前八二七——七八一年）有一個管理動物園的小官，名叫梁鴦。他能夠訓練凶禽猛獸，將虎狼鵰鶚之類，聚養於一園中，彼此柔馴，不相爭逐侵犯，雌雄在前面走，小動物也成羣結隊的跟隨在父母的後面，各取所需，從不爭鬪。宣王對於這一個大動物園非常愛好，常常到園裏去散步，欣賞各種動物在一起頑皮跳躍的情形。一天宣王忽然想到，要是梁鴦死了，沒有人接替他的工作，這麼好一個動物園，豈不要弄得一團糟。於是便叫了一個年青園丁，名叫毛丘園的來，要他跟梁鴦學習馴養動物的方法，駕馭凶禽猛獸的技術，以便日後接替梁鴦的工作。梁鴦便告訴宣王說，我這個動物管理員，是一個不重要的小官，沒有什麼特別技術，也用不着多少知識。我這就告訴您，如何馴養猛獸的方法吧！據我的經驗，所有動物都是順之則喜，逆之則怒。動物的喜怒無常，但卻不會無緣無故的亂發；必定是人悖逆了他的獸性，才使牠不高興而大發脾氣。譬如喂飼老虎時，決不可將全生的活物給牠吃，必須要先將活物殺死，再分割成一塊一塊的給牠吃，這是因爲一方面避免觸發牠的殺性，另一方面不要引起牠的咬物性。當牠餓了的時候，便給牠吃飽，使牠沒有貪食性。老虎與人都是一樣，你喂養牠，牠倚靠你，當然不會殺你，吃你。其實我在這園裏養了幾十年的獅子老虎，我也是隨時小心翼翼的不敢惹牠發怒，免得牠吃我。同時更要知道，所有的動物都是喜後必怒，怒後必喜。因此我對牠們也無所謂喜怒與順逆。我與牠們一樣，牠們也視我和牠們一樣，所以留在這動物園裏有吃有住，便不再想那些森林曠野了。

二、相馬術

春秋時秦人孫陽，字伯樂，善相馬，尤其是千里良馬，經他一看之後，便可評定其優劣，絲毫不爽。一天孫陽因公外出，經過虞坂地方，看見一匹瘦馬，因爲拖着鹽車太重，而且是上坡，在主人不斷鞭策下，不能勝任，只好躺臥下來休息，不斷喘氣；主人以爲牠偷懶，還在那裏用力鞭撻，呵罵。伯樂見了此馬，腹下旋毛如乳，知是千里馬，乃趕快下來，將自己穿的衣服被覆在馬背上，阻止主人繼續鞭箠；一面給予飲水，一面撫摩馬臉及週身，而且痛惜這匹千里良駒，在不知良馬的主人驅役下，行將含恨以歿，不覺聲淚都下。主人不解其意，還以爲這人發瘋了呢？這匹伏櫪瘦馬經過了伯樂撫摩週身以後，漸次喘過氣來，便慢慢站立起來，仰天長鳴，聲聞於天，於是伯樂便將他自己的馬與車主交換，騎着這匹瘦馬回家去了。

由於伯樂的相馬術非常高明，以及一般人不知道什麼是好馬，所以唐人韓愈，特別寫了一篇「伯樂與千里馬」的好文章，以爲世界上千里馬常有而伯樂不常有，因爲就是有了千里馬，在一般庸俗馬伕的驅役下，吃也吃不飽，即使吃飽了，只叫牠去拖鹽車，如何能够顯示出牠的長處呢？牠不能够展示長才，還怪牠不中用，以爲不是好馬。這當然不能怪馬不好，而是人不懂馬而已。

伯樂的親友知道他會相馬，於是大家都要拜他爲師，求他指示相馬術，伯樂在人情不可卻的情形下，只好來者不拒，大辦其「相馬訓練班」了。伯樂在訓練學生的時候，將他的學生分爲甲乙兩班。甲班是遠親及近鄰，乙班則是親戚故舊，或平時交情比較深的人。甲班的課程是「高級相馬學」，以千里馬爲對象；乙班的課程是「初級相馬學」，以普通馬爲對象。但是甲乙兩班的學雜費則是一樣多，而且只辦這一期，以後不再繼續了。因此乙班的學生家長，認爲老孫偏心，簡直不顧親戚友誼，把他罵個半死，他也不管。過了半年，他的親友都來向他道歉，因爲他們學的普通馬相術，大有用處，因此賺了許多錢；而學高級相馬學的人，因為認識千里馬的人太少，就是有了千里馬也不願出高價收買，所以生意不好，沒有賺到什麼錢。

九方皋（或作九方堙）是相馬訓練班甲班的高材生，對於相馬術相當精深，盡得伯樂眞傳，因此秦穆公便請他到市上去選購一匹千里良駒，結果九方皋跑到蒙古沙邱地方，才選購了一匹好馬，於是講定價錢，先交了定金，然後回來告訴秦王，馬已經訂下來了，只因為所帶的銀兩不够，只好回來報告，請派人拿足價銀取馬。穆公問他是怎樣的一匹馬？他說是一匹黃驃馬（牡而黃）。穆公再問他，是雌的還是雄的？九方皋根本沒有注意，便隨便答稱是雄的。於是穆公非常高興，馬上派人攜帶馬款到戈壁沙邱馬市取馬。當馬牽回來時，卻是一匹雌的烏騅馬（牝而驪）。穆公大不以為然，以為九方皋是個飯桶，連馬的公母黃黑都沒有弄清楚，還會知道牠的好壞優劣嗎？於是找伯樂來說明眞象，伯樂不大相信，以為九方皋還不至於如此膿泡，拆這樣大的爛汚。不得已只好親自到馬廐裏去查看一番。一見之下，大為讚賞，以為九方皋所選的馬的確不錯，至於馬的公母和顏色，或其外表如何？在相馬專家的眼裏，是不太重視的。所以武少儀相馬賦說：「徐先生相馬，不相色，不相力，相其德，奧乎不可測。」

三、鬪鷄術

周宣王（公元前八二七——七八〇年）喜歡鬪鷄，國裏有人選擇了上好名種鬪鷄十隻，呈獻給宣王，但是這十隻鬪鷄還很幼小，不知道打仗妙法，宣王也不懂怎樣訓練，所以便徵召國內鬪鷄專家紀渻子，來為他訓練鬪鷄。

過了十天，宣王問紀渻子道：「鬪鷄訓練好了沒有？」回說：「還沒有好，因爲這批鷄仍然精神外露，虛驕而恃氣。」又過了十天，宣王又問他：「訓練得怎麼樣了？」，紀渻子奏道：「還是不行，因爲旁邊稍微有一點聲音，便分神他顧，心不專一。」再過十天，又問「如何？」；「還不够火候，看見敵鷄到來，仍然疾視而氣盛，不能沈着應戰。」四十天以後，宣王再問，紀渻子道：「好了，現在雖然有羣鷄在旁邊亂叫，已經絲毫不爲所動了。遠遠望去，好像木鷄一樣，氣定神凝，一發不可抵禦了，當者披靡。」果與別鷄戰鬪，連戰皆捷。

鬪鷄這種遊戲，在我國春秋戰國時代已經非常普遍了。不只是一般士庶人熱衷於此，就是士大夫階級，也有很多人迷在這種小玩藝裏。上面所述紀渻子鬪鷄的理論，確有見地。復根據古書記載，我國在二千多年前，不只是有訓練鬪鷄的專家，而且鬪鷄的人，更用種種方法，將鬪鷄武裝起來，以便在戰鬪時，不只是憑勇氣取勝，亦且用秘密武器殺敵。左傳記載，季、郈二氏鬪鷄時，季氏偸偸將芥末撒附在鷄的翅膀上，藉以迷惑對方的靈性和鬪志；而郈氏則在鷄的脚上，加套一付金距，以便殺傷對方，令其屈服。此外，還有一個因鬪鷄而破國的事。據說，春秋時，魯國的季孫氏，便因和郈昭伯氏比賽鬪鷄，結果季孫氏輸了，心裏很不服氣，而大動肝火，恃強佔據了郈大夫的宮室。郈氏告到昭公那裏，昭公也認爲季孫氏豈有此理，於是不聽大夫家駒的勸告，命令郈氏率軍進攻季氏，結果兵敗被殺，昭公也只好逃到國外，組織流亡政府。這就是歷史上所稱的鷄定（或鷄足）事件。

中國文化是內傾性的，正如書法、繪畫與戲劇一樣，只着重內在的意境，至於外界的形狀面貌，多不大注意，因此在動物的研究上也屬同一類型。例如，在對動物的訓練上，不在牠的馴良與表演，而在從動物對人的看法着眼，不是人對動物的看法如何？在相馬術的利用上，是相牠的德而不是牠的力。方九皋之相千里馬，不在牠的牝牡而在牠的靈性。在訓練鬪鷄上是着重牠的德性，而不是牠的威武。當一動物在德性上有所成就時，便到達了絕頂，也就是常人所說的通靈。當這動物達到通靈的時候，就是通人性，與人合一，而人與獸便不分了。中國文化的基準在此，這是只重外表的西方文化，無論如何也不知究竟的。中國文化之玄妙在此，其秘訣也在此。換句話說，中國文化是科學與哲學的混和體，並進而昇華到神哲學的境地。

三一、土壤的分類與改良

董澤之浸滙爲川，彌望斥鹵不可田；
匝地居民數百戶，謀生誰敢聽自然。
哀哉悍人不惜力，各闢町畦成陌阡；
轆轤轉落三更月，激高就下掘井泉。
南風薰兮地氣作，壙野會增竈底烟；
非硝非鹽煮作鹵，甃片擎山色二鮮。
肩排牛運亦日利，龜手繭足只自憐；
陰風怒號鬼火起，畚帚交加夜不眠。
農隙作苦無暇晷，多少晨昏起看天；
猾胥祗取充賦額，忍使不毛也稅錢。

從此小人無餘利，剜却心頭補眼前。

——煮土行・明、王鍾靈

大禹花了將近二十年的時間，才將中國的洪水疏導完畢，繼之而來的工作，便是灌溉問題。所以他又花了十幾年的時間，辦理土地規劃，以及在這些土地上開鑿溝渠，讓河水可以灌溉農田，生產糧食。當土地規劃完畢，灌排溝渠與掘完成後，人民才暫時的安居下來。所以孔夫子讚美夏禹的功績說：「……卑宮室而盡力乎溝洫，禹吾無間然矣。」這是一種犧牲與奉獻的偉大精神。

除了防洪治水以外，大禹的工作仍然很多，當農地規劃完成，灌排系統修築好了以後，另一土地的生產問題又發生了。因爲有的土壤不適於種黍，有的土壤不適於植稷，有的土壤又不宜於種稻。人民雖然有了土地，有了灌溉，但仍然安居而不樂業。所以禹的第三個工作，便是調查和改良土壤。好在他在治水期間，曾經走遍了大半個中國，不只是巡廻式的視察，而且也實際加以測繪。例如史記夏本紀說：「行山表木，……左準繩，右規矩。」可見他在測繪山川高下方圓時，也得到了很多資料。當他盡力乎溝洫的時候，也發現了土壤色澤的不同，挖掘溝渠的時候，又發現各地土壤剖面的並不一致。有了這些經驗和觀察而來的知識與調查資料，所以他又進一步研究全國的土壤了。當然這種工作，不是他一個人作的，但因他是共主，是領導羣倫的領袖，而且許多主意的確是他想出來的，所以在寫歷史的時候，也只好一併記在他的名下了。據歷史的記載，和他一同工作的人，尙有益、棄、垂等人，他們都是協助大禹完成治洪與灌溉的大英雄。我們紀念夏禹，當然也一併頌美和他們一同工作的千千萬萬的先民了。

從夏禹暮年死在浙江會稽途中，便可以想見這位天子是能者多勞。所以淮南子要略裏面說：「禹治水，身執虆臿，以爲民先……死陵者，葬陵，死澤者，葬澤。」這未免過於辛苦和犧牲了。不過，爲了全國人民的安居樂業，和後世子孫的幸福，他們的勞碌繁忙是值得的，他們的犧牲也是令後人景仰的。我國殷墟的文明，是與他們治水灌田不遺餘力的精神和成績，有着極密切的關係。所以陳致平教授說：「由於大禹的治水結果，他奠定了中國農業社會，他建立了中國的疆域概念，他是最早建立中華民族成爲一個國家的大英雄。」[91]

根據史書帝王世紀的記載，夏禹率領人員調查了全國九州的土壤，其總面積爲二四、三〇八、〇二四公頃，其中耕地面積爲九、二〇八、〇二四公頃；人民計共一三、三三三、九二三人。大禹依據土壤調查結果，分全國土壤爲九等。茲將當時調查結果，和分類標準，說明如下，以見四千年前中國人民對於土壤的重視，和改良研究情形。

一、土壤分類的標準

1. 土壤團粒的大小。
2. 土壤中礫石的多少和大小。
3. 風乾土的色澤。
4. 土壤剖面的層次和色澤。
5. 地上物的生長態勢。
6. 土壤起伏態勢。

7. 土壤硬度。
8. 土壤厚重度（容積重）。
9. 經火煅燒後的輕脆度。
10. 地上物的分佈。

二、土壤的分類

根據分類的標準，將全國土壤劃分爲九種；並從其生產力的大小，適宜作物的種類，又將全國分劃爲九個農業區。茲將這九州的土壤分佈情形，肥力大小，生產作物情形，表列說明如下：

州別	土壤種類	土地等則	適宜農作物	分佈地區
冀州	白壤	中中	黍、稷、木、竹、谷、麻、粟	河北、山西。
青州	白壤（碱土）	上下	稻、麥、粟、松、魚	山東。
兗州	黑墳	中下	稻、麥、黍、絲	河北西南、山東西北。
徐州	赤埴墳	上下	桐、魚、蚌	江蘇北部、山東南部。
揚州	塗泥	下下	橘、柚、稻、薑、貝	江蘇南部、安徽、江西、浙江等。
荊州	塗泥	下中	稻、竹、柏	湖北、江西、河南。
豫州	墳壚	中上	黍、稷、絲、棗	河南、陝西、湖北。
梁州	青驪	下上	粟、竹	陝、甘、川、寧。
雍州	黃壤	上上	黍、稷、絲	陝西、甘肅、青海。

由於周代特別重視土壤的調查分類與改良，所以有關土壤方面的資料，更爲豐富。根據管子地員篇的記載，周時曾將土壤分爲三等九十級，且將各級土壤的性狀，及其適宜耕種的農作物都標示了出來。以下是將周初對土壤的調查結果，用今日的術語，予以說明：

1. 粟土：色棕黃，有機質多，肥力大，屬於上土。此種土壤潤濕時不粘手，不附輪，硬而不脆，乾時不裂口，也不縮小，分佈在不同高下地區，這是當時農田中最好的土壤。適宜於黍、稷、桐、桑、及藥材等一切農作物。本土壤依其肥沃度等，又分爲五等，因此又稱之爲五粟土。

2. 沃土：土壤中有機質多，排水良好，蚯蚓多，顏色深黑，底土含水量豐富，保水力強；乾旱時不龜裂，潤濕時亦不積水，屬於一種粘壤土，礦物質含量豐富，分佈面積亦廣。適宜於各種農作物。本類土壤又細分爲五等。肥沃度大，屬於上土。

3. 位土：土色青灰，高低澤地，均有分佈，有機質豐富，屬於肥沃度高之壤土。位土亦另分五級，屬上土，宜於桑、桃、小辛、楢檀等作物及木材。

4. 蘟土：土色黑，有機質含量多，肥沃度高者色青，種植過久，則呈灰色，有機質含量亦較少，亦分五等。

5. 壤土：有機質多，保水力大，粘性小，土壤中礦物含量適中，質地輕鬆，肥力大，適宜於一般作物。屬上土，亦分五級，因又有五壤之稱。

6. 浮土：土壤團粒大，含水量豐富，不易崩裂。肥沃度高，屬上土，分爲五級，種植忍蘟時種子飽滿粒大，黃莖黑莖均屬良好。

7.恋土：這是一種可塑型較大的粘土，乾旱時堅硬，潤濕時粘手。有機質較少，適宜於大稷等作物。屬中土。

8.纑土：乾旱時剛硬，有機質少，屬中土，又可分爲五級。種植大小邯鄲時，粒子大。

9.壏土：粘性大，有機質缺乏，種植過久，宜加以肥培，屬中土。宜於大小荔枝及黃秀等作物。

10.剽土：華然如芬以脹。肥沃度不高，宜種植黑黍等旱作物。

11.沙土：色棕灰，顆粒細小，屬中度肥力，宜於大小蒼等草類作物。

12.塥土：粘性大，不耐水旱，屬中等土壤，宜種植大小穋杞等作物。

13.猶土：色黑如糞狀，屬重粘土，宜種植大小華及白莖黑秀草類，肥沃度小。屬下等土壤。

14.弜土：土色紅棕，狀如鼠肝，有機質缺乏，肥沃度小，屬下等土壤，宜種植青粱、黑莖黑色等作物。

15.殖土：屬輕沙土，故水分多時疏鬆，乾旱時堅硬，有機質少，肥沃度甚小。宜種植雁膳、朱附等。

16.觳土：狀婁婁然，不耐水旱，排水不良。有機質少，宜種植大小菽。

17.鳧土：堅硬但不成塊，亦不易碎裂，屬於礫石土壤，宜種植陸稻、黑鵝馬夫等。

18.桀土：鹽份地，表土常有鹽斑，非經改良，無法耕作，宜種植耐鹽性強的白稻、長狹等作物。

以上每種土壤，均又分爲五級，故有土壤三等，九十級，可種一般作物十餘種。

如就當時的農業環境而言，當以黃淮平原一帶的黃壤最爲良好，有機質多，排水良好，故其生產力高，屬於上上土壤。蓋黃壤有以下幾種優點：

1. 土壤流失小，肥沃度高。
2. 北風不斷帶來新積黃土，增加土壤中礦物質。
3. 土壤有機質多，保水力強。
4. 孔隙量大，透氣良好，排水性佳。
5. 富含植物所需要的礦物質，故肥力大。
6. pH 略高，屬鈣質沖積土。
7. 土層厚，表土淋溶層尙未流失。
8. 雨量少，氣候溫和，但冬天有薄雪，夏季有溝渠灌漑，植物生長良好，產量高。

三、土壤的管理

以上是禹貢九州中所載土壤分類情形，雖嫌粗疏，但由於其將土壤的肥力分爲三等九級，即分爲上中下三等，每等再分爲三級，依此作爲貢賦的標準。可見此一分類，事前的研究考察一定很爲週詳。左傳云：「先王疆理天下物土之宜，而布其利，故詩曰：我疆我理，南東其畝。」到了周朝，對於土壤的調查和管理更有了長足的進步和發展。根據周初政治上的組織來看，已經有了專管全國土壤的官吏。也就等於我們今天的土壤調查所或土壤局。試就周時專管土壤的各種官吏和他的職掌，便可以知道，其組織之嚴密龐大和職責之專了。

根據周官大司徒的記載，當時管理土壤的機構和官吏，分爲：

1.土均：這是專門負責全國土地登記和分配的事務官；其中設有上士二人，中士四人，下士八人，府二人，史四人，胥四人，徒四十人，合共六十四人。周禮地官：「土均掌平土地之政（征也），以均地守，以均地事，以均地貢。」因此土均也負責地價稅之徵收。

2.土宜：這是專門負責土壤調查和分類的部門。有遂人若干名，專門教導人民分別土壤的種類，和適宜種植的作物。且更將當時的土壤，區分爲十二種。顯較夏代的分類，更爲進步了。孫詒讓正義稱：「卽辨各土人民鳥獸草木所宜之法也。」

3.土會：這是專門負責調查土壤的分佈和測繪全國山川態勢，以及地上物的分佈繁衍情形的機構。所謂「辨五地之物生」。也就是調查⑴山林動物，⑵川澤魚類，⑶丘陵禽鳥，⑷墳衍介蚌，和⑸原隰羸物等事。後又轉爲評判土地的等則，用以作爲課稅的標準。

4.土化：草人掌土化之法，這是專門負責土壤改良和肥培的方法等事；如用牛糞可化騂剛之地價美也。漢時農書稱有數家，氾勝爲上，故云氾勝之術。等於我們今天的土壤化學專家，專門研究植物營養的學者，不過周時的這些專家、官吏是要負實際責任的。

5.土辨：這是專門負責土壤類別與管理的工作部門。這也相當於今日專門研究土壤物理的人們，這些工作也都是爲了便於農業生產的原故。

四、土壤的改良

周代政府對於土壤的管理和分配都非常重視，尤其是對於土壤改良，曾下了許多工夫，也有很好的成績。劉執中說，當時的草人（管理土地的官吏），在分配土地與人民前，必先測量其高低，流通其溝渠，如果產量不高，更叫人取九獸之糞（六畜以外，更加上人糞尿等。），混施在土壤裏，然後再行播種九穀（黍、稷、秫、稻、麻以外，尚有大小豆及大小麥）。有時更叫農民將農田四週的野草刈取晒乾，燒成灰燼，混合在獸糞中，再撒佈田間，作爲肥料。由此可見，我國在三千年前，便已經有農業官員，下鄉指導農民，培育其農作物，以增加糧食生產了。

此外，戰國時鄒衍在燕國的寒谷改良農作物，增加生產，以至於鄉民立生祠以祭祀，這是最早「綠色革命」的佳話了。（見本書陰陽學說章）

三二、養蠶的故事

賤妾思不堪，采桑渭城南；
帶減連枝繡，髮亂鳳凰簪。
花舞衣長薄，蛾飛愛綠潭；
無由報君信，流涕向春蠶。

——採桑　吳均

摘繭抽絲女在機，
茅簷葦箔舊堂扉；
年年桑柘如雲綠，
翻織誰家錦繡衣？

——蠶室　楊修

種桑養蠶，抽絲織帛，乃創始於我國；但我國何時開始育蠶，則有很多傳說。皇圖要覽記載：「伏羲化蠶，西陵氏始養蠶。」淮南王蠶經說：「西陵氏勸蠶稼，親蠶始此。」宋時羅泌編路史，其在疏仡紀中稱：「黃帝元妃西陵氏，是始爲蠶者。」由於以上的許多古書，都將養蠶的創始歸於西陵氏，所以中國人談到養蠶，便以嫘祖爲開山祖師了。其實根據尹良瑩氏在其所編蠶桑史裏說：「黃帝都有熊（今河南新鄭縣），娶西陵氏，西陵附近巴蜀，蓋巴蜀當時已育蠶種桑了，所以蠶桑，起源應以巴蜀爲最早」。⑰如果以西陵氏爲養蠶的創始人，則距今已將近五千年了。從歷史的演變來說，發明養蠶的人，不一定始於西陵氏，但由西陵氏加以提倡，鼓勵人民育蠶，發展家庭工業，解決衣的原料問題，卻是十分可能的。因爲當時社會初次成型，農耕尙在萌芽階段，人口漸次增多，衣着的原料發生問題，棉麻也還沒有發現，或予以取用。一般人民都是以獸皮披在身上，遮羞禦寒。非但獸皮價貴，而且縫製不方便，穿着起來也感覺不舒服。所以大家都想找出一些能夠代替獸皮的東西，作爲穿着的材料。一些聰明而伶俐的女孩子，既然不能像男人一樣出去打獵，便在牧畜時去山野間採摘果實和野花。就在此時偶然發現了有一條毛蟲掛在樹枝上，正在吐絲作繭，第二天再去看時，毛蟲不見了，卻發現了一個橢圓形的繭殼掛在原來的樹枝上。因此便將這繭拿回家去把玩，隔了幾天，又從繭裏面，飛出來了一隻灰白色的蠶蛾，而且這蠶蛾在附近的牆壁上產下一排排的白色卵塊，再將這個破繭，放在溫水裏一侵，破繭便分離開來，成了一團亂蓬蓬的細絲，這就是蠶和絲的發現。既然發現了這一事實，於是有心人便不斷地加以觀察與試驗，終於發明了種桑育蠶，抽絲織帛的方法。然後又有人將絲作成琴絃，用於彈奏。正當大家都迫切需要衣服用的原料時，忽然發現了這一美麗的衣用原料，眞是非同小可，於是將織成的綾帛，呈獻給酋長，又將種桑、育蠶、織帛的方法，傳授給族人，在上者覺得這個東西不錯，於是便明令大家開始這一絲料的製作了。

先民從畜牧漁獵時代，進入農耕時代，當然經歷了許多艱難困苦，男人固然要出征狩獵，掘溝挖田；女人因爲生理和先天的秉賦關係，無法到外面去作粗重的工作，可是採桑育蠶，抽絲織帛的工作，卻很適合於家庭婦女，因此這一偉大的發明，與乎這一美麗的衣着原料的製作，便歸到婦女們的身上了。這一家庭工業的興起，便從殷周而秦漢而達於近代了。

蠶桑雖然是一種行業，但卻應該分爲兩段：一是種桑育蠶，屬於農業；一是抽絲織帛，屬於工業。如果說它是農業加工工業，也未嘗不可。種桑和育蠶既然是不可分的事業，所以有蠶就有桑，要想有品質好的蠶絲，便需要有優良的蠶種和桑葉。所以栽培良好的桑樹，選育美好的蠶種，是很重要的工作。古人在這方面，也盡了很大的努力。例如，在桑的品種上，他們發現了鷄腳桑開花多而葉細薄，不宜於飼蠶；白葉桑葉片大而肥厚，以之飼蠶，繭厚而絲多。又用穀樹砧木，接植桑枝時，以後所生桑葉都很肥大，而且產量多，品質好。有人用桑樹作砧木接梨，其風味也很甘美。

上面講過，採桑育蠶，抽絲織帛，幾乎完全是女人的事情。在古代許多詩歌故事裏面，有一段悲傷的故事，很有勸化的意義，特別將它記在這裏，供爲談資。從前在魯國有一個名叫秋胡的讀書人，娶妻五日以後，便單獨到陳國作官去了。一共在外五年，才帶着宦囊所得衣錦還鄉。正要到家的時候，看見路旁桑園裏，有一個採桑姑娘，身材窈窕，美麗大方，漂亮極了。於是這位囊中頗有幾文的秋胡子，對她的容貌舉止，大爲讚賞，也怦然心動。於是便叫車停下來，告訴這位採桑的大姑娘說，我是陳國的大官，家中很富有，願意娶你為妻，永偕白頭如何？這位姑娘說，我採桑育蠶，賣了錢供養雙親，誰希罕你的臭錢，於是掉頭不顧的走了。秋胡子沒有辦法，只好乘車回家。到了家裏拜過雙親後，母親便叫他的兒媳出來拜見久別的丈夫。一見之下，才知道適才所見的採桑女，正是他久別的太太，感到非常尷尬和慚愧。他的太太便說，辭親遠去，五年才回來，剛剛做了一個芝蔴大的小官，賺得了幾個臭銅錢，便忘了自己的太太，要和採桑女共度良宵，眞是個不孝不義的人，我羞與這樣的人為伍，於是走出家門跳河自殺了。後人為了紀念這位烈女，便製作了一首歌曲，叫做秋胡行，交給戲班演唱，敎化世人。

育蠶雖是比較輕鬆的工作，卻也是一種細膩的工作；因為蠶蟲十分敏感脆弱，稍一不愼，便要全軍覆沒。雖然蠶的許多疾病，都難於防治，可是經過多年的培育後，大抵都知道了防治的方法。宋朝大詩人秦觀，閑來無事，對於養蠶很感興趣，於是便請敎太太養蠶的方法，因而寫成了一本蠶書。（吳郡五嶽黃省曾又寫了一本蠶經，但以仲昂庭補輯的「廣蠶桑說輯補」最為詳盡。）⑱這書裏將當時培育蠶蟲的方法講得很詳細，現在將它的幾個重點記在下面，俾便與今日的科學育蠶方法，加以比較。

一、蠶室要溫暖通氣，但不宜太過。

二、蠶室要清潔，以免傳染疾病。

三、桑葉要新鮮乾淨，汚染了的桑葉，不可以直接飼蠶。

四、餵飼時間要準確，桑葉要普遍置放。

五、嚴防病、蟲、鼠等爲害。

六、剛孵化出來的蟻蠶，應飼以切碎的桑葉。

七、萬一發生傳染病，如白殭病等，急宜更換蠶筐，將患蟲燒滅，其餘器具也要曝晒消毒。

八、育蠶用的任何器具，均宜乾燥清潔，而蠶最忌濕氣。

九、蠶室裏面，不可有薰香、油煙、煤氣等，以免污染空氣，影響蠶蟲生活。

十、不潔而有臭味的地方，不宜飼蠶。

十一、不潔和老黃的桑葉，不宜飼蠶。

十二、荊桑只宜飼養小蠶，魯桑圓厚多津，最佳。

我國華北及四川等地，每年春夏之交，常有西北吹來的季候風，裏面夾帶着黃土高原裏面的塵沙，四川人稱這種天候，叫做「下黃沙」。這種黃沙遮天蔽日，多至三五日不停，因此樹葉花草都染成一片黃色，此時養蠶的人便大傷腦筋了。不只是染了黃沙的桑葉蠶不能吃，還得用清水一片片的將黃沙洗掉，用淨布擦乾，再晾一段時間，等水氣蒸發掉以後，才能飼蠶。要是蠶室的窗戶關閉不密，黃沙透進蠶室，也會影響蠶的健康和生活。如果葉片上的黃沙不幸被蠶食了，輕則發育不良，重則死亡，如果染上了病，更是一個大不幸，可能全軍盡墨。這正如張鳳翼的養蠶曲說：「曉露沾我襦，採桑過南陌；葉少不盈筐，蠶飢妾行迫。」

除了家中飼養的家蠶外，還有野蠶，而野蠶中又以嗜食柘葉者，所產之絲最爲堅靭，俗稱爲野蠶絲，爲琴絃及釣絲的上好原料。古書載：「元成宗元貞中（公元一二九六年），成州野蠶成繭，廣達數百里，民取以爲繒。」這是野蠶大發生的一段歷史記載。

古代蠶絲屬於政府專賣，且遠銷歐洲各國，爲中國最大的外銷物資，每年獲取黃金在百萬兩以上。根據羅馬歷史，當羅馬鼎盛時代，綾綢在貴族中極爲盛行，因此當時絲價與黃金等值，其價值之高可以想見。歐亞商旅爲了要獲得中國的蠶種，以便就地製造而與中國絲業競爭，所以曾想盡方法，盜取蠶種，而中國政府也嚴禁蠶種輸出，並設關檢查，違者重罪不赦，雖然如此，畢竟還是傳到國外去了。因此關於蠶種的偷運出境，便有了種種傳說，有人以爲是將蠶的卵塊裝在空心的手杖裏携帶出去的；有人以爲是放在夾層的衣服裏偷運出去的。這些都是猜測之詞，沒有證明。根據古今圖書集成桑蠶部裏蠶部紀事說：孔帖記載，于闐國（現今新疆省）初無桑蠶，向鄰國乞討也不行，因此該國國王，便設計向中國政府求親，當婚姻獲准以後，於迎親前夕，便遣人密告新娘說，我國沒有蠶絲，也沒有綾綢，你要想穿綢着緞，最好自己想辦法，不過，我們那裏的桑樹卻很多。言外之意，當然是帶蠶種了。於是公主出嫁之時，便將蠶卵放在鳳冠中，路過關卡時，檢查人員不好意思在出國和親的新娘身上搜查，便因此偷運出境。這位公主也深明大義，知道這是國家賺取外滙的最好財物，如今被自己盜運出境，犯了國家的法律，也對不起中國人民，所以當她臨死前，刻了一道石碑，上面約定，從此以後，本國內所有的人民，不得殺害蠶蛹，必待蠶蛾飛出後，才能取絲織帛，以報答蠶蛾的恩德。如果孔帖所言確實，則此一公主當爲唐時的文成公主了。

明洪武年間，有臨海人趙某，在太學讀書時，嘗爲一中貴題蠶婦圖云：「蠶未成時葉已無，鬢雲撩亂粉痕枯；宮中羅衣多於市，爭得王孫見此圖。」此後不久，太祖偶然到這位官家的書室裏，見到這幅圖畫的題辭，便問是何人所題，告以是太學生趙某。於是太祖回去後，便詔除趙某爲肇慶知府。這也是蠶桑以外的一段挿話。

簷曝偶談記載，楊廉夫說：「蠶有六德：⑴衣被天下生靈，仁也；⑵食其食，死其死，以答主恩，義也；⑶身不辭湯火之厄，忠也；⑷必三眠三起而熟，信也；⑸象形以成繭，色必尙黃色，智也；⑹繭而蛹，蛹而蛾，蛾而卵，卵而復繭，神也。這是中國文人的不可說而說，也蘊藏着無限中國傳統文化的雋永韻味。

三三、稻子的故事

種密移疎綠毯平，
行間清線穀紋生；
誰知細細青青草，
中有豐年擊壤聲。

——插秧　范成大

中國人是食米的民族，自有文化歷史以來，便有稻米的記載，因此有人以為稻是原產於中國的。中國歷史記載，首先種稻的地方是在北方的黃河流域，雖然黃河流域是中華民族的發祥地，但其氣候環境，並不宜於稻作；反而中部的長江流域和南方的珠江流域，才是植稻的良好地方。因為稻是屬於熱帶及亞熱帶的植物，喜歡溫高濕重的環境，所以又有人以為早期黃河流域所種的稻，是由南方引進來的。可是中國文化的傳播途徑，自來便是從北方向南方傳播，何況至今仍有很多南方土著民族不知道種稻。有了這許多錯綜複雜的關係，所以又有學者主張稻是原生在印度恒河流域的，以後才由中南半島傳到中國的南方，再傳到北方。不過印度種稻的歷史很晚，面積小，產量也不多，技術更談不上，何況在五千多年前，這些稻種如何經由高山大海傳到中國北方，也是問題。于景讓教授在其所譯註的「栽培植物考」②一書裏，曾列舉了許多中外學者專家的意見和著作，仍然無法解答這一問題。筆者同意我國稻作專家丁頴、周拾祿等氏的看法，丁氏等以爲稻的原始生長地域，確乎是在中國的南方較爲溫暖的亞熱帶地區。至於這些原生的稻種如何傳播到北方，則是一個不難解決的問題。山海經南山經裏曾說：「南方招搖山多桂樹，其地人民以稌米祭祀神明。」可見在湖南廣西一帶的人民在三四千年前已經開始植稻。如果早期黃河流域所種的稻種是由人傳播的話，也定是舜或禹了。因爲山海經記載，舜和禹都曾巡視過蒼梧之野。此外，廣東通志外志記載，黃帝時南彝乘白鹿來獻鬯及葛裘等物。唐堯時南撫交趾，三苗來賓。虞舜時僬僥氏來貢沒羽，蠻彝，率服夏成。又稱顓頊高陽時代，交趾始通中國。方輿邊裔典記載，成湯十八年（公元前一七六六年），定四方貢獻令，……正南甌鄧、桂國、損子、產里、百濮、九菌等，請令以珠璣、瑇瑁、象齒、大犀、翠羽、菌鶴、短狗等爲獻……。又載武王十四年（公元前一一二一年），通道於九夷八蠻，西旅獻獒，肅愼氏來貢。方輿志說，驩州日南郡，古越裳氏國，九譯所通之地，秦時屬我國象郡，漢時爲交趾，古爲禹貢揚州之地。殷末周初，南方越裳國曾遣使攜帶白鴙等珍物到中國周王朝進貢，因爲不知道返回去的路線，周公曾送他們五輛指南車，並許多其他禮物，藉以示惠邊民，鎭懾遠族。如果這一記載可靠，則我國稻子之傳自南方，是十分可能的。而且我們也有理由相信，在這以前，越裳國的人民便與殷民族有來往了。又考越裳國在交趾地方，也就是今日的兩廣和越南，禹貢隸揚州，秦時屬象郡。由於這一帶地方的野生稻很多，分佈也很廣，越裳國的人民在早期便已開始種稻，而且在與殷民族交往或進貢時，便隨貢物將稻種攜來黃河流域下游栽培，也屬可能。郎擎霄氏在其所著「中國民食史」⑯裏面說：「吾國之有稻，遠在西曆紀元前二千二百四十餘年間，禹受舜命出外平水之時也，而其發現當爲益，蓋益主虞，職司上下草木鳥獸之事。」孟子也說：「后稷（等於現今的農業部長）教民稼穡，樹藝五穀；五穀熟而人民育。」

以下是中國北方早期便已種稻的文物歷史證明：

一、瑞典人安德生（Anderson, J. G. 1921）在河南仰韶村的古代遺址中，挖掘到了一個陶罐的碎片，碎片上發現了一個稻穀的遺痕；復經德國人蘇德栢格氏的鑑定，認爲是屬於現今栽培稻的一種。再經陳定國氏（Cheng, T. K. 1974）用炭十四同位素測定河南廟底溝遺址所掘得的稻穀碎片結果，斷定是公元前三二八〇年的產物。又在江蘇青浦縣崧澤地方出土的稻穀遺物，經科學方法鑑定爲紀元前三三九五年的產品，屬於秈稻型的標本。從這許多研究結果，表示在距今五千年前，中國黃河及長江一帶地方，便已經開始種稻了。

二、我國甲骨文專家董作賓氏，以爲在殷代武丁時期的卜辭中，就已經刻着「受稻年」及「受黍年」了。非但如此，當時在淮河流域一帶，還有一些以稻爲名的地方。武丁時期距今至少有三千三百年了。竹書紀年記載，殷商雍己七年（公元前一六四三年），有桑穀生於朝，雖穀亦爲五穀之總稱，但與桑同種於皇宮中，便可能是五穀中的重要穀物稻穀了。

三、詩經是我國最古的一部大衆歷史，記載着先民們的許多史事和口傳下來的事事物物。在豳風中便有「十月穫稻，爲此春酒，以介眉壽」。又唐風中也有「王事靡鹽，不能蓺稻粱」。沭異志更記載，大禹時有天雨稻古詩一首曰：「安得天雨稻，飼我天下民。」可見稻在我國的栽培歷史，已經很久了。

四、史記夏本紀記載：「令益于衆庶稻，可種卑濕。」益是夏禹時的大臣，專門負責農業方面的事情，禹叫他將稻種分發給農民，在排水不良或積水的卑濕地方種植。可見夏時已經普遍種稻了。此外，古書記載，在神農時期（公元前二八〇〇年）所制訂的儀式中，天子要親自播種稻穀，以爲表率，其餘四種麥、菽、黍、稷則由皇太子們主持了。可見當時爲政者和人民，對於稻穀的重視了。

據說：早期植稻完全是將種子直接撒在低溼的地方，讓其發芽生長，到殷商時代，才開始用人力或牛力將土地翻耕。春秋戰國時期開始利用鐵鑄的犂和鋤整地，漢初才有人開始作移植試驗，宋朝大中祥符五年（一〇一二年）開始自福建引進占城稻，可見此稻自越南輸入福建是在此以前若干年，隨至明朝才又有用水浸種催芽和用鹽水選種的方法。

關於稻子的種植，就歷史的記載和古物的考證來說，都以我國爲最早。且在早期的種稻歷史中，還有一段以控制灌漑水作爲政治武器的故事。戰國策裏記載，位在河南洛陽一帶的東周國家，正要灌田種稻的時候，上游的西周君便命令人將河水堵塞起來，不讓河水流入東周灌田，逼使東周人民無法種稻。因此東周的臣民非常着急。於是東周君便召集臣民開會商討，研究對策，在參與開會的人中，有一個姓蘇的人（有人以爲是蘇秦），便自告奮勇，願意前往西周說項，勸西周放水。因此蘇子啣命到了西周，告訴西周君說，你不放水並沒有擾亂東周的社會經濟，也不會影響東周的糧食生產；因爲西周不下水，東周的人民便會改種高粱、大麥等旱作。這樣一來，東周的人民便會更加恨你，甚至起來反抗征討你；不如仍然下水，使東周的人民繼續種稻，讓他們的社會經濟和糧食生產，仍然依賴西周，繼續受你的控制，聽從你的命令。西周君認爲這一善鄰政策不錯，於是便命令放水了。

任何一種作物或品種，在同一地區栽培太久了，生長和產量便會自然降低；降低的原因不外乎兩種：一是土壤肥力消耗過甚，養料不足，生長不良；一是品種自身漸次退化，品質變劣，產量減少，尤其是異花授粉植物，因在有性繁殖時，常常將不好的性狀，分離出來，栽培的人一不小心，便會將這些不良後代予以栽培推廣。爲了要防止這類品種劣變，維持或提高這一作物的品質和產量，便常常設法增加土壤中的營養料，促進生長，這在我國古時的燒山法、代田法、區田法等，都有很好的成績和效用。可是又如何防止品種自身的劣變和退化呢？我國栽培稻麥已數千年，這些稻麥的品種卻很少劣變或退化，這是什麼原因呢？根據四川農民的習俗來說，每一農家都在稻麥成熟時，親自下田選取肥大健壯的穗子，留爲下年期播種之用，這是現代育種學上所稱的「單株選種法」。用這種方法，可以馴化稻種，保持原有的優異性。這種選優去劣的科學育種法，究由何人發明？又在何時何地開始實施？古書都沒有記載，但四川各地農民卻是代代相傳，年年實施，家家奉行。只要有人發現了好品種，便互相交換，絕不秘藏，也不吝惜。因爲選得了一個好品種，讓左鄰右舍都來索取交換，便是這家的光榮，宣揚猶恐不及，又何必秘藏吝惜呢？何況農作物的優良品種，是無法秘藏專利的。這種原始性的單株選種法，原是最簡單而又最爲有效的作物育種法。四川農民應用這一方法，以維持品種的優異性，很爲中外育種專家所稱道。四川農家栽培的稻麥品種之所以抗病力強，適應性廣，也不退化劣變的原因，與普遍施行這種選種法，確有莫大的關係。

三四、筍與竹

竹生荒野外，梢雲聳百尋，
無人賞高節，徒自抱貞心；
恥染湘妃淚，羞入上宮琴，
誰當製長笛，當爲吐龍吟。

——詠竹　劉孝先

竹的原產地究竟在什麼地方，至今還不大明白。不過，世界各地都有它的分佈。雖然如此，但世界上利用竹子最多的，還是要算中華民族。我國自殷周時代，便已經知道挖掘竹筍，煮熟晒乾，作爲佐餐的菜餚，算起來已經有三千多年了。

竹的種類很多，晉人戴凱之所著竹譜說，中國生長的竹子，共有六十一種，但黃魯直則以爲不止此數，據今天的學者調查，已在百種以上，而全世界產的竹子更在一千二百五十種以上。一般說來，竹子非草非木，中空有節而體圓；不過，也有一些竹子中空無節，或節不空的；也有些竹子的莖是扁的或方的。竹體的大小高矮差別很大，南荒經載，中國南方有沸竹，長數百丈，圍三丈五六尺，肉厚八九寸，可以爲船。但越王竹卻生長在岩石邊緣，細小如蘆葦，莖幹高約一尺許，南人因愛其青色，嘗作爲酒籌或筷子，今天中國毛筆所用的筆桿，則多是這類細小而直的觀音竹所作成的。此外，還有所謂的佛竹及人面竹等，乃是一種觀賞用的畸形竹子，常常種在盆缽裏，供人欣賞。

一般竹莖的顏色多半是青黃的，可是也有白色的，如堇竹；黑色的如墨竹；紫色的如紫竹；紅色的如丹竹；一邊青一邊紫的如對青竹；青色中帶着紫斑的如湘妃竹。

幼竹剛剛從土壤裏面迸發出來時，叫做筍，此時肉嫩質細，氣味芬芳，爲中國人最喜愛的一道佳餚。關於竹筍出土的時間，常隨品種而不同，一般多在春夏之交，諺語所謂「雨後春筍」，便是指春雨過後，竹筍便一齊迸發出來而言。除了春筍以外，還有夏筍，但已不甚可口，最好的還是多筍。一般多筍的清香，較春筍更爲美好。齊東野語記周益公詩說：「蔬食山間茶亦甘，況逢苦筍十分甜；君看齒頰留餘味，端爲森森正且嚴。」此外，還有一種月竹，莖幹短小，叢生，每月都有新筍出土，也可以食用。古書記載，三國時有一個江夏人，名叫孟宗，字恭武的，爲人清廉至孝，他的母親很喜歡吃筍，一年多天母親生病，很想吃筍，可是那時市場上已沒有新鮮竹筍出售，孟宗只好拿了鋤頭到竹林裏去找筍，到處挖掘都沒有筍。農人告訴他，現在是多天竹子還沒有生筍，可是孟宗因爲很愛他的母親，不願意使她失望，還是不斷地到處挖掘，一面找尋，一面祈禱，一面泣，終於在另外一叢竹林裏，挖掘到一些還沒有出土的筍來。後人便叫這種多天生筍的竹子爲孟宗竹，因爲它是孟宗發現的。一般竹筍都可以食用，但也有不可食用的毒筍：例如，雲山桂竹，稱爲毒竹，作箭射虎，傷者必死；又有一種篤竹，不只是竹筍有毒，連籜上的毛也有毒，如果不小心，被籜上的毛刺傷了，也有死亡的危險。

竹子除了可以採取竹筍，供人食用外，中國人更用它作爲器具，供人使用。不過，作器具用的竹子，必須要三四年生的老竹子，以在三伏天（秋天）及臘月採收的最爲耐久，也沒有蟲蛀現象。就竹製作的器具而言，與木材相比，並不多讓。例如涕竹、籌竹，體大節長，可以爲船爲筏；漢竹圓挺，上下一致，可以爲桿爲榼（盛酒用的器具）；石林竹剛勁銳利，可以爲刀爲弓；越王竹、觀音竹，纖細圓挺，可以作籌作箸及毛筆的筆桿；笛竹、篁竹及慈母竹，一節尺許，可以爲笛爲簫；棘竹叢枝有刺，可以作籬笆，預防宵小；單竹用石灰混煮，製成精細纖維，織布造紙；筋竹堅韌，可以爲矛爲箭；笻竹體圓而直，可以爲杖，而且笻杖在秦漢時期，便已外銷印度、大食等國了。釣絲竹尾細堅韌，可作釣竿。交趾產的吾竹，可以爲樑爲棟。至於用竹片作書簡刻字，早在三千年前便已經普遍應用了。此外用竹作臥具，如竹床、竹椅、竹簾、竹蓆等，不一而足；汲水或灌溉用的水管，農具的鋤柄，以及把玩用的藝術品，如筆筒、屏風、圖案、雕刻等；交通工具如船、筏、滑竿、轎子等，也以用竹製作，輕巧耐用而經濟。又龍公竹葉大如芭蕉，百葉竹一枝有葉百片，都可作爲包裝用的材料。本草經以爲苦竹葉煎湯飲用，可以祛毒去火，明目，利九竅，治牙痛，和粥食用，可以療熱風等疾病。除了以上的許多用途外，我國史書更記載，漢高祖爲泗上亭長時，常以竹皮作冠，等於今天農人所戴的斗笠；郭伋爲并州刺史時，每有出行，童子均乘竹馬以待。齊書載南海王子罕，字雲筆，武帝十一子，嘗侍母病，以竹爲燈，也就是今人所稱的竹火把。古人謂一篾繫千斤，故又可以作繩索，長江沿岸的牽籐（用以拉船的繩子）就是竹製的。

竹子是多年生的禾本科植物，究竟可以生存多久，沒有人知道。古人以爲竹子六十年開花一次，然後死去。因此竹花又名「獲死」或「䈽」。其實竹子開花的目的，是在以有性繁殖下代；其開花時間，沒有一定。一般在土壤乾旱，營養不良時，卽有抽穗現象，開花結實以後，便自行枯死，這是自然現象。齊民要術種竹篇裏記載，防止竹子開花的方法，是將竹莖截斷，灌以水肥，卽可使竹返老還童，不至枯死。晉陶弘景以爲竹實（Bambusa）出於陝西藍田，江東有花無實。玉堂閒話記載，唐朝天復甲子年（公元九〇四年），隴西大旱，方數千里，自冬至春，滴雨全無，飢民流離失所，哀鴻遍野，甚至有易子而食者。是年山中竹林，無論大小種類，均行開花結實，狀如小麥，飢民皆往山中採取煮食，名爲竹米，活人無數。據稱，竹米味道與稻米相似，亦且更爲芳香可口，只是米粒色紅，因稱紅米，如與肉類共煮，則有毒不可食，中毒以後，亦無藥可治。

竹子開花時，如果與甘蔗花混合在一處，讓其花粉彼此傳授，自然雜交，三四週後，結成種子，然後將這些種子，播放在土壤中，令其發芽，卽成爲竹與蔗的雜交種。這種雜交種，嘗有竹子樣的堅挺，也有像甘蔗樣的甜味，甘蔗育種學家利用這種遺傳性，育成抗風抗病的新品種，供作製糖原料。

關於竹米的事，陳承曾說：竹米有大如鷄卵者，常爲層層竹葉包裹，米肉多汁，食後令人心膈生涼。大英百科全書也稱，大麻竹（Melocama）的種子外面，也有一層厚肉，有蘋果般大，肉色也很像蘋果。明人李時珍則以爲陳承所說的不是竹米，而是竹肉。竹肉只生節部，狀如彈丸，味如白鷄，着生處多在向北部位；此肉有大毒，必須用石灰水煮透後，才可以食用，不熟的竹肉，每在吞食時，戟喉出血，食後手爪全落。

竹子除了有以上的許多用途外，成都古今記裏曾記載，號稱竹林七賢的晋朝大詩人山濤（巨源），在四川郫縣作縣長時，曾敎人截取大竹成筒，釀製酴醾酒，十餘日後開封，芳香百步，號爲郫筒酒，遠近聞名。又用幼竹葉心泡酒，亦有竹香味，名爲竹葉青，也是江浙一帶的名酒。抗戰期間，四川物資缺乏，資陽縣一帶的豆瓣商人，又以竹筒盛裝豆瓣醬，不但經濟美觀，携帶搬運方便，而且豆瓣醬中，還有一股竹子的淸香味道，令人垂涎三尺，這又是竹子的另一用途了。

竹子是一種常綠植物，不畏強風，不避霜寒，中國詩家，稱其爲歲寒三友之一；又因其堅毅挺直，虛懷多節，因此又以爲竹子具有高風亮節的士人情操，所以大家都喜歡他。因此騷人墨客，常將其虛懷若谷的氣節，加以吟詠，加以繪畫。其最著名的詠竹詩，有宋黃庭堅的竹頌，以及徐鉉的北苑詠竹等，這都是中國人獨有的筍竹文化。

三五、萬里長城

東西萬里築長城，爲免敦煌烽火驚；
能阻匈奴來牧馬，邊陲從此少屯兵。

——北築長城　陳則東

萬里長城在中國人的眼光裏看來，那是千萬人血肉的殘骸；看到了萬里長城，便想起了一代暴君的秦始皇。固然秦始皇是肩負起構築萬里長城的責任，可是萬里長城卻不是他一人造成的。荷蘭漢學家曾說羅月支寫了一本書，裏面記載中國在殷商時代便築了一道長城，自東北經蒙古沙漠的邊緣直達甘肅，這一件事我國史書沒有記載，可能便是秦時蒙恬所築，自遼東至銀川的一線了。

萬里長城究竟有多少長沒有人知道，有人以爲是二千五百餘公里，但又有人說長三千餘公里。李約瑟氏在他所著中國之科學與文明一書中則稱，長城的長度如果連所有支牆在內，約爲三九三〇哩，如只算幹線則爲二一五〇哩，換算爲公里則各爲六三二三及三四五九公里。根據我國史書記載，自周至明，中間經過二千餘年，都曾先後加以修繕與築，當然周時所築長城最長，因爲當時漢族分裂成許多小國，這些小國一方面要抵禦北方的匈奴，另方面又要抵抗強橫的鄰國，所以構築長城時，不只是築在北方，同時也在東方或西方，甚至於南方。秦始皇統一中國後，將北向匈奴國境的各線長城聯結起來，成爲一線，這就是史書記載蒙恬所築的長城了。至於其他各線，並沒有立刻予以拆毀，只是不加修繕與保養而已。自後漢隋各朝又先後增築了一些內長城，藉以增加防禦上的實力，這是防禦工事的輔助線。如果將這些內長城和側城，統統計算起來，怕不要超過萬里了。所以說，「萬里長城」這一名詞，事實上並不誇張。黎澤霖以爲長城西起甘肅安西縣布隆吉爾城，東至河北省臨榆縣山海關，直線全長五千四百四十里，但若將彎道、疊城、起伏一概計算，當有一萬二千多里了。㉖

萬里長城在今天來說，固然沒有什麼重要，只不過是歷史的陳迹，供人參觀憑弔而已，可是在農業社會勃興的當時，爲了要安定社會，繁榮農村，以少數兵力，防守千萬里的國防，阻止匈奴人游擊式的突襲，用這一築城政策，並不迂腐，也不算失策。從歷史上看，確乎阻止了匈奴人的南侵，而使關內的社會安定繁榮起來，我們今天讀歷史，講文化，應該衡量當時的情況和環境，站在古人的立場，作公平的探討和論述。如果不妄議古人，我倒覺得修築萬里長城，確有不得已的苦衷，是在沒有更好的辦法中，求得一個辦法而已。畫家呂佛庭先生在其所著「萬里長城」一書中引國父話說：「始皇雖無道，而長城之有功於後世，實與大禹之治水等。由是觀之，倘無長城之捍衞，則中國之亡於北狄，不待宋明而在楚漢之時代矣。」㉗今天的中國人固然不以有萬里長城爲榮，但也並不足以為恥。同時更應該去了解這一世界名城的由來與其修築的經過情形，作為一個中國國民是應該有這一歷史常識的，可是今天的中國人能夠具備這一常識的，並不多見。英人李約瑟氏，更以為長城是唯一能夠令火星上天文學家認出人類在地球上的一項工程，猶如我們認出火星上的運河一樣。

構築萬里長城的大小國家，一共有十二個，現在就將這些國家的名稱，構築年月和起迄情形，分別說明如下：

1. 齊長城：這是齊人興築的長城，東起山東諸城縣東南海濱的瑯玡臺，西迄今山東肥城縣西接近黃河東岸的古平陰縣，全長一千餘華里。自周威烈王十八年至顯王十八年（公元前四〇〇——三〇〇年）方才完成，一共花了將近一百年，其目的在防南方的越國和楚國的進攻。呂佛庭氏引證竹書紀年的記載，以為在春秋齊康公時（公元前四〇三年）便已有了長城。

2. 楚長城：東起河南魯山縣的泌陽，西至四川達縣東南的竹山，全長八百餘華里。興築於楚懷王十六年，至三十年始行完成，花了約十四年的時間，其目的在防止秦人的進攻與侵擾。呂佛庭氏則以為：「楚長城西起今河南鄧縣，西北經內鄉縣，向東北越伏牛山，經魯山、葉縣轉東南，截沙河，止於泌陽縣北境，此為楚之北長城。至湖北竹山之方城，可謂楚之西長城，與鄧葉之北長城，未必聯屬。」據黃麟書考證，楚長城於成王時（公元前六〇〇年）已有之。

3. 魏長城：魏國所建的長城有兩線，一是西長城，又稱鄭長城，由龍賈率師於周顯王十年（公元前三五九年）左右開始興建，南起陝西華陰，北達綏遠固陽，全長一千餘里，乃防秦也。一是南長城，又稱卷長城，係自武原經陽武、開封而至河南密縣，呈一半圓形，全長六百餘里。於魏惠王十八年（公元前三五一年）至三十年間，始行完成，其目的在防止齊、楚諸國的侵擾。

4燕長城：燕長城也有南北兩線，北長城自今察哈爾懷來縣的造陽至奉天遼陽縣的古襄平地方，全長一千餘里，完成於燕王喜二十八年（公元前二二七年左右）。南長城自古闕門城（長威門）經定與南下，達於文安縣附近，然後再自古武遂縣東南，經古新城南下至任邱，全長若干不詳。北長城的目的在防止匈奴人的侵擾，南長城則在阻止齊、趙諸國的侵凌。

5.趙長城：趙長城也分南北兩線，肅侯十七年（公元前三三三年）築南長城，自河北磁縣至河南臨漳縣。趙武侯築北長城，起自五原、河曲至陰山下，再轉延至高闕，全長一千餘里。此外，成侯六年，桓公再築中山長城，位於河北與山西交界處，稱為中山長城。

6.秦長城：始皇二十六年（公元前二二一年）遣公子扶蘇，隨同大將蒙恬，將兵三十餘萬人構築長城，並於滅六國後，將前各國所築長城聯結起來，西起甘肅臨洮，東迄遼東之朝鮮碣石山，全長三千餘公里。（參第十圖）

8.漢長城：西漢時高祖曾遣人將始皇所築長城加以修葺，並增築一部份，至玉門以西之鹽澤，藉以加強北方的防禦。東漢時杜茂又發邊卒，將崩壞的長城加以整補，並在沿城各適當地方建立軍隊營房、烽火台，並規定十里一亭，派兵駐守，藉以加強守衞。這就是英人斯坦因氏考古西城時所發現的遺址，將在本章末段再予說明。

9.北魏長城：北魏時代曾修築了一次，且在各重要地方，增築「塞圍」，全長約千餘里。東魏

丞相高歡再派人修築一次，自土墱戍至馬陵戍約一百餘華里，經四十日而成。（東起察哈爾赤城縣至陝西神木縣）

10.北齊長城：北齊爲了北拒胡人，西拒周國，所以又增築了以下幾處長城：

甲、文宣帝天保三年（公元五六四年）十月，開始建築一處新長城，自山西離石縣至朔縣，全長四百餘里；復自西河總秦戍至山海關，加以修繕。

乙、天保六年修整轄區內長城一次，自居庸關至大同縣，全長九百餘里。

丙、天保八年，又在長城內與築重城，西起偏關（山西偏關縣），東迄泰戲山（屬山西繁峙縣），全長四百餘里。

丁、河清二年（公元五六三年）築一長城，自泰戲山至娘子關，約二百餘里。

戊、天統元年（公元五六五年），自三堆戍

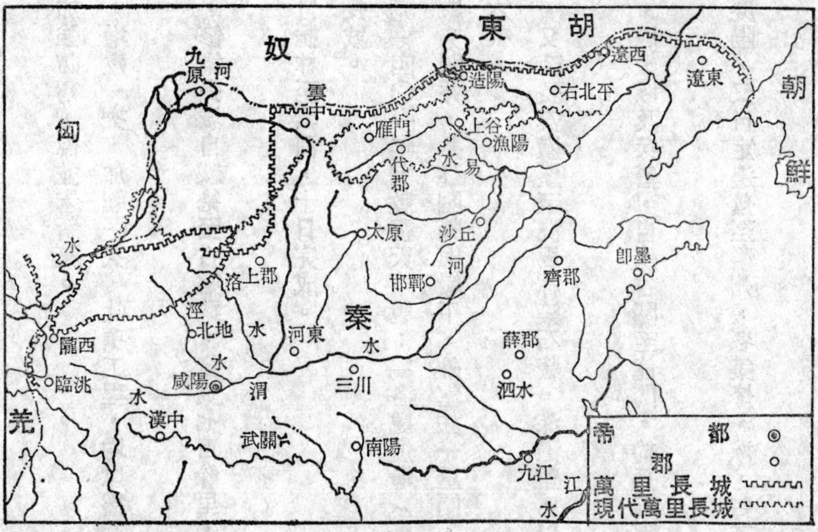

第十圖　秦代萬里長城

至山海關，約二千餘里，全部予以整修及增建。

北周時曾自雁門關至山海關，再行修繕一次，以加強防衛，但並未新築。

11.隋長城：隋時興築長城共七次，其中修繕三次，增建一次，加強一次，此項工程，均以稽胡任之。

甲、開皇六年（公元五八七年），發丁男十一萬，修築長城自綏德至古靈武，全長七百餘里，二旬告成。

乙、大業三年（公元六〇七年）發丁男一百萬，自榆林至紫河，十日完成。

丙、大業四年秋，發丁男二十萬，修築榆林以東長城。

12.明長城：明朝爲避蒙兵南侵，乃於建文中（公元一四〇一年）敕書天下說：「各處煙墩（烽火臺），務須增築高厚，上貯五月糧，並柴薪藥弩，墩旁開井，井外圍牆與墩平，外望如一重門，禦暴之意，常凜凜也。」因此在七十年中，一共修了六次。

甲、永樂十年（公元一四一二年）從宣鎭至大同，又至長安嶺堡至洗馬林築石牆，深濠塹，以防元兵。

乙、正統元年（公元一四三六年），增建墩、堡、烽、堠及兵營，自黑谷關至龍門，約長五百五十餘華里，復自榆林至鹽池築烽、堠。

丙、成化二年（公元一四六六年），自安邊營至慶陽，又自定邊營至環州，各築烽、堠，每二十里建一墩台，復自靈武南下，亦比照辦理。

丁、成化三年，修築山海關至居庸關各隘口爲外城，居庸到雁門爲重城，這就是我們現在遊樂觀賞的萬里長城。

戊、成化七年，由黃甫川至定邊營，全長約一千二百餘里，均予以大力修整，其間墩堡相望，並將內部斜坡剷除，深谷塡滿，使爲夾道。又東抵偏頭，西終寧固，全長一千七百七十餘華里，也予以整補。

以上便是二千餘年來，我國各代修築、整補、加強此一北方國防線的大概情形。至於構築長城的方法，也隨各代而不同。大抵最初都用板築，尤其是在廣陵以東，地勢平坦，運石不易的地方，則都用泥土塡以紅木柳等物，以爲整建，在山上石塊較多的地方，多用石砌，漢朝乃多用紅磚等物。因築城而挖掘成的濠溝，岸邊則種植柳樹，在沙漠邊緣鹽份較重的地方，則多植耐鹽力強的檉柳，一方面在美化環境，一方面這些樹木長大後，又可作爲日後築堤建城的材料。古人顧慮之週，由此可見。

關於長城的規劃，戰國時代各國興建大多就地取材，因此所用材料及設計方法，與乎築城的高低寬窄，都不一致。秦時大將蒙恬將兵築城時，已有全盤的統一計劃。據中華古今注稱，長城全長二千五百餘公里，橫亙高山峻嶺與沙漠間，最高處超過海拔一千五百餘公尺，最低處嘗在海拔以下。長城城高四公尺半至十五公尺不等，全視所在地的地勢高低而不同。牆頂寬度約爲四公尺半至九公尺，有馳道可通戰車，內外均有雉堞，長三丈，高一丈，表示野雉也不能飛越。每隔三十六丈便有一個烽火台，作爲敵人入侵，報警之用。唐朝詩人李頎有：「白日登山望烽火，黃昏飲馬傍交河」之句。春風堂隨筆稱，北齊文宣天保七年，築長城，東至於海，前後所築東西凡三千餘里，十里一戍；其重要處，均置州鎮，凡二十五所，邊政稍安。

長城是中華先民的血汗與屍骸所造成的。根據史書記載，歷代參與構築長城的人，當在千萬以上；就中犖犖可數的大官有秦太子扶蘇，大將蒙恬，西漢光祿大夫徐自爲，東漢邊將杜茂，隋優大臣稽胡，魏丞相高歡，明延綏巡撫都御史余子俊等；人民方面，有軍工、民伕、罪犯、邊卒、罪官、降卒等。天保六年三月，詔命發民間寡婦，配與築長城的軍工。而隋煬帝且詔發民伕一百八十萬人與築長城。大業四年秋，又發丁男二十餘萬築長城。工程之大可以想見，無怪乎勞民傷財，人民要起來革命了。

論衡變動篇說，杞梁之妻孟姜女（姜大小姐），因夫萬杞梁犯罪遣配北疆構築萬里長城，瘐死該地，且將屍骨塡築於城牆之中，姜大小姐查詢得埋葬之所後，便向該段城牆拜伏，終日啼哭，致貞烈感天地，城牆崩倒，屍骨重現。這雖然是記述的一段民間流傳的故事，但這種事情在當時是十分普遍的，不足爲奇。孟姜女的故事，只是千萬兒女中的一個代表而已。呂佛庭著「萬里長城」附蘇尙耀氏考證孟姜女故事結果，以爲萬杞梁或范杞梁，均係杞梁之訛傳，孟姜女亦非姓孟，或姜大小姐。至此故事之演變，當爲左傳杞梁故事的延伸，而孟姜女一詞之由來，當亦由於詩經鄘風桑中篇所說的：「云誰之思，美孟姜矣。」兩句詩而附會在一起的罷了。[27]唐朝張籍的築城詞有：「築城處，千人萬人抱把杵，重重土堅試行錐，軍吏執鞭催作遲，來時一年深磧裏，盡著短衣渴無水，力盡不得休杵聲，杵聲未盡人皆死，家家養男當門戶，今日作君城下土。」這就寫盡了當時修築長城時，人民的慘痛情形了。

英人斯坦因氏（一九三二）在西域考古記裏說：當公元前一二一年（元狩二年），漢武帝在南山北麓，將匈奴人逐出牧地以後，立刻在向中亞前進的通路上，建立了若干軍事基地，同時延展了中國的古代長城；向西修建了一道城垣，其目的在保護向塔里木盆地擴展貿易和發展政治所關的大道。斯氏又說：當他清理長城西頭的一座碉樓時，發現了一大塊有字的木簡，上面刻有太始三年（公元前九十四年）的年號，以及當地的地名「大煎都」等字。這是長城最西端的地名，較嘉峪關更爲西方。此外，又有另外一片木簡刻着太始元年的年號，所以斯氏斷定這是長城的盡頭處。從長城的這一終點起再向西陲，沿着大沼澤盆地的邊緣，還有許多瞭望臺及烽火臺，這些瞭望臺與烽火臺的距離，大都相等，並且像手指般地伸入一望無垠的沼澤盆地裏面，臺的分佈非常整齊，位置也恰到好處，好像用反光鏡觀察擺成的一樣。又在這道長城沿線的內側約兩英里的距離內，還有一座小驛站的遺蹟，其門、竈都還存在，另有一木簡寫着的年代是「漢孝宣帝地節二年」，相當於公元前六十八年五月五日……。又稱，另外發現了一段完整而又有趣的漢長城，這城直達喀喇淖爾爲止，防禦線至此再橫過一串沼澤和小湖。這是一片窪地，從南方沙灘迤邐而下，直向疏勒河，再蜿蜒向東，沿着一大片湖澤，防禦線也就繞大湖一轉。中國古代工程師之選擇這條路線，的確煞費苦心。斯氏更慨乎言之的說：「每當傍晚的時候，我個人騎着馬，躑躅長途，探察那些凛然的烽燧，想到二千年前，人類在這一代的活動，……有如一瞬間事，夕陽的光輝，從十多哩外，一座座的烽燧反射過來，炫人眼目，似乎以前城牆上的堊粉，還依然如故……我們冥想古時烽燧城垣防護的謹嚴，牢牢注視着迤北一帶靠不住的低地，以防成羣結隊，善於作戰的匈奴敵人的情景，不啻如在目前。」⑩

三六、都江堰

水向天邊白，牆從樹外紅；
分岷澆沃野，繼禹立神功。
巨石長鈎象，飛橋靜鎖龍；
萬山嵌一寺，知是二王宮。

——都江堰　易君左

公元前三一六年司馬錯奉秦惠王命率軍伐蜀，數月而定。據說，這次伐蜀是用了類似木馬屠城的五丁開道妙法，征服了四川，這就是所謂的金牛道。惠王隨接納了丞相張儀的推薦，任李冰爲蜀中太守。這位李冰的來歷不詳，歷史上也沒有更多的記載，只知道他是秦人。據猜測張儀之所以推薦李冰，一定有他治水的意義在。

李冰除了在行政上管理人民外，其最重要的工作便是治水，因爲在秦以前四川的水患是有名的。大禹雖然是下川東石柱縣的人（或云爲汶川人），他在整治早期水患的時候，也很可能去過成都平原，了解那裏水的問題，只是工作太多太忙，沒有時間爲這一小塊地方花腦筋而已。李太守憑了他過去對水利工程的知識和經驗，加以四川人民的勞力充足，所以到任不久，便決定立刻進行這一世界上最古而又最偉大的工程計劃與施工了。

關於都江堰的地理形勢，一般記載，都不免有些出入，這是因爲名稱上代有更迭，所以常常混淆不清。茲就今日的名稱而言，將它概述如下。

岷江集松、理、茂三縣的流水，自松潘高原下降後，再滙合納河與三江河的大水，自岷山傾注而下，直薄灌縣，其水量之豐，水勢之猛，可以想見。過去四川平原的連年水患，便是因爲這一大江的未予約束而造成的。直到李冰到任後，方才相度其地理環境，測繪水勢，籌建都江堰。所謂都江堰便因爲堰下大江名爲都江的關係。原來岷江上流的水，冲抵此地時，流勢仍很湍急，爲了要緩和這種流勢，李冰便設計了一種石籠，安放在江中，減緩江水的流速並藉以提高水位。所謂石籠（或稱蛇籠），便是剖竹爲籠，中間塡滿卵石，重疊數籠或十數籠於一處，藉以阻碍水勢，減低流速，在石籠的先端，置放許多保護石籠的東西，叫做魚嘴。用這種石籠將岷江的水分爲內外兩江：外江名爲撫河，是岷江的正流，因爲直向南流，所以又名南江；內江又名都江，因在江口放了許多石籠及榪槎築成了一道堤堰，就是都江堰。內江江水流經都江堰後不數里，便到達新工魚嘴，以其呈金字形，因此又稱金隄。這是用以緩和江水的第一道關口。金隄也是用石籠堆疊而成，並在這裏將內江的江水分而爲二：向正南流的叫做羊馬河，又名正南江，以後與岷江的正流撫河滙合，直下彭山；金隄北面的一支，南下至離堆，再分而爲二：南流者爲溪水河，北流者爲太平河。太平河的河口，便是李冰設計而加以鑽鑿的。原來這裏有座小山，名叫玉壘山，又名寶瓶山，經李冰派人鑽鑿後，便引一部份河水向正東流去，就是灌注新彭數縣的太平河。太平河再經普濟橋而達於太平橋時，又分爲二支：一支南流爲走馬河，乃灌注溫江雙流一帶的水源，以後在彭山與岷江會合；一支東流不久，再分爲二支：向南的叫白條河，鄉人常訛稱爲皮條河；向北的名蒲陽河，這水流經彭縣廣漢以後於焦沙尾與沱江會合。白條河的水直灌新繁，於抵達石堤堰後分而爲二：向東北走者爲毘河，灌溉新都及金堂等地農田後，也在趙家渡與沱江會合；向東南走者爲府河，經成都南下至黃龍溪等地，這就是都江堰流域的大概情形。（參閱第十一圖）

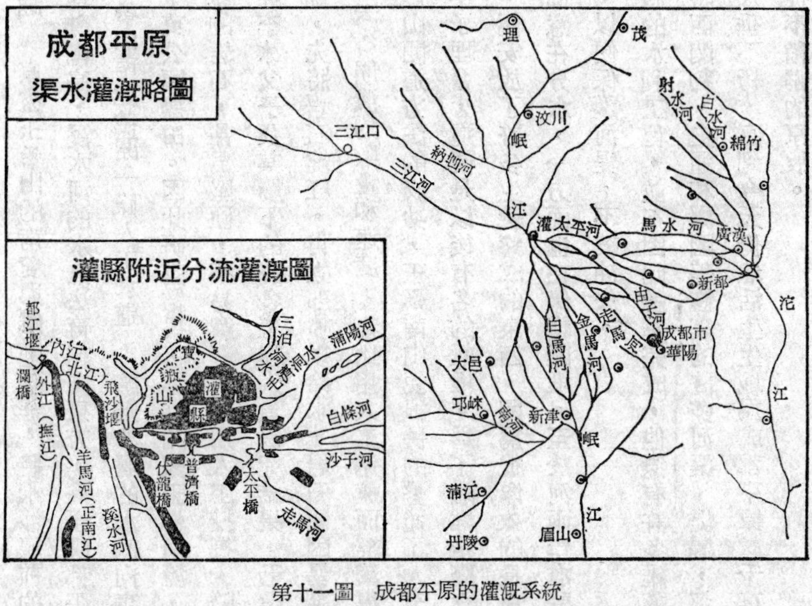

第十一圖　成都平原的灌溉系統

關於李冰鑿離堆的方法，也很有意義和興趣。原來玉壘山的南麓與離堆相連，將飛沙堰前的水，都逼向南流，而與溪水河滙在一處，隨後地勢漸高，溪水河的水無法再越向東方，灌漑成都平原內十六屬的農田，所以測量結果，如能將玉壘山南麓截開一條人工水道，讓飛沙堰的水直向東流，則地勢低下而平坦，正可以灌注其下的幾十萬公頃農田。因此研商結果，認爲開鑿玉壘南麓，經濟價值最高，工程也容易進行，只是玉壘南麓的岩石，甚爲堅硬，不易鑽鑿，如用人工挖掘，曠日費時，經費巨大，如何解決，頗費周章。迨經李冰父子及其屬下的許多工程人員研究結果，乃改用火燒法鑿山。所謂火燒開山法，係用木柴燃燒，先將岩石燒紅，再立卽噴以冷水，岩石便因暴冷暴熱關係，自然裂開崩潰，如此一層層的燒下去，崩潰的數量和速度，都比用人工迅速而經濟得多，好在山間木柴豐富，取用不竭，由於這一燒山開道方法的成功，玉壘南山便很快的鑿通了。至於南端那一大堆岩石，仍然讓它矗立在那兒，不予理會，這便是以後有名的離堆。爲了離堆是矗立在江心的原故，所以它的前端正對流水的部份，便安放了許多生鐵鑄成的東西，因爲很像象的長鼻子，所以俗稱爲象鼻子，象鼻子的功用，一方面意在分水，一方面也在保護離堆。至於河兩岸有許多土壤較鬆軟的地方，則都用魚鈎等物作護岸，以便保護河堤，不被冲失。

都江堰這個世界上最古老而又最有經濟價值的水利工程，並不因此就算完成，他還有許多維護的工作；否則，老早便被湮歿無聞了。試看周時西門豹、史通和鄭國等修築的許多河渠、堤壩，都在以後的數十百年間淤塞、荒廢，只有都江堰永垂不朽，直到今天仍然活生生地爲成都平原數千萬人服務着。這都有賴於維護工作的澈底執行，從不稍懈的原故。

關於都江堰的興築，說起來非常簡單，便是在這寬約二百多公尺的內江口上，安放着數十個用堅木柱作成的榪槎，每個榪槎用三支長約三丈的木柱，上端結紮在一起，然後三足分開，挿入河床中，柱足各用石籠壓住，三叉的中心懸一大石籠，以便將重心降低，穩住榪槎，然後再橫放許多重疊的石籠，這些石籠的重要部份，都倚靠在榪槎上面，所以不會被大水冲失。榪槎與槎榪之間，再貫穿一些橫柱，使每一榪槎，都聯繫在這橫柱上，彼此牽制，也彼此倚互，如此便將流向內江的水量減小，水勢也緩和了許多，因此夏季水漲，河水氾濫時，便將大量的水逼向外江，向南流去。這種方法對於流向內江的水量控制，甚爲有效。同時在春夏之交，下游農田開始植稻，需水很多時，便將榪槎撤去一些，將缺口放大，增加內江的水量，這就叫做「開堰」。反之，冬季水稻收穫，改種小春（蠶豆、油菜、小麥等旱作物）時，則將新的榪槎安放在缺口處，以減少水量，因此下游的農田，便不至被大水淹沒了。成都平原經歷了二千多年而沒有旱潦的原因，都是因爲堰堤控制水量得法的原故。

李冰待堰堤築好後，又在堰的上游白沙地方，立了三個大石人，以測定岷江正流的水量，在石人的足下，刻了幾句話說：「乾毋及足，漲毋沒肩；年中水量，以此爲度。」這意思是說，洪水的漲落不定，因此特立石人，作爲水量的指標，如果洪水漲起超過石人肩膀，則應注意堰堤的維護，並且警告下游居民注意，以免堰堤崩毀，洪水傾瀉而下，爲害人畜田地。目前這三個石人已經不知去向，而由四川省政府水利局揷放了一根水則，在這水則上每隔一呎，畫了一條橫線，標明水深，按時層報，不斷記載，如水深超過二十二呎，則當作緊急處理。換句話說，這時河水的高度，已經超過警戒線了。此外，又在內江的鳳棲窩地方，埋設了三根鐵柱，橫放江心，作爲河床的最低標準線，每年疏浚河道時，均以此鐵柱爲準。至於堰邊各分水嶺處的魚嘴，也代有興築。例如，元朝至元年間（公元一二七七年），四川廉訪司僉事吉當普，便曾鑄鐵龜六萬觔，並在龜背上貫以鐵柱，累石其上，再用鐵漿貫入孔隙中，以保護洪水對魚嘴的冲激。明朝嘉靖年間（公元一五五〇年），僉事施某又熔鐵七萬觔，鑄二鐵牛，首尾相連，呈人字形，以破水勢，減少冲力，這都是後代的修護工程。

灌漑渠道的維護，並不亞於堰堤的修築。換句話說，疏浚工作也非常重要，都江堰之所以歷二千餘年而不廢，一是成都平原的千萬居民賴以爲生，不容其湮沒荒廢；一是李冰在完成這一曠古的堰堤之後，又敎導人民疏浚維護之法。例如，他留下了一條維護堰堤的法則是：「深淘灘，低作堰」；「遇灣截角，逢正抽心」。這一法則的含意精深，非深知水性和灌漑工程的大學問家，絕難譜出這一維護疏浚的法則。後人將他的這一法則，銘刻在石碑上，豎立在二郞廟前，讓每一個人都明白了解這一法則的深意。關於李冰的這一法則，許多人並不明白，只有深知農田水利或在四川農田中工作過而有經驗的人，才能領會出它的意義。所謂「深淘灘」，是下游的河床已經很深時，這時最好的方法是將若干淤積了河沙的灘頭地方，予以淸除，這樣可使河床的高低劃一，河水才能暢通，水量也倍加豐富。「低作堰」乃謂河水的水位低，而兩岸的農田又高，這時要灌漑的話，只好在靠近田邊河流的適當地方，築一道堰堤（水閘），用木板橫架在堰堤的前面，阻水下流，將水位提高，於是鋤開缺口，灌水入田，灌漑完畢，再將堰堤前的木板移去，讓水下流，這因爲成都平原的農地平坦，所以灌溉和排水都用的是同一溝道。「遇灣截角」，便是在河流彎曲處，將內角截除，使呈圓形，讓水流在轉角時，減少阻力，促流速加快。「逢正抽心」，就是河床在一直線上時，要隨時挖除河床中心的淤泥積沙，使中心水流不受阻碍。

後人拜賜李冰父子築堰修堤，設計灌溉和立法疏浚，使成都平原譽爲天府之國的豐功偉績，所以特別立廟奉祀，定時祭祀，永不相忘。因此我以爲應該仿照鄭國渠的前例，而稱都江堰爲「李冰堰」。關於李冰的治水法則，後人多不明白，因此又有些懂得農田水利的專家，將其精深的法則，加以進一步的註釋，也刻了一個大碑，讓後人讀了這碑中的註釋後，更瞭解其含意與重要性。這治水三字訣乃清時水利知事文煥所刻，其詞爲：「深淘灘，低作堰，六字旨，精可鑒；挖河沙，堆隄岸，砌魚嘴，安羊圈；立湃闕，留漏罐，籠編密，石裝健，分四六，平潦曉（或作嘆）。水畫符，鐵樁見，歲勤修，預防患，遵舊制，毋擅變。」

當每年立春的時候，成都平原的農民便開始準備收穫多作，叫做小春，隨後將收穫後的農地，予以犂耕，種植水稻，叫做大春。而於清明前後開始插秧，所以需要大量河水灌溉，這時負責管理都江堰的水利局，便要舉行一項盛大的開堰禮。因此每年在清明（四月一日至五日）這一天，四川省的各級首長和名流專家，都被邀請前往觀禮，儀式也十分隆重。所謂開堰，便是將原豎的榪槎，用刀砍斷繩索，讓一部份的攔水石籠被水冲去，缺口增大，水量也急速的增加，這種開堰後所增加的灌溉水，叫做新水或春水。據估計開堰後進入內江的新水，要兩週之後，才能够流遍整個灌溉地區。這時上流的農田，便隨着新水的注入先行灌溉，灌完後，再將水放下，依次灌溉。由於節氣的關係，大多數的農民都要忙着插秧，也都急於獲得所需要的灌溉水，所以常常因爭水而打架殺人，興起訴訟。至於水權的問題，也都登記在土地所有權狀上面，若干面積的土地便有一個時辰的水權，過了這一時辰，便輪轉到下一個水權所有人了。這時上面的農地便不得再行攔水灌溉。這本來是一個很好的系統輪灌法，並無紛爭的必要，惟當時農民因灌溉而常起紛爭的原因，乃在時間上面，因爲大家都沒有手錶，只是以日出日落，或月亮的升沈爲標準，遇見陰黑的天氣，便無所適從了。好在一兩週後，所有的農田都灌注完畢，用水的限制，便自然解除。

無論大小河渠，都有淤塞積泥的現象，爲了保持水流暢通，在每年的歲尾年初，小春尙未收穫的農閒時期，各鄉里的負責人，便邀集各個農戶，共同修護疏導其轄內的溝渠，整修隄岸堰壩。較大的河道和隄堰則由政府僱工修築整補，經費由省庫開支。這種疏導的制度和法則，逾兩千三百餘年而不變，因此才能保注灌溉系統的不至於荒蕪湮歿，爲四川人民帶來無窮盡的財富與幸福，而四川天府之名，則其來有自了。所以華陽國志載稱：「水旱從人，不知飢饉，時無荒年，天下謂之天府也。」

三七、錢幣的興起與流變

九府五銖世上珍，魯褒曾詠道通神；
勸君覓得須知足，雖解榮人也辱人。
——錢 唐・李 嶠

上古之世，人煙稀少，大家都以狩獵採菓爲生，沒有交易可言。待進入農耕漁牧時代，各有專業，互換有無，於是以日中爲市，以貨易貨。這時候雖然已經有了交易，究竟不多，也沒有感覺到貨幣的需要。由於人類生活不斷進步，人口孳生繁多，社會形態愈形複雜，業務愈來愈專，生產的東西也愈來愈多，漸次發生了更大更多的交易，以貨易貨已感到有些煩難，議價論貨也十分不方便。因此舜和禹便選擇了一些人人喜好的金銅之類，作爲交換實物的媒介，這就是我國錢幣源起的濫觴。鄭樵通志食貨略第二說：「自太昊以來，則有錢矣，太昊氏、高陽氏謂之金，有熊氏、高辛氏謂之貨，陶唐氏謂之泉，商人、周人謂之布，齊人、莒人謂之刀。謂之泉者言其形；謂之金者言其質；謂之刀者言其器；謂之貨、謂之布者言其用。」又說：「禹有五年之水，湯有七年之旱，民之無饘，有賣子者，禹以歷山之金鑄幣以賑之，湯以莊山之金鑄幣以贖之。」竹書紀年也記載：「履二十一年（公元前一七六三年）大旱，鑄金幣。」這就推得更古遠了。

殷商時代人口不斷繁衍，政治型態已具雛形，便不得不增加這一貨幣的流通量，就當時社會的商務情形而言，海貝是最難得的東西，既輕便又容易保存，人人都珍惜它。因此爲政者，便採取海貝（或稱玄貝），作爲當時的貨幣了。當然海貝的種類很多，有大有小，有長有短，有彩色的，也有素雅的，隨大家的愛好而定其價值，作爲交易時的計算。詩經小雅所記：「既見君子，錫我百明。」便是指當時的貨貝而言。除了海貝以外，從前視爲器飾的寶龜等，也都作爲貨幣，而且較海貝爲貴重，就當時幣值而言，元龜一個已值海貝二十六個了。管子地數篇說：「桓公問管子曰：吾聞海內玉幣有七筴，可得而聞乎？……珠玉爲上幣，黃金爲中幣，刀布爲下幣。」

當人民生活安定，孳生繁多，交易行爲不斷增加後，貝龜等媒介物，也不敷應用了。於是又有人工製造的仿貝出現，這種仿貝，可分爲石貝、珧貝、骨貝和銅貝，而銅貝中又分爲早期的無文銅貝，及稍後的有文銅貝。有文銅貝的形狀像螞蟻的頭部，因此又稱爲蟻鼻錢，或鬼臉錢。(110)這些都是殷商時代的產物。淮南子記載稱，武王伐紂，發鉅橋之粟，散鹿臺之錢，可見當時錢的數目已不在少。不過，那時錢的式樣如何？面值如何？便不得而知了。

周初社會形態愈形複雜，鬼臉錢也不够應用了。文王乃作九府圜法，（鄭樵以爲是太公所作，黃金方寸而重一斤，錢圜函方，輕重以銖，布泉廣二尺一寸（或二尺二寸），長四丈爲疋，以爲貿易之制。）由政府製造泉布和大錢。所謂泉布就是貨幣，也就等於以後的錢。以其源源而出，故謂之泉。王昭禹以爲「入府爲泉，盈利爲布」。當時製造泉布的機關，稱爲泉府，其編制員額，嘗達一百二十八人之多。泉府所造的泉布式樣爲鏟形，乃仿照當時農民所用的鐵鏟而製造。泉布上所載的文字，隨各朝各期及各地而不同。例如，趙國的泉布，在其正面右上角鑄造「甘丹」（卽邯鄲）二字；燕國則在其右方鑄一「松」字（卽松下）；魯國季氏所製的則爲「鄅，金代」。趙國所鑄的泉布大，柄與足均較長，且柄端無孔。燕、魯所造的與趙國的大體類似，只是在柄端留有圓孔及三角形孔，至於它的面值如何？則沒有標明。

東周初期，泉布的形狀也和西周一樣，只是式樣略小，而更爲精製，且刻有「東周」或其他製造地方的名字，表示是周天子的鑄造物，這就是古書所稱的「東周空首布」。⑩同時在西周及東周地方，又出現了較小的圓孔銅錢，上面也鑄有「東周」或「西周」等字樣，作爲標識，這恐怕是中國最早的銅錢了。這些稱爲東周泉或西周泉的貨幣，全都是威烈王（公元前四〇三年）以後的產物。至於周景王（公元前五四四年）所鑄的大錢，因爲流通時間很短，鑄造數量不多，在漢時便沒有人看過了。據鄭樵通志食貨二記載：「周景王患錢輕，更鑄大錢，徑一寸二分，重十二銖，文曰『大泉五十』。」除了鐵鏟形的周泉外，還有戰刀形泉，這種錢呈刀形，柄端有一圓環，刀身正面鑄有「齊造邦長闓代」六個字，因此又稱爲「六字刀」，刀的背面上端有三條橫文，中部有一星，下部則各鑄有「上、彳、七、日、六、化、工、司、吉、屮」等字，①這是什麼意思，不得而知。

戰國時期各國所鑄的錢多爲圓形圓孔，至秦時乃改爲圓形方孔，不過這種錢的方孔很大，圓錢的直徑爲三五——四五粍，方的直徑則達一五粍；雖然如此，圓錢重量仍達半兩，等於十二銖，也就是一千二百粒的黍重。（參第十二圖）

兩漢時期，人口的繁衍孳生最快，加以漢武帝開疆拓土，對四週異族大肆兼併，不只是佔領了土地，也兼併了人民。（根據平帝（公元元年）時的統計，中國人口已經超過了五千萬。）由於人口衆多，交易頻繁，使用的錢幣便不够分配，必須大量鑄造新錢，以應急需。可是鑄錢用的金屬銅原料，卻大感缺乏，而對銅礦的開採和冶煉，也不能適時配合，因此銅價高漲，物價隨而升高。初先高祖爲了穩定物價，乃下令賈人不得穿絲乘車，並提高營業稅收，抑制商人暴利。同時又將鑄錢的重量減少爲一銖，稱爲一銖錢，以增加流通量。這就是所謂的「榆筴錢」，言其大小與榆筴無異。這種錢不但其直徑只有十粍，且中間的方孔便佔了五粍。最小的榆筴錢，其直徑且小到只有八粍，方孔則仍然是五粍，何況錢身又薄，重量便格外輕微了。這雖然解決了一時的錢幣荒，可是由於錢小，質輕，面額大，大家便競相私造，以獲暴利，錢幣因而貶

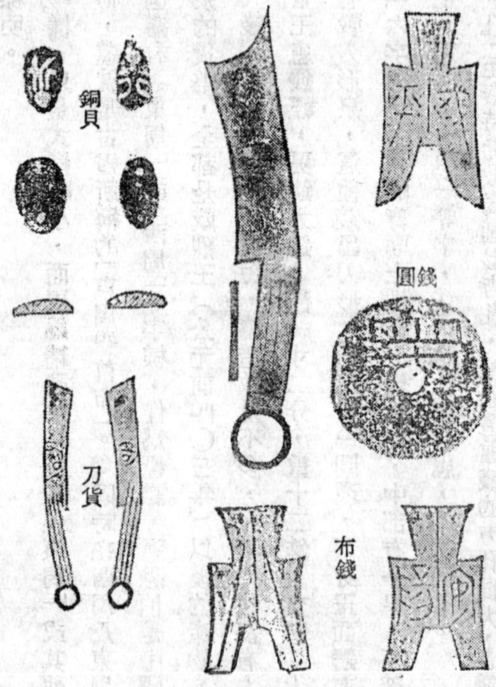

第十二圖　戰國時代的錢幣

值，物價飛漲，雖然政府下令，不准民間私造，但利之所在，私鑄之人仍不在少數。據書載，當時因私鑄而獲罪者，在數十萬人以上。

高后執政，鑒於楡筴錢過於微小，又鑄八銖錢，仍名爲半兩錢，但其重量則較秦錢減少約三分之一。其後各帝王又命鑄三銖錢、五銖錢。元狩四年（公元前一一九年）更以白金及白鹿皮作爲貨幣。所謂白金卽銀錫合鑄的銀幣，大小凡三種：㈠龍紋圓形，重八兩，當錢三千；㈡馬紋方形，重六兩，當錢五百；㈢龜紋橢圓，重四兩，當錢三百，這是我國最早的銀幣。皮幣是以白鹿皮製成，鹿皮方尺，邊加繪繡，値錢四十萬，限王侯宗室朝覲聘享時使用。此種皮幣的價值，完全係政府命令，因成爲我國信用貨幣的開端。直至武帝元鼎四年（公元前一一三年），才確定錢的重量爲五銖，並規定由中央、上林、三官統一鑄造，名曰三官錢，非三官錢不得流通使用。至於黃金的使用，仍以十六兩爲一斤，値錢一萬。這時的黃金多鑄爲馬蹄形及麟趾形兩種。由於五銖錢的面值和其質量配合適中，人民私造也無大利可圖，所以物價便穩定下來了。平帝時全國流通的五銖錢，已在二百八十億枚以上。

新莽執政，乃仿周制而造契刀、錯刀及小錢等。刀錢携帶計數均不方便，復以劉字含有金刀，因此乃罷刀錢，更作金銀龜貝錢布等品，名爲寶貨，合計二十八品（其中金貨一品，銀貨二品，龜貨四品，貝貨五品，布貨十品，賤貨六品。）。其所鑄小錢，又分爲六品，卽最小的徑六分重一銖，文曰「小泉直一」，稱爲法錢；其次徑七分重三銖，以一當十，稱爲么泉；次徑八分重五銖，以一當二十，稱爲幼泉；次徑九分重七銖，稱爲中泉，値三十文；再次徑一寸重九銖，稱爲壯泉，以一當四十；大錢一枚，値五十文，稱爲六品。這就是所謂的錢貨六品，但由於種類太多，面値和重量不能配合，因此又將已經穩定下來的幣制弄亂了。東漢時公孫述在四川，以鐵代銅鑄錢，稱爲鐵錢。直至漢末董卓爲相時，乃將秦始皇在咸陽所鑄的十二銅人銷燬，用造小錢，於是又形成錢多貨少的通貨膨脹現象，物價再度高漲，於是天下大亂，黃巾造反，盜賊四起，漢朝終於覆亡，這都與幣制的紊亂和物價飛騰，大有關係。

三國時魏國用五銖錢，蜀國用傳形五銖錢，其錢五字居左，銖字居右，仿傳形半兩爲之。吳國所用之錢如何，不得而知。惟據古書記載，孫權嘉禾五年鑄大錢一當五百，……赤烏元年鑄一當千大錢，後又罷之。但當呂蒙計殺關羽，奪回荊州時，孫權一次便賞給他銅錢一億枚，可見當時小錢之多了。魏文帝黃初二年（公元二二一年），罷五銖錢，使民以穀帛爲市。明帝時復行五銖錢。此後，政潮迭興而幣制亦起伏不定，變化多端，加以南北朝時，五胡亂華，各國征戰不已，朝政更迭莫測，而錢的演變，也就格外顯得複雜。梁朝普通四年（公元五二三年），又鑄大吉、大通、大富等鐵錢，文曰「五銖大吉」等。其四方鑄模，曾於民國二十四年，在南京通濟門外出土，是爲蕭梁四出五銖合土範。由於此種鐵錢之大量發行，用以彌補軍費，因此幣値慘跌，物價飛騰，乃至論斤計兩，不再數枚了。又由於這種現象的產生，因此發生貼現的怪現象，這就是東西錢及長錢的出現。所謂東錢，是指破嶺以東所用的錢，必須貼現百分之二十，也就是每一百錢，只値八十；江郢以上的叫西錢，貼現百分之三十，以七十爲百；京師地方的叫長錢，只貼百分之十。以後又有所謂二柱錢、四柱錢、鵝眼錢、布泉、五行大布泉，及北周的永通萬國錢等。

隋文帝統一天下後，通行五銖錢，其錢一千，重四斤五兩，其餘一概不准通行，幣制乃趨穩定。至唐高祖李淵執政後，乃於武德四年（公元六二一年），詔歐陽詢鑄開元通寶，每錢徑八分，重二又四三銖，十錢爲一兩；字體則以八分、小篆、隸書三者合而爲一新字體，形式頗爲美觀，大小也很適中，因此錢的面值與物價相配合。這是我國最好和最穩定的貨幣時代。開元七年，更利用國家所貯存的食米，掉換當時尚在民間流通的惡錢，予以銷燬。開元二十六年，政府鑄造千錢的成本費只有七百五十文，因此獲利二百五十文；每年鑄造的數目爲三十二萬七千緡（一緡等於一百文）。這種銅錢上的文字，可直讀爲開元通寶，亦可依序讀爲開通元寶，背面無字，但有星月文，分佈於方孔四角。

唐憲宗時（公元八一〇年左右），商旅往來頻繁，銅錢太重，携帶不便，尤以遠程爲然；加以途中盜賊蠭起，風險太大，因此乃造「飛錢」，俗名「便換」。凡持飛錢之人，可在任何有便子務的地方，憑票取錢。這就是我國最早施行的滙票制度，而便子務也就等於國家設立的銀行。由於這種飛錢制度的創立，商旅稱便，也間接促進了商業的發達和交易的快捷。

天寶末天下又亂，史思明且自造「一元寶錢」，錢徑十四分，以一元當開元通寶百文。這是一種變相大鈔，於是物價又高漲起來，不得已只好將大鈔收回，另發行順天通寶。由於當時人口加多，交易頻繁，復感通貨的不敷應用，所以在大曆七年，禁止人民用銅製作其他器具，同時也不准私自銷燬銅錢。元和十三年（公元八一八年），更禁止人民儲藏硬幣，凡超過五千貫者死刑。後唐明宗天成元年（公元九二六年），且禁止人民携帶錢幣出境，其有超過五百文者，沒收。

宋太祖趙匡胤統一中國後，曾鑄造宋通元寶，分銅、鐵兩種，面值各不同，但仍無法阻止錢幣荒。以後又鑄夾錫的合金錢，名爲夾錫錢，於是錢的變化又增多起來了，幣制也愈形混亂，不得已再行仿照唐時的飛錢制度。不過宋時的飛錢，不僅限於滙票性質，而且已經演進到本票及期票了。換句話說，飛錢可以在市面流通。隨而四川成都富商又私自發行一種兌換劵，叫做「交子」。這種交子的印製方法，也非常謹愼週密。例如，當時所印的交子有以下幾項特徵：⑴所有交子都用色澤與質地相同的紙張；⑵印紋以木、人、物等爲圖案；⑶發行人的簽章，都有秘密記號；⑷朱墨間錯，很不容易仿製；⑸面值臨時用大楷數字書寫，以防變造；⑹憑票即付，任何有交子務的地方均可兌換。這就是進一步支票或本票的發行。於是政府隨而跟進，在各通都大邑成立交子務，以便隨時兌換交子。北宋末並更交子爲錢引，隨又更名爲會子，俗稱見錢關子。這種制度本來很好，可惜當時政府和人民，都沒有實行現金準備制度，以及管制發行額的監察制度，以致濫發太多，屆時無法兌現，幣信大落，物價波動劇烈，人民生活陷於極端痛苦中。金人主政，再發行交鈔，其辦法類似交子或會子，也是因爲沒有準備金而失敗了。

元人南下，統一中國，社會稍爲安定，乃發行新鈔，計分十一等，最小者面值五文，最大者二貫，並將宋時各種錢鈔予以次第收回。至元十三年（公元一二七六年），實行銅板印鈔。明洪武四年（公元一三七一年），復鑄洪武通寶，以四百枚爲一貫，計分五等。淸人入關，於戶部設寶泉局，工部設寶源局，鑄順治通寶，並規定每一銅錢重一點二五錢，不得任意增減其重量，以維持錢貨的適當比值；隨後又改爲每一銅錢重一點四〇錢及一點二〇錢，重量雖稍有增損，但面值仍相等，且可互相通用，這就是我們在民國初年曾經使用過的康熙、乾隆、道光等通寶制錢了。同時清政府更鼓勵民間斥資開採銅礦，官府不得無故阻止，如有發現故意刁難阻擾者，輕則免職，重則治罪。混亂一千餘年的中國錢幣，才漸次導入正軌，人民疾苦，方才稍有喘息的餘地。清末因銅的來源缺乏，乃准李鴻章在廣東鑄造銅元，隨後復在各省鑄造，其面值有二十、十、五、二等四種。旋粵省總督張之洞又在廣東鑄銀幣，分一元、五角、二角、一角四種，而以一元幣作爲國幣，淨重庫平七錢二分，每銀元一元，兌換銅元一百。旋因各省統鑄銅幣，通貨膨脹，銀元價高，乃改爲一千、二千以至數十千不等，更直接減低了銅錢荒的壓力，緩和了人民對幣值的恐懼，穩定了人民生活必須品的售價。

以上是中國錢幣的興起和流通情形，其成功與失敗，多半受着政治的影響，和執行人的好惡。除了錢幣的面值以外，如果我們再研究錢幣本身形態的變遷，也很有趣味。試根據無錫丁福保氏所編「歷代古錢圖說」，①加以研究，則其變遷可如下述：

一、無定形錢：這是以天然物作爲貨幣的時代，也可以說是龜貝時代。這一時期可能很長，也許在唐虞時代，便已經開始了，期間總在一千年左右。不過又有人以爲龜貝之應用，乃係殷人的貨幣，因爲殷人居住海濱，龜貝易得。

二、仿貝錢：人口增加，交易也增加，貝龜不够應用，乃用銅作仿貝，以增加通貨的發行，這一時期不會太長，因爲既可以仿貝，也可以仿照其他物件而製成貨幣了。

三、鐵鏟錢：周初農耕發達，錢幣的鑄造，便仿照當時的農具鐵鏟，而鑄造成錢，這就是日後的東周空首布、土昜、王昜、奇氏等各種大小不同的貨幣了。這些貨幣雖然形狀大同小異，但所鑄的字及其精鑄情形，則有很大的區別，愈晚近愈精細靈巧，而柄上的小孔也不同了，初先是無孔，以後因便利串掛，乃改爲三角形孔及圓孔。

四、刀形錢：由於戰爭殺伐的關係，因此又有以戰刀爲形的六字刀古錢。此種刀錢，原本無字，以後才加鑄古字，形式不一，字樣也不定，大抵所鑄的字，都是代表京都及朝代名稱的。如閔及丂、契刀、錯刀等。

五、圓形錢：圓形錢的發行也在周朝，那時距離發行鏟形錢不久，只是初先的圓形錢無孔，即或有一小孔，也是圓的，以後才改爲方孔。孔的大小是先大後小，也有開一個或兩個小孔的。如安平四銖是兩孔，其餘如下蔡四銖、宜陽四銖、臨朐四銖等，則仍只有一孔。不過，這些四銖錢的開孔，大小不一，沒有一定的比例。

六、方形錢：方錢發現於六朝時代（公元四二〇至五八八年），當時有方形的三銖及四銖錢，但中間的小孔卻是圓的。而其所鑄的文字，也分爲陰文及陽文兩種；字體多屬篆隸，字樣則隨發行時期及朝代而不同。

七、銙牌錢：南宋時發行長方形的銙牌錢，頂端有一圓孔，便於串掛，正面鑄有「臨安府行用」等字；後面則鑄「準貳伯文省」或「準參伯文省」及「準伍伯文省」等三數種。

八、紀念用錢：錢本是一種流通用的貨幣，但是也有作爲紀念性的，如張獻忠據四川時，自稱大西王，鑄造金、銀、銅三種圓錢，獎賞有功官兵，錢面鑄有「西王賞功」等字樣。

九、觀賞用錢：錢除了通用及獎賞有功作爲紀念等外，還有觀賞用的錢，如藕心錢，以及鑄有裸體、春宮等錢幣，這些都是即興之作，數量很少，也不流通，只是作爲收藏家的珍存，與鑑賞家的把玩而已。

以上所述的都是以銅錢爲主，其實除了銅錢以外，還有金幣、銀幣、紙幣、元寶等，而大量的計算，仍是以金銀爲主。

古往今來，關於錢的故事很多，正如唐李嶠詠錢詩中所說，可以榮人，也可以辱人。毘陵李氏（時年十六）的破錢詩，更稱錢可以「買盡人間不平事」。而財神廟的對聯復稱：「錢有兩戈傷壞古今人品；窮只一穴埋歿多少英雄。」這都說明錢與人生的關係。下面是一個古代帝王與錢的故事。

五代史宦者張承業傳稱：承業爲唐僖宗時的太監，因爲忠誠，所以僖宗特派他管理國庫。僖宗的兒子莊宗，性喜冶遊，花錢無度，因此手邊常感拮据，也不敢向皇帝老子伸手要錢，於是便打承業的主意，而承業也不好說話，雖然自己是太子，將來有一天會登基作皇帝，但承業還是不賣賬，常給以閉門羹。年關將到，莊宗債臺高築，而下人又要賞錢，不得已，便去國庫管理處，請承業喝酒，叫他的兒子繼岌爲承業唱歌舞蹈，唱歌完畢，莊宗總以爲承業長輩會賞給兒子一大筆錢，可是承業只將腰間繫的玉帶取下來賞給繼岌。莊宗告訴他的兒子要錢不要帶。承業便告訴莊宗，我身上沒有錢，庫裡的錢都是國家的，不能隨便給人。莊宗便大罵承業不識抬舉。可是承業也大怒，便向莊宗說，庫錢都是國家的，是爲你們李家子孫覇業而積蓄的，如你要錢，你自己去取好了，何必問我呢？不過將來國破家亡，不僅是我死，你們李家三代也活不了。莊宗乃命從人元行欽拿寶劍來，承業乃拉住莊宗的衣角哭訴道，我並不怕死，我之所以如此，都是爲你們李家積存財物，爲將來報仇復國用的，今天我爲守庫錢而死，也不愧見先王於地下了。這時候另外一個侍從閻寶前去捆綁承業，承業便與閻寶互毆；同時並責備閻寶是一個壞蛋，非但不規勸莊宗，反而助紂爲虐，陷人主於不義。這時太后聽得了他們吵鬧的消息，趕緊前來，將莊宗帶回宮裡，痛揍一頓，並叫他向承業當眾道歉。

三八、印刷術的發明

範銅制出膠泥上，屈鐵縈絲字字分；
一日流傳千百本，何人不頌會通君。

——藏書紀事詩　葉昌熾

印刷術起源於中國，而活字板又是宋人畢昇發明的，這是每一個中國人都知道而引以為榮的。可是中國人如何發展印刷，而畢昇又是如何發明活字板的，便很少有人知道了。

關於印刷術的起源，應該追溯到三代。周書上說，殷湯打敗了夏桀以後，大會諸侯於塗山，然後公推一位共主出來，領導羣雄，並且預先安置了一把交椅，雕造了一方璽印，放在交椅上，以便共主乘座，掌管璽印，號召全體人民，共謀國是。古人以為君王所用的璽，是從爾從土，乃是受命於天的意思。所以用那方璽印，作為信符，任何一張文件，蓋上這方印璽後，大家都得遵守。因此我以為這種印璽，就是以後刻版印術，以及活字版的濫觴。以後子貢適吳，虞卿相趙，季子拒秦，都曾應用這種印信，作爲聯絡信守的證明。

隨着印章的演進，周穆王刻石鼓文（公元前一千年），秦始皇作瑯琊文，都是將文字刻在石版上，坊民正俗，藉垂萬世。漢代的熹平石經，意思雖然不同，但刻石則一。繼而有漢碑的臨摹與拓本，更啟示了日後印刷術的改進。於是接踵而來的便是隋代的雕版印刷。根據河汾燕間錄記載，隋開皇十三年（公元五九三年），敕將廢像遺經，悉令雕造，於是若干經書與畫像，也在這一命令下，開始雕板印刷，這就踏入了正式印刷的境地了。

戈公振氏在中國報學史中稱，秦瓦量的文字精絕，每行二字，每四字作一陽文範，合十範而印成全文；而且每範四週，都有方廓，這就是最早的活字板，不過，這種活字版是四個字一組而已。梁時錢幣的鑄造，也有類似印模。

宋慶曆中（公元一〇四四年），平民畢昇用膠泥刻字，一泥範一字，然後將各單字隨意配合，排成一板，稱爲活字板，這就是世界上正式活字版的開始。關於畢昇所作活字板的實際情形，排印方法等，畢昇自己並沒有記述下來。不過，根據親眼目擊的證人沈括，在他的夢溪筆談一書裏，將這一事件，描寫得淋漓盡致。他說：「慶曆中，有布衣畢昇，又爲活板，其法用膠泥刻字，薄如錢唇，每字爲一印，火燒令堅；先設一鐵板，其上以松脂腊和紙灰之類冒之。欲印，則以一鐵範置鐵板上，乃密布字印，滿鐵範爲一板，持就火煬之，藥稍鎔，則以一平板按其面，則字平如砥。若止印二三本，未爲簡易，若印數十百千本，則極爲神速，常作二鐵板，一板印刷，一板已自布字，此印者纔畢，則第二板已具，更互用之，瞬息可就。每一字皆有數印，如「之」、「也」等字，每字有二十餘印，以備一板內有重複者，不用則以紙貼之，每韻爲一貼，木格貯之。有奇字素無備者，旋刻之，以草火燒，瞬息可成。不以木爲之者，木理有疏密，沾水則高下不平，兼與藥相粘，不可取，不若燔土。用訖再令火藥鎔，以手拂之，其印自落，殊不沾污。昇死，其印爲予羣從所得，至今寶藏。」這就是畢昇發明活字板印書的大概情形。沈括是宋仁宗時候的人，當時只有十幾歲，親自看見畢昇發明和製造活字板的經過情形，而且其原始製作的泥板，也爲他的僕從獲得，加以珍藏起來。關於畢昇這個人，古書沒有記載，也沒有人爲他立傳，只有沈括在他的筆談裏，稍作解釋。他說：「竊嘗疑畢昇乃杭州之一雕板工也，惟其熟練棗梨之技，深識工程之艱，溫涼甘苦，默會於心，運思鑄巧，求簡代繁，遂克有此偉大之發明，此又業精於勤之一理也。」又王國維夢溪筆談手識裏說：「祥符中（公元一〇一二年），有老鍛工畢昇，曾在禁中爲王鍛金。」國維以爲就是發明活字板的同一個人。

畢昇發明活字排版的方法以後，雖說其原始標本爲沈家所得，但這一方法很快便傳到一些有心人的耳中去了。根據清朝葉德輝氏所撰「書林清話」記載：「活字印書之制，吾竊疑始於五代，普天福銅板活本載，宋岳珂九經三傳治革例，此銅板殆卽銅活字版之名稱。」可見岳珂的銅板活字，是受了畢昇泥板字的影響。因爲岳珂是岳飛的孫子，那時距畢昇發明活字板，已有一百七十七年了。葉氏又說：「吾藏韋蘇州集十卷，卽宋活字泥板。其書紙薄如細繭，墨印若漆光，惟字畫時若齧缺。」由此可見宋時便用銅字活板印書了。只因爲用的是銅活字，所以筆畫時有齧缺，顯得沒有泥板整齊，以後改用錫及鉛的合金，這種現象便沒有了。

畢昪發明活字板以後，雖說已經有人隨即仿傚，但畢竟不甚普遍，許多書籍仍然是木板雕造。所謂付之梨棗，便是木板印書的意思。直至清末民初，筆者幼時所讀的四書五經，仍然是古老的明刻本。當然一般的書籍，特別是報章雜誌，都已經改用活字板了。

此外，中國還有一位學者，名叫王楨（公元一三一四年），因爲自己要印書不方便，所以便對畢昪發明的活字排版法，加以進一步的研究，並且適度予以改良，且將他研究改良的成果，寫在他所撰的農書裏。他說：「古時書皆寫本，學者限於傳錄，故人以藏書爲貴。五代唐明宗長興二年，宰相馮道、李愚，請令判國子監田敏，校正九經，刻板印賣，朝廷從之。鋟梓之法，其本於此，因此天下書籍遂廣。然而板木工匠，所費甚多，至有一書字板，功力不及，數載難成。雖有可傳之書，人皆憚其工費，不能印造傳播。後世有人，別生技巧，以鐵爲印盔界行，用稀瀝青澆滿冷定，取平火上，再行煨化，以燒熟瓦字，排於行內，作活字印板，爲其不便，又以泥爲印盔界行，內用薄泥，將燒熟瓦字排之，納入窰內，燒爲一段，亦可爲活字板印之。近世又鑄錫作字，以鐵條貫之作行，嵌於盔內，介行印書。但上項字樣，難於使墨，率多印壞，所以不能久行。今又有巧便之法，造板墨作印盔，削木片爲行，雕木板爲字，用小細鋸鏤之開，各作一字，用小刀四面修之，比試大小高低一同，然後排字作行，削成竹片夾之，盔子既滿，用木榍榍之使堅牢，字皆不動，然後用墨刷印之。」⑳

從上面王楨所述作字與排版的方法，當然比畢昪的要好得多了，但是問題只解決了一半，繼之而來的是一本書動輒以數萬活字排版，這些字拆版以後，又如何將它排列貯存起來，作爲下次排版檢字之用呢？於是王楨又創製了：⑴寫韻刻字法；⑵鎪字修字法；⑶作盔嵌字法；⑷造輪法；⑸取字法；⑹作盔安字刷印法等。於是我國的印刷術，又因爲王楨的研究，而躍進了一大步。

至於國外應用活字板印書，當以高麗爲最早。根據陳簡齋詩集序云：「活字印刷，始於沈括（當爲畢昇之誤），而成於楊惟中，今日新舊各書，皆可用活字印刷，爲用殊廣……。」至於荷人可斯特（Coster），德人顧登堡（Gutenberg, J. G. 1447）等，用鉛作活字，當係仿照我國的銅、錫等活字而加以運用的。不過在時間上，已經晚了三四百年了。

三九、圖書館學的興起

鄴侯家多書，挿架三萬軸，
一一懸牙籤，新若手未觸，
爲人強記覽，眼過不再觸。
——送諸葛覺往隨州讀書詩 韓愈

秦始皇統一天下以後，除了收天下兵器，聚於咸陽，鑄造十二金人以外；還將各國的書籍也收集起來，放在京城裏供官家及博士等人瀏覽、參考，這是我國正式成立皇家圖書館的開始。當李斯奏准盡焚六國非議朝政之書後，這一圖書館的藏書，並沒有受到影響。可惜劉邦入關，除蕭何將其中有關政治、經濟和法律等書，搶運了一部份出京以外，其餘都給項羽部下，放了一把火，將所藏的圖書全部燒光了。這是我國圖書的第一刼。

在秦朝除了皇家圖書館的藏書以外，大臣如李斯、趙高、胡母敬及其餘七十幾個國家博士，也都有他們私人的圖書室，而且這些人的藏書，都不受焚書令的影響。因此這些大官們，才能夠一方面服務秦庭，處理朝政，一方面利用這些圖書作爲參考，撰寫了蒼頡篇、爰歷篇和博學篇等好書。可惜李斯被趙高套上反叛的帽子腰斬於咸陽以後，李斯的藏書便移入趙高的圖書室裏了。隨而趙高被秦子嬰殺死後，再遭逢劉邦的革命軍入城，這些書籍便從此散亂了。等到追踪而至的楚兵入城，便鷄犬不寧，人和書都不知所之了。至於民間士庶人的藏書，可能會因此而有所增減。總之，亂世一切都不可以理喻，圖書也無法例外。

漢高祖得天下後，因忙於征戰，安撫流民，無暇顧及圖書的整理與收藏，以及文化復興和教育政策的釐訂。直到成帝時（公元三〇年），才以秦火之後，書籍散亂，而士庶人間的書，則因爲互相傳抄，錯誤百出，於是便命謁者（長賓讚受事之官）陳農負責收集天下遺書，同時詔光祿大夫劉向，將所搜集的書籍，加以整理校正。劉向本人除了負責總編輯以外，還要專門負責校訂經、傳、諸子及詩、賦等書。步兵校尉任宏與太史令尹咸，負責校訂兵學與數學方面的書。侍醫李柱國校訂有關醫藥、方技方面的書。每一本書校訂完畢後，先編目次，再寫大要，然後謄正，呈奏成帝，而成帝則在日理萬機之餘，親自批閱這些已經編校完竣的書籍。劉向死後，哀帝卽位，又命向的兒子歆，繼續他父親的工作。於是歆又將各家所校訂好的書籍，再加以總校訂，並根據書中所輯的要義，向哀帝陳奏七略，以爲治理國家，繁榮社會，安定人心的基本策略。這七略是：⑴輯略，⑵六藝略，⑶諸子略，⑷詩賦略，⑸兵書略，⑹術數略，⑺方技略。

元始五年（公元五年）平帝未死前，又命令徵集天下知曉古書古經及天文曆算、鐘律、文字學及史地等科學的人才，全來京城，共同討論七略，及其有關問題。這次會議的主題是：⑴國家政策的研擬；⑵古今圖書的校訂。這是大司馬王莽的傑作，也是我國第一次的國是會議。

後漢時，蔡邕爲相，以當時經籍，仍很散亂，彼此傳抄，亦多謬誤，甚至於穿鑿附會，遺誤後學。因此聯合五官中郎將堂谿典、光祿大夫楊賜、諫議大夫馬日磾、議郎張馴、韓說，以及太史令單颺等大臣，奏請正定六經文字，靈帝許之。於是蔡邕乃將當時的重要經典，親自校訂，書刻於石上，且將這些刻好了的石碑，立於太學大門外的走廊上，以便學人士子依碑校改。立碑之初，每日聞風來參觀更改的，有數千人之多，車水馬龍，交通爲之阻塞，盛況空前。所立的石碑，一共有九十二個，其中屬於四部的碑便有四十六個，其餘西行尚書、周易、公羊傳等，又有二十八個。南行禮記十五個，東行論語三個。而且在禮記碑上，更刻有馬日磾及蔡邕等的名字。這就是有名的漢代石經，全經校刻了九年乃成，眞可以說是最大的校勘記了。

漢代各帝王除了命令各大通儒大加整理國家的書籍外，並修築石室，作爲珍本書籍貯存的處所，以避免風火水害等的損失。除了構築堅固耐火的石室書庫外，書櫥的設計和木材的選擇也非常講究。史記索隱稱：「石室金匱，皆國家藏書之處。」可見當時爲政者，對於文化書籍的重視了。漢太史蘭臺令班固等在編完漢書後，又將其所參考過的書籍，編成漢書藝文志，這就是我國現存最早的圖書目錄，其中所記的參考書，有許多已經失傳了，但後人讀到了這本書目時，也會了解當時的一些文藝創作情形。此後各朝史書，都將所參考的藝文編入目錄，作爲參考。

曹操三分天下以後，又鑒於書籍因戰爭關係，散亂遺失，非常可惜。所以便命秘書郞鄭默，將藏在秘書、中、外三閣的原有圖書，加以整理補充。鄭默因而更著中經。秘書監荀勖又因鄭默之中經，而再著新簿。此一新簿，總括了當時所有的書籍，分為甲、乙、丙、丁四部，合為二九、九五四卷。其中甲部包括六藝及小學諸書；乙部包括古代諸子百家與近代兵書、兵家、術數等書；丙部包括史記舊事、皇覽簿雜事等；丁部包括詩賦、圖、讚、汲塚書等。新簿編纂完畢後，並將各卷目錄，分別注明，盛於一絲袋內。這就是我國最早的圖書目錄卡的創製。各書並用淺黃色絲綢包被，以免混淆。可惜此種編校工作，又隨日後國家的戰亂而停頓了。

東晉時著作郎李充，又將荀勖所著的新簿重新校訂；但因此時書籍散失甚多，只餘下三〇一四卷了，李充只好改編為甲乙兩部。劉宋元嘉八年，秘書監謝靈運，再造四部目錄，凡六四、五八一卷；元徽元年秘書丞王儉，更造具目錄凡一五、七〇四卷。儉又自撰此目錄各書為七志，而與劉歆的七略相媲美。王儉並在每一書名之下，附列一小傳，述明編著始末。此外，又編著九篇條例，附在卷首，說明其編輯方法，這都是圖書館學的一大進步。

齊永明中，秘書丞王亮，秘書監謝朏，又造四部書目，凡一八〇、一〇卷，後因兵火延燒秘閣，書籍又形散失。梁初秘書監任昉，復親自加以整理，將各書置於文德殿內，並在華林園中總集釋典，凡二三、一〇六卷；此時除任昉、殷鈞之四部目錄外，又將文德殿內之術數書，更列一類，故梁時有五部目錄。梁武帝普通中（公元五二二年左右），處士阮孝緒，更著七錄。其分部目錄，且有一定編法，頗有次序，這是又一種圖書分類法。

隋開皇三年（公元五八三年），秘書監牛弘，表請遣使四出，搜訪異本，每得一書，賞絹一疋，校寫完畢後，仍將書送還原主。因此民間異書多有送往抄錄者。平陳以後，內外閣中藏書，已三萬餘卷，可惜在克平鄭地後，盡收其藏書及古籍，命司農少卿宋遵貴用船運回，不意爲水所淹，目錄浸毀，所以至隋末，只有一四、四六六部，合八九、六六六卷。

唐太宗統一全國後，乃將過去所編目錄及其新的分類法，予以整理，更分爲經、史、子、集四類，藏書最多時是在玄宗開元時代，當時已編入目錄的書籍，已達五三、九一五卷，而有唐一代士人自撰的書籍，也多達二八、四六九卷。此時期中央圖書館所藏的書，均有正副本，以免有所損失時，無法補充。而正副本在裝釘時，又以不同的軸帶及標籤註明，以資識別。安史之亂，雖有部份損失，但元載爲相時，又奏准以千錢購一書，因此至文宗時，四庫之書甚爲完備，爲安全計，並將此四庫之書，再分別藏於十二個石庫內。

唐時除購抄異書外，又將過去古書或購得之書，因紙張不良，墨箋不佳者，均召天下工書之士，如京兆韋霈，南陽杜頵等人，齊集秘書閣內，補續殘缺，抄爲正副本，藏於宮中，其餘則置於秘書處。貞觀中魏徵、虞世南、顏師古等人，相繼任秘書監，請購天下書，並選五品以上子孫之工書者爲書手，分別繕寫，藏於內庫，以宮人掌之。玄宗時並命馬懷素爲修圖書史，與崇文館學士褚无量負責整理，玄宗且時常前往檢閱。无量復建議，借民間異本傳錄，當時太府曾每月撥付麻紙五千番，每季給上谷墨三三六錠，每年給河間、景城、淸河、博平四郡，一千五百張兔皮，作爲製造毛筆之用。上述四庫書籍，兩京各二本，共三五、九六一本，均以益州麻紙書寫。其爲經庫者，則以白牙軸，黃帶，紅牙籤；史庫書則以靑牙軸，縹帶，靑牙籤；子庫書則以雕紫檀軸，紫帶，碧牙箋；集庫則爲綠牙軸，朱帶，白牙箋。如此標明，一見則知其爲何庫書也。

我國古書都是手抄本，對於抄書用的紙張墨筆固然重視，書工的字體也非常講究，所以常常徵集天下善書的人，作爲書工，專爲某些書籍抄錄的事情。如今影印的古書版本裏，便常發現有不同字體，不同書寫的筆跡出現。此外，唐代對於圖書的裱糊裝訂，也非常注意，而且設有專官負責。根據唐六典所載，唐時設有秘書省監一人，從三品，掌印國經籍圖書之事；少監二人，從四品上；秘書郎四品，從六品上，掌四部之圖籍，分庫以藏之，以甲、乙、丙、丁爲之部目，這是政府派遣專官負責圖書的開始。另又設校書郎八人，正九品上；正字四人，正九品下，掌讎校典籍，刊正文字，辨其紕繆，以正四庫圖史。更有令史四人，書令史九人，典書八人，楷書手八十人，熟紙裝潢匠各十人，筆記六人。除了秘書監部門有專官負責圖書之種種外，尚有宏文館及集賢殿等，也設有各種校勘、典書、搨手、筆匠、知書、裝書、造筆等專家若干人，負責校對、傳抄、修補、裝裱等工作。

除了保存圖書，補抄、裝裱以外，重要書籍，如四部等書，必須書寫一式三份，除正副本分開庫藏外，尚有所謂貯本，這是皇帝用以賞賜有功勳臣民的禮物。例如，隋煬帝即位後，便要秘書監將秘閣所藏書籍，至少抄繕五十副本，分爲上中下三品：上品飾以紅琉璃軸，中品紺玻璃軸，下品漆軸；分別貯存於東都觀兩邊廂房內，東房藏甲乙部，西房貯丙丁部，用以賞賜臣民及有功人員。

此外，私人藏書也很盛行，雖然書籍昂貴，不容易獲得，但文人雅士及達官貴人，仍然喜歡搜集善本，一以研讀古人學問，一以附庸風雅作爲藝術欣賞。此種藏書風氣自隋、五代開始，至唐、宋最爲興盛。就中以晉代的張華，蕭梁的張纘、沈約，任昉、王僧孺、唐時的吳兢、韋述，宋人王宗綽等最爲有名，所藏善本古書等或嘗多達二三萬卷。其中以韋述藏書的故事，最爲有趣。韋述幼時，即能熟記家中所藏的書在二千卷以上。韋家所有藏書在二萬卷以上，述皆親自校訂，以鉛絲裝訂，就是當時的國立圖書館的管理校勘工作，也沒有他做的好。他除了藏書以外，更搜集了許多古今朝臣的圖像，歷代名人書畫，以及魏晉以下的草隸眞跡數百卷。其次對於古硏、古器、藥方、格式、錢幣、錢譜等，也都一一加以蒐集整理，甚至於當代各名人的品題、手跡，也在他搜集之列。這簡直是一位博物學家，家中收藏的東西也成爲博物館了。

宋人柳仲郢氏，家裏非常窮困，但對於藏書也有癖好，因此沒有錢買書，只好自己借書來抄。於是在他的一生中，曾經抄裱了⑴九經三史一鈔；⑵魏晉南北史再鈔；⑶手抄分門三十卷等書。可見古人對於書籍的癖好和重視了。

四〇、火藥與霹靂彈

屯田車於平原，播同徒於高；罔旂旝森其如林，錯五色以摛光。

——廣成頌 漢·馬融

火藥是中國人發明的，世界各國大概再沒有人反對了。但中國人如何發明火藥？何時發明火藥？爲什麼要發明火藥？恐怕便很少有人知道了。根據我國若干古書的零星記載，火藥的發明當在第四世紀初葉，卽是在三國後期或東晉初期，也就是在公元二六四至三二二年間。因爲三國時人鄭思遠，曾在他所著的「眞元要道妙略」裏面記載說：「有以硫磺、雄黃，含硝石器密燒之，焰起，燒手面及燼屋舍者。」由這段記載，可見火藥的發明是煉丹過程中偶然發現的，而鄭思遠的記載，一定是他的同道或他自己親眼目睹的事實。換句話說，當時已一再發現這種配方會發火，所以稱爲火藥。藥本是醫生用以濟世活人的東西，而這種會發火的藥品，雖然也被列入本草的書籍裏，將它作爲醫病療疾的藥物，但因易於發火，危險性較大，所以多不採用。關於「火藥」一詞之見於記載者，最早是在宋仁宗康定元年(公元一〇四〇年)，曾公亮及丁度二氏所撰之「武經總要」一書裏，曾加以解釋及說明。又物原稱：「馬鈞製爆仗，隋煬帝益以火藥雜戲。」可見以火藥爲煙火當始自隋代。

火藥既是煉丹過程中無意發現的，又因其易於發火，具有危險性，所以雖然是一種藥物，但卻無人願意應用，醫方裏更不採用，因而便將它棄置在那裏約有千年之久。直至公元一一四七年，方才有名孟元老者，在他所著的「東京夢華錄」裏寫道：「……忽作一聲如霹靂之謂爆仗，則蠻牌者引退，煙火大起，有假面披髮，口吐狼牙煙火，……或就地放煙火之類，又一聲爆仗……。」由以上的這一敍述，可知當時已經用紙卷，捲裝火藥，作爆仗以爲遊玩娛樂的了。可惜孟氏沒有說出發明爆仗的人和時間，可能孟氏也不知道其所自來。不過就唐朝豫章進士來鵠詩（公元八六〇——八七三年）：「新曆才將半紙開，小庭猶聚爆竿灰；偏憎楊柳難鈐轄，又惹東風意緒來。」以及全唐詩話裏面所引李玖的詩，都可以證明我國在公元八七三年以前，還沒有眞的爆仗，其用火藥裝在紙卷內燃放的爆仗，當在此時期以後。不過，在宋末周密所著的「武林舊事」裏面說：「西湖有少年，競放爆仗。」所謂爆仗就是用紙卷盛火藥，引燃爆破的意思。清人瞿灝說：「古時爆竹，皆以眞竹著火爆之，故唐人詩亦稱爆竿；其後用紙卷盛火藥引爆，稱爲爆仗。」

至於從爆仗的燃放娛樂而進入煙火的過程，當不甚遠。根據今人趙鐵寒氏所著「火藥的發明」，以爲用火藥爆發煙火，其最早的記錄當在南宋淳熙年間（公元一一七四年）。朱熹曾六次上表劾彈臺州知府唐仲友貪汚稱：「……有婺州人周四，會放煙火，仲友召喚來此，以呈藝爲由，每次支破公庫酒錢約數百貫，都委放煙火人，探聽外事……。」又西湖志餘裏也說：「淳熙十二年（公元一一八五年）元夕，禁中燈火日盛，至二鼓，上乘小輦，至宣德門觀鰲山，宮漏旣深，宣放煙火百餘架，而駕始返。」可見這時煙火爆仗，已很普遍。同時西湖志餘裏更說，當時市上已有「市爆仗成架煙火之類」的東西。從以上所述，可知爆仗當始於第十世紀初葉了。

由以上的一些零星記載，可知從發明火藥至南宋，差不多有一千年的時間，這期間都將火藥的用途局限在驅鬼避邪及娛樂方面，從不曾有人想利用它攻城掠地殺人。這不是中國人笨，或者是不知道應用，而是先賢的訓戒，不可殺人；以及佛學教義裏所稱的「救人一命，勝造七級浮屠」等道德上的觀念，有以致之。因爲中國人有一個牢不可破的倫理道德觀念，那便是「天有好生之德」，殺人是罪大惡極的，因此連殺人的凶器，也不願意製造；當然更不願加以研究改良了。不過當南宋快要被金人滅亡的時候，南宋大將虞允文確曾利用這一娛樂用的爆仗，以阻止金人的進攻，因而救了許多人的性命。這就是公元一一六一年采石之戰，宋軍所用的霹靂彈了。宋人楊萬里曾根據當時宋軍出動海鰌船，在江上截擊完顏亮的事情，作海鰌賦一首，以詠嘆其事。且在賦後寫了一段小引，說明當時作戰的情形。這小引說：「紹興辛巳，逆亮至江北，掠民船，指揮其衆欲濟，我舟伏於七寶山後，令曰：『旗擧則出江』。先使一騎偃旗於山之頂，伺其半濟，忽山上卓立一旗，舟師自山下河中兩旁突出大江。人在舟中踏車以行船，但見船行如飛，而不見有人，虜以爲紙船也。舟中忽發一霹靂礮，蓋以紙爲之，而實之以石灰、硫磺，礮自空而下，落水中，硫磺得水而火作，自水跳出，其聲如雷，紙裂而石灰散如煙霧，眯其人馬之目，人物不相見，吾舟馳之壓賊船，人馬皆溺，遂大敗之。」這一段小引對霹靂彈的性能及其製作方法，雖然不太明瞭，但其作戰情形，以及霹靂彈之威力與效用，卻非常淸楚，因宋軍初用大爆仗(只好作如是解)，便將敵人震懾而打了一次大勝仗。這是用火藥作爲武器攻擊敵人的最早紀錄。不過請注意，這只是用大爆仗作嚇阻性的武器，並沒有因爆炸而傷人。這與日後金人用回回炮和飛火槍，殺人盈野的情形，便大不相同了。

采石之戰後六十一年，宋嘉定十四年，也就是公元一二二一年，金兵攻蘄州，守將李誠之堅守了二十五日，外援不至，力竭城陷，司理趙與衮，僅以身免。隨着辛巳泣蘄錄裏面有一段敍述當時戰況說：「十一日番賊攻擊西北樓，橫流炮十有三座，每一炮繼以一鐵火炮，其聲大如霹靂，其日對炮士兵賈用，因拽炮被金賊以鐵火炮所傷，頭目面霹碎，不見一半，又有同拽人傷者六七，……西門樓亦被打碎。最是署字樓下，與西南隅樓，鐵火炮相繼，傷人最多，……十五日，虜賊四門各打鐵火炮入來，人心惶惶，……。又鐵火炮之形如匏狀而口小，用生鐵鑄成，厚有二寸，震動城壁。」這是用火藥作砲，正式加入戰場的最早紀錄，也是用爆炸性火藥殺人的開始。

由於火藥爆炸的威力很大，殺人無數，所以隨後各國都大加研究與改良，在當時以刀矛攻伐的時代，忽然改用爆炸物作武器以作戰，這與二次世界大戰，用原子彈在廣島投擲殺人，是同樣地震懾人心，無法抵抗，只好投降了。以後蒙古人使用震天雷，攻陷襄陽、樊城的回回炮，以及公元一二三二年，汴京攻防戰裏使用的飛火槍等等，都是應用火藥的演進。用這些東西長驅直入歐洲，使東歐及中歐的人民遭受莫大的損失與威脅，都是這一爆炸物爲害的結果。

火藥在無意中發現後，我們用這一發明物，作爲醫藥和娛樂用的爆仗煙火等，足足有一千年之久，從不曾因此而傷害過一個人，就是采石之戰，虞允文用的霹靂彈，也沒有爆炸殺人。可是自從這東西落入外國人之手後，乃一變而爲殺人的利器，禍延後世子孫，是誰之咎歟？

四一、指南車與指南針

緬窺皇始，傾聽巢風，
時儀朴略，化跡冥蒙；
結繩云謝，徽章漸通。
……………
伊司南之用溥，逢國道之昌平；
就日月於天路，聞簫韶於玉京。
常使朝朝承北闕，何辭歲歲指南行。

——指南車賦　唐·張彥振

全世界的人都知道指南針是中國人發明的，而全中國的人又都以爲指南車是黃帝發明的；可是我國古書裏，只記載黃帝作指南車，以示四方，遂擒蚩尤，所以說指南車是軒轅黃帝發明的，但指南針便不知道是那個中國人發明的了。前人不察，常誤以爲指南車就是指南針，因此一直傳說下來，近年才有人加以解釋，而將這兩種東西，予以區分。

關於指南車的發明，據古今圖書集成車與部彙考記載，黃帝有熊氏因見風車的轉蓬不斷旋轉，而作指南車以示四方。至於作指南車的主要目的，還是爲打仗時不致迷了方向，因爲當時與蚩尤作戰，蚩尤的士兵都在崇山峻嶺中打游擊戰，山中多霧，歧路很多，不容易辨別東西南北，所以才預先研製成一種永遠指南的車子，交給部隊使用。有了這種指示方向的車，方才不致迷了方向，誤中埋伏，因而戰勝了蚩尤，統一了中國。

周初，交趾南方的越裳國前來朝見，獻呈白雉等珍物，以示友好。可是不知道如何返回去，於是周公便賜他們五輛指南車，一方面在示惠答禮，一方面也在表彰中國文物之盛，以及科學發達的情形，藉以鎮服遠人。使者乘了這五輛專車，走了一年，才回到自己的國家。周初雖然已經造了許多指南車，可是以後因各國互相兼併，戰亂不已，對指南車的製作方法便失傳了。直至漢時，張衡爲了興趣起見，才再運用他的機械知識，利用齒輪的轉向原理，重新製成了一輛指南車，並在車上按裝了一個木人，不論車子的行進方向如何？木人的手都永遠指向南方。晉朝馬鈞爲給事中時，曾與常侍高堂隆，以及驍騎將秦朗聊天，高、秦二人以爲古時並沒有指南車，也不可能有什麼車可以永遠指南；馬鈞則以爲古時一定有這種永遠指南的車子，而車上的木人手指也可以永遠指向南方，不受車子行進方向的影響。高、秦二人辯論不過，只好又說，空說無益，你既然強調木人永遠可以指南，那麼你就製作一輛如何？於是他們三人一齊上朝，奏准皇帝，由公家出錢，馬鈞負責設計監製，結果造成了一輛可以永遠指南的指南車。又按鄴中記裏記載，石虎有指南車及司里車，又有舂米車及磨粉車，這些奇巧的車子，都是當時中御史解飛及尙方人朱猛根據齒輪的運轉原理而作成的。

義熙十三年（公元四一七年），宋武帝劉裕在關中打敗了後秦，擄獲到了姚興請巧人令狐生仿造的一輛古代的指南車，可惜這輛車只剩下了一個空架子，裏面的機器都沒有了，不能轉動行走，但劉裕仍然非常高興能夠得到這樣一個寶貝，只恨沒有人能夠修理，等到劉裕作了皇帝，爲了要擺排場，也標榜他的勝利，所以常在外出巡行的時候，將這架破車推出來，用一個人躲在車裏轉動木人指南。直到順帝劉淮昇明末年（公元四七八年），宰相蕭道成才請祖冲之將這一輛古車修好。當時聽說北方有一個人名叫索馭驎的也會造指南車，於是蕭道成便命他們二人各自再造一輛，結果因爲祖冲之是用銅作齒輪的關係，所以造成的車子美麗、堅牢而又準確，也較索馭驎的精緻得多。唐時山西人馬待封，隱名西河山中，自稱道者吳賜，在開元中曾造指南車，記里鼓和相風鳥，其所製機件及齒輪均較古代製品爲佳。此後吳賜又作了一座化粧臺，呈獻給皇后，該一化粧臺分數層，化粧時有木人自動出示手巾脂粉等物，自此以後，便沒有人再作這些玩意兒了。

至於指南針的發明，雖說也很早，卻沒有見到明確的記載，也不知道是何年代。只好從一些有關典籍中去追索查究。據山海經北山經的記載，于渤澤，其中多慈石，可以取鐵。這裏所載的慈石就是我們現在所稱的磁石。管子曰：山上有磁石者，下必有銅。別錄云：慈石生太山川谷及石山陰。又根據元和郡縣志記載，秦始皇修建阿房宮的時候，曾作了許多閣道，在東方閣道方面，作了一道磁石門，也就是阿房宮的北門。這道門是用天然的磁鐵礦作成的，因爲它具有強大的磁力，所以凡是携帶着鐵器或穿鐵鎧甲的人，都不得通過。胡人以爲有神人把守，不敢隨便穿越，據說這道門至唐時還在，以後便不知所終了。由於以上的一些記載，可知在當時，已經有人發現磁石有吸鐵的功用，並知道利用磁石具有的磁性，作爲防敵的工具。既然知道天然磁石的應用，則發明指南針便輕而易舉了；因爲指南針的構造，並沒有指南車那麼複雜難製。沈括在他的夢溪筆談補編㊻中說，以磁石磨針，則銳處常指南或指北。因此可以推測我國在周時便已經有指南針了。戰國時鬼谷子著了一本後人名爲「鬼谷子」的書，其中記載：「故鄭人之取玉也，載司南之車，爲其不惑也。」李約瑟氏說，這指南之後的「車」字應爲「針」字。韓非子中也有這樣的記載：子民們如匍伏之沙丘及疊層之山坡似地，入侵其統治者，此使王子忘其位置，不辨東西，直至其眞的不知其身在何處。是以古代皇帝立司南，用以分辨日出日落之方向。

漢朝王充曾撰著了一本書叫做論衡，這本書裏提到了許多科學方面的原理原則，甚至於有些實驗研究的成果，其中曾提到「指南勺」這一名詞。其後宋朝仁宗時代曾公亮和丁度曾合撰了一本武經總要，裏面也提到指南魚的事。不過寫得最清楚而又最詳細的還是沈括。據夢溪筆談第二四卷雜誌一第十八小段記載：「方家以磁石磨針鋒，則能指南，然常微偏東，不全南也。水浮多蕩搖，指爪及盌脣上皆可爲之，運轉尤速，但堅滑易墜，不若縷懸爲最善。（以絲懸掛之，因絲是天然物，粗細一致，且無人工繩之扭曲現象，故極準確。）其法取新纊中獨繭縷，以芥子許蠟，綴于針腰，無風處懸之，則鍼常指南；其中有磨而指北者，予家指南北者皆有之。」可見沈括當時（公元一〇八九至一〇九三年），指南針之應用已很普遍。而歐洲之有磁針，則爲公元一一九〇年左右，較沈括所敍述年代，尙晚一百年。

在中國將磁針應用在儀器上，作爲旅行航海等用，到底始於何時？又是何人所發明，古書的記載，不很明白。根據英人李約瑟氏在他所著「中國之科學與文明」一書裏，以爲是三國時候占卜專家管輅所發明的（公元二〇九至二五六年）。這就是現今所稱的磁性羅盤(Magnetic Compass)。關於這樣一件有意義而又帶點神秘（中國航海家常常將這件寶貝隱藏起來，故不示人的原故。）的東西傳入歐洲時，曾有人敍述這件帶有魔術性的東西說：「磁及磁石之作用，似乎眞有生命，有頭有尾，頭指北而尾指南，頭之力較尾爲強，如打破成若干小塊，則每塊均具頭和尾，如飼以小鐵片，可使肥大，餓之則變瘦，如在火中燒之，則將死亡而不再指南，並忌煙草。製磁針之工匠，以磁石之頭擦其頭，尖端擦其尾，則前端指北，尖端指南，如將此針移近磁石，則將反轉，前端靠磁石之頭，尖端靠尾，用此法可以辨別磁石之頭尾，確是一件奇妙之事。」㉜

四二、書法與繪畫

削簡龍文見，臨時鳥跡舒；
河圖八卦出，洛範九疇初。
垂露春光滿，崩雪骨氣餘；
請君看入木，一寸乃非虛。

——書 唐‧李嶠

中國字既然是從象形演變而來的，則從古到今，所經的字體必甚繁多。就古書記載，我國字體有一百二十餘種，惟其中大多數是飾文，也就是經書家刻意裝飾過的東西。例如，泓鍾的葉狀飾筆，宋公得戈將字體的一部份寫成鳥形，莊成印將字體寫成魚龍形等，此後又有所謂雲書、穗書等。但一般正統的書寫，則約十種，目前的書體，則只有二三種而已。如果就正統書法來說，以周宣王時太史籀所寫的籀文爲最古，距今約三千年了。太史籀以前的字體則爲甲骨文，古人稱爲書契或契刻，這是先用筆寫，後用刀刻的。其次便是金文（或稱鐘鼎文），這種金文的鑄造，在鑄模以前，也是用筆書寫好，再刻再鑄的，但這已經加了刻與鑄，應該不算是純的常用字體了。此後，秦始皇爲了要表立功勳，每到一處，則刻石留念。例如，他在嶧山的刻石便高三丈一尺，而且大書深刻，非但如此，還將金箔粘貼在上面，一以保護刻石，一以裝飾美觀，這當是金字招牌的嚆矢。顧亭林以爲秦刻石有坊民正俗之意，這又是標語的起源了。

籀書過於繁雜，寫起來太痲煩，也不方便，所以太史籀又將籀書簡化爲大篆，秦相李斯更將大篆再予簡化而爲小篆。雖然大小篆已經簡化了不少，寫起來也方便了許多，但因爲社會繁榮，文化進步，寫字的人愈來愈多，用字的機會也大爲增加，小篆的書寫仍嫌太繁太慢，於是秦人程邈又利用在雲陽獄中服刑的時間，窮十年之功，將大小篆筆法，融合損益，而作成隸書，以應社會大眾的需要。漢時蔡邕又創八分書（篆八隸二），隨又作飛白體，這些書法當然愈來愈簡單，也愈容易書寫。但是文字的需用日廣，大眾的要求愈迫，已經簡化了的隸書，仍嫌冗繁，所以稍後東漢的劉德昇（君嗣）乃再創行書，這是最簡單而又最好的一種書法體，因爲它既未失去原字的形式，也沒有隸篆的規律，只是隨意寫來，既快速，又便利，今日中國人所手寫的書法，多屬於這一字體。隨後酒泉張芝（伯英）更作章草，右軍作今草，張旭作狂草，都是將字體作抽象畫似的只求其類似，而不記其淵源了。行草固然書寫起來快速利便，但只能作一般性的應用，至於正式的書寫，則仍然只有隸書和楷書了。楷書是漢人鍾繇所創造的。（今人陳其銓氏則以爲是王次仲開其端）今日正式的文書仍然以楷書爲準，因行草時有被誤解的可能，在正式的文書上，還是不用爲妙。

我國文字既屬象形，而所用以書寫的毛筆，又柔軟蓬鬆，可大可小，可粗可細，所以書寫出來的字體，自然便有了力的表現，美的感覺，蘊藏了藝術的韻味在其中。關於中國字的書寫方法既然很多，書法大家也代有輩出，但唐人孫過庭在其所著書譜中，則以為初學寫字的人，要先學筆劃的分佈，而分佈的原則，要力求均勻，筆勢力求平正，歪歪斜斜不是正統的寫法，等到筆劃分佈均勻平正以後，便要學特殊性的險絕之法了。所謂險絕是將自己的個性貫入筆畫之中，由字體的書寫，見出這人的心性和德行。換句話說，也就是字的筆法氣勢，顯示出寫字人的個性來。學得了險絕的筆法後，再求平正，這是學習書法的三部曲。清人康有為說，凡是精於篆寫的人，其筆鋒一定豎直、平正；精於隸書的人，一定能够刻劃自然；精於行書的人，一定嗜於點、劃、刀筆了。

晉人王羲之，人皆尊為書聖，（清人葉昌熾則以鄭道昭為書聖）⑺他對於寫字一道，最為精進，其用力之勤，確是少有。據傳說他寫了字以後，一定要在池塘邊將毛筆清洗乾淨，久而久之，這一池塘的水都變為墨水了。王羲之寫得最好的字，是在晉朝永和九年（公元三五三年）蘭亭會上，乘醉用鼠鬚筆寫在蠶皮紙上的「詩序」，又稱「蘭亭集序」，其筆韻之美，格調之高，眞個是飄若浮雲，矯若遊龍。據說，他自己以後又寫了幾遍，終究不及那次的美妙絕倫。而這一本有如神助的聖品眞跡，卻給愛他書法的唐太宗收集起來殉葬了。不過，有人以為那本殉葬的詩序是假的。以後又有人說，殉葬的是眞品，但為溫韜掘墓所盜走，至今不知所終。

講究書法的人，都以能懂得永字八法為上乘。所謂永字八法，就是中國字的「永」字，一共只有五畫，但是這五畫包括了所有中國字的八種基本筆法在內，凡是懂得這八筆書法的人，便可以說，眞正了解了中國字的書法。永字八法起於隸書，後漢崔子玉精研這八法最爲神韻，以後歷經鍾繇、王羲之，而傳授給智永禪師，由智永傳給虞世南，再傳與張旭，方才將這八法再予以弘揚，並演出五勢九用。唐趙郡人李陽冰曾說，從前王羲之習字時，用了十五年的苦功，專寫這一永字，可見其筆勢之難，與其用筆之妙了。唐柳宗元曾作八法頌曰：「側不愧臥，勒常患平，努過直而力敗，趯宜存而勢生。策仰收而暗揭，掠左出而鋒輕，啄倉皇而疾掩，磔趯趞以開撐。」⑳

法苑珠林說，我國黃帝時代計有三人奉命造字：其大兒子叫梵，所寫的字都是從左到右，二兒子佉盧（又名佉樓，佉音袪。），則從右到左，三子倉頡不擬仿效二兄，便只好從上到下了。其實這三種排列方法都行得通，而且在今天仍然實行着。因爲中國文字是單音單字，任何排列，都屬可行。

我國在隋唐時候，最爲講究書法，因此便有所謂書學博士，或書手，這是專門以書寫爲職業的人，博士之流可以教人書法，而書手就專門爲人抄書了。在書法中又有人以爲書體既然能夠表現出個人的心性德業，則字體中便自然產生出書氣來了。淸人劉熙載著論書稱，凡論書氣以士氣爲上。所謂書氣就是書卷氣的簡稱，而書卷氣裏又可分爲神氣與骨氣。古人以爲王羲之所寫的曹娥碑，有孝子慈孫氣；顏眞卿的家廟碑有衣冠雍穆氣，也就是前人所稱的賢哲之書溫醇，駿雄之書沈毅，畸士之書歷落，才子之書秀穎。今人史紫忱氏在其所著「書道新論」裏說：「一個字要有重心，才有生命感；一行字要重視行氣，才能字神唧接；一篇字要集零爲整，才能彼此扶持，全局活絡，達到氣韻生動的境界。」㉑

古人又根據寫字人的心理、志意和精神等將書法與人的性情、道德和事業等，加以統計分析，作成了一則筆法筌蹄。古人以爲心隨意轉，誠於中則形於外，由所寫的字和其筆法筆意，便可知道這個人的體型和心意了。例如肥胖人所寫的字與瘦小人所寫的字，大不相同；男人和女人的字，也有很多分別。而筌蹄裏更說：筆法穩重，衣食豐隆；「筆法平直，豐衣足食；筆法如線，有識有見；筆法如繩，一世平寧。」這又達到人生際遇裏面去了。因此寫字在中國社會裏，已經形成了一種繪畫藝術，能够善於寫字的人，其繪畫必然有獨特的筆法和意境。反之，善於作畫的人，也會寫一手好字。總之，從人所寫的字，便可以知道這人的心性、道德修養和他的事業前途了。

中國書法的另外一體，是一般書法中沒有的，那就是速寫體。關於這一字體的應用，只在速寫時才偶爾用到。英人李約瑟氏在其所著中國之科學與文明裏，曾敍述了下面一個故事：「拉則（Al-Razi 850-925）說：一位中國學者，曾來過訪，此後繼續居住在城內，約一年許。他以五個月的時間，學習阿拉伯文，結果不但能寫能講，而談起話來也娓娓動聽，寫字亦頗有書法。當決定回國的時候，他先一個月左右告訴我：我快要回國了，起程之前如果有人能把伽侖（Galen）的十六本書口授給我聽，我自感激不盡。我告訴他說，他卽使要把這本書抄寫一小部份，也沒有足够的時間。但他說，我起程之前，請你把這書口授給我，越快越好。你會見到，我寫比你口授還快。因此我與一個學生，給他誦讀伽侖一書，盡能力之所及，迅速以赴，不料他寫的比我們讀還快，我們初時不很相信，他能够如此迅速寫下來，毫無錯誤，到了校對之後，方才恍然大悟，知道他所寫的是完全正確的。我問他怎樣能有這樣本領？他答說，我們中國有速記的寫法。現在你們所看到的，就是這種寫法。」[32]李氏又說：「我們所知道的這位中國學者，他的名字雖已不幸失傳，但他所用的速法書體，顯然是草書。」筆者以爲如果是草書的話，至少也是類似張旭所發明的狂草了。也許他另有速寫的妙法，因爲張旭發明狂草的時代和這位仁兄差不了許多。

中國最古的繪畫應該是先秦以前的彩陶、鼎鑄和石刻上的畫以及秦漢時期的磚畫了。自從佛教傳入中國後，便帶來印度和希臘的畫意。雖然如此，但二千年來中國的繪畫仍然有它自己的特色，而且將外來的繪畫神韻，融合貫通而成了自己的東西。項退結氏在他所著「中國民族性研究」一書中，論到中國繪畫的特色時說，中國人的繪畫，多半以山水爲對象，而這些山水又未必是眞山水，乃是將自己心中所想的表現在繪畫之中而已。這就是文人所謂的「寫意」，或「抒寫性靈」。換句話說，就是表現心理的境界罷了。所以張彥遠說：「意存筆先。」張璪更說：「外師造化，內得心原。」這種利用大自然的景緻，以表現自己心靈意願的繪畫，似乎是受了道家哲學思想的影響，一切順乎自然，從自然中悟出人生眞諦。除了山水以外，中國畫家的另一繪畫對象，便是松、竹、梅以及若干花鳥了。在花鳥中又以牡丹、蘭、菊和雞、虎、魚、馬爲最多。這些生物的動向，自然與人的生活有關，但其關係絕不是經濟的，而是一種友愛與欽佩的情趣。士人以歲寒三友或四君子爲繪畫的對象，似乎又完全受了儒家哲學的影響，因爲他們用這些東西來表現出士人的氣節和高雅。至於在動物的寫生畫裏，又多以牛馬爲對象，這也不是因爲牛馬供人驅使，與人的生活攸關，乃是因爲它們是人類的朋友，表示人們對它們的愛憐，這似乎又受了墨家和佛家的影響。因此，錢穆氏稱其爲「內傾性的文化」。[144]總之，繪畫的表現，是以人的思想爲主，至於實物的本身，並非是繪畫者的着重點，這從中國畫是以線條爲主一點得知。爲什麼中國畫人常以線條爲主呢？這就是用線條更能表示出繪畫者的意境。當人欣賞這些線條的時候，便可以從這些線條中，看出繪畫者的心意和他的性向來。又因爲中國人是含蓄的、穩重的，寧靜與淡泊的，所以一切的意趣，又都蘊藏在線條的外面，甚至於在一片空白裏。所以中國繪畫的最高境界是：「妙在不言中。」一舉一動，一點一畫都寫出來時，便顯得暴露無遺，一點兒意思也沒有了，這就是中國工筆畫，始終不能抬頭的原因，而這才是眞正的中國文化，也就是「道」的文化。不過，東晉時的顧愷之（公元三五〇——四〇〇年），則是用山、水和樹木作爲若干畫題背景與陪襯的第一人，顧氏所畫的行獵圖，就是一個明證，而這種畫法，直到文藝復興時代在歐洲的義大利才第一次見到。雖然歐洲人稱佐佐內（Giorgione）所畫的「山雨欲來」（The Tempest）爲歐洲風景畫派的先驅，但卻晚了顧愷之一千一百多年。前者是把自己所喜好的大自然疏導在義大利人的藝術裏，而後者卻是把千百年來蘊藏在中國人心目中的生活意趣，表現在圖畫中而已。

雖然三千年來，中國在繪畫方面，確乎孕育出不少的名家，而且也各有妙筆，可是一般人民以爲眞正的畫家，只有吳道子一人，所以稱他爲畫聖。吳道子之所以被尊爲畫聖，是因爲他的畫，沒有別人的感情，也沒有別人的筆法，所有的筆勢都是屬於他自己個人的。換句話說，他博採了各個名家的精髓，注入了自己的感情與修養，甚至於自己的意願，然後將這些感情和意願並他的道德修養，採合在一起，再從他的筆端奮發出來。他繪畫的取材多半是社會與宗教的，甚而將兩者合而爲一，用以教化萬民。據說，常有人因爲看了他所畫的地獄圖，便從此改邪歸正，其畫境之深刻及意趣之感人，由此可見。當唐明皇李隆基派他和當時的著名山水畫家李思訓，到四川去畫一幅嘉陵江山水圖時，李思訓到了嘉陵江，便上上下下，仔仔細細，走了幾個月，而且將沿途的一山一水，樹木花草人物，都打了草稿，以便回去描繪成正本，獻給皇帝。至於吳道子只走了一遍，便跑到其他地方遊玩去了。半年以後兩人都回到了長安，明皇便叫他們兩人，各在大同殿的左右壁上，將嘉陵江的山水畫出來。於是李思訓又在那殿壁上畫了三個月，可是始終不見吳道子前來畫製；到了限期的前一天，吳道子才匆匆忙忙的帶了一支破筆趕來，先相看一下殿壁，然後叫人將殿壁粉刷一下，舉手便揮，只一天便畫成了。第二天明皇帶着滿朝文武大員，前來欣賞。明皇批評道：「李思訓幾個月的功夫，吳道玄一天的成績，都各有妙處，同是半斤八兩，無分軒輊。」

一般人民為了推崇吳道子的畫，曾有一個故事說，當吳道子在畫神像頭部的時候，長安市的人，不分男女老幼，都來旁立觀看，只見吳道子將筆一轉，勢若旋風，頭部的輪廓便畫成了。這與十三世紀時，義大利人喬托（Giotto），舉臂一揮，畫成一個大圓圈，同行儕侶大為驚異的傳說，有異曲同工之妙，只是吳道子早了喬托五百年。另一個更為神奇的傳說，便是吳道子作最後一幅畫時，也是畫在宮中的殿壁上，當他畫完了，便用黃綾蓋起來，恭等明皇前來揭幕剪彩。當幕揭開以後，吳道子便告訴明皇說，這畫的山足下懸崖邊有一個洞府，裏面住了一位神仙，於是他擊掌三聲，洞門便開了。吳道子又說，這洞府中山光水色，美不勝言，我們可以進去看看，我當為先導，請陛下和各位大人，一同進去觀賞，當吳道子跨入洞府，回頭用手招呼明皇進去時，洞門便關了，吳道子也從此一去不返。這雖是一個神話似的故事，也可看出當時社會人士對他的尊崇了。

四三、喫的藝術

菫茹供春膳，粟漿充夏餐；
䏑醬調秋菜，白醝解冬寒。

——四時詩　宋．孝武帝

中國人好吃，所以中國菜便在世界上佔了首席。但中國人之吃中國菜，與外國人之吃中國菜，則大大的不同了。下等社會的中國人與上等社會的中國人所吃的菜，也有很大的差別。吃在中國人來說，有因為營養的需要而吃，有因為生活的情趣而吃；前者是生命的維持，健康的保衞，後者是人生的情趣和生活的藝術。如以中國文化的發揚而言，則吃是高度的中國文化。沒有那一個國家在吃的文化上能够趕過中國，因為中國人吃的文化，已經越過了營養階段，而到達生活的情趣上了。

有人將中國人的吃分為五大區：即(1)江浙的魚蝦區；(2)華北的葱蒜區；(3)兩廣的貓狗區；(4)川湘的辣椒區；和(5)西北的羶酪區。這種分區法，純然着眼在氣候環境與食物的生產上，因為靠山吃山，靠水吃水，這是環境使然，大體上說，是有其意義的。但一般來說，還是以南方食米，北方食麥，來得簡單明瞭，因爲主食的不同，所以副食和調味方面，便有很多差別了。

一般人心目中，總以爲中國菜離不了鷄、魚、肉、蛋，其實眞正中國食的文化，不在這些東西上，乃在乎一些特製的蔬菜。市售食譜中所載的名菜，多只是一些醬油鷄、香酥鴨、脆皮魚和炒明蝦等。這都是一些家常下飯菜，而眞正的高級菜餚，卻不是這些。雖然中國菜的作法，有數十種之多，所謂薰、蒸、烘、爆、烤、醬、炸、滷、煎、糟十大部門，但眞正的文化，還是在作法與調味的技術上面。目前中國菜在世界上最有名，許多外國人也以能吃到中國菜爲時髦。其實外國人所吃的中國菜，都不算是中國菜，頂多只是加點醬油味精等的炒菜而已。從前在外國有名的中國菜是炒雜碎（Chop Sue），那只是菉豆芽加肉絲的雜炒而已。目前中國飯館在外國已很普遍，炒雜碎已不爲外國人所喜好，不過，現在的外國人在中國菜館裏叫菜，還是不外乎是些糖醋排骨，脆皮魚之類的東西而已。

目前許多中國食譜裏所談的東西，也都脫不了上面所說的十多種烹調製作方法。雖然食譜上的方法，以及材料分量、處理等，都說得清清楚楚，可是各人烹調出來的菜餚，則有很大的差別，其原因不是材料的問題，也不是製作方法問題，而是經驗與藝術天才的問題，因爲中國菜的烹飪有其絕高的藝術性存在。據說，從前有一個日本人，決心要將中國菜的烹調方法學好，於是買了很多食譜作爲參考，又到中國有名的廚師那裏去拜師學藝，雖然經過了三四年，也學會了許多烹飪的方法，可是作出來的菜，還是沒有人欣賞。爲什麼呢？這不是烹飪的問題，而是吃的問題。因爲烹飪是一回事，吃又是一回事。孟子說：「易牙先得我口之所耆者也。」這就是說，易牙這位周時的烹飪大家，也得先要知道主人喜歡吃什麼，然後才下手烹飪主人所喜歡的口味。因爲一個名厨，必須要先知道吃的人是什麼身分？有什麼教養？屬什麼性情？然後才能作出適合於這人的口味來。所以說，中國人的烹飪是一大藝術。

就中國菜的烹飪而言，也有些特別絕妙的地方。例如，中國膳食學會理事長袁暌如先生說，中國名厨炒明蝦，只能七鐘半。這意思說，當蝦仁下鍋以後，要在鍋中炒七鐘半，多半鐘太老，少半鐘太嫩，而所謂的半鐘，便是鐘起來抛向空中，然後取出，則恰到好處。這與土壤學裏有一種稱做午飯鐘的土壤（Dinner-bell land），在飯前犁太軟，飯後犁又太硬，二者有異曲同工之妙。中國菜裏面，類似這種玄妙的說法還很多。當然鐘數是一回事，菜餚的多少，蝦仁的大小，火力的強弱，又是另一回事，絕不能只管鐘數的多少，而忽略了火力的強弱，與蝦仁的多少？

在中國人吃的類別上，大概有三種：一是居家的家常便飯，這是一日三餐，月以繼年的飯菜，以營養可口爲主，經常只有十數種，翻來復去，很少變化，但是令人百吃不厭，這種菜餚的烹飪與選擇，在求營養的平衡，以保健爲主，多半是肉菜兼半，或菜多肉少。因爲中國人的消化道較西洋人爲長，所以每餐都需要瓜菓蔬菜，因此家庭中的鹹菜、醬瓜、豆豉、腐乳等，便應運而生，這些東西既可口，又營養，而且經濟衞生。一是三兩好友聚在一起的小酌，這是以下酒菜爲主，其目的不在營養料的平衡，而在保存原有的爽口風味。這種菜的份量不大，泡製時很容易，但要適合飲食者的口味和他們的個性，例如，有的嗜魚蝦，有的嗜辛辣，有的又愛清淡，這就很難，也非要有高級的烹飪技術不可。一是大量的筵席，這種大酒席的菜餚已顯不出匠心獨運的眞功夫，只是讓大批食客，如何饕餮一頓而已。當然大酒席也有它難能的一面。譬如說，民初馮、張二軍的南口之戰，張宗昌打了一個大勝仗，這位長腿將軍一時高興，便大請其客，食者在萬人以上，這種情形，要在一二小時之內，將近萬人的肚皮塡飽，不說煎炒，就是蒸煮也非易事。不過這種大鍋菜，也沒有人再忍心去推敲它的烹飪調味技術了。

中國菜的名目繁多，烹飪的方法，也各有妙處，名厨名菜，更是難道其詳。最近唐魯孫氏在聯合報副刊裏，發表了一篇「吃在北平」的大文章，舉出了許多個北平的大菜館與名厨名菜，但那只是就北平一地而言，雖然北平是古都，各地的菜館都有，但仍然有許多地方性的名菜，沒有記下來，而且這些地方性的名菜，大都是只此一家，並無分號，非到那地方去品嚐不可，其他地方是無法享受的。筆者十年前旅次紐約時，友人自台北將峨嵋川菜館的名菜魚香肉絲，用飛機運來品嚐，結果是大失所望，一點兒風味也沒有了。

對日抗戰期間，全國精英集於四川，因此在成都地方，應時開了兩家四川菜館，一是哥哥傳，一是姑姑筵，這兩個招牌是從小孩子擺家家酒的玩兒裏弄來的。因爲四川小孩沒有什麼玩具好玩，只好拿些泥土樹葉來，學媽媽姑姑燒菜，因此又名爲姑姑筵或哥哥傳。這兩大菜館都是黃敬臨老先生一家人開的。據說黃老先生的祖父，對於吃食很有研究，在四川射洪作縣長時，便爲兒子物色到一位可以作鹹菜三百餘種的媳婦，就是敬臨先生的母親。這位賢良的母親當然也把她的全部烹飪秘訣，傳授給她的兒子了。黃敬臨先生在宦海中沉浮若干年以後，覺得無甚意義，才開了這家飯館。

據說，黃先生的這間飯館要擇人而售，凡是貪官汚吏，漢奸走狗，他都一概拒絕（只辦包席，並不零售，也無門市。），包席也要在一二個月以前接洽預定，客人不得超過三十，每桌價錢也不得少於銀元百元。至於其菜餚的精美玄妙至如何程度，則頗難下一個斷語。總之，還是孟子那句老話，任何名厨，如不知道食者的個性和嗜好的口味，天大的本事也表現不出來。

近年來在臺灣各大都市裏，常常看到有「担担麵」的招牌，但是招牌上儘管寫着是担担麵，實際上還是一間店舖，或者是輛手推車，根本就不是挑着擔子賣的麵食。原來四川成都的担担麵，是由一個人挑着一付擔子，後面是爐竈，前面上層放了許多調味的東西，下層放着麵和碗，以及一些臨時需用的材料。到了晚上二更以後，便沿着一定的巷道路線，定時的挨家逐戶叫賣，或者改用銅鈴、口哨，甚至於用湯匙和碗筷撞擊的聲音，有的更乾脆用特殊聲音叫賣，以招徠顧客。購食這種麵食的顧客，也大都一定；那家太太愛吃辣的，那家小姐愛吃酸的、鹹的，他都一清二楚，只要見着是那家的佣人出來叫買，就知道是酸的還是辣的。因此所做出來的麵食，剛好適合購食者的口味，於是担担麵便成爲某太太、某小姐的宵夜專品了。如此每天晚上定時出去售賣，也定時收工回來，賣的份量和賺的鈔票也大都一樣。要是有一天因病不能出去兜賣，許多人家都要感到失望。如果某家小姐兩三天不買麵食，他也會問買麵食的張媽，三小姐這幾天不在家嗎？賣麵的人知道食客的口味，而吃的人也知道麵的風味，於是大家打成一片，便互相標榜，互相依存，而名聞遐邇了。

中國人吃的藝術，其玄妙處在此。

四四、飲酒與品茗

怒甚偏傷氣，思多太損神；
神疲心易亂，氣弱病來侵。
勿使悲歡極，常令飲酒均；
再三防夜醉，第一戒神嗔。
亥寢鳴天鼓，晨興漱玉津；
妖邪難侵己，精神自全身。
若要無疾病，常令節五辛；
安神宜悅樂，惜氣保和純。
壽夭休論命，修行本在人；
若能存此理，平地可朝眞。

——養生銘　孫思邈

就生活藝術而言，中國人一向是抱着「淡泊明志」這四個字在生活着，這大概是受道家的影響；因此中國士人都以順乎自然爲處世的態度。所謂「船到橋頭自然直」，便是這個道理。在中國人的生活藝術裏，可以分爲兩大部份，卽是飲食和遊樂；飲食是人類生存的必需要件，但在飲食上，中國人已超出了營養範圍，而講求情趣與風味了，這當中最爲人所着重的便是飲酒與品茗。

(一) 飲　酒

天若不愛酒，酒星不在天；
地若不愛酒，地應無酒泉。
天地旣愛酒，愛酒不愧天，
已聞淸比聖，復道濁如賢。
賢聖旣已飮，何必求神仙？
三杯通大道，一斗合自然，
但得醉中趣，勿爲醒者傳。

——月下獨酌　李　白

酒經記載，儀狄作酒醪，杜康作秫酒。又說，堯飲千鐘。可見中國在五千年前便已經有酒了。古今圖書集成酒篇中說，古人只是把酒撒在地上，讓它的芳香達於天地，以表示人的虔敬。這種儀式在許多場合中，現在還保留着。例如，在祭奠死人或神明時，多應用之。以後因爲發現它可以促進血液循環，所以就用來供給老年人喝，又因爲它有亢進的作用，所以又用在婚姻筵席上，娛樂賓客。雖然如此，古人又發現酒喝得太多了，能痲痺神經，亂人德性，所以又規定只能喝三杯，不可以喝得酩酊大醉，失卻了人性，有失禮儀。

中國酒醪到底是誰發明的，已不可考。但五千年前已經有酒，確是事實。我以爲這是農耕社會穩定成型後的自然產物。酒經說：「空桑穢飯，醞以稷麥，以成醇醪，酒之始也。」[69]換句話說，當一些剩餘的米飯，放得太久，便自然發酵，等到人嗅到它的香味時，才發現那一碗剩飯已經變成淡紅色了，試用手指醮點嚐嚐，覺得味道不錯，於是便作進一步的人爲製造和研究改進了，因而發明了製酒的方法。由於酒的香味醇厚，喝了令人心曠神怡，所以製作方法，不脛而走。再經過有心人的一再改良，便成爲堯舜時代的好酒了。堯王飲用的酒大概是他太太釀製的，以後再傳到他的外孫女儀狄（儀狄究竟是何許人，論述不一。），便作得更好了。這便是夏禹時代的旨酒了，所謂旨酒或儀狄酒，可能是經過儀狄研究改良而較爲醇厚，含酒精成份較高的釀造酒。因此夏禹飲後，精神恍惚，從此便不再飲酒了，而且預言，今後必有以酒而亡國者。雖然如此，酷嗜杯中物者，仍大有人在，而主張禁酒者，也振振有詞，可是數千年來雖常有禁酒令的頒佈，但始終無法禁絕。蘇東坡說，古往今來禁酒都不發生效力，只有周公禁酒有效，原因在那裏呢？因爲周公無所利於酒。這意思是說，不用酒作爲應酬賓客的工具，也不作爲國家稅收的目的物。除了祭祀神明以外，也不改良酒的品質，因此人民也就不願多飲了。

中國人飲酒，多半是作爲酬酢賓客的工具，而且是以娛樂性的方式飲酒。所以酒杯小，酒精成份低，飲酒前後一定要大量吃菜，小量飲酒，以冲淡胃內酒精的濃度。同時還要談天說地，猜拳行令，俾便存在胃內的酒精氣體可以從口腔裏，揮發出來，不至於滲透到血液裏面去，痲痺神經，敗性亂德。所以說：「空肚不飲酒」。因爲空肚飲酒，容易傷胃。至於飲宴賓客時，也多半止於三巡，就是三次或三個回合的意思。每次飲酒也不一定要乾杯，三巡以後主人便不再勸飲了。嗜飲的賓客在這種場合，也儘量避免飲得酩酊大醉，以免當場出醜，有失禮儀，這是中國人飲酒的不成文法。至於有些人飲得酩酊大醉，那只是在家庭裏二三知己在時，求得千杯少而已。當然也有人借酒澆愁，事實上借酒澆愁，愁更愁，只不過是暫時解脫自己，痲醉自己而已。此外，更有些人卻是醉翁之意不在酒也。

竇革作酒譜，說明製酒之法有三種。宋時蘇軾曾作東坡酒經一書，詳言釀酒方法。朱翼中著北山酒經，說明酒對人的功用，只是利弊參半。范成大曾寫桂海酒志，李保續北山酒經，張能臣酒名記等，都曾道出各人對酒的看法。以上所說的都是釀造酒，酒精成份不高，所以古書記載，常有人飲酒十斗、百斗、以致千斗而不醉。總之，酒是一種芳香醇美的飲料，有人喜歡，有人討厭，然而千古不絕，當然也有它的美妙處，尤其是釀造酒，在今日中國民間，仍然流行着，這就是所謂的甜酒或醪糟。

我國古時的酒都是釀造酒，所謂旨酒、濁酒，都是屬於這一類的。釀造酒盛在杯裏稍久，便會有沉澱出現，雖然唐人詩句有白酒、清酒與燒春等名稱，但仍然是經釀造而成的。直至元代方從國外引入蒸餾酒，以及蒸餾的方法。根據日人清木正兒所著「抱樽酒話」中說，中國的白乾酒，是一種蒸餾酒，乃於元時由南方傳入的，因爲「居家必用」己集第四二——四三頁裏記載，南番有燒酒法，其番名爲阿里乞（Arrak）。查元人稱燒酒爲汗酒，卞思義有咏汗酒詩。李宗表稱燒酒爲阿剌古酒，並作歌云：「年深始得汗酒法，以一當十味更濃。」以後北方的汾酒、沛酒、潞酒等，都是由高粱釀造再經蒸餾而成的高粱酒。②

數千年來，中國古人中有幾個有名的酒鬼，他們都是視酒如命的人。第一個便是晉朝的建威將軍劉伶（伯倫），他不但喜歡飲酒，而且隨時飲酒，醉後作了一篇「酒德頌」的好文章，這篇文章充分表現了他的道家意願。其次便是唐朝的酒仙李白，太白的詩文很好，大家都喜歡誦讀，特別是他飲酒方面的詩，又多又好。所以他的朋友杜子美，寫了一首詩，描述他嗜酒如命的情形。這首詩是這樣的：

太白斗酒詩百篇，長安市上酒家眠；
天子三宣不上船，（有人改作不上殿）
自稱臣是酒中仙。

這表示他喝醉了酒，連皇帝老子也奈何他不得。再其次是晉朝竹林七賢的阮籍，這位仁兄的醉酒，大概是環境逼出來的。因爲當時的政治腐敗，環境惡劣，社會風氣也不好。一個有志氣的讀書人，看不慣社會上亂七八糟的事情，便只有借酒澆愁了。從阮籍不願將他的女兒許配給武帝（司馬炎），而又不能拒絕時，只好一個人關在家裏大喝其悶酒了，而且這一喝差點醉死。據古書記載，他這一喝，醉了兩個月，不省人事，恐怕是世界上酒醉時間最長的了。由於他的不省人事，於是晉王替武帝求婚的事，也只好就此罷休，而鍾會想詢問他對時事的意見，以便羅致其罪的陰謀，也未得逞。⑿此外世說新語記載，從前有一人名劉玄石，善飲酒，嘗向中山狄希酒店買酒，店家給以千日酒，但忘記告訴他這是千日酒，飲後要醉千日，所以玄石飲後，卽沉睡不起，昏迷多日不醒，家人以為是醉死了，便買棺埋葬。其後店夥想起玄石買千日酒事，便連忙前往劉家詢問，家人告知已死去快三年了，店家告以原因，方才開棺檢視，劉某乃慢慢甦醒過來。

唐人王績也是一個很有名的酒鬼，他曾經撰寫了一篇醉鄉記，說他醉後到了一個地方，其人個個喜歡飲酒，而且天天飲，時時飲，雖然如此，該地人民，仍是心平氣和，毫無愛憎暴戾之氣，也沒有酗酒的事情發生。當地的人雖然人人飲酒，代代飲酒，也沒有酒精中毒現象，和什麼後遺症，小孩子都很聰明，很少白痴儍瓜及低能兒，反而較他鄉的人精明能幹。他們除了飲酒以外，不食五穀，更不食肉類，行動雖然遲緩，卻都彬彬有禮，並與鳥獸雜處，互不侵害。阮嗣宗和陶淵明等，一些嗜酒如命的人，都曾遊覽過這地方，而且一去不回，樂不思蜀，個個都變成了酒仙。

在中國歷史上因飲酒誤事者很多，但因而誤國，遭到殺身之禍的，卻只有晉楚鄢陵大戰（公元前五七五年）中楚國總司令司馬子反了。因為這次戰爭的第一仗，楚國打敗了，御駕親征的龔王且掛了彩。但是他的總司令司馬子反卻因為嗜酒如命，而在戰陣之中，喝得爛醉如泥。龔王見了只好班師回朝，第二天才把這位酒鬼司令砍了頭。這正如夏禹飲旨酒後所說的：「今後當有因酒而誤國者。」

（二）品　茗

不羨黃金罍，不羨白玉杯，
不羨朝入省，不羨暮入臺；
千羨萬羨西江水，
曾向竟陵城下來。

——六羨歌　陸　羽

中國人飲茶，當起於殷商時代。爾雅釋木中曾記載「檟苦茶」者，即係指茶樹而言。又中國茶字，既屬木，又屬草，因茶樹非草非木，不得已只好草木並用。有人以為茶字古時作荼，陸羽嫌其累贅，乃損一筆而為「茶」。由於茶樹性喜高溫多濕的氣候，所以中國名茶多產南方，尤以長江流域一帶為最著。就中以四川的蒙頂茶，安徽的六安茶，浙江的顧渚茶等為上品。陸羽茶經說：「茶者南方之嘉木也，一尺二尺，乃至數十尺，其巴山峽川有兩人合抱者，伐而掇之，其樹如瓜蘆，莖如梔子，花如白薔薇，實如栟櫚，葉如丁香，根如胡桃。」可見茶樹的種類很多，栽培環境不同，其形態亦有差別。茶的品質，以生長於瘦瘠爛石中者為最好，礫石中者次之，黃土者最劣，肥地所產，葉肉太厚，氮素太多，香味不濃，品質最差。從上面所述，可知我國飲茶已三千多年了。周禮記載，周朝有酒正之官，專門供給朝中四飲之食。四飲中有漿一種，掌漿的官叫做漿人，專供王的六飲。所謂六飲，便是水、漿、醴、涼、醫、酏。不過飲茶之蔚為風氣，當以四川為最早。顧炎武日知錄以為秦人取蜀後，方有茗飲之事。漢宣帝時王褒（公元前六十年）作「僮約」一書，便曾記載武都買茶故事。三國時吳人有「茶茗粥」，這是以新鮮茶葉煮粥食用。東晉時司徒長史王濛自己喜歡飲茶，客人來了也以茶水待客，士大夫嘗以為苦，因此稱之為「水厄」。這是北方人不習慣於飲茶的原故。等到日子久了，漸次習慣，便朝夕不離了。今日中國人待客，都以茶為最普遍，所謂「貴客臨門茶當酒」，由此可見，其普遍性較酒為多也。

唐時竟陵陸羽，對於飲茶最有心得，閑時寫了一本茶經，共三卷，後來又補寫顧渚山記二篇，合為五卷，附有當時醉士皮日休的序言。茶經中敍述茶的來源，樹的形態，煎煮方法，以及茶具茶水等等，不一而足。自此以後，飲茶之風遍及於中國士庶人之間。當茶在中國流行以後，北方胡人因為嗜食羶肉酪漿關係，需茶解膩，所以飲茶在胡人及阿剌伯人中，便很快地傳開了。據日知錄記載，回紇入朝，始驅馬市茶，可見唐在安史之亂以後，允許回紇人，以他們的特產馬，運來中國交換絹茶。（據史書記載，這是唐朝因回紇參與平亂有功，特允其來華交易，作為酬勞的。）這是中國茶葉，輸往國外的開始，至元、明而大著於國際市場。古代的絲、茶、鹽三者，都是政府的專賣品，稅收很高，而絲茶尤為賺取外滙的最佳貿易品。

中國人飲茶叫做「品茗」，言其慢條斯理，優遊自得之狀，盡在這一個「品」字上面。因此古人說，一人品茗得神，二人得趣，三人得味，七八人便叫做施茶了。

在中國關於茶的著述很多，最著名的當然是陸羽的茶經，其次是丁渭的北苑茶錄，毛文錫的茶譜，蔡宗顏的茶對。這些書中對於茶的功用、採摘、貯藏、煎煮等，都說得非常詳細，而就中最爲人所樂道的，便是用以煎煮的水。關於水的問題，嘗有以下一個故事。

傳說某朝的一個大官，曾保送了一名學生出外作官，該生在臨行前，親往府門辭行，並請示有沒有什麼需要辦理的事情。某官囑他在返回的時候，携上泉水一罐便可以了，該生連稱遵辦。但在返回時，船過上中兩泉都忘了取水，至下泉時才忽然記起來，因爲兩泉相隔數百里，如何返回去拿呢？只好命人取下泉水塞責。該官既得好水，極爲高興，連命僕婢以此水煎煮奉茶，結果一見之下大爲光火，以爲學生欺騙。該生亦連忙跪下謝罪，並道出其中實情。繼而事過多日，該生復晉謁其師，叩問何以得知其爲下泉水？其師稱，上泉水沖茶後，茶葉迅即沉於碗底，氣味芬芳；中泉水則懸浮碗中，不上不下，茶味亦佳；下泉水則浮於水面，久久不沉，也沒有什麼香味。你取的下泉水，一望便知，所以瞞不了我。唐武宗時，宰相李德裕好飲茶，在任中書省時，不飲當地長安的水，悉用無錫惠山泉，所以經常派人至惠山取水，時人稱爲水遞，清致可嘉，未免奢侈過度，有損盛德。

古人以爲茶有九難：一是造茶，也就是採茶，採茶不得其時，品質不佳，尤以陰暗天氣所採的茶，最爲惡劣。二是別茶，要區別茶葉的好壞，頗爲困難，一般都是將茶葉放入口中咀嚼，或在鼻前嗅聞，最善的辦法，還是沖泡開來，慢慢品嚐。三是茶具，烹茶用的器具，最忌腥羶油膩不潔，因此茶具第一要清潔，其次在水的保溫程度，既不能令茶湯很快冷卻，也不可用保溫瓶或保溫杯，繼續保溫，因爲茶葉中的茶精及其他雜質的滲出，與水溫有很密切的關係。四是煎火，煎煮沸水用的火最難恰到好處，既不能用有煙的柴薪，也不能用火力不強的電爐，更不能用有嗅味的煤爐；古人煮茶多用無煙木炭或焦炭，而以山松木炭爲最佳，蓋火力強弱適中故也。目前煮茶用天然煤氣，可以自由調節其火力，倒也符合上述的許多要求，只是沒有柴香味，看起來不够名士派別而已。五是用水，煮茶用的水，可分爲四種：一是井水，一是河水，一是泉水，一是雨水或無根水。就中以泉水爲第一，雨水次之，河水更次之，井水最差。如就河水而言，飛湍湧潦不足貴，必須要緩慢流動而澄清見底的大河水爲最佳，所以四川茶館的招牌上都寫着「河水香茶」以招攬雇客。泉水以奇峯異壑的水爲最好，此所謂山厚者泉厚，山奇者泉奇，山青者泉淸，山出者泉幽，都是好水。六是炙度，這是指焙茶的溫度而言，茶葉焙製時的火候不佳，如係外熱內生不是好茶，故焙製時的火候與乎焙炙的時間，都很有關係。七是雜質，茶葉滲泡入水中時，每有很多雜質殘末漂浮水面，都不是好茶，也不容其久留碗中，殘屑不僅有碍外觀，也損品質，宜早除去，最好不入盞中。八是煮水，煮水時常去攪動，或所用之火力時大時小，時強時弱，斷斷續續，均非所宜；而煮得太久，沸得過時，尤爲大忌，最好待水沸以後二三分鐘，即沖入碗中泡茶。蘇東坡煎茶歌稱：「蟹眼已過魚眼生，颼颼欲作松風鳴；蒙茸出磨細珠落，眩轉遶甌飛雪輕。」九是飲茶，一切都合乎標準，但飲茶不得其法，不得其時，也非善飲者，尤其是夏季天熱時飲茶，而天冷時改喝其他湯汁，這都不是品茗而是止渴。

除了以上九難以外，筆者還要畫蛇添足加上一難，湊足十難，那便是環境與心情。飲茶要得時不錯，但還需要心情輕鬆，環境幽雅，住在鴿子籠似的公寓裏，忙忙慌慌的連飲乾杯，沒有情調，其他任何排場都失去其意義。最好是早晨七八點鐘，太陽剛剛上升，鳥語花香，這時置放一隻躺椅或搖椅在樹林邊，至少應該在寬大的陽臺上，將茶泡好，手裏拿一本心愛的書籍，一面欣賞作品，一面聽大地歌唱，一面品嚐名茶的芬芳，這才是人生一樂，也得個中三昧。或者在夕陽西下，與二三好友，移茶林中，道盡古今軼事，童年異聞，也是妙極。正如錢起與趙莒茶讌詩中所說：「竹下忘言對紫茶，全勝羽客醉流霞；塵心洗盡興難盡，一樹蟬聲片影斜。」唐人盧仝七碗詩最有韻味，他說：「一碗喉吻潤，二碗破瓜悶，三碗搜枯腸，惟有文字五千卷；四碗發清汗，平生不平事，盡向毛孔散；五碗肌骨淸，六碗通仙靈，七碗吃不得，唯覺兩腋習習輕風生。」這都是中國人最爲難得的生活韻味和情趣。

此外，還有一個有趣的故事，就是打救陸羽的和尚釋智積。智積年老時，因爲陸羽出走無人煎煮好茶，所以輟飲，唐代宗獲知其因後，便邀其入宮飲茶，一以下人煮煎，一以陸羽煮煎，智積飲後乃辨明何爲羽兒所煎者，神乎其技，莫之言明。

今天，日本人常誇言其茶道沿自中國，但經筆者觀看後，乃悉日本人的那一套「茶道」，只是故作神態，連一點茶的韻味都沒有，更不必談其情趣了。

關於茶的原產地，至今仍無定論，顧炎武日知錄中說，秦人取蜀後，方有飲茗之事，這可見秦時蜀人已知飲茶，既屬飲茶，則並非一二人爲之，實已大衆化了。又四川向卽產茶，且其蒙頂茶頗負盛名，而今日四川且尙發現若干野生茶樹。所以臺灣大學植物學教授于景讓氏，在其逝世前夕曾對筆者說，據彼研讀文獻結果，以茶原產四川，當屬可能。復據于氏在民國六十六年六月十五日在大陸雜誌所發表之「說茶」一文其前面引言裏稱，中篇已預定爲茶的起源、傳播與茶的本性；而下篇則爲因茶而引起的政治事件，包括吾們中國人創痛深鉅的鴉片戰爭在內。有關于師的中、下二篇「說茶」，目前尚未之見，但據其在臨終前所說，中英鴉片戰爭乃起因於經濟上的不平衡，因爲當時英國進口中國之茶葉甚巨，而其外滙又甚短缺，才有人獻議用印度所產之鴉片以換取茶葉，於是英國政府便命令東印度公司進行此一毒計，終於演變成一百多年前的這場政治風暴。

四五、捶丸——中國人的高爾夫球

摒氣匀，神放鬆，勤練揮伸技巧工，擊球盤馬射大弓。
脛根正，背含弓，膝彎足平意態擁，腰脊泰山千斤重。
指內拗，姆按平，左掌面球腕舒輕，臂直定靜力洶湧。
目注球，球擺正，舉桿視球才準靈，揮桿擊球眼如鷹。
肩右旋，腰隨擰，球桿側舉筆直挺，臂止餘力桿頭與。
左膝引，腰跟行，兩臂揮桿絃下衡，桿頭切球一大碰。
身莫移，體莫橫，且忌升肩莫俯傾，揮擊穩狠準裏攻。
力均匀，衡平衡，揮伸有意隨心動，游龍乘風氣勢虹。

——高爾夫球歌　徐傳飛

高爾夫球遊戲原是中國人發明的，可是今天的中國人，卻很少有人知道。

捶丸的起源可能與古時的弄丸有關，但捶丸的遊戲方法，卻迥異於弄丸。據元人某所寫丸經一書裏說，捶丸遊戲盛於唐、宋，尤其是在宋徽宗（公元一一〇一年）及金章宗時代，帝王宦官之家，都以此爲招賢納士，擇師選友的最好地方，是以延至元、明，一般民間也都從事這種有意義的運動遊戲了。

丸經記載這種遊戲運動的事情，一共有兩卷，計三十二章。除了其中若干章節是說明遊戲的場地，和玩球的規則外，其餘都是球和棒的作法，以及一些動心忍性的娛樂要訣。現在不談該書內所講寓敎化於遊戲的事情，只談這種遊戲的場地和遊樂的方法和目的。這種遊戲與今日時與的高爾夫球相比，實是大同而小異。

關於外國高爾夫球的起源，據大英百科全書所載，當以羅馬時代之巴卡利斯人（Paganus）所玩的巴卡利卡（Paganica）爲最早。但因沒有洞穴，只是用粘滿羽毛的皮球互相擊打而已。至公元一四五七年三月，蘇格蘭國會才將它正式命名爲高爾夫（Golf）；惟遲至十六世紀，才有掘洞的方法出現。一八四八年才將球面的羽毛除去，成爲光面的皮球。因此丸經中所記載的中國高爾夫球，當係由國人自己發明的，甚且外國的高爾夫球也很可能是源自中國的哩！

丸經一書記載捶丸遊戲的目的、方法與規則都非常詳細，甚至於球與棒的選材與製作，也有清晰的說明。可惜書中有許多當時的遊戲術語，目前已經沒有人知道了，因此在勝敗輸贏的敍述上，多少有些不明究竟的地方，雖然如此，這對遊戲的本身，是沒有什麼妨害的。

現在就依據丸經的記載，將這種娛樂兼運動的擊球方法、目的、規則、勝敗等，摘要說明如下，藉與今日流行的高爾夫球遊戲，加以比較參證。

一、擊球的目的

柳宗元在彈棋敍裏說，房直溫和他的弟弟，一天到晚埋頭讀書，不事休息，所以他便將彈棋遊戲的方法告訴他們，要他們在讀書之餘，作作彈棋遊戲，活動身心，恢復腦力。丸經序裏也說，整天坐在書桌旁邊，不站起來走走，活動活動筋骨，要想身體健康，幾不可能。所以必須打打球，在園林中走動走動，……這是養生強身之道，也是訓將練兵的一種良好方法。從這些敍言裏面，可以見到古人對於運動遊戲，甚爲重視；且在遊戲當中，還可以知人善任，發現人才，選擇良師益友，這才是最重要的寓敎化於娛樂的方法。莊子徐無鬼篇說：「市南有勇士名宜僚，最善弄丸，常手持九丸，以八丸抛空中，僅一丸在手，如此舞弄，不落地上。」當時楚莊王偃兵宋都商丘，因宜僚弄丸，兩軍佇足觀看，仗也不打了。(公元一九六六年春，巴西足球王比利前往奈及利亞首都賽球，正値奈國比亞法拉大戰，由於比利賽球，於是兩軍約定休戰三天，以便大家前往觀看賽球。這眞是無獨有偶了。）這是宋人弄丸外交上的一大勝利，毋怪乎今天的外交官、大商人，都要學打一兩場高爾夫，以仿傚宋人發明的弄丸外交了。不過打中國高爾夫球的眞正目的，還是在：⑴和血氣，⑵養性情，⑶滌煩襟，⑷消飮食，⑸擇良友和⑹練將兵而已。

二、場地的佈置與選擇

丸經第四因地章說，捶丸的場地地形必須有高低，有凸凹，有阻有妨，有裏有外。丸經解釋場地的名詞說：「諸形絕無曰平，龜背曰凸，中低曰凹，勢頗曰峻，之上曰仰，前隔曰阻，後碍曰妨，可反曰迎，左高曰裏，右高曰外。」換句話說，各種地形都要齊全，才有意義，才可以看出打球人的眞本事來。

關於場地的選擇，丸經第五擇利章說：「土有堅有坌（坋卽輕鬆的坋質土），有燥有濕。」這是說，球場的土壤，有的含黏土多，乾燥時堅硬，有的含砂粒多，比較輕鬆疏軟。堅硬的場地，球滾得快，跑得遠，此種場地，擊球時，用力宜小；如果土質鬆軟，阻力大，球也滾不遠，宜用力稍大。總以能擊球入洞，爲最大目的。

三、擊球的時間與洞數

丸經第三審時章說：「天朗氣淸，惠風和暢，飫飽之餘，心無所礙，取擇良友三三五五，於園林淸勝之處，依法捶擊。風雨陰晦，大寒大暑，不與也。」這就是說，要心情舒暢，氣候良好，邀約幾個知心朋友，到風景幽美，空氣新鮮的地方去，擊球擇友，活動身心。不過丸經又說：「知時爲嬉，則不誤事；有時有節，則身安而志逸；不得其時，則荒廢政事，傷氣動志，君子不爲也。」因此，不但打球的時間要有一定，擊洞的多少也要先行議定，因爲遠多則疲，失掉了運動身心的意義。一般而言，都只是擊七八洞，過多便疲乏了，尤其是二百步以上的遠距離擊球爲然。

四、球與棒的製作

捶丸所用的球是用贅木或癭木作成的，因爲樹木生長的瘤，質最堅韌，牢不可破，久用不壞。至於木球的大小，丸經沒有說明，大概視使用人的身高體重而定。木球本身必須鑿一小孔，無孔者不能用。（何以無孔者不能用，理由不明。）若球太大太重，則球的速度不大，擊的距離也不會遠；球太小太輕，又恐怕受風的吹飄而擊不準。因此球的質料和大小均有一定。球製好後，着色其上，以資識別，叫做彩球。

棒或稱權，是用來擊球的，棒的尖端，觸球的部份，是用堅木作的，而且這種木頭，也有一定的取材方法，便是在秋冬之季，選擇質細而堅的木材，予以適當雕削，再用韌性最大的牛皮膠，將牛皮面粘附其上，棒柄則用南方生長的勁竹爲之。當各種材料如竹、木材和皮都乾燥調製好了以後，便在春天，天氣晴和，大氣溫度適宜時，方行膠粘製作，球的大小和棒的長短，則視擊球人的身高體重等客觀條件而定。至於製作球和棒的工匠，尤須深體擊球人的心理和性情，予以適度修造，才可以在擊球時，得心應手，獲得最大勝利，所謂匠心獨運，便是這個道理。

至於擊球用的權棒，則有很多種。一般而言，有撲棒、攛棒、杓棒等。凡棒之用於擊遠球者，必須皮面窄，木分厚；反之，用以擊高飛球者，必須皮面寬，木分薄者爲上選。總之，擊什麼樣的球，用什麼樣的棒，隨打擊使用者，自行斟酌運用，但一經選定，則不得隨意更改。其所以不得隨意更改的原因，丸經未予說明，大概是君子愼選的寓意罷。

五、定基與定洞

在球場邊緣適當的地方，先選一地點，作爲基準，這一基準的地勢要平，視野要廣濶，基準的大小以一平方尺爲度。另在距離基準適當遠處，掘一洞穴，洞的大小約等於球的三倍。至於基準至洞的距離，可由大家先行議定，以不近於十步（六尺爲一雙步），不遠於二百步爲度。洞邊挿一彩旗，藉資識別。沿途如有碎瓦、石礫、亂草、枯木等，均須於事前清除乾淨，以免妨礙球的進行。

又已經擊過球的洞穴，叫做熟窩，熟窩便塡實不再用，以免熟悉的人，佔了便宜而有欠公允，因此洞穴必須每次更換。

六、擊球的規則

關於擊球的規則，丸經的敍述，有很多令人不解的地方，要不是當時的術語，便是該一作者的土話，因此在敍述這一遊戲的規則，便有一些猜測之辭，不過，這對於遊戲的本身是沒有很大妨碍的，原本遊戲規則，就是隨時代和玩的人而不斷修改的。

1. 組隊：捶丸遊戲，可以單獨比賽，也可以成對比賽，或多人一組參加接力比賽。但每組人數不宜過多，人數過多輪擊的機會便少了，失去活動身心，維護健康的意義。

2. 風度：參與比賽的人應有良好的風度，丸經裏面說，比賽之前應先習家風，後學體面，折旋中矩，周旋中規，失則不嗔，得雋不逞。喜怒見面，利口傷人，君子不與也。總之，輸贏與否，都要心平氣和，要以活動身心，選擇良師益友爲最大目的。

3. 球不得安在基（Tee）外，在基外者爲敗。

4. 不得用足踏基，用手拂基，或更動原基。

5. 不得在基內試棒。

6. 不得損壞已安之基。

7. 風落：如球在基上，被風吹落，應卽報告裁判爲風落，不得自行將球再放基上，否則也算打了。

8. 換棒：如已將球安好在基上，並先用棒試打不行，再換棒者爲輸。

9. 上畫：球到之處，必須在球的落點處，畫線作記號，但如被他人踢動，應即申明，由踢動之人重畫，惟不可自行畫線，自畫者死球。

10. 洞邊周圍五尺以內，不得有人行走，恐有人故意搗亂，埇土阻球也。

11. 他人依法擊球而得勝者，乖令背式，要賴不依，故意挑剔其爲違法者，輸一籌。

12. 撥球：他人將球打入洞中，而又將球撥出者，撥球者罰一籌。

13. 挪球：自己所擊之球，停在不良地區，而用手或棒將球移於有利地帶者，出局或加以適當懲罰。

14. 換球：小人常伴同多人，擾亂視線，乘機將人之球掉換，並置於不利打擊之死角處者，出局。

15. 死球：如在界內（埨上）擊球觸及行走者，則該被觸及者之球爲死球；但是伴當或童僕在埨上走，而球著身者，則該伴當或童僕之主人出局，不在埨上者不算。

16. 撞球：洞邊已有他人球時，後來之球不得碰撞前球，如爲誤撞，則後球死，故意碰撞者，輸一籌。

17. 倘有同組人之球，一在左，一在右，互有妨碍時，乃動一球。動後如擇好基安放，亦不許，如是則罰停擊兩次。（故動復擇基，兩反不許作。）

18. 動球：如他人將己球觸動，如彼之球已擊出，則不算；未擊出者，不許再擊。至於被動過之已球，如已畫線，則由動球之人，將其移還原處；未畫線者，任其在動後原位。
19.捌子：兩球擠在一處時，亦不許動，誰動誰輸。（何以不許動，原因不明。）
20.中身爲敗：我球觸擊他人身體者，他人爲敗，可取我球復擊，或任其在原位。
21.風吹上窩，或別人已安球在基上者，不算，未安球或初棒則算。
22.熟窩不再擊，必須隨時更動洞穴，以便公平比賽。
23.不許在旁指導他人擊球，教者便輸。
24.不許置放其他妨碍球行的雜物，放者敗。
25.不許將自己的棒，借與他人擊球。
26.錯擊他人球者，輸。
27.或前或後，或左或右，故意影響他人擊球者，出局。
28.打刼：故意放水，或不用心擊球，而不利於己隊者，不可以入會。
29.非擊爲敗：棒不擊球，而以棒推球、挑球，或掃、或刮等，均輸。
30.代施倍罰：替他人擊球者，罰二倍，或輸二埨。
31.勝負：一桿入洞者，勝二桿，二桿勝三桿，三桿勝四桿，四桿以上則不擊了。（超出標準桿）。一般多以籌碼計算，大抵大會用二十籌，中會十五籌，小會十籌。競賽前先領籌，籌未用盡，不算爲負，但亦得不到利物。
32.綵酬：得勝者，獲得彩物，這些綵物都是由參加者，自行量力捐獻的。普通所謂，富不出微財，貧不出重貨。綵物之多少，常不一定。不過，這是義聚之道，大家並不在乎綵物的多少。

七、擊球要訣

擊球的時候，不只是要用力，還要用腦，用技術。一般擊球的要訣如下：

1. 平者勿失：地形平坦，大家都擊得很好，自己也絕對不能失敗。
2. 凸者可取：地形呈龜背形時，從中間擊打很難，最好是自左右稍平坦的地方進行。
3. 凹者有行：兩邊地勢高，而中間下陷，則可從低處進行，便很容易入洞。
4. 峻者欲緩：球在峻坡，洞在坡下，不可力擊，應從緩擊球。
5. 仰者欲及：洞在嶺上，球在坡下，不到則不能上，因此必須用力將球擊至洞邊。
6. 阻者欲越：洞與球之間，如有他物阻隔，必須將球擊出，越過阻碍物。
7. 妨者用巧：球後如果有東西阻隔，不能用棒時，必須相度地勢，對棒端正，巧爲擊出。
8. 迎者勿及：洞後有牆壁或木石者，不可將球擊至洞邊落地，恐球彈回，失掉機會。
9. 裹者裹之：如地勢是左高，而洞又在右時，宜就其勢而反裹之。
10. 外者外之：如球在右邊高的地勢下，而洞在左方，當就其勢而反外之。
11. 立飛者囊：撲棒、單手棒等，宜盛於革囊中。
12. 行蹲者籠：攛棒、杓棒，宜置於提籃。
13. 所稱既備，無不勝也。凡用趁心適手之棒，無不大勝。
14. 持棒欲固：持棒時宜用雙手，緊握棒柄。

15. 運棒欲和：心平氣和，專心運棒。

16. 無低昂：起身不疾不徐。

17. 無空權：手中應隨時持棒。

18. 心手相應：臨事發機，無不中也。

八、擇友之道

玩高爾夫球的目的，除了鍛鍊身體以外，還有以球會友，借着玩球而看出每個人的心性，從玩友的心性而選擇一個志行高尚，品德優良的良師益友，這才是最重要的目的。關於擇友之道，古人立下了幾點重要原則：

1. 恭敬安詳，必爲君子；輕浮爭亂者，小人也。
2. 君子之爭，藝高而服眾；小人之爭，奇詐而謀利。
3. 捶丸雖爲聚娛（團體遊戲），但憸佞之人，不可與同樂也。
4. 捶丸之戲，雖曰平等，但尊卑長幼之序，不可亂也。
5. 就場論是談非，稱長道短，巧佞之人，不可近也。
6. 便僻巧佞，務取勝於人者，君子不與也。
7. 諂曲之人，不足與言。
8. 多勝無矜色，數敗無恚容，君子也。
9. 觀其意趣，可知人之善惡。
10. 心平氣和，不形於色，不作於意，君子也。

四六、捨生取義的吳鳳

逍遙在水邊山凹，誰不是同國同胞。
歌嘯在原野樹梢，誰不是相親相招。
看血洗愚昧全消，看天青日白旗飄。
男男女女把香燒，家家戶戶鳴鼓簫。
共拜吳公德教高，萬歲千秋永不祧。

——吳元輝紀念歌　梁容若著

在中國歷史裏面記述了千千萬萬的人，爲締造我們的偉大文明而奮鬪不已，竭智以終。在這許多人中其足以代表中國王道文化精神的，當以清康熙年間任臺灣省阿里山通事的吳鳳爲最著。

吳鳳捨生取義的故事是這樣的：

吳鳳字其王，號元輝，福建平和縣人，幼年隨父吳珠遷往臺灣嘉義縣山崎鄉鹿蒲村居住，經營雜貨爲生，凡生活所需的一切貨物，都可以在這間小店裏購得，由於吳珠經營生意誠實可靠，老少無欺，所以生意鼎盛，特別是住在阿里山一帶的高山同胞更是與之交往頻繁，極端地信任他。此外，吳珠和他的家人又說得一口流利的高山話；偶然間，吳珠也給他們診斷一些傷風感冒，肚痛下痢等疾病，並給以若干藥物，而且一律免費不取分文，這使山胞更爲感激。吳珠老了以後，便由他的兒子吳鳳繼續經營。由於吳鳳從小便聽到父親教訓他做人做事的道理，也教過他熟讀四書五經等聖賢的遺訓，所以與山胞交易時更是和平可親，加以吳鳳聰明伶俐，更與山胞不分彼此打成一片，偶爾也伴同山胞上山狩獵，互相饋贈，儼然成了山胞的一份子。至於附近各族山胞的語言，他也無不通曉，因此吳鳳在山地同胞中較他的父親吳珠更是聲譽卓著，家喻戶曉了。

正當康熙六十一年（公元一七二二年），吳鳳二十四歲時，嘉義縣忽然發生了一件大事，那就是阿里山一帶的山胞，因受知府王珍及其餘漢官的蹂躪欺負，忍無可忍，乃響應中興王朱一貴的叛變，而殺死了李通事全家及其餘四十多名漢人。這件事的發生經呈報清廷後，雍正皇帝極爲震怒，但因爲剛剛登基，爲了平息山胞怨氣，乃改用羈縻政策，予以安撫。於是計議選一能夠爲山胞信任的人去充當通事，藉以溝通山胞與漢人間的情感，俾便政令之推行，於是選中了吳鳳。吳鳳也因爲時勢所趨，不便推卸，只好勉強答應下來，於是在雍正元年，被正式任命爲阿里山的通事，以便管理諸羅郡中的高山同胞。

當吳鳳接任通事以後，第一件令他大傷腦筋的事，便是山胞一年一度的豐年祭，在這祭禮中，山胞要獵取男女人頭作爲祭祀的禮物，這卻是吳鳳最爲反對的事情，所以當他們的酋長要求獵取人頭時，吳鳳便告訴他們，殺人是犯法的，任何人都不得以任何理由去殺人，更不得隨意殺人。但山胞固執，非要保持他們多年的習俗不可。雖然吳鳳建議他們學習中國人的祭孔，用牛羊來代替，他們也不答應。這確使吳鳳坐臥難安，難道就答應他們獵取人頭嗎？不可以。但又應該如何解決這個問題呢？左思右想，終於給他想出了一個解決的辦法，那就是用已經有的人頭爲祭。於是吳鳳對他們說，年前你們殺死了四十多個漢人，他們的頭還留在你們那裏，就以那些人頭作爲祭禮罷，每年一個，祭完以後再說。由於山胞很尊重吳鳳的人格，和百分之百的信任他，便勉強答應了。這件事的處理就吳鳳本身來說，作得很對，而且他想在今後的四十多年中，他會想盡辦法去敎育他們，感化他們，希望在今後的歲月裏，山胞會接受中國文化，將這種以人頭祭神的惡習破除，屆時便不會再有什麼麻煩了。

四十多年的時間很快就過去了，老一輩山胞多已消逝，而新一輩的山胞卻並未被敎化過來，殺人頭祭神的惡習並未去除，於是初任酋長的奧哥又向吳通事提出了殺人祭神的要求。由於吳鳳有言在先，不便反悔，但殺人是犯法的，政府的官吏又如何可以答應他的臣民殺人犯法呢？他躊躇了很久，還是沒有辦法解決。當山胞們逼得他無法可想時，於是他只好把心一橫，便毅然告訴奧哥說，好！我答應你們的請求「出草」（殺取人頭），只是我要警告你們，當你們殺了這個人後，非但天神不保佑你們，還要加倍的處罰你們，你們的農作物會歉收，你們的家畜會遭瘟疫蔓延，你們的族人也要遭逢疾病的感染，多有死亡。你們還是考慮考慮吧！奧哥和一些山胞聽了以後，都半信半疑，他們知道吳鳳的談話不會白說，但也經不起其他山胞的慫恿與反對，仍然堅持要「出草」。於是吳鳳對他們說，既然如此，我就告訴你們，在今年八月初十的中午，有一個穿紅衣，戴紅帽的騎馬人會經過你們的村莊附近，這時你們可以殺取他的人頭祭祀，但其他任何漢人則不可以亂殺。

乾隆三十四年（公元一七六九年）八月初十的正午，果然有一個身穿紅衣，頭戴紅帽的騎馬人，經過他們的田野走向村莊而去。於是早已在森林裏埋伏好的出草人，便突然從林子裏奔跑出來，一刀殺死了這個騎馬人，割下人頭一看，才大吃一驚，原來這個戴紅帽子的漢人，就是他們平時最爲尊敬信服的長者吳鳳。於是連忙丢下武器，一齊跪在吳鳳的屍體前大哭不止。他們懺悔，他們悲傷，他們感嘆，可是吳鳳卻從此離別了他們。就在這年的深秋，吳鳳剛死不久，阿里山一帶的牛羊發生了瘟疫，蔓延得很快、很廣，很多牛羊都因此而死，山胞中也有很多人因得不到醫藥的治療而相繼死亡，他們開始記起了吳鳳生前對他們的警告，他們相信這就是因殺死吳鳳後，天神給他們的懲罰。於是大家約定，從此以後不再用人頭祭祀而代之以牛羊了。

吳鳳爲了要破除山胞的迷信，感化教育他們，曾經花了四十多年的時間，都沒有將他們教化過來，他認爲這是他的道德不够，教化不力的結果，他應該負起這個責任。在無可如何之下，他只有捨卻這條老命，實行屍諫了。吳鳳是個奉公守法，愛民如子，而負責任的人，他深深地了解孟子所說，捨生取義的眞正意思，他也知道文天祥正氣歌中所說的浩然正氣是什麼！於是他毫無畏懼地學習耶穌基督的犧牲精神，毅然地走上十字架，達成天父的旨意，及先賢成仁取義的遺訓。

這是中國王道文化的菁華，吳鳳就是這一文化精神的代表。

書後㈠

寫完了本書以後，發現許多歐洲的文明都與我國的文化有關，特別是外國傳教士將我國的書籍翻譯成英、法及拉丁文以後，更啓發了許多歐洲學者的思想，而促成了邇後的工業革命，直接間接影響了今天的世界文明。

王之春使俄記裏曾說：「若干有用技術及技藝均爲我國古人所創造。例如，孔子的門人冉求發明幾何，自鳴鐘爲中國僧人所發明，至於蒸汽機實爲唐代僧人一行所創，槍炮乃宋人虞允文所製作。……以是知西方驚奇之技術，實均根據中國古代發明之遺跡，或其原理發展而成者。」王氏的記述，雖有人譏之爲「出於愛國心」，但英人李約瑟氏在其所著「中國之科學與文明」一書裏則稱：「任一曾閱讀本書前篇諸頁的人士，當可感到中國在公元一四〇〇年代以前，確在工程技術上領先世界各國。史帝文生（Carl Stephenson）曾說：吾人不能再接受義大利文藝復興之簡單公式，謂所有科學及工程方面之進步，均係由於希臘及拉丁文化之復甦，實則有賴於中古藝術家之專技及

彼等由亞洲人士所獲得之線索。」㉒

石永貴氏稱：在中國歷史中有二位科學家的地位是不朽的：一是騶衍，他被評爲「中國古代科學思想的眞正創造者」。騶衍是在公元前三五〇年至二七〇年間的大科學家。歷代煉金術者都一致公認，公元二世紀有關煉金方面的著作，都導源於騶衍。一是董仲舒，他是一位大物理學家，因爲他在春秋繁露一書中稱：「聲比則應，五音比而自鳴，非有神，其數然也。」㉓不過，更有人推崇墨子，認爲戰國初期的墨翟，才是中國科學的鼻祖。因爲他對力學和光學的研究，確是中國人中最早的一位，而其成績也最爲卓著。

有人以爲我國古代學術之所以能够發軔得很早，而且成就非凡，乃是得力於易經的關係。陳立夫氏在其所主編的「易學應用之研究」一書的導言裏說：「易」爲中國學術思想之根本。而中國學術之發揚途徑有三：一是儒家思想來自周易；二是道家思想源自歸藏；三是墨家思想取自連山。其餘諸子百家思想亦皆淵源於「易」。㉔」換句話說，中國學術思想之發軔及其擴展，均以「易」爲主，而世界學術思想又多源於中國。因此可以說，「易」是世界學術思想的源泉。

關於中國古書「易」的來源，陳立夫氏以爲是來自八卦，而八卦的創作始於伏羲，也就是說，中國的八卦已經有六千多年的歷史了。八卦是伏羲氏仰觀天象，俯察地法，近取諸身，遠取諸物，所獲得的結果。藉兩儀四象，以通神明之德，以類萬物之情，復藉這種標誌，作爲後人研究宇宙萬物的參考。不過，又有人懷疑，遠在六千多年前的伏羲氏，眞有如此本領，憑一己有限的時光，能做出如此偉大的傑作？所以近年來又有人在研究易學之餘，以爲伏羲氏縱然是屬於一個氏族，或一個時代的象徵，也絕無此種大本領，能夠成此玄妙之哲學巨著。雖云連山起於夏朝，歸藏源於殷商，而周易顯於周代，但此三易的基本原理，仍然是來自八卦。所以才有人異想天開的說，八卦是上一個冰期的遺物。關於這個說法，至今還是令人不敢驟然認定，因爲這只是一種臆測之詞，沒有什麼根據。其實人類的天賦聰慧，自古皆然，並不是今天的人類比上古的人類要聰明些。所以我以爲伏羲氏所畫的八卦，就是那一時代人類智慧的結晶，用不着再推演到上一個冰河時代裏去。

從人類考古學上來說，世界古文化的發祥地有三：一是以尼羅河三角洲爲中心的埃及；一是以恒河流域爲中心的印度；一是以黃淮平原爲中心的中國。埃及文化得地利之便發皇得最早，但也因爲氣候的轉變而衰落得最快，早在三千多年前便沒落了。印度文化受地形的影響，始終局限在那一片狹長的土地上沒有繼續擴大，殊爲可惜。至於中國文化，由於土地肥沃，氣候適宜，很快地便向四面八方推展，而後來居上。本書所述說的一些片斷，就是這一文化過程中的若干陳迹。由於中國歷史悠久，文化精深，思想博大，這些短短的論述，未必能代表整個中國人的創作精神，但從一般人的立場來說，應該是可以代表的了，不識讀者以爲如何？

後書㈡

當本書行將定稿而要出版的時候，有人問我，爲什麼我們祖先誕生的搖籃要在綏遠和晉陝交界的那一地方呢？我對這一問題的答覆如下：

一、根據近年來世界人類學家和史學家的看法，人類的起源是多元性的。換句話說，人類的源起不一定是在同一地方，非洲黑人和歐洲白人的起源不一定是在亞洲，而中國人的起源也不一定就是在兩河流域。

二、若干人類學家和史學家認爲中國人的起源是在中國本土，不是從國外遷移而來的，我國的古史和傳說也持同一看法。

三、筆者依照上述專家的論著，確定中國人的祖先是源於中國本土。那麼這個發祥地究竟在什麼地方呢？於是推定在現今綏遠和晉陝交界的地方最爲適當，理由如下：

1. 約在一百萬年前，我國北方多天的氣溫要比現在暖和得多，雨量也較爲豐霈，最適合於人類的生存和繁衍。何以知道呢？根據地質學家的調查和研究，在今冰天雪地的西伯利亞地下，曾發現埋藏了三百萬年的大象遺體。我國古書裏面，（如孟子滕文公篇）也偶爾提到「象」在中國北方的陳迹。

2.人類最適於生存繁衍的環境，是在草原和森林的交界處，不只是人類，就是一般飛禽走獸也是如此。而在一百萬年前的綏遠南部，正是這一環境的最適宜地方。

3.從綏遠南部以及晉陝交界處，向四面八方播遷是最爲理想和方便的地方，特別是向東方及南方爲然。因此中國古代人民的播遷途徑，與今日人類考古學和地質調查的結果，極爲吻合。換句話說，向東遷移至河北省的北部，也就是現今北平周口店地方，而成爲早期的山頂洞人；向南遷移至河南省澠池仰韶村地方，而成功早期的仰韶文化。向西則遷至甘肅、寧夏地方，而成功日後的河套文化。

四、北京人的發現，以及研究其生活情形的結果，確知這一人類距今約五十萬年。何以中國原人的時代，卻推前到一百萬年呢？大家不要忘記，北京人已經是用火的民族了，也相當於傳說中的燧人氏，可是在燧人氏以前還有一大段時間是住在樹上的有巢氏，這時的中國人還不知道用火，只是茹毛飲血，採取菓子和鳥卵的生食民族。從茹毛飲血的最原始生活，到鑽木取火的熟食文化，至少也需要四五十萬年的時間。

五、根據最近人類考古學家的研究和地質調查的結果，發現在山西的襄汾縣丁村地方（這地方的確切位置不詳），挖掘出一個少年人的骨骼化石，據說它比北京人還要早十萬年。今後繼續調查研究，可能還有更多和更早的遺跡出現。

六、中國人發源的地方，究竟在那裏？誰也不敢斷定，本書所指也不過是個推測。但願今後能發掘出更多的地下資料，以便獲得更爲準確的地方，俾供我們現代人的參考。

主要參考文獻

一	丁福保	歷代錢幣圖記		
二	于景讓	栽培植物考	臺大農學院	民國四七年
三	王充	論衡	中華聚珍版	
四	王恢	禹貢釋地	商務印書館	民國六〇年
五	王漪	明清之際中學之西漸	商務印書館	民國六八年
六	王三聘	古今事物考	商務印書館	民國六〇年
七	王壯為	書法研究	商務印書館	民國六二年
八	王國良	中國長城沿革考	商務印書館	民國六〇年
九	王孝通	中國商業史	商務印書館	民國五八年
一〇	王德昭譯	中國美術史導論	正中書局	民國六一年
一一	王德華	中國文化史略	正中書局	民國五五年
一二	王夢鷗	騶衍遺說考	商務印書館	民國五五年
一三	王應麟	困學紀聞	中華聚珍版	

一四	王耀錕	朱載堉的舞曲	東方雜誌	民國五九年
一五	不準(發掘者)	穆天子傳	中華聚珍版	
一六	方豪	中西交通史	中華書局	民國四八年
一七	尹良瑩	蠶桑史	正中書局	
一八	司馬光	資治通鑑	中新書局	民國六七年
一九	司馬遷	史記	中華聚珍版	
二〇	史梅岑	中國印刷發展史	商務印書館	民國六一年
二一	史紫忱	書道新論	華岡	民國五八年
二二	史密斯	人類始祖	商務印書館	民國五五年
二三	石永貴		中央月刊	民國六二年
二四	石璋如	周代兵制探源	大陸雜誌	
二五	白壽彝	中國交通史	商務印書館	民國五八年
二六	呂不韋	呂氏春秋	中華聚珍版	
二七	呂佛庭	萬里長城		
二八	吉田洋一	零的發現	三民書局	民國六一年
二九	寺田文治郎	食補與食療	立志出版社	民國五三年
三〇	朱文鑫	天文學小史	商務印書館	民國五九年
三一	朱載堉	律呂精義	商務印書館	

三二	任映滄	中國遠古史述要	帕米爾書局	民國四三年
三二—一	任時先	中國教育思想史	商務印書館	民國六一年
三三	李昉	太平廣記	新興書局	民國四七年
三四	李昉	太平御覽	新興書局	民國四八年
三五	李儼	中國算學史論集	燕京學報	
三六	李儼	珠算制度考	燕京學報	
三七	李人言	中國算學史	商務印書館	民國六一年
三八	李約瑟	中國之科學與文明	商務印書館	民國六二年
三九	李德宇	中國文化史	鳴宇出版社	民國六〇年
四〇	李德實	科學與文化	協志叢書	民國六一年
四一	李書華	紙發明以前中國文字流傳工具	大陸雜誌	
四一—一	李書華	造紙的發明及其傳播	大陸雜誌	
四二	李世民	晉書		
四三	李喬萍	中國化學史	商務印書館	民國六二年
四四	李紹崑	墨子研究	商務印書館	民國六〇年
四五	李鍌等	中國文化概論	三民書局	民國六〇年
四六	沈括	夢溪筆談	商務印書館	民國六二年
四七	沈德潛	古詩源		

四八	何　凡	中國名人傳記	五洲出版社	民國六二年
四九	何名忠	中國音樂特性及其對世界音樂之貢獻	東方雜誌	民國五九年
五〇	伯　珩	音樂的新力	東方雜誌	民國五九年
五一	貝克爾著	宇宙觀之發展	商務印書館	民國五五年
五二	佐藤堅司	孫子的體系的研究	專心文庫	民國六三年
五三	杜呈祥	孔子	協志叢書	民國六〇年
五四	屈　原	楚辭——天問		
五五	邵康節	皇極經世書	中華聚珍版	
五六	邱燮友	中國歷代故事詩	三民書局	民國六〇年
五七	邱處機	長春眞人傳		
五八	金受申	稷下派之研究	商務印書館	民國六〇年
五九	金凱達	論藍田原人	東方雜誌	民國五三年
六〇	兒島獻吉郎	諸子百家考	商務印書館	民國六三年
六一	房　龍	人類的故事	協志叢書	民國六一年
六二	怡　盧	藥物食物養生篇	立志出版社	民國五四年
六三	吳天任	楚辭文學的特質	商務印書館	民國六一年
六四	吳啓宏	古代數學史叢談	中央月刊	民國六〇年
六五	吳經熊等	中西文化論集	國防	民國五五年

六六	長孫無忌	隋書	中華聚珍版	
六七	皇甫謐	高士傳	中華聚珍版	
六八	胡　適	中國古代哲學史	商務印書館	民國六二年
六九	威爾杜蘭	哲學的趣味	協志叢書	民國六一年
七〇	威爾杜蘭	西洋哲學史話	協志叢書	民國六一年
七一	郎擎霄	中國民食史	商務印書館	民國五九年
七一—一	馬　五	政海異聞與痲將藝術	雲天出版社	民國六〇年
七二	馬　總	意林	中華聚珍版	
七三	班　固	漢書	中華聚珍版	
七四	高　承	事物紀原	商務印書館	民國六〇年
七五	高重源	中國古史上禹治洪水的辯證	文哲季刊	民國一九年
七六	凌揚藻	蠡勺編	商務印書館	民國五四年
七七	柳詒徵	中國文化史	正中書局	民國六〇年
七八	秦　觀	蠶書	商務印書館	民國五五年
七九	韋克斯	化學元素的發現㈠	商務印書館	民國五五年
八〇	荀　悅	中鑒		
八一	范　曄	後漢書		
八二	桑原隲藏	張騫西征考	商務印書館	民國五五年

八三	陳　壽	三國志	中華聚珍版	
八四	陳　澧	東塾讀書記	中華聚珍版	
八五	陳文濤	先秦自然科學概論	商務印書館	民國五九年
八五—一	陳立夫	易學應用之研究（第一輯）	中華書局	民國六四年
八六	陳其銓	中國字體源流	人天出版社	民國四六年
八七	陳邦賢	中國醫學史	商務印書館	民國五八年
八八	陳夢雷	古今圖書集成	鼎文書局	民國六五年
八九	陳安仁	中國文化演進史觀	華世出版社	民國六五年
九〇	陳清凌	詩經白話譯註	標準出版社	民國六五年
九一	陳致平	中華通史	黎明公司	民國六六年
九二	常　璩	華陽國志	中華聚珍版	
九三	脫　脫	宋史	中華聚珍版	
九四	彭友生	古事今談	雙了星出版社	民國六二年
九五	彭友生	秦史	帕米爾書局	民國五四年
九六	彭桂芳	五百年前是一家	黎明公司	民國六三年
九七	彭國棟	藝文掌故叢談	正中書局	民國五五年
九八	崔　豹	古今注	中華聚珍版	
九九	崔朝慶	中國人之宇宙觀	商務印書館	民國五四年

一〇〇 黃乃隆 中國農業發展史 正中書局 民國五二年
一〇一 黃公偉 中國哲學史 帕米爾書局 民國六〇年
一〇二 黃華節 關公的人格與神格 商務印書館 民國六一年
一〇三 湯淺明 性的決定 同文書局 民國三六年
一〇四 許倬雲 周禮中的兵制 大陸雜誌
一〇五 歐陽詢等 藝文類聚 文光出版社
一〇六 郭正昭 中國科技文明論集 牧童出版社 民國六八年
一〇七 郭允蹈 蜀鑑
一〇八 郭希汾 中國體育史 商務印書館 民國五九年
一〇九 郭義恭 廣志
一一〇 斯坦因 斯坦因西域考古記 中華書局 民國六〇年
一一一 裴文中 中國史前人類生活狀況 中國學報 民國三三年
一一二 裴文中 周口店北京猿人頭骨之發現 燕京學報 民國一九年
一一三 傅瑞德 臺灣姓氏之分佈自序 東方雜誌 民國五七年
一一四 傅樂成 中國通史 大中國公司 民國六一年
一一五 萬靖宇 黃土兒女的興起
一一六 項退結 中國民族性之研究 商務印書館 民國六〇年
一一七 馮友蘭 中國哲學史

一一八	張華	博物志	中華聚珍版	
一一九	張用寰	中國寓言選集	遠東書局	民國六〇年
一二〇	張其昀	中國之自然環境	中央月刊	民國四五年
一二〇—一	張其昀	秦代史總論	華學月刊 第一〇一期	民國六九年
一二一	張起鈞	老子	協志叢書	民國六一年
一二二	張語格	上古史故事錄	標準出版社	民國六二年
一二三	董作賓	世界文化的前途	大陸雜誌	民國四〇年
一二四	董仲舒	春秋繁露	中華聚珍版	
一二五	葛洪	抱朴子	中華聚珍版	
一二六	楊幼炯	中國文化史	臺灣書店	民國五七年
一二七	蒙文通	古史甄微	商務印書館	民國五七年
一二八	賈虎臣	中國歷代帝王譜系彙編	正中書局	民國六三年
一二九	管仲	管子	中華聚珍版	
一三〇	趙宋岺	史事人物談	海天出版社	民國四七年
一三一	趙唯羣	中國語文研究	標準出版社	民國六一年
一三二	趙鐵寒	火藥的發明	中華叢書	民國三九年
一三三	劉安	淮南子	中華聚珍版	
一三四	劉復	西漢時代之日晷	國學季刊	

一三五	鄭樵	通志	中華聚珍版	
一三六	鄭樸	物理學小史	商務印書館	民國五六年
一三七	鄭壽彭	中國古代的治道	商務印書館	民國六一年
一三八	鄭肇經	中國水利史	商務印書館	民國五九年
一三九	諸宗元	中國書學淺說	商務印書館	民國五九年
一四〇	賴蒙卡夫曼	人類史話	開明書店	民國五七年
一四一	錢穆	史學導言	中央副刊	民國五九年
一四二	錢穆	國史大綱	商務印書館	民國三九年
一四三	錢穆	中國史學名著	三民書局	民國六二年
一四四	錢穆	中西文化論集		
一四五	錢辛楣	十駕齋養新錄	中華聚珍版	
一四六	衞挺生	穆天子傳今考		民國六〇年
一四七	衞挺生	論周穆王其人其事	東方雜誌	民國五六年
一四八	衞挺生	徐福與日本	商務印書館	民國五九年
一四九	衞挺生	一篇三千年前中國王者的遠遊日記	東方雜誌	民國五六年
一五〇	衞挺生 徐聖謨	山經地理圖考	中術版	民國六三年
一五一	盧漢章	都江堰水利述要	文海出版社	
一五二	蔡仁堅	古代中國的科學家	景象出版社	民國六五年

一五三 篠田統 酒、白乾酒、蒸餾酒（參于景讓著栽培植物考）

一五四 謝國權 性生活的智慧

一五五 應劭 風俗通 中華聚珍版

一五六 蕭遙天 中國人名的研究 楨城出版社 民國五九年

一五七 羅香林 百越源流與文化 中華書局 民國四四年

一五八 羅香林 中國族譜之學術地位 東方雜誌

一五九 羅貫中 三國演義 文源書局

一六〇 譚戒甫 墨辨發微 宏業書局 民國六二年

一六〇—一 譚慧生 歷代偉人傳記 百城書局 民國六四年

一六一 蘇頌 新儀象法要 商務印書館 民國五八年

一六二 蘇同炳 人物與掌故叢談 學海出版社 民國六三年

一六三 蘇瑩輝 再論蔡侯紙以前之紙 大陸雜誌

一六四 顧炎武 日知錄 中華聚珍版

一六五 魏汝霖 孫子兵法大要 國防研究院 民國五九年

一六六 黎凱旋 易經數理科學淺說 帕米爾書局 民國五九年

中國歷史朝代演進的過程圖

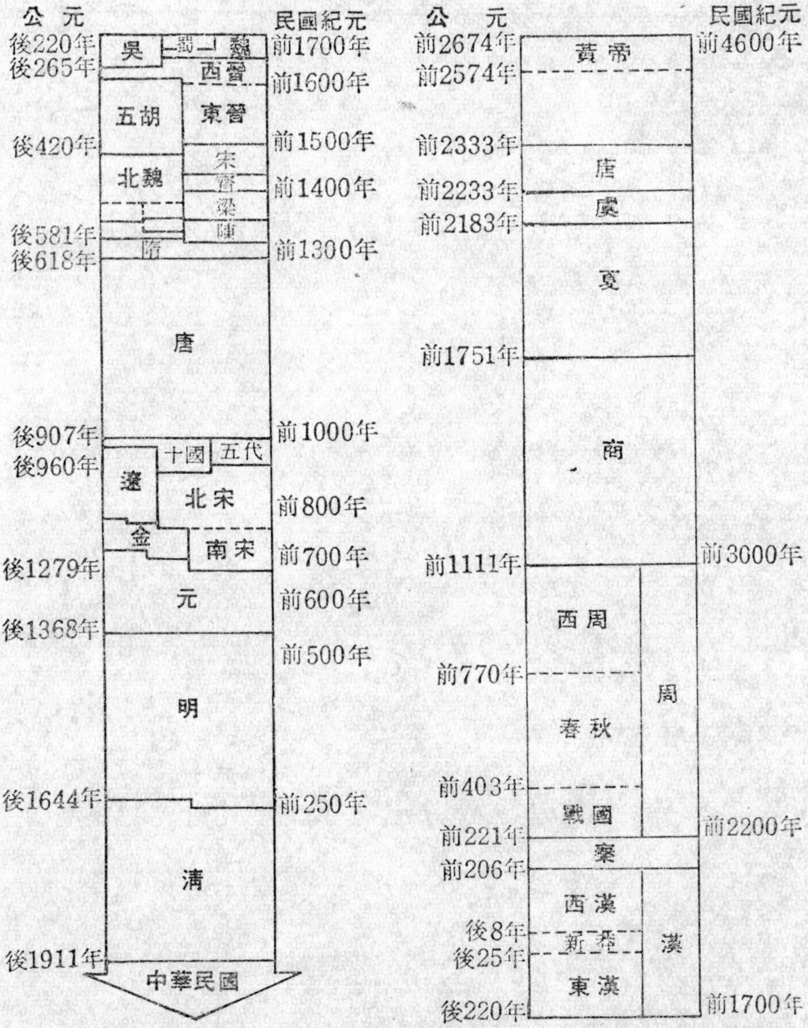
公元
民國紀元
後220年
後265年
吳
蜀
魏
西晉
前1700年
前1600年
五胡
東晉
後420年
前1500年
北魏
宋
齊
前1400年
梁
陳
後581年
隋
後618年
前1300年
唐
後907年
前1000年
十國
五代
後960年
遼
北宋
前800年
金
南宋
前700年
後1279年
元
前600年
後1368年
前500年
明
後1644年
前250年
清
後1911年
中華民國
前2674年
黃帝
前4600年
前2574年
前2333年
唐
前2233年
虞
前2183年
夏
前1751年
商
前1111年
前3000年
西周
前770年
周
春秋
前403年
戰國
前221年
前2200年
秦
前206年
西漢
後8年
新莽
漢
後25年
東漢
後220年
前1700年

滄海叢刊書目

國學類

中國學術思想史論叢(一)~(八)	錢　　穆　著
現代中國學術論衡	錢　　穆　著
兩漢經學今古文平議	錢　　穆　著
宋代理學三書隨劄	錢　　穆　著
先秦諸子繫年	錢　　穆　著
朱子學提綱	錢　　穆　著
莊子纂箋	錢　　穆　著
論語新解	錢　　穆　著

哲學類

文化哲學講錄(一)~(五)	鄔昆如　著
哲學十大問題	鄔昆如　著
哲學的智慧與歷史的聰明	何秀煌　著
文化、哲學與方法	何秀煌　著
哲學與思想	王曉波　著
內心悅樂之源泉	吳經熊　著
知識、理性與生命	孫寶琛　著
語言哲學	劉福增　著
哲學演講錄	吳　怡　著
後設倫理學之基本問題	黃慧英　著
日本近代哲學思想史	江日新　譯
比較哲學與文化(一)(二)	吳　森　著
從西方哲學到禪佛教——哲學與宗教一集	傅偉勳　著
批判的繼承與創造的發展——哲學與宗教二集	傅偉勳　著
「文化中國」與中國文化——哲學與宗教三集	傅偉勳　著
從創造的詮釋學到大乘佛學——哲學與宗教四集	傅偉勳　著
中國哲學與懷德海	東海大學哲學研究所主編
人生十論	錢　　穆　著
湖上閒思錄	錢　　穆　著
晚學盲言(上)(下)	錢　　穆　著
愛的哲學	蘇昌美　著
是與非	張身華　譯
邁向未來的哲學思考	項退結　著

現代藝術哲學	孫　旗　譯
現代美學及其他	趙天儀　著
中國現代化的哲學省思	成中英　著
不以規矩不能成方圓	劉君燦　著
恕道與大同	張起鈞　著
現代存在思想家	項退結　著
中國思想通俗講話	錢　穆　著
中國哲學史話	吳怡、張起鈞　著
中國百位哲學家	黎建球　著
中國人的路	項退結　著
中國哲學之路	項退結　著
中國人性論	臺大哲學系主編
中國管理哲學	曾仕強　著
孔子學說探微	林義正　著
心學的現代詮釋	姜允明　著
中庸誠的哲學	吳　怡　著
中庸形上思想	高柏園　著
儒學的常與變	蔡仁厚　著
智慧的老子	張起鈞　著
老子的哲學	王邦雄　著
逍遙的莊子	吳　怡　著
莊子新注（內篇）	陳冠學　著
莊子的生命哲學	葉海煙　著
墨家的哲學方法	鐘友聯　著
韓非子析論	謝雲飛　著
韓非子的哲學	王邦雄　著
法家哲學	姚蒸民　著
中國法家哲學	王讚源　著
二程學管見	張永儁　著
王陽明——中國十六世紀的唯心主義哲學家	張君勱原著、江日新中譯
王船山人性史哲學之研究	林安梧　著
西洋百位哲學家	鄔昆如　著
西洋哲學十二講	鄔昆如　著
希臘哲學趣談	鄔昆如　著
近代哲學趣談	鄔昆如　著
現代哲學述評(一)	傅佩榮編譯

當代西方哲學與方法論	臺大哲學系主編
人性尊嚴的存在背景	項退結編著
理解的命運	殷　鼎　著
馬克斯·謝勒三論	阿弗德·休慈原著、江日新　譯
懷海德哲學	楊士毅　著
洛克悟性哲學	蔡信安　著
伽利略·波柏·科學說明	林正弘　著
宗教類	
天人之際	李杏邨　著
佛學研究	周中一　著
佛學思想新論	楊惠南　著
現代佛學原理	鄭金德　著
絕對與圓融——佛教思想論集	霍韜晦　著
佛學研究指南	關世謙　譯
當代學人談佛教	楊惠南編著
從傳統到現代——佛教倫理與現代社會	傅偉勳主編
簡明佛學概論	于凌波　著
圓滿生命的實現（布施波羅密）	陳柏達　著
薝蔔林·外集	陳慧劍　著
維摩詰經今譯	陳慧劍譯註
龍樹與中觀哲學	楊惠南　著
公案禪語	吳　怡　著
禪學講話	芝峯法師　譯
禪骨詩心集	巴壺天　著
中國禪宗史	關世謙　著
魏晉南北朝時期的道教	湯一介　著
社會科學類	
憲法論叢	鄭彥棻　著
憲法論衡	荊知仁　著
國家論	薩孟武　譯
中國歷代政治得失	錢　穆　著
先秦政治思想史	梁啟超原著、賈馥茗標點
當代中國與民主	周陽山　著
釣魚政治學	鄭赤琰　著
政治與文化	吳俊才　著
中國現代軍事史	劉　馥著、梅寅生　譯
世界局勢與中國文化	錢　穆　著

中華文化十二講	錢　穆　著
民族與文化	錢　穆　著
楚文化研究	文崇一　著
中國古文化	文崇一　著
社會、文化和知識分子	葉啟政　著
儒學傳統與文化創新	黃俊傑　著
歷史轉捩點上的反思	韋政通　著
中國人的價值觀	文崇一　著
紅樓夢與中國舊家庭	薩孟武　著
社會學與中國研究	蔡文輝　著
比較社會學	蔡文輝　著
我國社會的變遷與發展	朱岑樓主編
三十年來我國人文社會科學之回顧與展望	賴澤涵　編
社會學的滋味	蕭新煌　著
臺灣的社區權力結構	文崇一　著
臺灣居民的休閒生活	文崇一　著
臺灣的工業化與社會變遷	文崇一　著
臺灣社會的變遷與秩序(政治篇)(社會文化篇)	文崇一　著
臺灣的社會發展	席汝楫　著
透視大陸	政治大學新聞研究所主編
海峽兩岸社會之比較	蔡文輝　著
印度文化十八篇	糜文開　著
美國的公民教育	陳光輝　譯
美國社會與美國華僑	蔡文輝　著
文化與教育	錢　穆　著
開放社會的教育	葉學志　著
經營力的時代	青野豐作著、白龍芽　譯
大眾傳播的挑戰	石永貴　著
傳播研究補白	彭家發　著
「時代」的經驗	汪琪、彭家發　著
書法心理學	高尚仁　著

史地類

古史地理論叢	錢　穆　著
歷史與文化論叢	錢　穆　著
中國史學發微	錢　穆　著
中國歷史研究法	錢　穆　著
中國歷史精神	錢　穆　著

國史新論	錢　　穆	著
秦漢史	錢　　穆	著
秦漢史論稿	邢義田	著
與西方史家論中國史學	杜維運	著
中西古代史學比較	杜維運	著
中國人的故事	夏雨人	著
明朝酒文化	王春瑜	著
共產國際與中國革命	郭恒鈺	著
抗日戰史論集	劉鳳翰	著
盧溝橋事變	李雲漢	著
老臺灣	陳冠學	著
臺灣史與臺灣人	王曉波	著
變調的馬賽曲	蔡百銓	譯
黃帝	錢　　穆	著
孔子傳	錢　　穆	著
唐玄奘三藏傳史彙編	釋光中	編
一顆永不殞落的巨星	釋光中	著
當代佛門人物	陳慧劍	編著
弘一大師傳	陳慧劍	著
杜魚庵學佛荒史	陳慧劍	著
蘇曼殊大師新傳	劉心皇	著
近代中國人物漫譚・續集	王覺源	著
魯迅這個人	劉心皇	著
三十年代作家論・續集	姜　　穆	著
沈從文傳	凌　　宇	著
當代臺灣作家論	何　　欣	著
師友風義	鄭彥棻	著
見賢集	鄭彥棻	著
懷聖集	鄭彥棻	著
我是依然苦鬥人	毛振翔	著
八十憶雙親、師友雜憶（合刊）	錢　　穆	著
新亞遺鐸	錢　　穆	著
困勉強狷八十年	陶百川	著
我的創造・倡建與服務	陳立夫	著
我生之旅	方　　治	著
語文類		
中國文字學	潘重規	著

中國聲韻學	潘重規、陳紹棠 著
訓詁通論	吳孟復 著
翻譯新語	黃文範 著
詩經研讀指導	裴普賢 著
陶淵明評論	李辰冬 著
鍾嶸詩歌美學	羅立乾 著
杜甫作品繫年	李辰冬 著
杜詩品評	楊慧傑 著
詩中的李白	楊慧傑 著
司空圖新論	王潤華 著
詩情與幽境——唐代文人的園林生活	侯迺慧 著
唐宋詩詞選——詩選之部	巴壺天 編
唐宋詩詞選——詞選之部	巴壺天 編
四說論叢	羅盤 著
紅樓夢與中華文化	周汝昌 著
中國文學論叢	錢穆 著
品詩吟詩	邱燮友 著
談詩錄	方祖燊 著
情趣詩話	楊光治 著
歌鼓湘靈——楚詩詞藝術欣賞	李元洛 著
中國文學鑑賞舉隅	黃慶萱、許家鶯 著
中國文學縱橫論	黃維樑 著
蘇忍尼辛選集	劉安雲 譯
1984	GEORGE ORWELL原著、劉紹銘 譯
文學原理	趙滋蕃 著
文學欣賞的靈魂	劉述先 著
小說創作論	羅盤 著
借鏡與類比	何冠驥 著
鏡花水月	陳國球 著
文學因緣	鄭樹森 著
中西文學關係研究	王潤華 著
從比較神話到文學	古添洪、陳慧樺主編
神話即文學	陳炳良等譯
現代散文新風貌	楊昌年 著
現代散文欣賞	鄭明娳 著
世界短篇文學名著欣賞	蕭傳文 著
細讀現代小說	張素貞 著

現代詩學	蕭　蕭　著
詩美學	李元洛　著
詩學析論	張春榮　著
橫看成嶺側成峯	文曉村　著
大陸文藝論衡	周玉山　著
大陸當代文學掃瞄	葉稺英　著
走出傷痕——大陸新時期小說探論	張子樟　著
兒童文學	葉詠琍　著
兒童成長與文學	葉詠琍　著
增訂江皋集	吳俊升　著
野草詞總集	韋瀚章　著
李韶歌詞集	李　韶　著
石頭的研究	戴　天　著
留不住的航渡	葉維廉　著
三十年詩	葉維廉　著
讀書與生活	琦　君　著
城市筆記	也　斯　著
歐羅巴的蘆笛	葉維廉　著
一個中國的海	葉維廉　著
尋索：藝術與人生	葉維廉　著
山外有山	李英豪　著
葫蘆・再見	鄭明娳　著
一縷新綠	柴　扉　著
吳煦斌小說集	吳煦斌　著
日本歷史之旅	李希聖　著
鼓瑟集	幼　柏　著
耕心散文集	耕　心　著
女兵自傳	謝冰瑩　著
抗戰日記	謝冰瑩　著
給青年朋友的信(上)(下)	謝冰瑩　著
冰瑩書柬	謝冰瑩　著
我在日本	謝冰瑩　著
人生小語(一)～(四)	何秀煌　著
記憶裏有一個小窗	何秀煌　著
文學之旅	蕭傳文　著
文學邊緣	周玉山　著
種子落地	葉海煙　著

向未來交卷	葉海煙 著
不拿耳朵當眼睛	王讚源 著
古厝懷思	張文貫 著
關心茶——中國哲學的心	吳怡 著
放眼天下	陳新雄 著
生活健康	卜鍾元 著

美術類

樂圃長春	黃友棣 著
樂苑春回	黃友棣 著
樂風泱泱	黃友棣 著
談音論樂	林聲翕 著
戲劇編寫法	方寸 著
戲劇藝術之發展及其原理	趙如琳譯著
與當代藝術家的對話	葉維廉 著
藝術的興味	吳道文 著
根源之美	莊申 著
中國扇史	莊申 著
立體造型基本設計	張長傑 著
工藝材料	李鈞棫 著
裝飾工藝	張長傑 著
人體工學與安全	劉其偉 著
現代工藝概論	張長傑 著
色彩基礎	何耀宗 著
都市計畫概論	王紀鯤 著
建築基本畫	陳榮美、楊麗黛 著
建築鋼屋架結構設計	王萬雄 著
室內環境設計	李琬琬 著
雕塑技法	何恆雄 著
生命的倒影	侯淑姿 著
文物之美——與專業攝影技術	林傑人 著